Bruno Grupp

Der professionelle IT-Projektleiter

2., überarbeitete Auflage

Bibliografische Information Der Deutschen Bibliothek
Die Deutsche Bibliothek verzeichnet diese Publikation
in der Deutschen Nationalbibliografie;
detaillierte bibliografische Daten sind im Internet
über *http://dnb.ddb.de* abrufbar.

ISBN 3-8266-1353-8
2. Auflage 2003

Lektorat: Esther Neuendorf
Satz und Layout: mediaService, Siegen
Druck: Himmer, Augsburg

Printed in Germany

mitp

Der professionelle
IT-Projektleiter

Inhaltsverzeichnis

Vorwort

Der IT-Projektleiter im Web-Zeitalter

Die explosive Verbreitung der Internetaktivitäten und des Mobile Business hat die **Chancen der Informations- und Kommunikationstechnologie** um eine zusätzliche Dimension erweitert. Doch hat der Griff nach der Cyberwelt auch die fachlichen Anforderungen an das **IT-Projektmanagement** drastisch erhöht.

Wer heute eine Projektverantwortung übernimmt, muss die **innovativen Möglichkeiten von Internet und E-Commerce** kennen und sie in seine strategischen Überlegungen einbeziehen. Mit einem konventionellen Methodenrepertoire und dem vielzitierten »gesunden Menschenverstand« kann ein Projektleiter in diesem Jahrzehnt keine anspruchsvollen Informatikprojekte erfolgreich managen.

> *Auf das erhöhte Anspruchsniveau ist dieser neue Projektleiterreport ausgerichtet. In dem praxisorientierten Lernpaket finden gestandene Projektmanager und hoffnungsvolle Einsteiger in elf übersichtlichen Lernmodulen das griffbereite Insiderwissen eines erfahrenen IT-Beraters und Managementtrainers.*

In dem auf die Alltagspraxis des IT-Projektleiters ausgericheten Lernpaket präsentieren wir Ihnen **moderne Arbeits-, Planungs- und Steuerungstechniken**. Diese muss ein Projektmanager beherrschen, damit ihm auch hochkomplexe Projekte nicht aus dem Ruder laufen! Bei **zukunftsorientierten IT-Projekten** handelt es sich heute um

- die Realisierung von E-Business-Systemen,
- die Konzipierung von Data Warehouses,
- Multimediaanwendungen oder
- die Entwicklung von Workflowprozessen auf der Grundlage von inner- und außerbetrieblichen Datennetzen.

Einen Schwerpunkt des Ausbildungspakets bilden die persönlichen **Erfolgskomponenten und Skills** eines Projektleiters, die seinen Projekterfolg nachhaltig beeinflussen. Dazu gehören

- ein projektadäquates Führungsverhalten und die Spielregeln der Teamarbeit,
- Kenntnisse der Motivationstechnik und des Konfliktmanagements und
- die Sicherung der Benutzerakzeptanz.

Ein wesentliches Effizienzkriterium für künftige Projektleiter im Bereich der Informations- und Kommunikationstechniken stellt die **schnelle Anpassungsfähigkeit** eines Projekts an dynamische Zielsetzungen und neue Techniken dar. Sie ist auf den innovativen Sektoren des Electronic Business und der Internet-Marktplätze unabdingbar.

Im Mittelpunkt der **Projektabwicklungsmethodik** stehen für den modernen Projektleiter die Arbeitstechniken und Tools der Projektinitialisierung, der Projektstrukturierung und des Prototypings. Den höchsten Schwierigkeitsgrad hat die Softwarekalkulation und das Projektcontrolling. Trotz der Unterstützung durch Projektmanagementsysteme und Erfahrungsdatenbanken sind die Softwarekalkulation und das Projektcontrolling auch heute noch erheblich risikobehaftet.

Neben internen Projektverantwortlichen sind immer häufiger externe Projektmanager eines Consulting- oder IT-Dienstleistungsunternehmens anzutreffen, die in Kundenprojekten mitwirken. Für diese Zielgruppe haben wir ein zusätzliches Lernmodul beigefügt, das sich mit der spezifischen Aufgabenstellung, dem Qualitätsprofil und den typischen Konfliktsituationen eines externen Projektleiters beschäftigt.

Mit dem neuen weborientierten **Trainingspackage des IT-Projektmanagements** können Führungskräfte und Projektspezialisten aus dem Informatik- und Fachbereich bequem und preisgünstig ihren **Führerschein als IT-Projektleiter** erwerben! Dieses Fachbuch ist der Extrakt aus zahlreichen Projektleiterlehrgängen und Workshops, die der Verfasser in IT-Akademien, Managementinstituten und Unternehmen durchführt.

Mainz 2003
Dr. Bruno Grupp

1 Das Instrumentarium des modernen IT-Projektmanagements

Alle klassischen Regelungen, die zur Planung, Abwicklung und Abrechnung eines IT-Projekts benötigt werden, sind seit Jahren in einschlägigen Fach- und Lehrbüchern unter dem Sammelbegriff »IT-Projektmanagement« festgehalten. Sie finden dort sämtliche institutionellen und funktionellen Bestandteile, die auch heute noch zur Projektdurchführung unabdingbar sind.

Signifikanten Veränderungsprozessen unterliegt allerdings die **Projektumgebung**, in der IT-Projekte bereits heute und verstärkt in den kommenden Jahren durchgeführt werden müssen. Die weltweite Vernetzung und globale wirtschaftliche Aktivitäten beeinflussen an erster Stelle die aktuellen Projekte der Informations- und Kommunikationstechnologie. Internet-Marktplätze, Electronic Commerce, Call Center-Organisationen und Outsourcing-Trends sind gängige Schlagworte dieser revolutionären Entwicklungstendenzen.

Mit dieser internetgeprägten IT-Welt und problemadäquaten Projektstrukturen müssen Sie sich als Projektleiter nach dem Milleniumswechsel vertraut machen, wenn Sie eine erfolgreiche Projektarbeit leisten wollen.

In diesem Lernmodul erhalten Sie einen Überblick über die **Bausteine des modernen IT-Projektmanagements** und gezielte Hinweise auf die wesentlichen Erfolgsstrategien der Projektabwicklung. Zu Ihrer Sensibilisierung für die speziellen Risikofaktoren eines Informatikprojekts haben wir ein aktuelles Problemszenario eines IT-Projekts vorangestellt.

1.1 Problemszenario eines IT-Projekts

Die Projektlandschaft des Informatikbereichs stellt nur selten eine heile Welt dar. Wo Projektarbeit geleistet wird, fehlt selten die vielzitierte Karikatur über die »sechs Vorgehensschritte« eines Projektablaufs, dic in der Alltagspraxis bei verunglückten Projekten tatsächlich immer wieder anzutreffen sind.

Phase 1	Begeisterung
Phase 2	Verwirrung
Phase 3	Ernüchterung
Phase 4	Suche des Schuldigen
Phase 5	Bestrafung des Unschuldigen
Phase 6	Auszeichnung des Nichtbeteiligten

Viele IT-Projekte sind mit erheblichen Risiken und Problemen unterschiedlicher Art behaftet. Sie können ein Projekt bereits in der Startphase aus der Bahn werfen oder in einem späteren kritischen Projektabschnitt zum Scheitern bringen. Am häufigsten sind diese fünf **Sprengsätze** anzutreffen:

(1) Fehlende oder unklare Zielsetzungen und Abgrenzungen

(2) Personalprobleme unterschiedlicher Art

(3) Eine unzureichende Planung und Überwachung

(4) Software- und Hardwarerisiken

(5) Eine mangelhafte Benutzerakzeptanz

Die Risikohöhe nimmt mit der Größe und Komplexität des geplanten Anwendungssystems und der Schnittstellenanzahl zu Nachbarsystemen überproportional zu! Unzureichend strukturierte Großprojekte sind mit großer Wahrscheinlichkeit »absturzgefährdet«. Das gilt besonders für vielschichtige Workflow- und E-Commerce-Projekte. Ihr Innovationsumfang im Bereich der Extra- und Intranets und der neuartigen Anwendungs- und Systemsoftware stellt auch an ein kompetentes Projektteam höchste Anforderungen.

Ein IT-Projektleiter muss über typische Projektprobleme Bescheid wissen. Er muss sich vor der Startphase und während der Projektabwicklung ausgiebig mit den speziellen Risikofaktoren seines IT-Projekts auseinander setzen und diese in die Risikoplanung des Projekts übernehmen.

In den von uns durchgeführten Projektmanagement-Lehrgängen führen wir eine **Einstiegsmoderation** durch, bei der die Teilnehmer in einer Gruppenübung ein **Problemszenario** ihrer aktuellen Hardware- und Softwareprojekte erstellen. So lautet die Fragestellung an die Workshop-Teilnehmer: »Mit welchen personellen und sachlichen Risiken in IT-Projekten haben Sie gegenwärtig in Ihrem Unternehmen zu kämpfen? Von welchen Risiken haben Sie in anderen aktuellen IT-Projekten gehört?«.

Nach der Sichtung der in Kleingruppen erarbeiteten Problemkärtchen werden sie an einer Pinnwand in zwei Gruppen unterteilt:

- Personelle Projektprobleme
- Sachliche und methodische Projektprobleme

Die Aufzählung der am häufigsten genannten Risikostrecken soll dem Projektleiter helfen, in seinem Unternehmen auf sie in den Projektgremien hinzuweisen oder bestimmte Risiken durch gezielte Aktivitäten auszuschalten.

Überraschend hoch ist die Zahl der **personellen und institutionellen Projektrisiken**. Sie reichen von Problemen beim Entscheidungsgremium über das Projektteam bis hin zu den Anwendern:

Die zehn häufigsten personellen und institutionellen Risiken
(1) Mangelhafte Unterstützung des Projekts durch die Geschäftsleitung
(2) Unzureichende Freistellung des Projektleiters
(3) Spannungen und Konflikte im Projektteam
(4) Fehlende Benutzerakzeptanz
(5) Mangelhafte Information der Fachabteilung
(6) Unzureichende Fachkompetenz der Teammitglieder
(7) Kompetenzgerangel und Intrigenwirtschaft zwischen Projektteam und Anwendern
(8) Kommunikationsprobleme zwischen Team und Anwendern
(9) Abteilungsdenken »mit Scheuklappen«
(10) Demotivation der Anwender aufgrund früherer Projektfehlschläge

Bei den personellen Risikofaktoren eines IT-Projekts finden sich typische **K.O.-Kriterien**, die ein ganzes Projekt zum Scheitern bringen können!

Die sachlichen und methodischen Projektmängel, die von den Lehrgangsteilnehmern genannt wurden, stellen fast einen Standardkatalog dar, der auf die meisten IT-Projekte seit Jahren zutrifft. Anbei ein Auszug häufig genannter Probleme und Risiken:

Zwölf fachliche und methodische Risiken	
(1)	Fehlende und unklare Zielsetzungen des Projekts
(2)	Utopische Nutzenerwartungen
(3)	Unrealistisch kurze Terminvorgaben für die Projektfertigstellung
(4)	Mangelhafter Überblick über den Projektstand und -fortschritt
(5)	Fehlende Termin- und Kostenüberwachung
(6)	Oberflächliche und mangelhafte Entwicklungs- und Produktdokumentation
(7)	Ständige Funktionsänderungen und -erweiterungen des vorgesehenen Systems
(8)	Schnittstellenprobleme
(9)	Dilettantische Tests und fehlende Qualitätskontrolle
(10)	Anpassungsprobleme bei Standardsoftware
(11)	Probleme durch inkompatible Softwareprodukte verschiedener Lieferanten
(12)	Projekterschwernis durch IT-Altlasten

Auch die fachlichen Projektprobleme und ein mangelhaftes Projektcontrolling sind teilweise so gravierend, dass sie den Projekterfolg in Frage stellen können. Das gilt zum Beispiel für »fehlende Zielsetzungen«.

Von einem professionellen Projektleiter wird erwartet, dass er durch ein aktives **Problemmanagement** den Risikoumfang eines Projekts einschätzen und minimieren kann. Allerdings ist dies nur in Zusammenarbeit mit den anderen Projektinstanzen und auf der Grundlage einer guten funktionellen Projektorganisation möglich.

1.2 Worin sich IT-Projekte von anderen Projektarten unterscheiden

Die Projektform ist nicht für alle Tätigkeiten im Organisations- und Informatikbereich geeignet. Für einfache organisatorische und programmtechnische Arbeiten ist das aufwendige Planungs- und Überwachungskorsett eines Projekts nicht gerechtfertigt. Anderen Tätigkeiten fehlen wesentliche Merkmale, die für ein echtes Projekt unabdingbar sind.

1.2.1 Was ist überhaupt ein Projekt?

Meist findet man die schon klassische allgemeine Definition eines Projekts als Einleitung im ersten Abschnitt eines Projekthandbuchs. Es handelt sich um eine Entwicklungstätigkeit (auch Beschaffungs- und Anpassungstätigkeit),

- die klar definiert und abgegrenzt ist,
- die einmalig ist und sich in dieser Form nicht mehr wiederholt,
- die lösbar sein muss,
- die sich zeitlich abgrenzen lässt (Anfangs- und Endtermin),
- deren Kosten sich berechnen oder abschätzen lassen,
- die sich aufgrund ihrer großen Komplexität nicht durch bereits vorhandene Betriebsinstanzen lösen lässt.

Nicht alle geplanten IT-Projekte erfüllen diese klar definierten Voraussetzungen! Als Folge dieser Verstöße sind Projektprobleme unterschiedlicher Art bereits beim Projektstart vorprogrammiert! Achten Sie als designierter Projektverantwortlicher besonders auf diese drei häufigen Stolpersteine:

1. Sind **Zielsetzungen, Umfang und Abgrenzung** des Projekts ausreichend definiert? Kann daraus eine Terminplanung und Projektbudgetierung abgeleitet werden?

2. Ist die Aufgabenstellung technisch und organisatorisch im Rahmen eines Projekts lösbar?
3. Lässt sich für das Projekt neben einem offiziellen Starttermin auch ein klarer **Endtermin** erkennen oder zeichnet sich bereits ein »ewiges Projekt« am Horizont ab?

Bedenken Sie, dass ein Projektfehlschlag, der sich aus einem offensichtlichen Projektmangel ergibt, Ihnen als Projektverantwortlichem auch persönlich angelastet wird und möglicherweise einen Karriereknick zur Folge hat!

1.2.2 Kennen Sie die gravierenden Besonderheiten von IT-Projekten?

Gegenüber Projekten im Forschungs- oder Baubereich weisen IT-Projekte einige gravierende Besonderheiten auf, die ein Projektleiter kennen und bei der Projektplanung berücksichtigen muss:

- Typische IT-Projekte haben eine optimale Kalenderdauer von 6 - 12 Monaten und werden im Schnitt von 2 Fulltime-Mitarbeitern und 2 - 5 zeitweiligen Mitarbeitern abgewickelt.
- Wenn sich die Abwicklung eines IT-Projekts über eine längere Zeit hinzieht, besteht die Gefahr eines zwischenzeitlichen Hardware- oder Softwarewechsels.
- Verlässt ein wichtiger Projektmitarbeiter das laufende IT-Projekt, kann dies zu einem beträchtlichen Mehraufwand und einem zeitlichen Rückschlag führen. Die Gefahr eines Mitarbeiterwechsels wächst mit zunehmender Projektdauer.

Der Abwicklung eines komplexen IT-Projekts folgt häufig ein ganzer Kometenschwanz von **»Kleinprojekten«**. Sie ergeben sich aus festgestellten Systemmängeln, Optimierungswünschen und Systemerweiterungen. Diese Folgearbeiten werden oft von IT-Mitarbeitern neben ihren Projektaufgaben abgewickelt. Achten Sie als Projektverantwortlicher darauf, dass solche Folgetätigkeiten keinen zu breiten Raum einnehmen, damit sich die Teammitarbeiter hauptsächlich ihren aktuellen Projekten widmen können!

1.2.3 Das breite Spektrum der Informatikprojekte

IT-Projekte können heute in Abhängigkeit von ihren Zielsetzungen einen völlig unterschiedlichen Inhalt haben! Folgende Projektarten stehen im Mittelpunkt der Projektarbeit:

- **Individualentwicklung von IT-Anwendungssystemen**
  Fast die Hälfte aller Softwareprojekte entfällt gegenwärtig auf eine Individualprogrammierung. Besonders IT-Anwendungen für kritische Geschäftsprozesse eines Unternehmens werden oft als Eigenentwicklung erstellt. Zur softwaretechnischen Realisierung dienen überwiegend 4-GL-Sprachen und moderne Applikationswerkzeuge. Ein beträchtlicher Teil der Individualentwicklung entfällt außerdem auf Änderungen und Erweiterungen bestehender IT-Anwendungssysteme.
- **Einsatz von Standard-Anwendungssoftware**
  Diese Projektart stand im vergangenen Jahrzehnt in Unternehmen jeder Art und Größenordnung im Vordergrund der Projektarbeit. Den Schwerpunkt der Marktsoftware bilden integrierte **ERP-Pakete** auf einer offenen Systembasis. Bekannte Anbieter sind SAP, ORACLE, PSI PENTA oder Infor. Gegenwärtig bemühen sich diese Softwareanbieter um eine zusätzliche Weborientierung ihrer Produkte.
- **IT-Projekte zur Geschäftsprozessoptimierung**
  Hohe fachliche und systemtechnische Anforderungen an IT-Projekte ergeben sich bei einer Kombination einer Geschäftsprozessoptimierung mit anschließender Automatisierung der Prozesse durch workfloworientierte Anwendungssoftware und einer Dokumentenverwaltung. Diese Projektart ist heute in allen größeren Unternehmen und Behörden anzutreffen!
- **Aufbau von Internet-Marktplätzen und E-Business**
  Der gegenwärtige Trend zu Internetaktivitäten jeder Art hat zahlreiche Projekte unterschiedlicher Zielsetzungen auf dem Sektor des E-Commerce ins Leben gerufen. Hier bildet sich im gegenwärtigen Jahrzehnt ein neuer und außerordentlich anspruchsvoller Projektschwerpunkt heraus: Jeder Projektleiter muss sich den neuen Herausforderungen des Internets stellen!

Der zunehmende Einsatz komplexer **Systemsoftware** zum Aufbau von Intra- und Extranetzen und die immer anspruchsvollere **Anwendungssoftware** werden den Schwierigkeitsgrad der IT-Projekte nochmals kräftig erhöhen. Diesen Herausforderungen des Internetzeitalters muss sich jeder interne oder externe IT-Projektleiter stellen. Das gelingt ihm nur durch den Einsatz des führungstechnischen, methodischen und fachlichen Projektinstrumentariums, das wir in diesem Projektleiterhandbuch präsentieren!

1.3 Was gehört zu einem professionellen IT-Projektmanagement?

Ein Projektleiter muss wie ein Fußball-Schiedsrichter alle wesentlichen Grundsätze, Regeln und Techniken eines IT-Projektmanagements kennen lernen, bevor er zum ersten Mal Projektverantwortung übernimmt! Vier Möglichkeiten gibt es, sich diese Spielregeln anzueignen:

- durch Training on the Job in vorhergehenden Projekten (soweit sie professionell abgewickelt wurden),
- durch das gründliche Studium eines unternehmenseigenen Methodenhandbuchs der IT-Projektorganisation,
- durch das Durcharbeiten überbetrieblicher Qualifizierungsliteratur, zum Beispiel dieses Projektleiterreports,
- durch den erfolgreichen Besuch von Fortbildungslehrgängen zum IT-Projektleiter – heute auch als Internet-Training.

1.3.1 Die klassischen Bestandteile eines IT-Projektmanagements

Was zu einem professionellen IT-Projektmanagement gehört, kann jeder Projektverantwortliche in der umfangreichen Projektmanagementliteratur nachlesen. Für einige Techniken bestehen sogar DIN-Normen, zum Beispiel für die Netzplantechnik und verschiedene Formen von Darstellungstechniken, die in Projekten benutzt werden (Flussdiagramme, Datenflusspläne, Entscheidungstabellen).

Kerngebiete eines IT-Projektmanagements
Personelles Projektmanagement Entscheidungsausschuss (Lenkungs- und Kontrollgremium) Arbeitsteam (Projektteam) - Projektleiter - Projektmitarbeiter aus dem ORG-/IT-Bereich - Projektmitarbeiter aus dem Fachbereich - Sonstige Projektmitarbeiter Benutzerausschuss der Fachabteilung Projektkoordination **Funktionelles Projektmanagement** Projektstrukturierung Projektauslösung Projektplanung und Softwarekalkulation Projektsteuerung und -berichtswesen (Projektcontrolling) Projektdokumentation Entwicklungs-, Auswahl- und Implementierungstechniken Entwicklungs- und Auswahltools Kommunikations- und Moderationstechniken Softwarewartung

Abbildung 1.1: Schwerpunkte des IT-Projektmanagements

Ein Projektmanagement besteht aus personellen (institutionellen) und funktionellen Regelungen, beispielsweise zur Projektstrukturierung und zum Projektcontrolling. Diese Festlegungen sollen dazu beitragen, dass ein Projekt von der Auslösung bis zur erfolgreichen Systemeinführung risiko- und reibungsarm abgewickelt werden kann. Abbildung 1.1 enthält einen gegliederten Schlagwortkatalog der Anforderungen an ein klassisches IT-Projektmanagement, wie es für jedes Projekt gelten sollte.

Der Projektleiter stellt das Kernstück des personellen Projektmanagements dar. Bei seiner Arbeit greift er auf die Instrumente des funktionellen Projektmanagements zurück.

Die folgenden Lernmodule enthalten Ausführungen über alle Bestandteile des IT-Projektmanagements mit wesentlichen Verfahren, Techniken, Checklisten, Formularen und Toolhinweisen.

1.3.2 Neue Anforderungen an das IT-Projektmanagement

Die Anforderungen an IT-Projekte sind in den letzten Jahren kräftig hochgeschnellt. IT-Projekte stehen heute unter einem wesentlich stärkeren Erfolgsdruck als in früheren Jahrzehnten. Neben den klassischen Gesichtspunkten einer Projektorganisation werden an das Projektmanagement neue strategische Anforderungen gestellt:

- Die Anwender von IT-Systemen sind inzwischen mündig geworden. Sie beanspruchen im Projekt aufgrund ihrer eigenen IT-Kenntnisse und -Erfahrungen volles Mitspracherecht. In einer Reihe von Unternehmen werden die IT-Spezialisten nur noch als Service-Partner akzeptiert, die das erforderliche IT-Spezialwissen in das Projekt einbringen.
- Neue strategische Schwerpunkte auf der Software- und Hardwareseite erhöhen das Niveau und den Schwierigkeitsgrad eines Projekts. Zu nennen sind hierbei die Ideen
  - des Lean Management in der Organisation,
  - des verstärkten Prozessdenkens und der Konzentration auf die kundenorientierten Kernprozesse des Unternehmens,
  - des Internet und E-Business,
  - der offenen Systeme, der Dezentralisierung und der flexiblen Client-Server-Plattformen.
- Weit überwiegend greifen Unternehmen, Behörden und Versorgungsbetriebe auf integrierte Standardsoftware zurück, welche ihre Verwaltungs- und Abrechnungsbereiche abdecken soll. Die bereichsübergreifenden Softwarepakete zwingen den Projektleiter und seine Mitarbeiter beim Customizing zu einer anspruchsvollen integrierten Denkweise, die alle Geschäftsabläufe des Unternehmens umfasst.

1.4 Warum das personelle Projektmanagement an erster Stelle stehen muss

Eine wirkungsvolle Organisation des personellen oder institutionellen Projektmanagements ist ein entscheidender Erfolgsfaktor jedes Informatikprojekts. Das vertrauensvolle Zusammenspiel von Entscheidungsträgern, Projektteam und Anwendern ist eine unverzichtbare Basis für die Projektarbeit!

Der Projektleiter ist der wichtigste Eckpfeiler des Projektmanagements. Neben einem engagierten Projektverantwortlichen und einem kompetenten Projektteam müssen aber auch entscheidungsbefugte Führungskräfte und die Know-how-Träger der Anwenderseite ausreichend in das Projektmanagement eingebunden sein.

In diesem Lernabschnitt zeigen wir Ihnen die Zielsetzungen und das Zusammenspiel eines effizienten Projektmanagements für Organisations- und Informatikprojekte.

1.4.1 Drei Säulen des personellen IT-Projektmanagements

Für das Gelingen eines IT-Projekts ist ein ausreichendes personelles Engagement von Unternehmensleitung, Fachbereich und Organisation / Informatik unerlässlich. Zu einem ausgeglichenen personellen Projektmanagement gehören die Mitarbeitergruppen, die in einem Projekt

- als Entscheidungsträger,
- als aktive Mitarbeiter und
- als kompetente Berater

tätig werden. Jedes effiziente Projektmanagement ist auf drei Säulen aufgebaut.

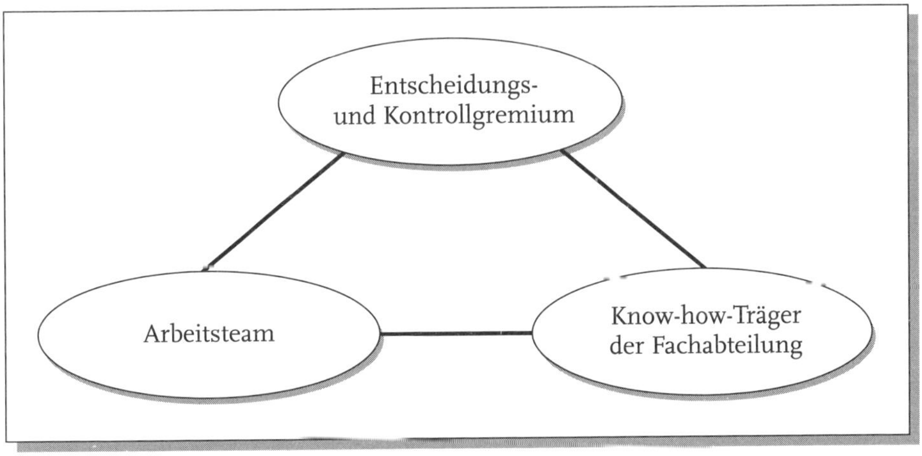

Abbildung 1.2: Diese drei Schwerpunkte muss jedes IT-Projektmanagement aufweisen!

Das **Entscheidungsgremium** kann ausschließlich aus der Unternehmensleitung bestehen. In Mittel- und Großunternehmen ist häufig ein Lenkungsausschuss aus Anwendern der oberen Führungshierarchie, dem Controlling-Leiter und dem Chef der Organisation und Informatik anzutreffen.

In den **Projektarbeitsgruppen** werden unter der Führung eines Projektleiters die Projektarbeiten von den Teammitgliedern der Organisation / Informatik und der Benutzerseite abgewickelt. Bei Bedarf können weitere Mitarbeiter im Projektteam tätig werden: Datenbankadministratoren, Netzspezialisten, externe Berater und Softwarespezialisten.

Der Fachbereich stellt wichtige Anwenderführungskräfte und Sachbearbeiter als Know-how-Spezialisten zeitweilig für das Projekt ab. Sie können als **projektbezogener Beratungsausschuss** organisiert sein oder in einem erweiterten Projektteam mitwirken.

1.4.2 Welche Formen der Zusammenarbeit sind empfehlenswert?

Abhängig von der Unternehmensgröße und dem Organisationsaufbau sind alternative Formen des Zusammenspiels in einem personellen IT-Projektmanagement anzutreffen. Wichtig ist in jedem Fall, dass die Projektarbeitsgruppe in ausreichendem Maß auf den Erfahrungsschatz der Fachabteilung zurückgreifen kann. Daneben muss der Projektleiter fest mit dem Entscheidungs- und Kontrollgremium eines Projekts verankert sein.

Alternative 1: Eine in der Vergangenheit häufig angetroffene Standardform der personellen Zusammenarbeit im IT-Projektmanagement hat den in Abbildung 1.3 dargestellten Aufbau.

Der aus dem Leiter der Fachabteilung, Führungskräften und maßgeblichen Sachbearbeitern zusamengesetzte **Projektausschuss** soll sicherstellen, dass die Führungsgremien für Entscheidungen und Problemlösungen in das Projekt eingebunden werden. In ausführender Funktion wirken darüber hinaus IT-Koordinatoren (auch Key User genannt) fulltime oder bei Bedarf im Projekt mit. Häufig hat sich allerdings gezeigt, dass die Aktivierung des Beratungsausschusses und seine Einbeziehung in die Projektarbeit im Bedarfsfall oft zu wünschen übrig lässt.

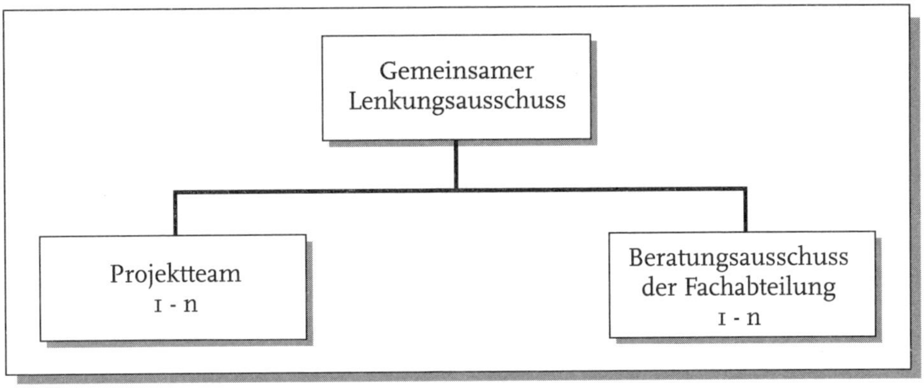

Abbildung 1.3: IT-Projektmanagement Alternative 1

Alternative 2: Anstelle eines Beratungsausschusses arbeiten Führungskräfte und Spezialisten des Anwenderbereichs zeitweise neben dem Kernteam in einem erweiterten Projektteam mit.

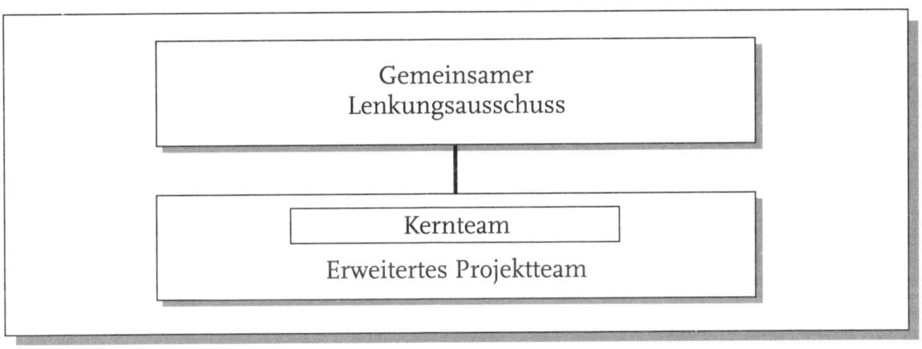

Abbildung 1.4: IT-Projektmanagement Alternative 2

Diese Form der Zusammenarbeit zwischen Projektgruppe und Fachabteilung ist häufig anzutreffen. Sie ist flexibler als Alternative 1. Der Projektleiter muss dafür Sorge tragen, dass die maßgeblichen Führungskräfte des Kunden / Anwenders bei wichtigen Präsentationen und Entscheidungen in die Projektarbeit einbezogen werden.

Alternative 3: Bei dezentral organisierten Projekten kann ein Projektausschuss dem Projektarbeitsteam gegenüberstehen, der Entscheidungs- und Beratungsbefugnisse hat. Der Fachabteilungsleiter ist normalerweise der Vorsitzende dieses Projektausschusses. Zur Verstärkung kann er auch eine IT-Führungskraft in den Projektausschuss übernehmen.

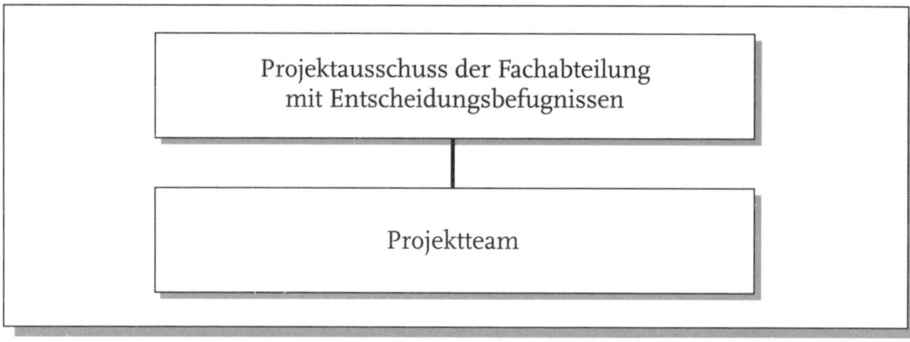

Abbildung 1.5: IT-Projektmanagement Alternative 3 bei dezentralen Projekten

Diese Form der Zusammenarbeit ist vorteilhaft, wenn der Projektausschuss ausreichenden Sachverstand zur Steuerung des Projektteams besitzt. Der Projektausschuss hat ein erhebliches Eigeninteresse an dem Projekt. Die Projektwege zwischen Projektausschuss und Projektteam sind kurz. Zur Kompetenzverstärkung wirkt im Projektausschuss oft auch eine IT-Führungskraft mit. Der Informatikbereich muss bei einer dezentralen Projektsteuerung allgemein verbindliche Grundsätze zum Hardware- und Softwareeinsatz vorgeben!

Neben den in den Geschäftsbereichen abgewickelten Projekten werden auch bei einer dezentralen Organisation **IT-Grundsatzprojekte** durch einen zentralen Informatikbereich abgewickelt. Dazu gehören Basisprojekte über Hardwareplattformen, Festlegungen für bestimmte Netze, Betriebssysteme oder eine übergeordnete Anwendungssoftware, die von allen Anwenderbereichen verwendet werden muss (häufig zum Beispiel SAP/R 3).

Alternative 4: Bei der Auswahl, Anpassung und Einführung umfangreicher integrierter Standardanwendungspakete ist eine **zweistufige Teamorganisation** typisch. Dem Lenkungsausschuss für das gesamte Projekt steht eine Gesamtprojektleitung gegenüber. Sie nimmt zugleich auch die Koordination der Teilprojekte wahr. Die einzelnen Softwaremodule – zum Beispiel die Kalkulation oder der Einkauf – werden in getrennten Teilprojekten bearbeitet. Für jedes Teilprojekt wird ein Fachteam zusammengestellt. Die Leiter der Fachteams sind auch in der Gesamtprojektgruppe als Mitglieder tätig.

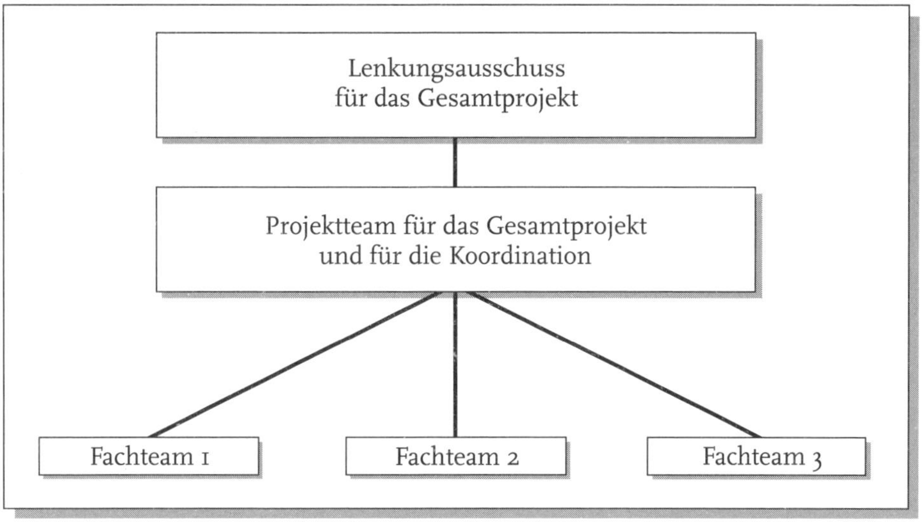

Abbildung 1.6: IT-Projektmanagement Alternative 4

Der Gesamtprojektleiter ist entsprechend der großen Bedeutung eines solchen Softwarepakets meist eine hochrangige Führungskraft oder der Informationsmanager. In dem Gesamtprojektteam wirken neben den Projektleitern für die Fachteams meist auch Führungskräfte des Informatikbereichs und der Projektverantwortliche des Softwareelieferanten mit.

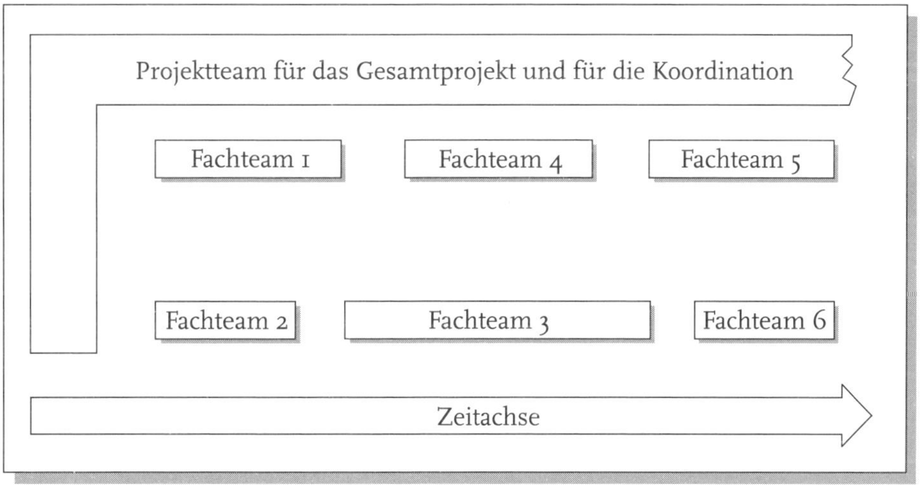

Abbildung 1.7: Tätigkeitszeitraum des Gesamtprojektteams und der Teilteams bei einer zweistufigen Projekthierarchie

In Abhängigkeit von der zeitlichen Einführungsstrategie des integrierten Softwarepakets sind die Teams der Teilprojekte parallel oder nacheinander tätig.

Die Erfahrungen der letzten Jahre haben gezeigt, dass ein Unternehmen großen Wert darauf legen muss, dass die Fachbereiche ausreichend stark im Lenkungsausschuss, in der Gesamtprojektgruppe und in den verschiedenen Fachteams vertreten sind. Auf keinen Fall dürfen die Linienstellen die Verantwortung auf die Leitung der betrieblichen Informatik oder gar eine externe Softwarefirma abwälzen!

1.4.3 IT-Lenkungsausschuss – Weichenstellung für Projektentscheidungen

Als wichtiges Entscheidungs-, Koordinations- und Kontrollgremium hat sich ein Lenkungsteam auf Unternehmensebene erwiesen. Spannungen in den »unteren Etagen« eines Unternehmens lassen sich leichter vermeiden, wenn darüber ein fachkundiges Entscheidungs- und Kontrollgremium vorhanden ist, das alle Projektaktivitäten koordiniert.

Natürlich könnte sich die Geschäftsleitung selbst um alle Organisations- und IT-Fragen kümmern. Doch wäre das für sie sehr zeitaufwendig. Außerdem sollte sich die Spitze eines Unternehmens in erster Linie um die primären Bereiche, also den Vertrieb, die Produktion und das Finanz- und Rechnungswesen kümmern.

Zusammensetzung des IT-Lenkungsausschusses

Es hat sich als zweckmäßig erwiesen, wenn die wesentlichen Entscheidungen und übergeordneten Kontrollen aller relevanten Organisations- und IT-Aktivitäten von einem Gremium wahrgenommen werden, das aus hochrangigen Führungskräften besteht. In einem Industrieunternehmen könnte dieser Ausschuss beispielsweise die folgende Zusammensetzung aufweisen (siehe Abbildung 1.8).

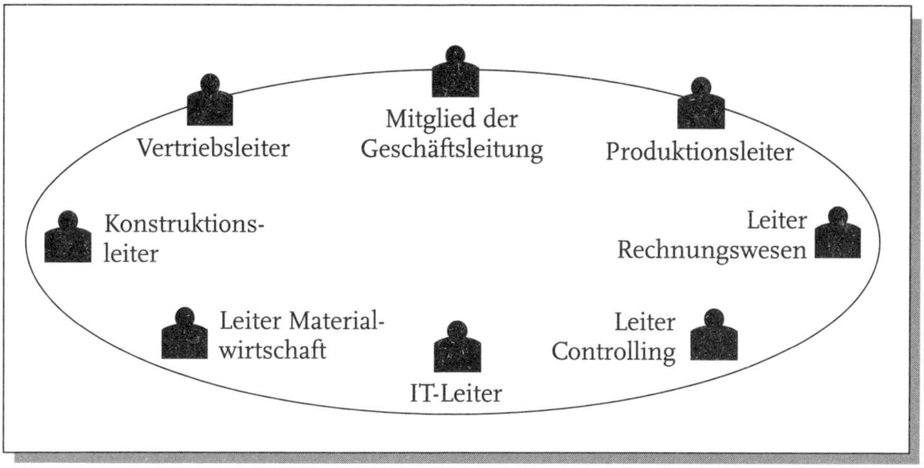

Abbildung 1.8: Zusammensetzung eines IT-Lenkungsausschusses in einem Industrieunternehmen

In einem Versicherungs- oder Bankenkonzern setzt sich das IT-Entscheidungsteam aus Vorstandsmitgliedern der Geschäftssparten zusammen. Ein solches Leitungsgremium kann unterschiedliche Namen haben:

- Lenkungsausschuss oder Lenkungsteam
- IT-Kommission
- Organisations- und IT-Ausschuss
- Steering Committee

Das Gremium besteht aus den oberen Führungskräften der wesentlichen Unternehmensbereiche. Ein Mitglied sollte den Rang eines Geschäftsführers haben, da in dem Lenkungsausschuss Entscheidungen von erheblicher Tragweite gefällt werden. Neben den Anwenderbereichen ist auch der Unternehmenscontroller Mitglied dieses Ausschusses. Schließlich nimmt der IT-Leiter an diesen Sitzungen teil. Ob er stimmberechtigt ist, hängt von seinem Status ab. Hat er bereits die Stufenleiter eines Informationsmanagers erklommen, ist er neben den Anwendern ein gleichberechtigtes Mitglied.

Im Normalfall trifft sich der IT-Lenkungsausschuss in einem Zeitraum von 1 - 3 Monaten. Die Häufigkeit der Sitzungen hängt vom jeweiligen Entscheidungsbedarf in Projekten ab. Darüber hinaus werden von diesem Ausschuss das jährliche IT-Budget und wesentliche strategische Veränderungen der IT-Landschaft des Unternehmens genehmigt.

Häufig ist in größeren Unternehmen und Institutionen anzutreffen, dass sich bestimmte Ausschussmitglieder gezielt um die Projekte kümmern und sie betreuen, die ihren eigenen Verantwortungsbereich betreffen. Für diese speziellen Ansprechpartner hat sich der Begriff **Projektmentor** eingebürgert. Oft geht ein bestimmtes IT-Projekt auf die Initiative dieser Manager zurück. Der Leiter eines IT-Projekts sollte sich bemühen, zu seinem Mentor ein Vertrauensverhältnis herzustellen!

Aufgaben eines IT-Lenkungsausschusses

Zu den **Hauptaufgaben dieses Leitungsgremiums** gehören Aufgaben außerhalb einer Projektabwicklung:

- Genehmigung der IT-Langfristplanung
- Genehmigung der Hardwareplanung
- Genehmigung des jährlichen Budgets
- Entscheidung über die personelle Kapazität des IT-Bereichs
- Entscheidung über Fragen der Zentralisierung oder Dezentralisierung der betrieblichen Informatik

Im Rahmen einer Projektabwicklung übernimmt der Lenkungs- und Entscheidungsausschuss Folgendes:

- Freigabe von Projekten
- Genehmigung des Projektbudgets
- Entscheidung über die Projektfortsetzung an wesentlichen Phasenenden
- Entscheidung über den Einsatz von Fremdkräften (Berater, Programmierer)
- Schlichtung bei Konflikten zwischen Anwenderabteilung und Projektteam

Durch ein starkes Engagement der Anwenderbereiche kann der Lenkungsausschuss ein Garant dafür sein, dass die Belange der Fachbereiche gegenüber der zentralen Informatik genügend vertreten werden. Natürlich setzt dies voraus, dass die im Ausschuss tätigen Bereichsleiter ein ausreichendes und aktuelles IT-Grundwissen haben und über die Informatiktrends Bescheid wissen.

1.4.4 Warum die Anwender als Know-how-Träger unentbehrlich sind

Zu den Kernaufgaben des Projektleiters zählt es, eine ausreichende Benutzerakzeptanz und -motivierung zu gewährleisten. Zu diesem Zweck ist es unabdingbar, die Führungskräfte und Know-how-Träger auf der Sachbearbeiterebene in zweckmäßiger Form in das Projekt zu integrieren! Das kann auf drei Ebenen geschehen:

- Die Benutzer sollen möglichst stark in die Entscheidungsprozesse des Projekts einbezogen werden.
- Sie sollen den Projektleiter und die Teammitglieder fachlich beraten.
- Sie sollen aktiv im Projektteam mitwirken.

Zur **Benutzeraktivierung** stehen alternativ oder kombiniert mehrere Möglichkeiten zur Verfügung:

- Dem Projektteam steht ein Projektausschuss der Fachabteilung gegenüber. Seine Mitglieder sind die direkten Ansprechpartner für das Projektteam. Dieser Fachausschuss nimmt neben der fachlichen Teamberatung auch Abstimmungen für erarbeitete Lösungen bei einer Individualentwicklung oder von Softwareanpassungen bei der Einführung eines Fremdpakets vor. Er wird deswegen gelegentlich auch Abstimmkreis genannt.
- Wichtige Know-how-Träger der Fachabteilung wirken in der Form eines erweiterten Arbeitsteams zeitweilig im Projekt mit. Sie können einzeln oder – für wichtige Beratungen und Entscheidungen – gemeinsam an Arbeitsbesprechungen teilnehmen.
- Als ständige Verbindung zwischen Fachressort und Projektgruppe arbeitet im Kernteam ein IT-Fachkoordinator (auch Key User genannt) fulltime oder parttime mit. Er nimmt nach Abschluss des Projekts die fachliche Systembetreuung im Anwenderbereich vor.

Benutzerfachausschuss für ein IT-Projekt

Einem Projektausschuss der Fachabteilung gehören drei bis sieben Mitglieder an. Der Ausschuss wird zusammen mit dem Projektteam festgelegt. Seine Mitglieder führen weiterhin ihre Linienarbeiten durch, doch stehen sie bei Bedarf einzeln oder gemeinsam dem Projektteam als Ansprechpartner zur Verfügung. Abbildung 1.9 zeigt das Zusammenspiel zwischen der IT-Projektgruppe und dem Projektausschuss.

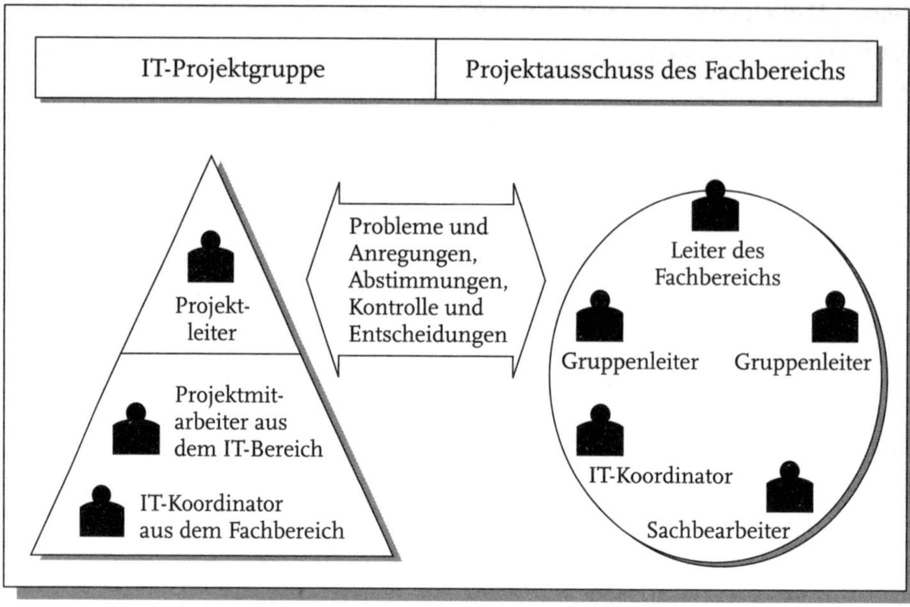

Abbildung 1.9: Projektausschuss als Diskussions- und Abstimmpartner für die Projektarbeitsgruppe

Der IT-Koordinator des Fachbereichs ist ein Kernmitglied des Projektteams. Er gehört aber auch dem Projektausschuss seines Fachbereichs an und stellt damit ein wesentliches Verbindungsglied zwischen Projektteam und Anwenderbereich dar.

Zu den **Hauptaufgaben des Projektausschusses** der Fachabteilung zählen die gezielte Beratung des Projektteams, Stellungnahmen zu Lösungsentwürfen, Abstimmgespräche und Aussprachen über Sonder- und Problemfälle.

In welchem Umfang ein Projektausschuss der Fachabteilung auch Entscheidungsbefugnisse hat, hängt davon ab, wie stark sich der für das gesamte Unternehmen tätige IT-Lenkungsausschuss um die Belange eines einzelnen Projekts kümmern kann und will.

Unterstützung des Projektteams durch Anwenderspezialisten

Ein Beratungsausschuss der Fachabteilung ist nicht überall anzutreffen. Häufiger ist die Konstellation, dass Führungskräfte und ausgewählte Sachbearbeiter bei Bedarf das Projektteam verstärken. Man spricht in diesem Fall von einem »erweiterten Projektteam«.

Beide Möglichkeiten – ein Beratungsausschuss und ein erweitertes Team – können sich auch überlappen.

1.4.5 Projektleiter und Arbeitsteam – Kern des personellen Projektmanagements

Umfangreiche und schwierige Arbeitskomplexe, wie sie bei einer Projektabwicklung zu bewältigen sind, lassen sich nur als Teamarbeit durchführen. Einzelmatadore wären bei einem mittleren und größeren Projekt vom Wissen und Zeitaufwand her überfordert.

Projektleiter mit Führungs- und Fachaufgaben

Der Projektleiter steht im Mittelpunkt des institutionellen Projektmanagements. Seine Aufgabe ist es, das Projekt über alle personellen und fachlichen Klippen hinweg erfolgreich abzuwickeln. Zur Wahrnehmung dieses anspruchsvollen Auftrags muss der Projektverantwortliche über ausreichende Führungs-, Methoden- und Fachkompetenz verfügen.

Webprojekte mit einem hohen technischen und organisatorischen Innovationsumfang zählen gegenwärtig zu den anspruchsvollsten Projektarten, die einem Projektleiter übertragen werden. In den meisten Fällen muss in solche Projekte eine spezialisierte Dienstleisterfirma eingebunden werden, weil noch keine ausgebildeten internen IT-Experten zur Verfügung stehen.

Von der Art, Größe und dem Schwierigkeitsgrad des Projekts ist es abhängig, ob eine Projektleitung in den Händen eines **Machtpromoters** aus dem Fachbereich oder eines methoden- und projekterfahrenen **Fachpromoters** aus dem Informatikbereich vorteilhafter ist. Ein Projektverantwortlicher aus dem Fachmanagement benötigt bei dem hohen Komplexitätsgrad von IT-Projekten zum Projektcontrolling und zur methodischen Steuerung einen Stellvertreter mit umfangreichem Organisations- und Informatikwissen.

Interdisziplinäre Projektteams

Um die verschiedenartigen Kenntnis- und Erfahrungsanforderungen in optimaler Form zu nutzen, werden in den Projekten der Informationstechnik Arbeitsteams gebildet. In ihnen arbeiten

- Systemspezialisten aus dem Informatikbereich

- Führungskräfte und Sachbearbeiter der betroffenen Anwenderabteilung
- bei Bedarf weitere interne und externe Spezialisten (z.B. Controller, Berater, Softwareprofis)

gemeinsam zusammen. Man spricht von einem »interdisziplinären« Team.

Für den Teamaufbau ist die Organisationsform des Matrix-Projektmanagements am häufigsten anzutreffen. Hierbei werden die Teammitglieder als Fulltime- und Parttime-Mitarbeiter aus den betroffenen Linien- und Stabsstellen für eine begrenzte Zeitdauer zur Erfüllung der Projektaufgabe in Teamform zusammengezogen.

Sind Mitarbeiter über viele Monate hinweg ausschließlich in eine Teamorganisation eingebunden, erhält der Projektleiter gegenüber den Mitarbeitern neben der fachlichen auch die disziplinarische Weisungsbefugnis. Man spricht in diesem Fall von einem »absoluten Projektmanagement«. Es ist in neuerer Zeit häufig in lang dauernden Projekten der Geschäftsprozessoptimierung anzutreffen. Außerhalb des Informatikbereichs ist diese Projektmanagementform stets anzutreffen.

1.5 Funktionelles Projektmanagement: Methodenrepertoire und Controlling-Werkzeuge

Hinter dem Fachausdruck »Funktionelles Projektmanagement« verbergen sich alle Projektaktivitäten, die zur

- Projektabgrenzung und -strukturierung,
- Projektauslösung,
- Projektplanung und -steuerung,
- systematischen Projektabwicklung und
- mitlaufenden Projektdokumentation

nötig sind.

Ein übersichtliches Vorgehensmodell des Projektablaufs ist der Aufhänger für die Projektplanung und Softwarekalkulation, die der Projektleiter zusammen mit seinem Team vornimmt. Die sachliche und zeitliche Projektstrukturierung ist die Richtschnur für die Projektabwicklung und die Controllingtätigkeiten bis zur abschließenden Projektabrechnung.

Vorgehensmodelle zur systematischen Projektstrukturierung

Zu den wichtigsten Werkzeugen der Projektdurchführung gehört eine methodische Vorgehensweise. Man nennt diese schrittweise Abwicklung nach logisch aufeinander folgenden Arbeitsschritten ein Phasenkonzept. Standardisierte Vorgehensmodelle gibt es für Projekte der

- Individualentwicklung
- und der Softwarebeschaffung.

Phasenkonzepte sind vorteilhaft, weil das Projektteam beim Rückgriff auf eine solche »Checkliste« keine wesentlichen Punkte vergisst oder sie zu spät in die Überlegungen einbezieht.

Wenn ein Unternehmen oder eine Behörde das **V-Modell** einsetzt, das eine standardisierte Projektabwicklung für den öffentlichen Dienst darstellt, steht ein ergebnisorientiertes Phasenmodell im Mittelpunkt der Projektstrukturierung. Unternehmen, die nach dem **ISO-Qualitätsmanagementsystem 9003** zertifiziert sind, müssen eine Projektvorgehensweise nach einem geeigneten Phasenkonzept vorweisen.

Auch der Einsatz von Prototyping-Software, die bei einer Systementwicklung das Feedback gegenüber den Anwendern verbessern soll, ist im Rahmen eines leicht abgeänderten Phasenmodells möglich.

Die Anwendung eines einheitlichen Vorgehensmodells bringt Vorteile bei der Planung, Abwicklung, Überwachung und Dokumentation von Softwareprojekten.

Methoden und Tools der Projektarbeit

Neben dem Phasenkonzept als Orientierungshilfe für die Folgeschritte der Projektabwicklung müssen Sie als Projektleiter über das Methodenrepertoire der

- Systementwicklung,
- Systemevaluation und
- Systemimplementierung

Bescheid wissen. Sie sollten in der Lage sein, die für das Informatikprojekt zweckmäßige Vorgehensstrategie unter Berücksichtigung der funktions-, prozess- und dateiorientierten Sichtweise festzulegen.

Unumgänglich ist für einen Projektleiter heute die Kenntnis moderner Organisationsprinzipien, zum Beispiel der Lean Organisation, der Geschäftsprozessoptimierung, einer ereignisorientierten Steuerung der Vorgangsbearbeitung und der Client-Server-Technik.

Zur Unterstützung der Methodenarbeit gibt es zeitgemäße CASE-TOOLS, welche nach einer Lernphase der Mitarbeiter die Entwicklungs- und Dokumentationsarbeiten entlasten können. Zusätzlich sollte sich ein Projektleiter auch über den Einsatz moderner Entwicklungs- und Arbeitsinstrumente orientieren, z. B. über Workflow-Werkzeuge, Groupware, optische Dokumentenspeicherung oder einen Multimediaeinsatz.

Projektinitialisierung – ein wichtiger Meilenstein

Zum funktionellen Projektmanagement gehören klar definierte Schritte der Projektauslösung und ein offizieller Projektauftrag, der alle Entscheidungsinformationen über das geplante Vorhaben enthalten muss. Ein Projektleiter sollte sich hüten, nach dem Motto »Probieren wir mal ...« in eine Projektfalle hineinzustolpern!

Der Anstoß zur Auslösung eines Projekts kann aus zwei Richtungen erfolgen:

- aus einer Gesamtkonzeption der Informatik und Kommunikation, die schrittweise in Einzelprojekten realisiert wird,
- aus einem aktuellen Anlass heraus, z. B. einem Projektantrag des Fachbereichs oder aufgrund einer gesetzlichen Änderung.

Bei der Projektauslösung muss über den Mitarbeitereinsatz, das erforderliche Projektbudget, wichtige Meilensteintermine und die angestrebten Nutzenkategorien Klarheit bestehen! Eine Klärung dieser Punkte ist bei Bedarf vor der Projektfreigabe im Rahmen einer Voruntersuchung (Machbarkeitsanalyse) vorzunehmen.

Projektcontrolling – Kerntätigkeit des Projektleiters

In einem Methodenhandbuch der IT-Projektorganisation müssen klare Regelungen über die Planung und Überwachung eines Projekts enthalten sein, damit für die Projekte der Informations- und Kommunikationstechnologie ein einheitliches und systematisches Projektcontrolling gewährleistet ist.

Bei der Projektplanung werden vom Projektverantwortlichen

- der erforderliche Zeitaufwand für die Projektschritte geschätzt,
- die Projektmitarbeiter festgelegt,
- die Zwischen- und Endtermine errechnet
- und Kosten- und Nutzenüberlegungen angestellt.

Mit Hilfe anwenderverständlicher und transparenter Planungsverfahren sollte ein Projektleiter jedem fachkundigen Projektmitarbeiter den Einblick in das Zustandekommen der Planungsergebnisse ermöglichen!

Im Gegensatz zur Projektplanung sind die manuellen oder IT-unterstützten Verfahren der Projektüberwachung für jeden Projektmitarbeiter leicht verständlich. Der Arbeitsaufwand kann besonders beim Einsatz von Projektmanagementsoftware einen erheblichen Umfang annehmen. Periodische Status- und Fortschrittreviews ergänzen die Schritte der Projektüberwachung. Sie erlauben außerdem eine mitlaufende und motivierende Qualitätskontrolle.

Projektdokumentation – eine bittere Notwendigkeit

Ohne eine einwandfreie und ordnungsmäßige Dokumentation ist die Lebensfähigkeit eines komplexen Anwendungssystems in Frage gestellt! Die Dokumentation gehört zu den Kerntätigkeiten der funktionellen Projektorganisation und ist unumgänglich.

Ein **Projekthandbuch** muss klare Vorgaben über Form und Umfang der Projektdokumentation enthalten. Für die Entwicklungs- und Produktdokumentation müssen zwei Grundsätze Anwendung finden:

- Paralleldokumentation zusammen mit den Schritten der Systementwicklung oder -anpassung. Eine Nachdokumentation ist aufwendig und wird häufig vergessen!
- Maschinelle Dokumentationsunterstützung – wo immer sie möglich und sinnvoll ist.

Der Projektleiter ist dafür verantwortlich, dass jeder Projektmitarbeiter seine Tätigkeiten ausreichend nach vorgegebenen Methoden dokumentiert!

1.6 IT-Projekthandbuch als aktuelles Nachschlagewerk

Die Zusammenarbeit in einem IT-Projekt fällt allen Beteiligten leichter, wenn alle Verfahren und Spielregeln der personellen und funktionellen Projektorganisation in einem IT-Projekthandbuch enthalten sind.

Ein Projekthandbuch darf kein unleserlicher Schmöker sein. Es sollte für alle Mitarbeiter verständlich sein, die es als Arbeitsgrundlage benutzen. Für den Aufbau und die Pflege ist der Leiter der Organisation und Datenverarbeitung zuständig.

Aufbau und Pflege eines Projekthandbuchs sind eine geringe Investition! Eine solche Zusammenstellung kann durch ein kleines Arbeitsteam in wenigen Arbeitssitzungen erfolgen. Als **Richtschnur** kann dieses Fachbuch dienen. Begriffe und Methoden müssen jedoch unternehmensspezifisch festgelegt werden!

Jeder Mitarbeiter, der aktiv in ein Projekt eingebunden wird, sollte vor dem Einstieg in die Projektarbeit vom Projektleiter in geeigneter Weise auf der Grundlage des Projekthandbuchs geschult und eingewiesen werden.

Anbei ein **Überblick über wesentliche Teilstücke eines IT-Projekthandbuchs**:

- Gremien der personellen IT-Projektorganisation im Unternehmen
- Zusammenarbeit zwischen Fachabteilungen und Informatikbereich
- Projektstrukturierung bei Individualentwicklung und Einsatz von Standardsoftware
- Projektabwicklung mit Projektauslösung, Projektplanung und -steuerung
- Eine Dokumentationsrichtlinie mit ihren Bestandteilen System-, Programm- und Benutzerdokumentation
- Abwicklung der Systemwartung
- Spezielle Teilbücher über Methoden und Werkzeuge der Softwareentwicklung bzw. -beschaffung

Ein Projekthandbuch muss besonders solche Richtlinien und Anweisungen enthalten, die ein Projektleiter und seine Mitarbeiter bei ihrer täglichen Arbeit immer wieder benötigen. Dazu gehören:

- diverse Formblätter für die Projektauslösung, Projektplanung und -überwachung, für Wirtschaftlichkeitsberechnungen und eine Projektabrechnung
- Checklisten für Kosten- und Nutzenkriterien, eine Sitzungsvorbereitung und -abwicklung, für die verschiedenen Dokumentationsarten, für Projekttätigkeiten bei der Softwareentwicklung und -beschaffung u.ä.
- im Unternehmen übliche Darstellungs- und Beschreibungstechniken
- ein komplettes Planungsbeispiel
- ein aussagekräftiges Beispiel einer Projektakte, die ein Projektleiter als »Projektdrehbuch« nach der Projektplanung anlegen und ständig aktualisieren sollte
- ein Überblick über das Projektberichtswesen

In einem modernen IT-Bereich werden Projekthandbücher online im Informatikbereich verwaltet. Projektmitarbeiter können bei Bedarf auf der Basis geeigneter Suchbegriffe über das Intranet auf die gewünschten Abschnitte des Handbuchs zurückgreifen. Die **Online-Verwaltung** erleichtert den Änderungsdienst und erspart die schwerfällige Führung in Papierform.

In der Praxis haben aktuelle und vollständige Projekthandbücher, die den Projektleiter und seine Teammitarbeiter bei ihrer Arbeit unterstützen, bisher Seltenheitswert. Dieser Mangel zwingt ein Projektteam, bei Aus- und Fortbildungsmaßnahmen überwiegend auf außerbetriebliche Lehrgänge und Fachliteratur zurückzugreifen. Eine einheitliche Projektabwicklung kann in einem solchen Fall nicht erwartet werden!

Solange kein unternehmensspezifisches IT-Projekthandbuch vorliegt, können Sie als Projektleiter ersatzweise auf dieses neue Handbuch des IT-Projektmanagements zurückgreifen. Die in ihm aufgeführten Projektformulare und Arbeitsmethoden stellen für viele Unternehmen auch die Grundlage für ein innerbetriebliches Projekthandbuch dar.

1.7 Servicezentrum für IT-Projekte

Projekte im Bereich der Organisation, Informatik und Kommunikation stellen an das Projektmanagement immer höhere Anforderungen. Folgende Ursachen sind dafür maßgeblich:

- zunehmender Komplexitätsgrad integrierter Anwendungssysteme
- verstärkter Einsatz von Software-Tools zur Projektabwicklung, zum Projekt-Controlling und zur Projektdokumentation
- Projektleiter aus dem Fachbereichsmanagement mit begrenztem Methodikwissen
- dezentrale Projektabwicklung in Business Units

Es ist nicht zu erwarten, dass jedes Projektteam die bestmöglichen Formen des personellen und funktionellen Projektmanagements auswählt und richtig anwendet.

Bereitstellung einer Projektinfrastruktur

Wenn in einem größeren Unternehmen immer wieder umfangreiche und risikobehaftete Projekte abgewickelt werden müssen, lohnt sich der Aufbau eines Servicezentrums zur Unterstützung der Projektabwicklung (PM-Servicezentrum). Es kann das Methoden- und Erfahrungsdefizit in Organisations- und Informatikprojekten beseitigen. Es handelt sich um eine innerbetriebliche Stabsstelle. Sie besteht aus projekterfahrenen Methodikfachleuten aus dem Organisations- und Informatikbereich.

Durch den Einsatz eines kompetenten PM-Servicezentrums lassen sich messbare Projektvorteile erreichen:

- Beschleunigung der Projektabwicklung
- höhere Effizienz der Projektabwicklung
- Steigerung der Systemqualität
- Senkung der Projektrisiken

Das Servicezentrum steht auch für Projekte in anderen Unternehmensbereichen zur Verfügung.

Dienstleistungsangebot eines PM-Servicezentrums

Das Dienstleistungsspektrum der PM-Stabsstelle ist breit gestreut. Im Mittelpunkt stehen folgende Arbeitsbereiche:

- Infrastruktur-Bereitstellung für Organisations- und Informatikprojekte (Projektmanagement-Tools, Präsentationswerkzeuge, Dokumentationsunterstützung)

- Unterstützung des Projektmanagements bei der Projektinitialisierung, der Projektstrukturierung und des Projekt-Controllings
- Beratung zur Vorgehensstrategie, zur Hardware- und Softwareevaluation und zu zweckmäßigen Problemlösungsmethoden
- einheitliche Sprachregelung in den Projekten
- Pflege und Fortentwicklung des zentral gespeicherten Projekthandbuchs
- methodische Ausbildung von Teammitgliedern
- Coaching von Projektleitern

Ein PM-Servicezentrum soll den Projektleiter von administrativen Arbeiten entlasten und eine saubere Projektarbeit garantieren.

Praxiserfahrungen mit Projektservicezentren

Der Einsatz von PM-Servicezentren ist nur in größeren Unternehmen anzutreffen. Es gibt eine Faustregel, nach der für etwa 100 Projektmitarbeiter 3 - 4 Methodenprofis in einem Servicezentrum eine optimale Größenordnung darstellen. Beispiele sind in Industrie-, Handels- und Dienstleistungsunternehmen anzutreffen. Vorreiter ist bei PM-Dienstleistungszentren die Branche der System- und Softwarehäuser. Sie geben einer methodisch einwandfreien und effizienten Projektabwicklung die höchste Priorität, damit die Projekte bei Terminen und Budgets nicht aus dem Ruder laufen.

Häufig nimmt das PM-Servicezentrum den Projektleitern die anspruchsvolle und zeitaufwendige Arbeit der Projektadministration und -überwachung mit Hilfe eines Projektmanagementsystems ab. In einem Softwareunternehmen besteht die Regelung, dass jeder Projektleiter den voraussichtlichen Projektaufwand bei einer Softwarekalkulation nach einem eigenen Verfahren selbst schätzt. Parallel dazu erfolgt durch Mitarbeiter des Projektservicezentrums eine professionelle Softwarekalkulation mit Hilfe des Function-Point-Verfahrens. Beide Ergebnisse werden am Schluss miteinander abgestimmt.

Als häufiger Nachteil ist zu beobachten, dass gerade die kompetenten Mitarbeiter eines Projektservicezentrums immer wieder als Task Force in notleidende Projekte gesteckt werden. Dadurch sind sie ihren eigentlichen Aufgaben oft auf längere Zeit entzogen.

In neuester Zeit sind in Unternehmen immer häufiger **virtuelle PM-Servicezentren** anzutreffen. Die Mitglieder dieser Stabsstelle arbeiten in Projekten, im Benutzerservice oder als IT-Trainer im Unternehmen. In einem festgelegten maximalen Zeitumfang stehen sie mit ihrem spezifischen Expertenwissen für Aufgaben des PM-Service zur Verfügung, beispielsweise

- zur Mitwirkung bei der Planung eines neuen Projekts,
- als Coach eines Projektleiters in einer Konfliktsituation,
- als Kenner einer bestimmten Methodik oder eines Softwaretools
- oder zur Mitarbeit bei der Qualitätssicherung.

Neben persönlichen Besuchen und der Kontaktaufnahme über das Telefon kann auch eine Kommunikation über das Internet oder Intranet erfolgen.

Die virtuelle Zuordnung von Spezialisten zum Projektservicezentrum erlaubt es einem Unternehmen, auf das spezielle Fachwissen eines Mitarbeiters zurückzugreifen, ohne eine zusätzliche Stabsstelle unterhalten zu müssen.

1.8 Die besten Expertentipps dieses Lernmoduls auf einen Blick

Für jeden professionellen IT-Projektleiter stellt die Kenntnis der klassischen **Grundsätze und Regeln des Projektmanagements** die unverzichtbare Basis für diesen anspruchsvollen und anstrengenden Job dar. Zusätzlich muss jeder Projektmanager heute über die Begriffe der Internet-Marktplätze, des Web-Designs und des E-Commerce Bescheid wissen. Sie bestimmen das Gesicht der IT- und Internetprojekte dieses Jahrzehnts!

Die folgenden **Highlights** stehen heute im Mittelpunkt eines effektiven IT-Projektmanagements:

(1) Eine IT-Projektlandschaft stellt bisher selten eine heile Welt dar! Noch immer werden in den meisten IT-Projekten die **Zielsetzungen** der Aufwands- und Terminplanung und der angestrebten Systemqualität nicht erreicht. Hierfür bilden überwiegend personelle Risikofaktoren und erst an zweiter Stelle Methodik- und Controllingprobleme die Ursache.

(2) IT-Projekte werden nach denselben Grundsätzen und Regeln wie technische Projekte abgewickelt. Sie weisen allerdings gravierende Besonderheiten auf, die der Projektleiter kennen muss: **IT-Projekte sind außerordentlich anfällig** gegenüber einem Mitarbeiter-, Hardware- und Softwarewechsel während der Projektlaufzeit! Diese Risiken nehmen mit der Projektdauer überproportional zu.
(3) Schwerpunkte des IT-Projektinhalts sind heute häufig ▶ die Ablösung von Altsoftware durch integrierte Softwarepakete ▶ der Aufbau von Intra- und Extranets und einer Client-Server-Struktur ▶ die Entwicklung von Workflow- und Archivierungssystemen ▶ der Aufbau von Internetmarktplätzen und E-Business-Systemen Nur spezialisierte Projektteams können die komplexen Aufgabenstellungen der kommenden Jahre in den Griff bekommen!
(4) Für die Projektabwicklung muss der Projektleiter die aktuellen Prinzipien und Regeln des personellen und funktionellen Projektmanagements kennen.
(5) Das **personelle oder institutionelle Projektmanagement** umfasst das Entscheidungsgremium für ein Projekt, das Projektteam mit den internen und externen Projektmitarbeitern und die in das Projekt involvierten Führungskräfte des Kunden / Anwenders. Für eine zweckmäßige Zusammenarbeit des personellen Projektmanagements gibt es unterschiedliche Formen.
(6) Zu den **funktionellen Regelungen eines Projekts** gehören die Aktivitäten der Projektauslösung, der Projektstrukturierung, des Projektcontrollings und der Projektdokumentation. Oft ist auch ein Projektmarketing für den Projektleiter unabdingbar.
(7) Die für ein Unternehmen obligatorischen Regeln der Projektorganisation, die für alle Projektinstanzen verbindlich sind, sollten in einem **Online-Projekthandbuch** festgehalten sein, das ständig aktualisiert werden muss.

(8) Ein **zentrales Projektservicezentrum** unterstützt auf Anforderung die Teams der IT-Projekte bei der Planung und Steuerung, beim Tooleinsatz und bei der Lösung von Projektkonflikten. Immer häufiger existiert die Projektservicestelle **in virtueller Form** und benutzt Intra- und Extranets als Kommunikationsmittel.

2 Erfolgsmerkmale und Skills des IT-Projektleiters

In der Projektarbeit steht der Projektleiter im Brennpunkt. Von der Wahl des richtigen IT-Projektverantwortlichen hängt der Erfolg des ganzen Vorhabens ab. Ein Projektleiter muss ausreichende Führungsqualitäten besitzen und sein Projekt fachlich und menschlich fest im Griff haben! Das ist nur möglich, wenn er sich nicht nur am Rand um die Projektaufgaben kümmern kann, sondern genügend Zeit für diese anspruchsvolle Tätigkeit hat.

Sie erfahren in diesem Kapitel (folgend auch Lernmodul genannt):

- welche Führungs- und Fachaufgaben ein Projektleiter übernehmen muss
- welche Befugnisskala ihm hierfür zur Verfügung steht
- warum Motivation und Konfliktmanagement einen hohen Stellenwert haben
- weshalb Kenntnisse über das Thema Benutzerakzeptanz nicht fehlen dürfen

Selbstverständlich muss sich ein Projektleiter durch geeignete Ausbildungsmaßnahmen und durch ein zweckmäßiges Training on the Job ausreichend für diese neue Aufgaben qualifizieren.

Zur Durchführung künftiger Projektaufgaben gehören auch qualifizierte Kenntnisse über die durch das **Internet** und ein betriebliches **Intranet** gebotenen technischen und organisatorischen Möglichkeiten und das Know-how zur Abwicklung von IT-Projekten im Rahmen des **E-Business**.

2.1 Projektleiter aus dem IT- oder Fachbereich?

Ein fähiger und bereits perfekter Projektleiter fällt nicht vom Himmel. Nichts kann in einem Lenkungsausschuss schwieriger sein, als einen kompetenten Projektleiter zu finden, der die erforderlichen Fach- und Führungsaufgaben beherrscht und für diese Tätigkeit ein ausreichendes Maß an Motivation und Engagement mitbringt!

Die **Verantwortung für ein IT-Projekt** kann in Abhängigkeit von

- der Größenordnung
- der Projektart
- der technischen und organisatorischen Komplexität
- und der geplanten zentralen oder dezentralen Abwicklung

einer geeigneten Führungskraft oder einem Experten des Informatik-, Organisations- oder Fachbereichs übertragen werden. Handelt es sich um eine stark innovative Aufgabenstellung, für die im Unternehmen kein kompetenter Verantwortlicher zur Verfügung steht, kann das Projekt in die Hand eines externen Projektleiters einer Consulting-, Software- oder Systemfirma gelegt werden. Im anschließenden Lernmodul stellen wir die Grundsätze und Regeln der Zusammenarbeit dar, die beim Einsatz eines Fremdprojektleiters gelten sollten.

2.1.1 Merkmale eines Projektverantwortlichen aus dem IT-Bereich

Die weit überwiegende Zahl der Projektverantwortlichen stammt bisher aus dem Informatikbereich eines Unternehmens. Hier sind die professionellen Projektleiter anzutreffen. **Vorteile** eines Projektverantwortlichen aus dem Informatikressort:

- Vertrautheit mit der Arbeitsmethodik und den Softwarewerkzeugen zur Projektführung
- Projekterfahrungen durch die ständige Mitarbeit in Projekten
- Kenntnisse der Programmiertechnik und der Hardwarelandschaft des Unternehmens

Nachteilig können sich Verständigungsschwierigkeiten mit dem Anwenderbereich und eine sich dadurch ergebende mangelhafte Benutzerakzeptanz auswirken.

In manchen Unternehmen stellt die Abteilung Betriebsorganisation auch für Informatikprojekte den Projektleiter. Vorteilhaft kann die Ausrichtung auf die der Informatik übergeordnete Aufbau- und Ablauforganisation sein, worauf heute bei der ausgeprägten prozessorientierten Denkweise Wert gelegt wird. Allerdings sind bisweilen Klagen der Anwender über die theoretische Grundeinstellung von Projektleitern aus dem Organisationsbereich zu hören.

2.1.2 Wann ist ein Linienvorgesetzter der bessere Projektmanager?

Projektleiter aus dem **Anwenderbereich** sind in neuerer Zeit besonders bei dezentraler Datenverarbeitung anzutreffen. Mehrere Gründe sprechen dafür:

- Besseres Durchsetzungsvermögen der Machtpromotoren aus dem Fachressort
- Detaillierte Anwendungs- und Problemkenntnisse
- Bessere Akzeptanz durch die disziplinarisch dem Anwenderprojektleiter unterstellten Mitarbeiter

Problematisch können bei einer Projektleitung durch eine Anwendungsführungskraft methodische Schwächen, unzureichende Toolkenntnisse und mangelnde Projekterfahrung sein. Hinzu kommt der oft chronische Zeitmangel solcher Kräfte.

Übernimmt eine Anwenderführungskraft die Leitung eines Informatikprojekts, sollte ihr möglichst ein IT-Profi oder ein externer IT-Berater als »Coach« zur Seite stehen.

Kleinere und unproblematische Projekte werden vom IT-Koordinator des Fachbereichs oder einem IT-Mitarbeiter durchgezogen. Bei Bedarf greifen sie auf interne IT-Mitarbeiter oder Spezialisten einer Softwarefirma zurück.

In einigen Bereichen der öffentlichen Verwaltung ist anzutreffen, dass ein Projekt von zwei gleichberechtigten Projektleitern geführt wird, von denen einer aus dem Bereich des Bedarfsverursachers (Fachressort), der andere vom Bedarfsdecker (Organisation und Informatik) gestellt wird. Bei einer klar festgelegten Vorgehensmethodik und Kompetenzaufteilung führt dies nicht zu Schwierigkeiten, wie sich bei vielen Projekten gezeigt hat.

Beim Einsatz integrierter Standardsoftware stellt die Softwarefirma einen eigenen Projektleiter. Er übernimmt eine Brückenfunktion zwischen dem internen Projektleiter des Anwenderunternehmens und seiner Softwarefirma. Arbeitsschwerpunkte dieses Fremdmitarbeiters sind

- die richtige Interpretation des Softwareinhalts,
- die zweckmäßige Integration der Softwaremodule
- und die Weitergabe von Erfahrungen bei der Softwareanpassung an das Anwenderunternehmen.

Die Gesamtverantwortung für das Projekt sollte dem unternehmenseigenen Projektleiter obliegen! Er muss sich einen ausreichenden Überblick über das Projekt erarbeiten. Er darf nicht vom Fremdprojektleiter der Softwarefirma so stark abhängig werden, dass ihm selbst das Projekt aus den Fingern gleitet!

Durch ausreichende Informations- und Schulungsaktivitäten über Inhalt und Zusammenhänge des Softwarepakets ist dafür Sorge zu tragen, dass der Softwarelieferant ein ausreichendes System-Know-how an den unternehmenseigenen Projektleiter und seine Mitarbeiter überträgt.

2.2 Achten Sie als Projektleiter auf eine optimale Unterstellung!

Jeder Projektleiter muss sich zu Beginn seiner Tätigkeit Klarheit darüber verschaffen, wem er während seiner Projektleitertätigkeit unterstellt ist.

Wenig Probleme bereitet die disziplinarische Unterstellung. Sie ergibt sich aufgrund der Herkunft des Projektleiters aus den Bereichen der Organisation, Datenverarbeitung oder der Fachabteilung.

Bedeutsamer und nicht immer klar festgelegt ist die fachliche Unterstellung und Betreuung des Projektleiters. Bei einer unzureichenden fachlichen Betreuung fehlt dem Projektleiter der bei dieser stressigen Tätigkeit erforderliche persönliche Rückhalt. Die formale fachliche Berichterstattung gegenüber dem periodisch tagenden IT-Lenkungsausschuss gibt besonders in Konflikt- und Krisensituationen keine ausreichende Rückendeckung. Hier bewährt sich die Einrichtung der Institution eines **Projektmentors** aus dem Kreis des Lenkungsausschusses. Er kümmert sich persönlich um ein bestimmtes Projekt. Der Projektleiter kann sich bei Problemen vertrauensvoll an ihn wenden.

Bei **dezentral organisierten Projekten**, die beispielsweise von einem IT-Koordinator als Projektverantwortlichem betreut werden, berichtet dieser nicht an einen zentralen IT-Lenkungsausschuss, sondern an seinen Fachbereichsleiter. Dieser muss sich ausreichend um die in seinem Bereich abgewickelten Projekte kümmern. Wie diese dezentralen Projektverantwortlichen in den Projektleiterlehrgängen berichten, fehlt es den Linienmanagern oft an der Zeit, ihre Projekte ausreichend zu betreuen.

2.3 Aufgabenpalette und Anforderungsprofil für einen IT-Projektleiter

Die Anforderungen an einen IT-Projektleiter werden durch die zunehmende Projektkomplexität immer höher geschraubt. Sie können nur von hervorragend ausgebildeten und projekterfahrenen IT-Mitarbeitern erbracht werden! Wir zeigen Ihnen in den anschließenden Lernabschnitten, welche Schwerpunkte beim **Anforderungsprofil an einen IT-Projektleiter** im Vordergrund stehen. Sie erhalten einen präzisen Einblick

- in das **Aufgabenspektrum** eines IT-Projektleiters
- in den **Befugnisrahmen**, der ihm zur Aufgabenerfüllung zur Verfügung steht
- in die **Qualifikationsanforderungen**, die für einen Projektleiter unabdingbar sind

Drei Komponenten messen wir bei der Erarbeitung des Anforderungsprofils für einen IT-Projektleiter aufgrund unserer Praxiserfahrungen große Bedeutung bei. Dazu gehören die Motivationsfähigkeit der Teammitarbeiter und Anwender, Kenntnisse des Konflikt- und Krisenmanagements und die Schaffung einer ausreichenden Benutzerakzeptanz für Organisationsveränderungen, die sich durch ein IT-Projekt ergeben.

2.3.1 Alle wichtigen Führungs- und Fachaufgaben eines Projektleiters

Bei einem Projektleiter sind Führungs-, Methodik- und Fachaufgaben zu unterscheiden. Die **Führungsaufgaben** – also die Planung und Überwachung, die Projektkoordination, Informations- und Motivationsaufgaben – müssen an erster Stelle stehen. Sie stellen die Qualitätsmerkmale eines fähigen Projektleiters dar.

Der Projektleiter betreut das Projektteam und hält Kontakt zu den beteiligten Fachbereichen und benachbarten Projekten. Er plant und überwacht das ihm übertragene Projekt nach Aufwand, Termin, Kosten und Qualität.

Hilfsmittel seiner Führungstätigkeit sind für den Projektleiter ein ausgeprägtes kooperatives Führungsverhalten und der Einsatz geeigneter Führungs- und Motivationstechniken. Detaillierte Ausführungen finden Sie dazu im Abschnitt 2.4.

Im Rahmen seiner fachlichen und methodischen Aufgaben muss der Projektleiter für die Mitglieder seiner Projektgruppe die Rolle des Vordenkers und Prozessmoderators übernehmen. Im Einzelnen ist er für folgende Punkte verantwortlich:

- die Information der Projektmitarbeiter, damit diese die ihnen übertragenen Aufgaben im Projekt in qualifizierter Form durchführen können
- den Einsatz wirkungsvoller Arbeits-, Entscheidungs- und Problemlösungstechniken
- die Erstellung der im Projekthandbuch vorgeschriebenen Qualitätssicherung und Dokumentation
- die Abstimmung der Arbeitsergebnisse mit seinen Vorgesetzten und den beteiligten Fachressorts

Um im fachlichen Projektbereich erfolgreich tätig zu werden, muss sich ein Projektleiter einen ausreichenden Überblick über den Istzustand und die geplante Soll- und Systemkonzeption verschaffen.

Zur Erarbeitung eines intensiven Durchblicks durch das Istsystem und das geplante Solldesign sollte der Projektleiter sich genügend Zeit für die Mitarbeit in diesen Projektphasen nehmen. Andernfalls kann er seine Führungsfunktionen im Projekt nicht ausreichend wahrnehmen!

Besonders gründlich muss sich der Projektleiter in die künftigen Kernprozesse und in das geplante logische Datenmodell einarbeiten. Daneben muss er die Zusammenhänge und die Verbindungen zu den Nachbarsystemen durchschauen. Erleichtert wird dieser Durchblick mit Hilfe von Integrationsschaubildern, die der Projektleiter anfertigt. Sie dienen auch der Verständigung mit den Projektmitarbeitern.

2.3.2 Die breite Palette der Qualifikationsanforderungen

Ein IT-Projekt durch alle Höhen und Tiefen bis zum erfolgreichen Projektabschluss durchzuziehen, erfordert vom verantwortlichen Projektleiter ein überragendes Kompetenz- und Persönlichkeitsprofil! Auch die Teammitglieder müssen das für ein bestimmtes Projekt erforderliche Anforderungsformat besitzen.

Stellt ein Projektleiter bei sich oder der Auswahl seiner Projektmitarbeiter vor dem Projekteinstieg beträchtliche Kompetenzdefizite fest, müssen diese durch gezielte Schulungsaktivitäten oder ein Mitarbeitercoaching abgebaut werden.

Die wichtigsten Komponenten des Kompetenzprofils

Die Anforderungsschwerpunkte eines IT-Projektleiters und seiner Teammitglieder bewegen sich zwischen den beiden Polen

- der fachlichen, IT-technischen und methodischen Anforderungen
- der Softskills, zu denen die führungstechnischen, sozialen und menschlichen Fähigkeiten, Kenntnisse und Erfahrungen zählen

Erhebliche Auswirkungen auf das Anforderungsprofil hat die Größe, Art und der Komplexitätsgrad eines IT-Projekts. Wickelt der Projektverantwortliche persönlich das ganze Projekt ab **(»Einmannprojekt«)**, stehen die Faktoren der IT-technischen, fachlichen und organisatorischen Kompetenz im Vordergrund. Je umfangreicher ein IT-Projekt ist, umso mehr verschiebt sich das Anforderungsprofil des Projektleiters in die Richtung der Führungs-, Methoden- und sozialen Kompetenz. Die technischen Kompetenzen, zum Beispiel Internet-, Multimedia- oder Screendesignkenntnisse, müssen von den ausgewählten Teammitarbeitern in das Projekt eingebracht werden.

Welche Qualifikationsanforderungen stehen im Vordergrund der IT-Projektarbeit? Zunächst ein **Überblick über die unabdingbaren Kenntnis- und Erfahrungsblöcke:**

- Persönlichkeit des Projektleiters
- Methodenkompetenz der IT-Technologien und des Projektcontrollings
- Fachkompetenz im Anwendungsbereich des IT-Projekts
- Führungskompetenz

- Soziale Kompetenz
- Wirtschaftliche und strategische Kompetenz (Business-Zielsetzungen)

Besonders die wirtschaftliche und strategische Denkweise fällt einem IT-technisch orientierten Projektleiter oft schwer. Diese unterschiedliche Denkweise kann zu erheblichen Spannungen mit den Führungskräften des Kunden oder Anwenderbereichs führen.

Für jedes IT-Projekt wichtig: Persönliche Kompetenz des Projektleiters

Es gibt bestimmte persönliche Eigenschaften, die ein Projektleiter in überdurchschnittlichem Maß besitzen sollte:

- Durchsetzungsvermögen
- Entscheidungsfreudigkeit
- Beharrlichkeit
- Stressstabilität

Zu diesen **Kernanforderungen**, die zum Persönlichkeitsbild des Projektleiters gehören und sich nur bedingt erlernen lassen, sollte eine gute mündliche und schriftliche Ausdrucksfähigkeit, Initiative und Verhandlungsgeschick dazukommen. Unterschiedliche Auffassungen bestehen darüber, in welchem Umfang ein Projektleiter Kreativität besitzen muss. Einigkeit besteht darüber, dass es dem Projektleiter gelingen muss, durch ein gekonntes Führungsverhalten im Projektteam ein Höchstmaß an gemeinsamer Kreativität zu erzeugen.

Fachkompetenz im Anwendungsbereich des IT-Projekts

Der Projektleiter muss **Kenntnis von dem Unternehmen und Sachgebiet** haben, in dem das Projekt läuft! Ein fundiertes Fachwissen ist für den Projektleiter in einem kleineren Projekt unentbehrlich. Im größeren Projekt muss das Fachwissen nicht unbedingt beim Projektleiter konzentriert sein, aber im Projektteam in ausreichendem Umfang vorhanden sein.

Mangelndes Fachwissen macht besonders einem externen Projektleiter zu schaffen, wenn er in einer ihm bisher fremden Branche oder einem neuen Arbeitsgebiet tätig werden soll.

Methodenkompetenz der IT-Technologien und des Projektcontrollings

Als IT-Projektverantwortlicher müssen Sie fundierte und aktuelle Kenntnisse der Informations- und Kommunikationstechnik besitzen!

> *Für Projektleiter, die in der Host-Welt und 3-GL-Sprachen groß geworden sind, kann das im Internetzeitalter ein erhebliches Umdenken bedeuten!*

Der **Schwerpunkt der Methodenkompetenz** besteht darin, dass ein Projektleiter Erfahrung in der Organisation von Projektarbeit besitzt. Er muss in der Lage sein, zusammen mit seinem Team

- wirkungsvolle Entscheidungs- und Problemlösungstechniken anzuwenden
- Geschäftsprozesse und Datenmodelle zu entwickeln
- Alternativen zu analysieren und zu bewerten
- seine Mitarbeiter zur Einhaltung von Arbeits- und Dokumentationsstandards anzuhalten

Zur Methodenkompetenz zählt auch die Kenntnis effizienter **Projektcontrolling-Verfahren** und der professionelle Einsatz von Projektmanagement-Tools.

Methodenkenntnisse lassen sich erlernen. Dieser Projektleiterreport ist ein umfassendes und aktuelles Methodenhandbuch des IT-Projektmanagements!

Führungs- und Sozialkompetenz sind Schlüsselqualifikationen

Je umfangreicher und innovativer ein IT-Projekt ist, umso stärker stehen ein projektgerechter Führungsstil und die **Zusammenarbeit mit Teammitgliedern und Anwendern / Kunden** im Vordergrund des Projektleiterprofils. Hier bestehen bei introvertierten Informatikern, die zum ersten Mal Projektverantwortung übernehmen, oft erhebliche Trainings- und Erfahrungsdefizite!

> *Ein IT-Projektleiter muss lernen, gegenüber den selbstbewussten Teammitgliedern nicht als autoritärer Führer, sondern als Moderator aufzutreten! Nur auf diese Weise lässt sich eine ausreichende Mitarbeiterakzeptanz erreichen!*

Zur Unterstützung der kommunikativen Strukturen und einer teamorientierten Führung werden in einem modernen Projektmilieu die **sozialen Anforderungen** an den Projektleiter immer bedeutsamer. Zum breit gestreuten Katalog der Sozialkompetenz zählen beispielsweise:

- ein ausgeprägter Teamgeist und eine positive Ausstrahlung auf die Teammitarbeiter
- eine hohe Motivationsfähigkeit der Teammitglieder und Anwender / Kunden
- Kompetenz im Umgang mit schwierigen Mitarbeitern
- ein ausreichendes Kenntnisspektrum über Streitvermeidungs- und Konfliktbewältigungsstrategien

Als außerordentlich wichtig wird bei den Eigenschaften eines erfolgreichen Projektmanagers seine **Teamfähigkeit** angesehen. Er muss in der Lage sein, mit seinen Mitarbeitern umzugehen. Er hat es hierbei schwerer als ein disziplinarischer Vorgesetzter! Gerade deshalb muss der Projektleiter so viel Wert auf eine ausreichende Information und Motivation seiner Teammitglieder legen. Eine harmonische und spannungsfreie Zusammenarbeit gelingt umso besser, je mehr die Führungskräfte des Anwenderbereichs / Kunden den Projektleiter auch in schwierigen Situationen vorbehaltlos unterstützen und ihm nicht einen Fallstrick nach dem anderen legen!

Wie steht es mit Ihrer Business-Kompetenz?

Bei anspruchsvollen IT-Projekten mit gravierenden Auswirkungen auf die Geschäftsprozesse und den Unternehmenserfolg legt die Geschäftsleitung mit Recht großen Wert auf ein unternehmerisch denkendes Projektmanagement. Führungskräfte und Anwender beurteilen ein Projekt nicht nach IT-technischen Gesichtspunkten. Sie denken in betriebswirtschaftlichen und strategischen Kategorien.

Um mit dem Auftraggeber diskutieren zu können, muss sich ein Projektleiter ein ausreichendes betriebswirtschaftliches Know-how aneignen. Das Kosten- / Nutzenbewusstsein muss in einem Projekt ständig im Vordergrund stehen.

2.3.3 Kennen Sie Ihren Befugnisrahmen?

Ein Vorgesetzter im Linienbereich eines Unternehmens verfügt über zwei Arten von Anweisungsbefugnissen gegenüber seinen Mitarbeitern:

- eine disziplinarische Anweisungsbefugnis, welche die personelle Betreuung und Überwachung der Mitarbeiter umfasst

- eine fachliche Anweisungsbefugnis, die sich auf Anordnungen innerhalb des Tätigkeitsgebiets eines Mitarbeiters erstreckt

Ein Projektleiter kann

- im Ausnahmefall die gesamte Befugnisskala der disziplinarischen und der fachlichen Anweisungsbefugnisse besitzen (absolutes Projektmanagement)
- nur über fachliche Anweisungsbefugnisse verfügen (Matrix-Projektmanagement)
- oder überhaupt keine Anweisungsbefugnisse gegenüber Projektmitarbeitern haben

Die Übertragung **disziplinarischer Weisungsbefugnisse** und Sanktionsmöglichkeiten an einen Projektleiter aus dem IT-Bereich ist aus zwei Gründen meist nicht sinnvoll:

(1) Viele Projektmitarbeiter unterstehen dem Projektleiter nur zeitweise.

(2) Die Mitarbeit erstreckt sich oft nur über eine kurze Zeit.

Ausnahmen sind bei lang dauernden Projekten anzutreffen, wenn dieselbe personelle Projektkonstellation über mehrere Jahre hinweg besteht. Das kann beispielsweise bei Projekten der Geschäftsprozessoptimierung der Fall sein.

Weit überwiegend ist im Bereich der Informatik das **Matrix-Projektmanagement** des Projektleiters gegenüber den ihm unterstellten Mitarbeitern anzutreffen. Das liegt hauptsächlich daran, dass sich IT-Projekte im Durchschnitt nur über einige Monate oder ein Jahr erstrecken. Der Disziplinarvorgesetzte der Projektmitarbeiter würde dadurch immer wieder wechseln. Andere Projektmitarbeiter, die nur zeitweilig in einem Projekt mitwirken, hätten sogar mehrere Disziplinarvorgesetzte.

2

Herkunft / Team-mitarbeiter	Abteilung Datenverarbeitung	Fachabteilung 1	Fachabteilung 2
Projektleiter (fulltime)	X		
Programmierer (fulltime)	X		
IT-Koordinator (fulltime)		X	
Sachbearbeiter (parttime)		X	
Gruppenleiter (parttime)			X

Abbildung 2.1: Einfaches Beispiel einer Matrixorganisation im Projektbereich

Eine disziplinarische Weisungsbefugnis ist in neuerer Zeit gelegentlich in IT-Projekten anzutreffen, wenn ein Projektleiter mit denselben Mitarbeitern aus dem Informatikbereich über Jahre hinweg in Folgeprojekten zusammenarbeitet. Die disziplinarischen Befugnisse erstrecken sich hierbei nicht auf die wechselnden Mitarbeiter der Fachabteilungen.

Stammt der Projektleiter aus dem Fachbereich und ist er zugleich für die Linienarbeiten der Vorgesetzte der Projektmitarbeiter, decken sich auch hier die disziplinarischen und fachlichen Anweisungsbefugnisse gegenüber den Mitarbeitern aus seinem Bereich.

Die ausschließlich fachliche Unterstellung der Projektmitarbeiter schränkt den Befugnisrahmen eines Projektleiters aus dem IT-Bereich erheblich ein. Sie zwingt ihn zu einem kooperativen Führungsstil und einer ständigen Mitarbeitermotivation, um die Projektmitarbeiter »bei der Stange zu halten«.

Nutzen Sie Ihre fachlichen Anweisungsbefugnisse!

Der fachliche Weisungsumfang des Projektleiters erstreckt sich auf die Projektarbeiten, die seine Mitarbeiter durchführen sollen. Art und Umfang der Tätigkeiten, die von Teammitgliedern und Anwendern zu leisten sind, sollten im **Projektmanagementhandbuch** exakt geregelt sein und in die Projektakte des jeweiligen Projekts übernommen werden.

Durch eine ausreichende Information und Motivation der Projektmitarbeiter über ihre Rechte und Pflichten, eine intensive Ausbildung und exakte Arbeitszuweisungen sollten Sie als Projektverantwortlicher Ihren schwachen Befugnisumfang so weit wie möglich ausgleichen!

Spannen Sie hierfür auch Ihren Projektmentor und die Führungskräfte der Anwenderabteilung / des Kunden, den Projektcontroller und den Qualitätsbeauftragten ein!

In einem vom Fachbereich / Kunden akzeptierten und planmäßig abgewickelten Projekt ergeben sich normalerweise keine Probleme aufgrund der schwachen Befugnisskala des Projektleiters. Schwierigkeiten sind dagegen vorprogrammiert, wenn gravierende Meinungsdifferenzen zwischen der IT- und der Anwenderseite auftreten oder wenn sich ein Projekt in der Realisierung endlos hinzieht!

2.4 Führungsverhalten und -techniken des Projektleiters

Für den Projekterfolg ist die Auswahl eines geeigneten Führungsstils und der gezielte Einsatz effizienter Führungstechniken von ausschlaggebender Bedeutung. Heute gilt die Anwendung des **kooperativen Führungsstils** als optimale Form des Führungsverhaltens in einem IT-Projekt. Sie ist eng mit den Führungstechniken der Aufgabendelegation und der Mitarbeitermotivation verbunden.

2.4.1 Empfehlung des kooperativen Führungsstils

Von den denkbaren Möglichkeiten des Führungsverhaltens:

- autoritär
- patriarchalisch
- kooperativ
- demokratisch
- bürokratisch

kann für den Projektleiter nur der kooperative Führungsstil in Frage kommen. Ein autoritäres Führungsverhalten wäre für jede Projektabwicklung

Gift! Anweisungen und ein Befehlston würden sehr schnell die beiden Grundpfeiler jeder produktiven Projektarbeit zerstören: die Motivation der Projektmitarbeiter und ihre höchstmögliche Kreativität. Die Zielmatrix in Abbildung 2.2 zeigt, wie sich durch ein kooperatives Führungsverhalten Leistung und Klima auf einen Nenner bringen lassen.

Für den Einsatz des **kooperativen Führungsverhaltens** gelten folgende Grundsätze:

- Der Mitarbeiter soll mitdenken und mitentscheiden. Er ist vollwertiger Partner des Projektleiters; Entscheidungen werden nach Möglichkeit nach ausreichender Argumentation und Überzeugung gemeinsam gefällt.
- Der Projektleiter sollte überzeugt sein, dass auf längere Frist die höchstmögliche Leistung nur durch eine gemeinsame Anstrengung der Projektgruppe erreichbar ist.
- Der Projektleiter sieht sich seinen Mitarbeitern gegenüber hauptsächlich als Koordinator und Moderator.

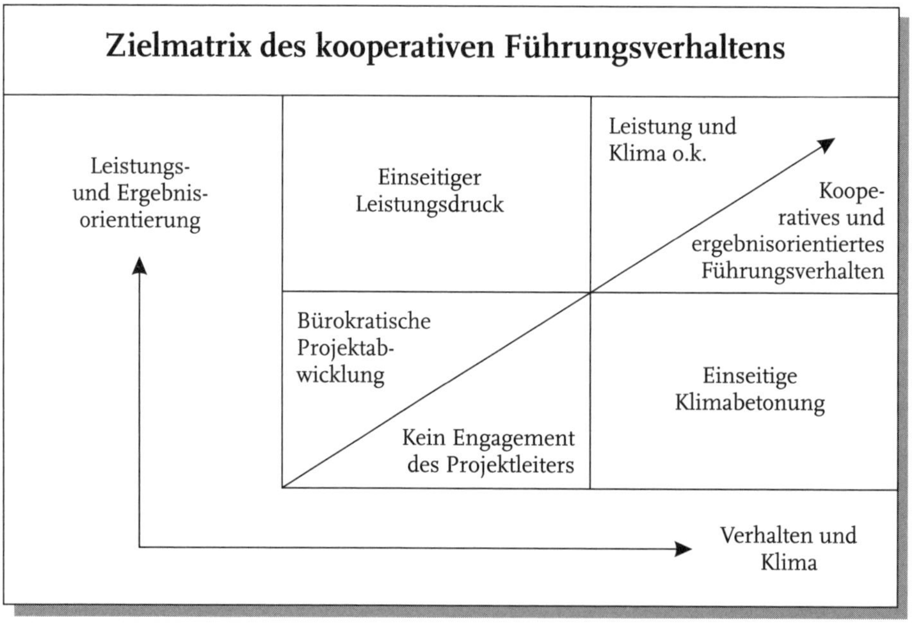

Abbildung 2.2: Leistung und Klima lassen sich beim kooperativen Führungsverhalten optimieren!

- An die Stelle persönlicher Anweisungen treten sachliche Informationen.
- Bei Meinungsverschiedenheiten entscheidet der Projektleiter erst nach ausreichender Argumentation mit seinen Mitarbeitern. Er hat eine von der Mitarbeiterauffassung abweichende Entscheidung sachlich zu begründen.
- Motivation ist ein wesentliches Hilfsmittel des kooperativ eingestellten Projektleiters: Die Mitarbeiter sollten in ihrer Arbeit auch gleichzeitig ihre persönlichen Ziele realisieren.

Ein Abweichen von den Grundsätzen des kooperativen Führungsverhaltens ist nur erlaubt, sofern sich aufgrund der Erwartungen noch nicht kooperativ geschulter Mitarbeiter oder in Krisensituationen das Projektziel anderweitig nicht mehr erreichen lässt (Anwendung des **situativen Führungsstils**).

Als wesentliche Eigenschaften zur Unterstützung des Führungsstils werden vom Projektleiter Kontaktfreudigkeit, Begeisterungsfähigkeit und Durchsetzungsvermögen erwartet.

2.4.2 Gezielter Einsatz von Führungstechniken

Eine Ergänzung des kooperativen Führungsverhaltens kann der Projektleiter durch den Einsatz moderner Führungstechniken erreichen. An erster Stelle stehen

- die Führung durch die **Vorgabe klarer Zielsetzungen** an die Projektmitarbeiter,
- die Führung durch eine möglichst weit gehende **Aufgabendelegation** und Erziehung der Projektmitarbeiter zu eigenverantwortlicher Arbeit,
- die Führung durch eine **vollständige Information**, durch eine ausreichende Argumentation und die Motivation der Projektmitarbeiter.

Der Projektleiter muss diese zunächst theoretisch und allgemein klingenden Techniken bei der Projektplanung, -durchführung und -überwachung in die Praxis umsetzen! Die Information der Projektmitarbeiter im Rahmen eines kooperativen Führungsverhaltens kann ungemein zeitaufwendig sein!

2.5 Motivation – Schlüssel für eine erfolgreiche Projektleitung

Motivation heißt das Zauberwort in der modernen Projektarbeit. Es wird erwartet, dass der Projektleiter seinen beschränkten Befugnisumfang durch die Motivation seines Teams und der Anwender ausgleicht. Motivation zieht sich wie ein roter Faden durch die Projektarbeit:

- Die Motivationskette muss bei der Geschäftsleitung beginnen, welche den Projektleiter für seine Aufgabe ausreichend motiviert.
- Vom Projektleiter wird die Motivation des Projektteams erwartet.
- Projektleiter und die Mitglieder des Projektteams sollen die Anwender so stark motivieren, dass eine ausreichende Benutzerakzeptanz gesichert ist.

Das Hineintragen der Projektmotivation in die Fachabteilung stellt das schwierigste Teilstück der Motivationskette dar! Hier sind besonders die Führungskräfte der Fachabteilung und die Anwendermitarbeiter im Projekt gefordert!

2.5.1 Wichtige Grundlagen der Mitarbeitermotivation

Das Verhalten eines Projektmitarbeiters und der Grad seiner Anstrengungen beruht auf Beweggründen (Motiven), durch die seine persönlichen Bedürfnisse am besten befriedigt werden und die ihm ausreichende Erfolgserlebnisse bringen. Auf diesem einfachen und allgemeingültigen Grundsatz baut die Motivationstechnik auf. Motivation ist das Schlüsselwort zur erfolgreichen Führung der Projektmitarbeiter!

Mit einer geeigneten Motivation kann der Projektleiter die persönlichen Vorstellungen seiner Projektmitarbeiter mit den sachlichen Projektzielen in Einklang bringen. Dafür gilt folgende Formel:

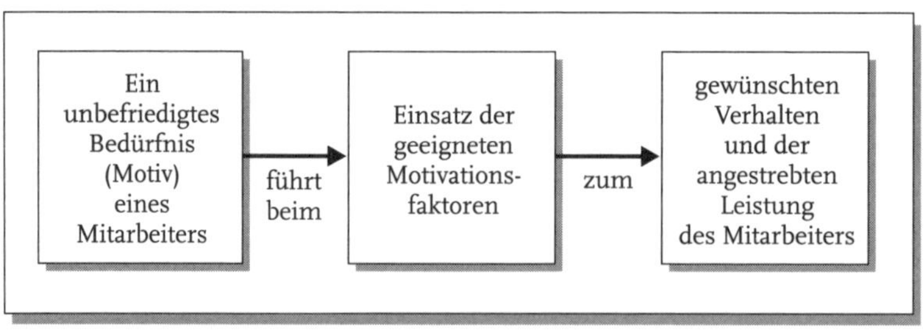

Abbildung 2.3: Nach dieser Motivationsformel müssen Sie als Projektleiter vorgehen!

Es zählt zu den **Kernaufgaben des Projektleiters**, seine Mitarbeiter so zu motivieren, dass sie sich mit dem Projektziel und seinen Teilaufgaben identifizieren. Zu diesem Zweck muss er den Projektmitgliedern das mit dem Projekt verfolgte Gesamtziel und die Bedeutung der Teilaufgaben für das Gesamtprojekt immer wieder nahe bringen!

Um richtig motivieren zu können, müssen Sie als Projektleiter wissen,

- was wirksame Motivationsfaktoren sind
- wie man eine Motivation anpackt
- auf welche Motivationskriterien ein Projektmitarbeiter positiv oder negativ reagiert

Eine wirkungsvolle Motivation ist nur möglich, wenn ein Projektleiter seine Mitarbeiter ausreichend kennt. Außerdem muss er jeweils zum richtigen Zeitpunkt motivieren.

In der Motivationsliteratur stößt man auf eine Bedürfnispyramide (Abbildung 2.4) zur Darstellung typischer Motive und zum Nachweis, wie die Motivkategorien überwiegend aufeinander aufbauen.

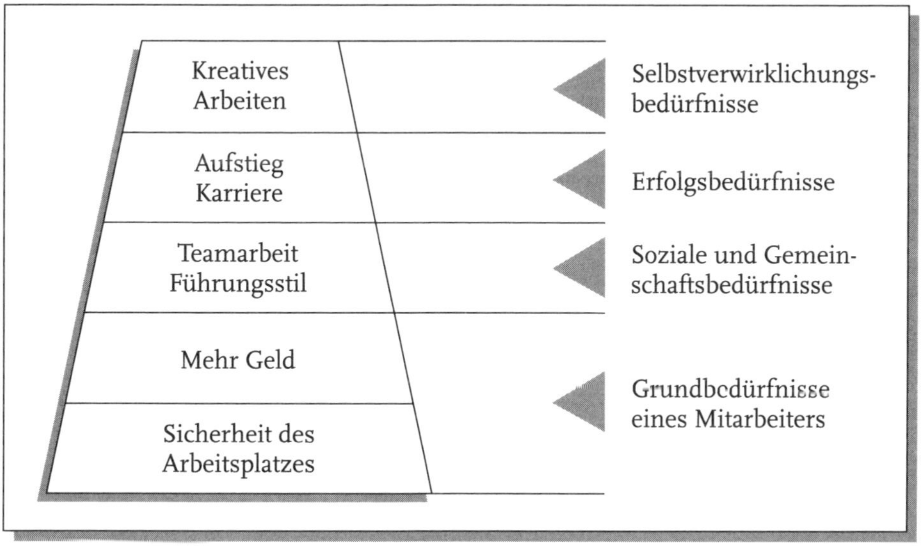

Abbildung 2.4: Bedürfnispyramide zur Darstellung der aufeinander aufbauenden Kriterien einer Mitarbeitermotivation

Wenn ein Mitarbeiter durch eine Projekttätigkeit seinen Arbeitsplatz sichern kann, stellt dies ein Grundbedürfnis dar, das er an erster Stelle befriedigen möchte. Erst anschließend kommt das Bedürfnis nach mehr Geld. Ein nächster Schritt könnte in der Befriedigung sozialer Gemeinschaftsbedürfnisse bestehen: »Projektarbeit ist interessant. Da ist ständig etwas los ...«. Eine weitere Stufe darüber liegen für Projektmitarbeiter die Wünsche nach Aufstieg und Karriere, nach kreativer Tätigkeit und schließlich nach Selbstverwirklichung.

2.5.2 Geeignete Motivationsfaktoren des IT-Projektleiters

Es gibt keine pauschal anwendbaren Motivationskriterien, die bei jedem Mitarbeiter eine positive Leistungsbeeinflussung erzeugen. Vielmehr ist die Motivation gezielt auf jeden Mitarbeitertyp auszurichten! Mitarbeiter mit wissenschaftlichen Ambitionen müssen anders angesprochen werden als Karrierestreber, Freizeitkünstler oder ausgesprochene Geldhaie. Junge Mitarbeiter reagieren auf bestimmte Motivationskriterien anders als ihre älteren Kollegen. Die folgende Palette von **Motivationsfaktoren** stellt ein Extrakt zahlreicher Brainstormingübungen über dieses Thema dar:

1. Art und Bedeutung einer gestellten Aufgabe
2. Möglichkeit des selbständigen Arbeitens und der Übernahme von Verantwortung
3. Karriereförderung, Aufstiegsmöglichkeiten, Kontakt mit einflussreichen Persönlichkeiten
4. Horizonterweiterung, Kennenlernen neuer Gebiete, außergewöhnliche Informationen
5. Einflussnahme, Statusverbesserung, Machtzuwachs, Ansehen
6. Geld, Prämien, hohe Auslösungen, bezahlte Überstunden
7. Ideenanerkennung; öffentliche Belobigung
8. Reisen, angenehmes Arbeitsklima, mehr Urlaub, ansprechende Mitarbeiter
9. Erfolgserlebnis, persönliche Befriedigung
10. Kennenlernen eines neuen Führungsstils

Abbildung 2.5: Typische Motivationsfaktoren im IT-Projekt

Als besonders erfolgreiche Motivationsfaktoren gegenüber Anwendermitarbeitern in IT-Projekten haben sich die folgenden Motivationskriterien erwiesen, die wir in absteigender Rangfolge nennen:

1. Erfolgserlebnis; Anerkennung für geleistete Arbeit
2. Anspruchsvolle, interessante Aufgabenstellung und selbstständige Arbeitsabwicklung
3. Horizonterweiterung und Weiterbildungsmöglichkeiten
4. Sicherheit der Position, Aufstiegsmöglichkeiten, Gehaltsentwicklung
5. Kollegiale Atmosphäre in der Arbeitsgruppe, kooperativer Führungsstil und angenehme Arbeitsbedingungen

Der Projektleiter muss zur Motivation eines Mitarbeiters diesen so gut kennen, dass er weiß, welche Motivationskriterien den Mitarbeiter ansprechen. Ein introvertierter Mitarbeiter wird keineswegs freudig reagieren, wenn er die Aufgabe erhält, ein Arbeitsergebnis vor den Führungskräften eines Bereichs zu präsentieren. Der Karrierestreber hat dagegen schon lange auf diese Gelegenheit gewartet!

Motivation ist nicht in allen Fällen als Anreizmittel zu gebrauchen. Erkennen Sie als Projektleiter, dass bereits ein ausreichend starker Leistungsantrieb vorhanden ist, dagegen die Kenntnisse und Erfahrungen des Mitarbeiters zu wünschen übrig lassen, ist eine weitere Leistungssteigerung nur durch eine intensivere Ausbildung zu erreichen.

2.5.3 Motivation als Daueraufgabe eines Projektleiters

Um ein zielstrebiges und ausdauerndes positives Verhalten der Projektmitarbeiter zu erreichen, muss der Projektleiter die Mitarbeitermotivation als Daueraufgabe ansehen!

Als Voraussetzung für eine erfolgreiche Motivation seiner Teammitarbeiter muss der Projektleiter selbst an den Projekterfolg glauben. Nur dann kann er überzeugend auf seine Mitarbeiter Einfluss nehmen!

Die Lösung von Motivationsproblemen (mangelnde Leistung, geringe Initiative, häufiges Fehlverhalten) setzt voraus, dass der Projektleiter eine Vorbildwirkung ausübt.

Der Projektleiter muss hierzu folgende Grundeinstellung mitbringen:

- den Teammitarbeiter ernst nehmen, ihm aktiv zuhören
- ihn unterstützen, wenn dieser nicht mehr weiter weiß
- seine guten Leistungen anerkennen
- konstruktive Kritik üben
- Zusammenhänge aufzeigen, die das Verständnis für bestimmte Arbeitsabläufe fördern

Der Projektleiter muss wissen, dass es bei der Projektarbeit verschiedene Situationen gibt, die sich beim Teammitarbeiter motivationshemmend auswirken, zum Beispiel:

- Überforderung oder Unterforderung des Mitarbeiters (qualitativ und quantitativ)
- mangelnde Erfolgserlebnisse bei der Projektarbeit
- Monotonie bei der Arbeitsabwicklung
- unzureichende Information über Projektzusammenhänge, Ziele, Probleme usw.

Motivationsfördernd wirkt eine periodische Durchsprache des Projektstands und -fortschritts. Bei einer solchen Besprechung sollten alle Projektmitarbeiter anwesend sein. Als Projektleiter müssen Sie bei einer solchen Besprechung darauf achten, dass eine verständliche Darstellung der Zusammenhänge und Schnittstellen erfolgt.

Bei guter Vorbereitung, der Verwendung übersichtlicher Flipcharts und einer systematischen Durchsprache der Einzelpunkte ist für eine Statusbesprechung nur ein mäßiger Zeitaufwand nötig! Spezialprobleme, die nicht alle Teammitglieder betreffen, sollten bei einer solchen Besprechung ausgeklammert und im kleineren Kreis besprochen werden.

Wenn sich bei einer Statusbesprechung ergibt, dass ein Teammitarbeiter Probleme hat oder mit der Projektarbeit in Rückstand geraten ist, sollte eine zusätzliche Unterstützung vereinbart werden. Jedes Teammitglied sollte sich auf die Solidarität seiner Teamkollegen verlassen können!

2.5.4 Arbeitsbeispiel: Erarbeitung von Motivationsfaktoren in einem Projekt

Eine ausreichende Motivation ist besonders dann nötig, wenn es in einem Projekt »kriselt«. Das kann schnell passieren, wenn z.B. die ersten Testergebnisse fertig gestellter Programme (oder die Details eines gekauften Softwarepakets) von den Erwartungen der Anwender stark abweichen.

Zur aktiven Erarbeitung von Motivationsfaktoren, wie ein solches Stimmungstief überwunden werden kann, führen die Teilnehmer in unseren Ausbildungslehrgängen für Projektleiter und -mitarbeiter ein Brainstorming durch. Seine Ergebnisse sind – auch wenn bestimmt nicht alle Vorschläge in die Praxis umgesetzt werden können – so interessant und praxisnah, dass wir sie den Lesern dieses Fachbuchs nicht vorenthalten möchten.

Dem Brainstorming liegt folgende Projektsituation zugrunde: Das IT-Projekt »Aufbau einer zusätzlichen Vertriebsschiene über E-Commerce« für die von einem Verlag vertriebene Lernsoftware befindet sich in den letzten Aktivitäten der softwaretechnischen Entwicklung. Gegenwärtig führt das Projektteam zusammen mit ausgewählten Anwendern die Performance-Tests vom Aufruf einer Website durch die Kunden bis zur Auftragsabwickung und -abrechnung durch. Trotz der sorgfältigen und professionellen Projektplanung und -abwickung befindet sich das stark innovative Projekt aufgrund mehrerer unerwarteter Schwachstellen in einer permanenten Pechsträhne. Die Anwender haben sich noch nicht an die neuartigen internetbasierten Prozessketten gewöhnt und sind zusätzlich von den nach ihrer Ansicht völlig unzureichenden Leistungen des Webservers enttäuscht. Mehrere Vorgesetzte und Meinungsführer im Anwenderbereich fordern einen Abbruch des ungeliebten Projekts.

Der Projektleiter bespricht sich mit den Mitgliedern des Projektteams und zwei IT-Mitarbeitern angrenzender Projekte und sucht nach Möglichkeiten, um die Stimmung in der Fachabteilung zu heben und sie bis zum glücklichen Abschluss des Projekts wieder aktiv in die Projektarbeit einzubeziehen. Das Team beschließt die Durchführung eines Brainstormings, um Ideen zur Verbesserung des gegenwärtigen Zustands zu sammeln. Die besten unter ihnen sollten in einem kurzfristigen Aktionsplan realisiert werden.

In den 20 Minuten des Brainstormings werden 27 Ideen geäußert. Anbei eine Übersicht über die Vorschläge und die anschließend vorgenommene Bewertung:

(1)	Zielsetzungen vor Augen halten
(2)	Verständigungskommission
(3)	Wöchentliche Manöverkritik mit Fortschrittsfeststellung
(4)	Besuch bei erfolgreichen anderen Firmen
(5)	Neue Zusammenstellung der Teams
(6)	Auf Wettbewerbsprobleme bei Projektabbruch hinweisen
(7)	Zuerst nur Teillösungen einführen
(8)	Gemeinsame Schwachstellenanalyse
(9)	Größeres Verständnis für die Angst der Fachabteilung zeigen
(10)	Gemeinsame Konferenz mit Fachabteilung
(11)	Abendessen mit der Geschäftsleitung veranlassen
(12)	Bisherige Arbeit loben
(13)	Auf bisher überwundene Schwierigkeiten hinweisen
(14)	Mit Entlassungen bei Projektabbruch drohen
(15)	Motivationsfete
(16)	Spruchbänder mit Durchhalteparolen aufhängen
(17)	Pause machen, um Abstand zu gewinnen
(18)	Rosa Brillen verteilen
(19)	Auf Blamage für Fachabteilung bei Projektabbruch hinweisen
(20)	»Jetzt erst recht«-Plaketten verteilen

(21)	Probeweise leistungsstärkere Webserver installieren
(22)	Erfolgsprämie versprechen
(23)	Lobenswerte Erwähnung in der Firmenzeitung
(24)	Vorteile der neuen Lösung nochmals herausarbeiten
(25)	Meckerliste auflegen
(26)	Gemeinsamer Bierabend mit Chefs mit allgemeiner Meckererlaubnis
(27)	Täglich morgens ein Glas Sekt

Bei der anschließenden Bewertung durch die Teilnehmer erhielten folgende Ideen die meisten Punkte:

- Besuch bei erfolgreichen anderen Firmen
- Wöchentliche Manöverkritik mit Fortschrittsfeststellung
- Zuerst nur Teillösungen einführen

Mit den Vorgesetzten wurde die Durchführung dieser Punkte veranlasst.

2.6 Konflikt- und Krisenmanagement in IT-Projekten

Je größer der Innovationsanteil eines Projekts ist, umso stärker ist seine Anfälligkeit gegenüber Konflikten und Streitigkeiten! **Konflikte** sind Spannungen in den Beziehungen von Mitarbeitern und Mitarbeitergruppen. Sie können entstehen, wenn Mitarbeiter oder ganze Cliquen nur ihre eigenen Ziele und Bedürfnisse sehen und unter allen Umständen durchsetzen wollen. Sie nehmen dabei eine Gegnerschaft zu anderen Mitarbeitern und Gruppen bewusst in Kauf.

Konflikte und Widerstände ergeben sich bei Projekten im Bereich der Organisation und Informationstechnik besonders dann, wenn bei den Anwendern strukturelle und soziale Änderungen befürchtet werden, wenn also zum Beispiel bisherige Privilegien und »alte Rechte« bedroht sind. Rein technische Veränderungen führen nach den bisherigen Erfahrungen seltener zu Konfliktsituationen.

Die Ausweitung von Projektkonflikten oder eine erhebliche Veränderung des Projektinhalts durch neue Informationstechnologien können ein IT-Projekt in eine **Krisensituation** stürzen, wenn der Projektleiter nicht in der Lage ist, zusammen mit den Lenkungsgremien des Projektmanagements die Projektprobleme in den Griff zu bekommen. Aufgrund der hohen Innovationsrate und ihrer Komplexität sind Krisen in IT-Projekten immer wieder anzutreffen.

2.6.1 Konflikte in der Projektarbeit

Konflikte sind in IT-Projekten häufig oft unvermeidbar. Es muss dem Projektverantwortlichen gelingen, aufkommende Konfliktsituationen frühzeitig zu erkennen und durch geeignete Maßnahmen in den Griff zu bekommen.

Typische Konfliktherde und -ursachen

Konflikte können in IT-Projekten auftreten zwischen

- Projektleiter und -mitarbeitern
- zwischen den Teammitarbeitern
- zwischen Projektteam und Anwendern
- zwischen Anwendern und Informatikspezialisten

Typische Konfliktursachen sind in erster Linie

- unterschiedliche Ziele, die von den Konfliktpartnern verfolgt werden
- ein ungleicher Informations- und Kenntnisstand, z. B. zwischen IT-Profis und Anwendern
- Meinungsverschiedenheiten über Vorgehensstrategien und Arbeitsmethoden
- negative menschliche Beziehungen (Antipathien, Rivalitäts- und Machtkämpfe)

Häufige Konfliktauslöser sind Meinungsverschiedenheiten über terminliche Prioritäten, besonders wenn sie mit einem starken Termindruck verbunden sind. Konflikte können sich außerdem leicht ergeben, wenn zwischen der Organisation / Informatik und den Anwendern stark gegensätzliche Vorstellungen über den Projektnutzen bestehen.

Konflikte innerhalb des Projektteams sind umso wahrscheinlicher,

- je schwächer die Stellung des Projektleiters gegenüber den Projektmitarbeitern ist
- je unterschiedlicher die fachlichen Kenntnisse und Erfahrungen der Teammitglieder sind
- je unklarer die Rollen, Funktionen und Kompetenzen der Projektbeteiligten definiert sind
- je weniger die Projektziele von den Beteiligten verstanden und akzeptiert werden

Konflikte zwischen Projektteam und Anwenderabteilungen sind häufig anzutreffen,

- wenn das Projekt den Anwendern von der Geschäftsleitung und der Informatikseite aufgedrängt worden ist
- wenn Kenntnisstand und Informationen der Anwender gering sind
- wenn die Anwender von den Projektzielsetzungen nicht überzeugt sind und Unklarheiten über die Projektauswirkungen bestehen

Anhaltende Konflikte sind für eine Projektabwicklung schädlich und störend. Durch die Widerstände der Betroffenen und die damit verbundene Frustration, Resignation und Demotivation wird der Projektfortschritt gebremst. Im Extremfall kann ein Dauerkonflikt ein Projekt zum Scheitern bringen!

Ein Projektleiter muss eine »Antenne« für mögliche Konflikte haben! Er darf schwelende Konflikte nicht einfach übergehen. Er muss spüren, wo in seiner Projektlandschaft Konflikte drohen und möglichst vorbeugend tätig werden. Bei ausgebrochenen Konflikten muss er den Ursachen nachgehen und nach Lösungen suchen, damit es nicht zu schädlichen Dauerkonflikten kommt. Schließlich muss ein Projektleiter mitwirken, dass ein offener Kampf der Konfliktgegner vermieden wird und ein Konflikt auf friedliche Art beendet wird.

Als Strategien zur Konfliktlösung bevorzugen Projektleiter meist »sanfte Lösungen«. Sie versuchen, Konflikte durch Gegenüberstellungen und Aussprachen der Konfliktpartner zu beenden. Häufig drängen sie die Konfliktpartner auf Kompromisse zur Konfliktbeilegung.

Praktische Ratschläge zur Konfliktverhütung

Der Widerstand gegen ein Projekt und damit das Konfliktpotential ist geringer, wenn die beteiligten Partner das Gefühl haben, dass es sich um ihr eigenes Projekt handelt, mit dem sie sich weitgehend identifizieren. Widerstände und Konflikte treten seltener auf, wenn das Projekt die volle Unterstützung der Unternehmensleitung hat und dies auch immer wieder zum Ausdruck gebracht wird.

Informieren Sie zum Zweck der Konfliktverhütung die künftigen Anwender frühzeitig und umfassend über geplante Organisationsänderungen. Fassen Sie als Projektleiter keine »einsamen Entschlüsse«, sondern beteiligen Sie die Anwenderseite in angemessener Form an Projektentscheidungen!

Eine Verringerung des Konfliktpotentials kann durch den Einsatz von Fachbereichskoordinatoren in Projekten erreicht werden. Zur Mobilisierung von Führungskräften und Meinungsmachern der Fachabteilung sollten diese in zweckmäßiger Form in das Projekt eingebunden werden, um ihr Know-how zu nutzen und Projektwiderständen gegenzusteuern.

2.6.2 Bewältigung von Projektkrisen – aber wie?

Zementierte Dauerkonflikte oder totale Veränderungen der Projektsituation können ein IT-Projekt in eine Krisensituation stürzen, in der nichts mehr läuft. Der Projektleiter und sein Team sind nicht mehr in der Lage, mit projekttypischen Maßnahmen diese Krisensituation zu bewältigen.

Michael Neubauer, der ein Fachbuch über das Thema »Krisenmanagement in Projekten« verfasste, versteht unter einer Projektkrise die »Eskalation von Problemen innerhalb eines Projekts«, deren Lösung nahezu unmöglich erscheint [Literaturquelle N2].

Was sind mögliche Ursachen, die IT-Projekte in eine Krise stürzen können? Dazu einige **Beispiele:**

- Der Mentor im übergeordneten Lenkungsausschuss, der sich für das Projekt einsetzt und es betreut hat, verlässt das Unternehmen. Im verbleibenden Management hat kein Entscheider für das Projekt etwas übrig. Es hängt plötzlich in der Luft.

- Ein Projekt zur Anpassung und Einführung einer integrierten Anwendungssoftware zieht sich seit einigen Jahren ohne erkennbare Fortschritte hin. Ständig treten neue Schwierigkeiten auf. Kein Abschluss dieses »ewigen Projekts« ist in Sicht. Das Projektteam ist demotiviert und personell zusammengeschrumpft.
- Eine Softwarefirma, deren Standardsystem gegenwärtig in einer Anwenderfirma eingeführt wird, wird von einem anderen Unternehmen der Branche übernommen. Das neue Softwarehaus hat an dem Softwareprodukt offensichtlich kein Interesse.
- Die Anwendungssoftware erfüllt in wesentlichen Kernfunktionen nicht die zugesagten Eigenschaften. Trotz größter Anstrengungen lässt sich keine ausreichende Datensicherheit erreichen.

Projektkrisen können sich aufgrund personeller Probleme im Projektmanagement oder auf der Benutzerebene ergeben. Sie können aufgrund von KO-Problemen im funktionellen Projektmanagement entstehen. An vorderer Stelle stehen häufig

- Schnittstellenprobleme, die sich nicht bewältigen lassen
- die Komplexität von Software, welche die Fähigkeiten der Teammitarbeiter übersteigt
- eine totale Disharmonie zwischen dem Softwarepaket und den Anwenderanforderungen
- Probleme im Bereich des Change- und Konfliktmanagements

In neuerer Zeit können übereilt gestartete E-Commerce-Projekte mit hohen Innovationsanforderungen ein IT-Projekt in eine erhebliche Schieflage bringen, wenn die Projektmitarbeiter nur über unzulängliche Kenntnisse der neuen Internettechnologien verfügen oder technologische Neuerungen das Projekt überrollen.

Der IT-Projektleiter als Krisenmanager

Einem Projektmanager wird bei einer sich anbahnenden oder bereits eingetretenen Krisensituation viel abverlangt! Auf keinen Fall darf er negative Entwicklungstendenzen, die zu einer Verzögerung oder gar dem Scheitern des Projekts führen können, vertuschen oder beschönigen!

Zwei schwerwiegende und meist unpopuläre Entscheidungen sind gegenüber dem übergeordneten Projektmanagement zu vertreten:

- Das Scheitern des Projekts muss offen eingestanden und das bisherige Vorhaben bei mangelnden Erfolgsaussichten abgebrochen werden.
- Es muss eine neue Projektbasis erarbeitet werden, falls dies von der Geschäftsleitung gewünscht wird.

Seine Tätigkeit als Krisenmanager erfordert vom IT-Projektleiter neben seinem Fachwissen und fundierten Projektmanagementkenntnissen auch emotionale Kompetenz und Kreativität [N5].

Zur Krisenbewältigung muss ein Projektleiter psychologisch versiert sein, zumal die Gespräche und Verhandlungen in einem Krisenstadium häufig in einer emotional geladenen Atmosphäre abgewickelt werden müssen.

Zur Mitwirkung bei der Lösung einer Projektkrise hat sich die Einschaltung eines erfahrenen **neutralen IT-Beraters** bewährt. Ein versierter Consultant kann eine verfahrene Projektsituation besser und vorurteilsfrei beurteilen, was dem internen Projektleiter in einer gespannten Situation oft nicht gelingt. Der externe Profi sollte versuchen, ohne Schuldzuweisungen mit dem internen Team Lösungsalternativen zu erarbeiten, die das Projekt aus der Krise herausführen können.

2.7 Sicherung einer ausreichenden Benutzerakzeptanz

Eine produktive Zusammenarbeit zwischen Projektteam und Anwenderbereich ist für den Projekterfolg entscheidend. Ein Projektleiter, dem der Brückenschlag zum Abnehmer eines Softwareprodukts nicht gelingt, steht auf verlorenem Posten!

> *Projektleiter aus dem Informatikressort haben sich in der Vergangenheit gegenüber den Anwenderbereichen oft als automatisierungsbesessene IT-Technokraten aufgespielt. Zwangsläufig kam es zu Zusammenstößen und einer Frontenbildung gegenüber den von Arbeitsplatz- und Big-Brother-Ängsten geplagten Fachabteilungen.*

Als Folge dieser sich ergebenden Spannungen wehren sich die Anwender durch eine ablehnende Haltung gegenüber dem Projekt bis hin zum Einsatz von Guerillataktiken – einer negativen Benutzerakzeptanz.

2.7.1 Die Spielregeln einer modernen Partnerschaft

Als IT-Projektmanager müssen Sie die Spielregeln einer modernen Partnerschaft zwischen den Bedarfsdeckern des IT-Bereichs und den Fachbereichen als »internen Kunden« kennen und bei der Projektabwicklung konsequent in die Praxis umsetzen. Diese Spielregeln müssen spätestens beim Kick-off-Meeting eines IT-Projekts als »Grundgesetz« der Zusammenarbeit den Teammitgliedern nahe gebracht werden. Sie finden die Highlights der Zusammenarbeit in Abbildung 2.6.

Spielregeln einer modernen Partnerschaft zwischen den Fachbereichen (FB) und dem Informatikressort (IT)	
Anforderungen an das IT-Ressort	Anforderungen an die Fachbereiche
• IT ist Dienstleister und Berater! • IT gibt den Integrationsrahmen vor! • IT muss den Fachbereichen innerhalb dieses Ordnungsrahmens Freiheit lassen! • Der Informatikbereich muss die höhere IT-Kompetenz der neuen FB-Generation akzeptieren!	• Jeder Fachbereich muss heute eine ausreichende IT-Kompetenz aufbauen! • FB muss die Grundsätze einer prozessorientierten Organisation anerkennen! • Die Fachbereiche müssen die übergeordnete Ordnungsfunktion des IT-Bereichs anerkennen! • Das kreative Potential der Informationstechnologie liegt in den Fachbereichen!

Abbildung 2.6: Hängen Sie die Spielregeln der Zusammenarbeit in Posterform im Projektarbeitsraum auf!

Mit Recht wird von den großen Beratungs- und Researchfirmen des IT-Sektors die **Einbringung der Anwender** in ein Projekt als wichtigstes Erfolgsrezept propagiert! Machen Sie jedes IT-Projekt zu einem Projekt der Fachabteilung! Legen Sie gerade in schwierigen Projekten großen Wert auf die Erzeugung eines »Wir-Gefühls«.

Eine effiziente Zusammenarbeit mit den internen oder externen Kunden ist umso leichter möglich, je mehr die künftigen Anwender an dem Produkt interessiert sind. Machen Sie sich als Projektverantwortlicher rechtzeitig Gedanken darüber, wie durch ein ausreichendes **Projektmarketing** die Zusammenarbeit mit dem Anwenderbereich erleichtert werden kann.

Bereits bei der Projektplanung sollte exakt festgelegt werden, in welchem Umfang der betroffene Fachbereich bei jedem Arbeitspaket mitwirken muss und welche Ergebnisse von den Anwendern erwartet werden.

Als Projektverantwortlicher müssen Sie die Schlüsselrolle der **Key User** oder **IT-Fachkoordinatoren** der Fachbereiche hervorheben und sich um eine gediegene Ausbildung und aktive Mitarbeit dieser Anwender im Projektteam kümmern. Die Key User müssen so stark in die Projektabwicklung eingebettet werden, dass sie nach dem Projektabschluss die anschließende Anwenderbetreuung in die Hand nehmen können. Sonst bleibt sie auf unbestimmte Zeit am Projektleiter hängen.

Eine **partnerschaftliche Zusammenarbeit** zwischen Projektleiter, Team und Anwendern müsste gelingen, wenn

- die **Rollenverteilung** zwischen den IT-Spezialisten und den Usern klar geregelt ist
- der Fachbereich bei der **Auslösung, Entscheidung und Abwicklung eines Projekts** ausreichend eingeschaltet wird
- die Führungskräfte und Sachbearbeiter als **fachkompetente Berater** in allen Projektabschnitten mitwirken

Gegen diese **Grundpfeiler der Partnerschaft** wird bis heute von beiden Seiten oft verstoßen! Als zwangsläufige Folge ergibt sich die häufig beklagte »mangelnde Benutzerakzeptanz«.

2.7.2 Symptome einer mangelnden Benutzerakzeptanz

Für einen Projektleiter gehören heute Akzeptanzprobleme der Abnehmer zu den hauptsächlichen Hemmnissen und Bremsklötzen einer zügigen Projektabwicklung. Oft machen sich – nach einem Strohfeuer der anfänglichen Begeisterung – die Projektwiderstände der Anwender erst bemerkbar, wenn das Projektteam bereits mitten in der Arbeit steckt. Sie können zu einer regelrechten Blockadehaltung auswachsen, wenn der Projektleiter und seine Teammitglieder eine zunehmende Verschlechterung der Benutzerakzeptanz übersehen und zu spät gegensteuern.

Woran erkennt ein Projektleiter die schwindende Benutzerakzeptanz? Oft sind es am Anfang Einzelsymptome, die zu denken geben sollten. Anbei zehn typische Beispiele:

(1)	Trotz einer rechtzeitigen Gesprächseinladung zu einer Projektsitzung sagt der maßgebliche Sachbearbeiter kurzfristig ab: »Wichtiger Kundenauftrag«.
(2)	Der Projektleiter übersendet dem Fachabteilungsleiter einen Anwendungsentwurf samt einem Hinweis auf seine Bedeutung. Bei der Besprechung stellt er fest: Der Abteilungsleiter hat den Entwurf überhaupt nicht angeschaut!
(3)	Ein Gruppenleiter soll an einer Softwaredemonstration teilnehmen. Trotz Zusage schickt er nur einen inkompetenten Stellvertreter, der keine Beurteilung abgeben kann.
(4)	Ein Programmierer benötigt Testbeispiele. Erst nach mehrmaligem Anmahnen bekommt er ein paar dürftige und unzulängliche Hinweise zugesandt.
(5)	Ein Fachabteilungsmitarbeiter wird krank. Der Abteilungsleiter zieht ohne Rückfrage beim Projektleiter seinen IT-Koordinator aus dem Projekt ab. Die Projektarbeit kommt auf unbestimmte Zeit zum Erliegen.
(6)	Anwenderführungskräfte stellen mitten in einer Sitzung plötzlich den Zweck des Projekts in Frage. Selbstverständliche Lösungspunkte, die längst abgehandelt waren, werden von neuem als offene Probleme auf den Tisch gelegt.

(7)	Bei Sitzungen mit Anwendern hören die Projektmitglieder immer wieder: Man habe ein ungutes Gefühl ... Natürlich müsse die Informatikseite auch die Verantwortung für das Gelingen des Projekts übernehmen. Die Fachabteilung distanziert sich: »Die Geschäftsleitung wünscht ...«
(8)	Seltene Ausnahmefälle werden ständig hochgespielt und in den Mittelpunkt gestellt.
(9)	Man sieht im Fachbereich nur die auf die Mitarbeiter zukommende Mehrarbeit. Nutzenpositionen werden in Frage gestellt: Man müsse abwarten, ob überhaupt ein Nutzen eintrete....
(10)	Die Fachabteilung drängt auf eine 1:1-Lösung. Die bisherige Organisation habe sich bewährt und dürfe auf keinen Fall in Frage gestellt werden.

Spätestens wenn die Einzelhinweise sich zu einem Mosaikbild des Benutzerrückzugs und einer offensichtlichen Obstruktionspolitik verdichten, muss der Projektleiter hellhörig werden!

2.7.3 Ursachen einer unzulänglichen Benutzerakzeptanz

Was sind die Ursachen, warum Benutzer in einem Projekt nicht entsprechend dem Wunsch der Geschäftsleitung und des Projektleiters »mitziehen«, sondern sich frustriert zeigen oder sogar den Projektfortschritt torpedieren?

> *Fast immer zeigt sich, dass der Projektleiter zu wenig Zeit und Anstrengungen in ein ausreichendes Projektmarketing gesteckt hat! Die Anwenderabteilung wurde unzulänglich auf das Projekt vorbereitet und für die Projektziele motiviert.*

Häufig stehen folgende Ursachen einer unzureichenden Benutzerakzeptanz im Vordergrund und werden bei einer nachträglichen Manöverkritik festgestellt:

- Die Fachabteilung wurde zu spät oder überhaupt nicht über das Projekt informiert.
- Die aktiven Projektmitarbeiter der Fachabteilung wurden nicht ausreichend über den State of Art der heutigen Informatik- und Telekommunikationsmöglichkeiten informiert und ausgebildet.

- Vorgehensstrategie und Arbeitstechniken sind für die betroffenen Mitarbeiter unverständlich.

Vielleicht hat der Projektleiter versäumt, vorhandene Benutzerängste ernst zu nehmen und sie in Übereinstimmung mit dem Betriebs- oder Personalrat abzubauen.

IT-Ängste nicht unterschätzen!

Emotionale Ängste von Benutzern dürfen nicht unter den Tisch gekehrt werden! Der Projektleiter muss ihnen nachspüren und Maßnahmen zu ihrem Abbau ergreifen.

Besonders in IT-Projekten mit einer Neuorientierung der Geschäftsprozesse und damit auch zwangsläufig der gewachsenen Struktur- und Arbeitsplatzorganisation knistert es am häufigsten zwischen dem IT-Sektor und den betroffenen Anwenderbereichen. Hier sind die Arbeitsplatzängste der Mitarbeiter am stärksten ausgeprägt! In neuerer Zeit sind davon hauptsächlich die folgenden Projektschwerpunkte betroffen:

- **Business-Reengineering-Projekte** zur Schaffung einer »Lean Organisation«
- **Workflow-Projekte** mit einer sich anschließenden Verminderung von Arbeitsstationen und Mitarbeitern
- integrierte **Office-Projekte** auf der Basis eines Intranets zur Rationalisierung der Verwaltungsorganisation (Abbau von Schreibbüros, elektronische Archivierung, Vereinfachung der Postbearbeitung)
- **E-Business-Projekte** mit parallelem Abbau der klassischen Geschäftsprozesse

2

Die folgenden **Angstkomponenten** sind heute bei Anwendern immer wieder anzutreffen:

(1) Mitarbeiter befürchten, dass sie den Einstieg in das neue System nicht schaffen (Alter, Vorbildung, Kenntnisse). Das neue System ist aufgrund des hohen Komplexitätsgrads für den Mitarbeiter unverständlich.

Wege zum Angstabbau:

- Besichtigungen bei erfolgreichen Anwendern.
- Verständliche Informationen über die Arbeitsweise des Systems.
- Getrennte Darstellung der Muss- und Kannfunktionen des Systems und schrittweiser Einstieg.
- Praxisbeispiele aus dem eigenen Unternehmen.

(2) Ängste von Sachbearbeitern, dass ihre bisherigen Kenntnisse und Erfahrungen nicht mehr gefragt sind.

Wege zum Angstabbau:

- Information über die Möglichkeiten des neuen Systems.
- Rechtzeitige Planung und Durchführung einer Umqualifizierung.

(3) Mitarbeiter misstrauen dem Unternehmen und befürchten eine Erhöhung der Anforderungen, mehr Stress und eine verstärkte Arbeitsüberwachung.

Wege zum Angstabbau:

- Gründliche Information und Schulung über die Systemfunktionen.
- Mitarbeit der Führungskräfte und Sachbearbeiter bei der Systemanpassung und -einführung.

(4) Ängste, dass durch das neue System alles schwerfälliger, bürokratischer und aufwendiger wird und die bisherigen Improvisationsmöglichkeiten wegfallen.

Wege zum Angstabbau:

- Präsentation der Vor- und Nachteile des Systems.
- Befragung anderer Anwender bei Betriebsbesichtigungen.

(5) Ängste, dass nach der kompletten Systeminstallation der eigene Arbeitsplatz gefährdet ist und »wegrationalisiert« wird.

Wege zum Angstabbau:

- Klare Zukunftspfade aufzeigen.
- Absicherung in Zusammenarbeit mit dem Betriebsrat.

(6) Ängste um die Gesundheit aufgrund einer erhöhten Strahlengefährdung bei lang anhaltender Systembedienung.

Wege zum Angstabbau:
Nachweis durch die zuständigen Gremien (Berufsgenossenschaft, Betriebsarzt, Gerätelieferant), dass keine Bildschirmgeräte mit überhöhter Strahlengefährdung eingesetzt werden.

Erfahrungen mit integrierten Großsystemen im Bereich der Anwendungstechnik haben gezeigt, dass der Abbau schwelender Mitarbeiterängste durch das Projektteam schwierig und langwierig sein kann. Das gilt besonders dann, wenn die Entscheidung für das Softwarepaket ohne Mitwirkung der Anwender durch eine übergeordnete Stelle – z.B. eine weit entfernte Konzernspitze – gefällt wurde. Die Motivation von Anwenderabteilungen durch das Projektteam dürfte auch dann schwierig werden, wenn es das erklärte Ziel einer Unternehmensleitung ist, durch den Einsatz integrierter Standardsoftware und ein umfangreiches Business Reengineering aller Prozesse die bisherige Organisation total umzukrempeln und Mitarbeiter abzubauen.

2.7.4 Strategien zur Erhöhung der Benutzerakzeptanz

Patentrezepte zum Angstabbau und zur Akzeptanzverbesserung wird ein Projektleiter nirgendwo finden. Im Vordergrund müssen zur Erreichung einer ausreichenden Benutzerakzeptanz Maßnahmen folgender Art ergriffen werden:

- Die rechtzeitige und vollständige Information einer Anwenderabteilung durch den Projektleiter und den Leiter der Anwendungsabteilung muss im Vordergrund stehen. Den Führungskräften und Mitarbeitern der Fachabteilung müssen ehrlich und ohne Schönfärberei Antworten auf folgende Fragen erteilt werden:

- Warum wird das neue System benötigt?
- Welche Vorteile bietet es dem Unternehmen und der Abteilung?
- Welche Arbeitsinhalte werden verändert und wie wirken sie sich auf die Mitarbeiter aus?

- Der Anwenderbereich muss institutionell im Lenkungsausschuss und durch aktive Mitarbeiter in der Projektgruppe vertreten sein.
- Der Projektleiter muss darauf achten, dass die Vorgehensstrategie der Entwicklung bzw. der Softwareauswahl und -anpassung gemeinsam mit dem Benutzer festgelegt wird. Die IT-Mitarbeiter des Teams sollten außerdem nur benutzerverständliche Darstellungs- und Beschreibungstechniken im Projekt benutzen, wenn Anwendermitarbeiter im Team tätig sind.

Es hat sich bewährt, wenn während der Projektabwicklung auch die nicht im Projekt tätigen Führungskräfte und Sachbearbeiter immer wieder in einer Informationsveranstaltung durch den Projektleiter und/oder den IT-Fachkoordinator über den Projektstand und die Umstellungsschritte unterrichtet werden.

2.8 Optimieren Sie Ihre persönlichen Arbeitstechniken!

Im Gegensatz zur zeitlich geregelten Linienarbeit muss ein IT-Projektmanager seine Arbeitseinteilung selbst in die Hand nehmen. Bei umfangreichen Projekten gelingt das nicht immer auf den ersten Schlag. Vielleicht hat er mit folgenden Problemen zu kämpfen:

- Ständiger Zeitdruck
- Unsicherheit bei der Prioritätenfestlegung
- Keine Bewältigung des Lesestoffs
- Schwierigkeiten bei der Ablage seiner Unterlagen

Besonders in den Stoßzeiten einer Projektabwicklung weiß ein Projektleiter manchmal nicht, »wo ihm der Kopf steht«. Einige erprobte Erfahrungstipps können ihm bei der Bewältigung der Zeitproblematik helfen.

2.8.1 Was gehört zum erfolgreichen Zeit- und Selbstmanagement?

Der schwankende Arbeitsanfall und die aus subjektiver Sicht sich schnell ergebende Arbeitsüberlastung zwingt den Projektverantwortlichen zu einer realistischen Zeiteinteilung!

Vorteilhaft ist eine **Planung des Tagesablaufs** mit schriftlicher Skizzierung der anstehenden Arbeiten in einer Checkliste. Gehen Sie wie folgt vor:

1. Auflisten der anstehenden Aufgaben, Termine und der unerledigten Punkte des Vortags.
2. Schätzen Sie die benötigte Zeitdauer und versehen Sie jeden Punkt mit einer A-, B-, C-Priorität.
3. Legen Sie in einem Tagesplan die Erledigungsfolge fest.
4. Nicht vergessen: Pufferzeiten und Zeiten für Unvorhergesehenes!

Stimmen Sie die Arbeitsfolge mit Ihrer **persönlichen Leistungskurve** ab! Üblicherweise ist diese Kurve am Morgen und in den späten Nachmittagsstunden am höchsten.

> *Die größten Übel bei der Zeitplanung sind fast immer die gleichen Punkte: Sie packen zu viel in einen Tag hinein! Sie planen von vornherein Überstunden ein. Der Zeitanteil für »Störungen« wird vergessen oder ist zu knapp bemessen.*

Stellen Sie am Ende des Tages in einer persönlichen Manöverkritik die Ursachen fest, wenn Sie Ihre Ziele nicht erreicht haben! Lernen Sie daraus für die Folgeplanungen!

Zeitfresser ersten Rangs sind häufig Gespräche mit Kollegen, die sich durch ihr ständiges Mitteilungsbedürfnis als extrem zeitaufwendig erweisen.

Arbeitsbesprechungen in den Projektteams dauern fast immer wesentlich länger, als dies geplant war. Wenn Sie selbst eine Besprechung veranlassen und die Moderation übernehmen, können Sie durch

1. eine exakte Zielplanung
2. eine ausreichende inhaltliche Vorbereitung
3. eine straffe Abwicklung der Tagesordnung

die Besprechungsdauer am besten in den Griff bekommen.

2.8.2 Wie bekomme ich den Projektstress in den Griff?

Der Job eines IT-Projektleiters ist außerordentlich stressig und kann ihn total überfordern! Viele Punkte zerren am Nervenkostüm eines Projektverantwortlichen:

- Unrealistische Terminvorstellungen der Geschäftsleitung, die das Projektteam nicht erfüllen kann, und ständige Zeitverzögerungen bei der Projektabwicklung.
- Permanente Konflikte mit Teammitgliedern, Anwendern und IT-Dienstleistungsunternehmen.
- Unüberschaubare Probleme bei der Softwareentwicklung oder -anpassung, bei der Schnittstellenbewältigung und bei den Testarbeiten.

Durch eine anhaltende Stresssituation mit ständigen Pechsträhnen und ohne Aussicht auf einen erfolgreichen Projektabschluss können sich beim arbeitsüberlasteten Projektleiter offensichtliche Abnutzungserscheinungen bis hin zu einem Burnout-Syndrom einstellen!

Was können Sie als Projektleiter unternehmen, um nicht zum bedauernswerten Stressopfer zu werden? Welche Stressbewältigungsstrategien sollten Sie kennen und anwenden? An erster Stelle sind **Ansatzpunkte zur Stressreduzierung** zu nennen:

1. Erkennen Sie die Grenzen des Stressumfangs, den Sie sich ohne persönlichen Schaden zumuten können! Wie wirkt sich die vorhandene Stressbelastung auf Ihr Arbeitsteam und in Ihrem privaten Lebensbereich aus?
2. Lassen Sie sich nicht durch unerfüllbare Projektanforderungen Ihres Unternehmens in eine untragbare permanente Stresssituation treiben!
3. Begrenzen Sie die Anzahl der bezahlten und unbezahlten Überstunden und der mit dem Projekt verbundenen Wochenendaktivitäten auf ein erträgliches Maß!
4. Machen Sie bei einer persönlichen Überlastung stärker von der Aufgabendelegation an Ihre Projektmitarbeiter und Anwender Gebrauch!
5. Gewinnen Sie immer wieder Abstand von der Alltagsarbeit. Das läßt sich durch einen eingeschobenen Kurzurlaub erreichen. Verzichten Sie auch nicht auf den Besuch von Fachseminaren, die neben der Fortbildung auch der Entspannung dienen können.

Über das **Internet** werden neuerdings Stressbewältigungskurse für überbeanspruchte IT-Manager angeboten. Sie versprechen dem stressgeplagten Projektleiter Patentrezepte für einen stressarmen Lebensstil und offerieren ein Paket psychosozialer Schutzfaktoren zur effizienten Stressbewältigung. Vor dem Download eines solchen Antistressprogramms sollten Sie sich vergewissern, dass Sie nicht ausschließlich mit allgemeinen Lehrbuchempfehlungen abgespeist werden. Zusätzlich müssen Sie Zutritt zu einem Diskussionsforum erhalten, das einen Erfahrungsaustausch mit dem Referenten und gleichgesinnten Projektleitern über einen webgestützten Chat erlaubt.

2.8.3 Den Lesestoff bewältigen – aber wie?

Jeder Projektmanager hat ein erhebliches Lesepensum zu bewältigen: Zeitschriften, Fachbücher, Posteingänge usw. stapeln sich auf dem Schreibtisch. Selektieren Sie den Lesestoff:

1. Was ist für mich wichtig und dringlich?
2. Welche Leseintensität ist zweckmäßig?
3. Welcher Lesestoff berührt nur Randgebiete?
4. Was lese ich aus purer Neugier?

Eignen Sie sich eine **rationelle Lesetechnik** an. Sie muss von der Bedeutung des Lesestoffs abhängen. Einige praktische Hinweise:

- Sich über einen Artikel zuerst einen Überblick verschaffen: Lohnt sich das Lesen überhaupt?
- Zusammenhänge erfassen!
- Lesen Sie konzentriert. Vermeiden Sie aber, mit den Lippen zu lesen.
- Farb- und Markierungsstifte für wichtige Schlagworte erhöhen den Behaltensgrad.
- Bei weniger wichtigen Themen reicht ein »Querlesen« mit großer Blickspanne aus.
- Berücksichtigen Sie, dass die Konzentrationsfähigkeit und die Merkfähigkeit bei längerem Lesen abnehmen!

Es ist ein Selbstbetrug, wenn Sie Papierstöße in Ihrem Büro in der Hoffnung stapeln, dass Sie an ruhigen Tagen die Lektüre nachholen können!

2.8.4 Persönliche Dokumentation am Arbeitsplatz

Welchen Eindruck haben Sie von einem Mitarbeiter, dessen Schreibtisch wie ein Schlachtfeld aussieht? Als vorbildlicher IT-Projektleiter benötigen Sie eine übersichtliche Arbeitsplatzablage.

Drei Ablageformen benötigt jeder Projektleiter:

1. Wiederholt benötigte Vorgänge und Formulare, Terminmappen, Angebotsformulierungen und verflossene Standardangebote werden im **PC oder Laptop** abgelegt und stehen für eine neue Vorgangsbearbeitung zur Verfügung.
2. Manuell geführte Einzelvorgänge sollten als griffbereite Loseblattablage in offenen **Hängemappen** geführt werden.
3. Für ständig benötigte Projektunterlagen, die immer wieder ergänzt werden, sind **Hebelordner** vorteilhaft. In ihnen können die Einzelblätter in einer sauberen Ablageordnung geführt werden. Auch die Projektdokumentation wird heute oft nach einem standardisierten Schema im PC geführt.

Möglichst wenige Vorgänge sollten sich als unbearbeitete Präsenzunterlagen auf dem Schreibtisch stapeln!

2.9 Gehalt und Karriere des IT-Projektleiters

Überall in der Projektmanagementliteratur wird auf die Risiken von IT-Projekten und die negativen Auswirkungen eines fehlgeschlagenen Projekts auf seinen Verantwortlichen hingewiesen. Nirgendwo werden dagegen Fragen einer leistungsbezogenen Vergütung und die Karrieremöglichkeiten eines IT-Projektleiters angeschnitten, der diesen schwierigen Job auf Zeit übernimmt. Beides sind aber wesentliche Gesichtspunkte und sollten einem Projektleiter den ultimativen Motivationskick geben!

2.9.1 Sind Sie mit Ihrer Projektleitervergütung zufrieden?

Projektleiter aus dem IT- und Kommunikationssektor eines größeren Unternehmens befinden sich in der Vergütungsskala heute fast immer deutlich im sechsstelligen Bereich. Das Basisgehalt entspricht einem IT-Spezialisten. Zuschläge für die Übernahme des Projektrisikos und der Personalverantwortung für das Projektteam kommen hinzu, wenn Größe, Dauer und Schwierigkeitsgrad des Projekts dies rechtfertigt.

Wegen der Auswirkungen der variablen Vergütungsanteile sind bei Projektleitern zeitliche Gehaltsschwankungen zwischen 60 000 und 100 000 Euro im Jahr durchaus normal. Vergütungsunterschiede von 25 % und mehr können sich bei IT-Projektleitern aufgrund der Unternehmensgröße, dem geforderten Stellenprofil und der Berufserfahrung ergeben.

An der oberen Grenze der Gehaltsskala stehen zurzeit Projektleiter und -mitarbeiter, die über ein Expertenwissen in den Bereichen des E-Business, der Internet-Marktplätze und der Netzwerktechnik verfügen.

In jedem Fall werden bei Gehältern im sechsstelligen Bereich Fähigkeiten zur Teammoderation, Präsentation, Motivation und Konfliktlösung erwartet.

Vor der Übernahme eines schwierigen und risikobehafteten IT-Projekts sollten Sie mit Ihrem Vorgesetzten oder Projektmentor zwei **Punkte der Leistungsvergütung** offen ansprechen:

- Eine Anpassung Ihres festen **Grundgehalts** zur Abdeckung der mit dem Projekt verbundenen Mehrarbeit und der erheblichen Stressbelastung
- und/oder eine Leistungsvergütung als Belohnung beim erfolgreichen Projektabschluss. Eine solche Vergütung müsste auch den Teammitarbeitern zufließen.

Eine Geschäftsleitung wird auf Ihre finanziellen Wünsche eher eingehen, wenn Sie sich im Gegenzug verpflichten, das Unternehmen während der Projektabwicklungszeit nicht zu verlassen.

2.9.2 Karrierechancen des IT-Projektleiters

Die Übernahme einer Projektleitung ist eine Tätigkeit auf Zeit. Auch wenn Sie als IT-Spezialist über mehrere Jahre hinweg Projekte abwickeln, sollten Sie sich rechtzeitig darüber Gedanken machen, welche **beruflichen Schwerpunkte** Ihrer Projektarbeit folgen könnten. Welche **Karrierechancen** hat ein IT-Projektleiter? Drei Wege stehen im Vordergrund:

- **Aufstieg im IT-Bereich** zum Abteilungs- oder Gruppenleiter mit Übernahme von Personalverantwortung.
- **Stabsarbeit als IT-Experte** ohne Personalverantwortung.
- Übernahme einer **Vorgesetztentätigkeit in einem Linienbereich**, den Sie zuvor in einem erfolgreichen Informatikprojekt neu organisiert haben.

Natürlich setzt diese Chance voraus, dass Sie in ausreichendem Maß businessorientiert sind und der bisherige Vorgesetzte seinen Platz räumt.

Eine erfolgreiche Projektarbeit ist heute oft ein **Kriterium für die Besetzung von Führungspositionen** eines Unternehmens!

Im heiß umkämpften Telekommunikations- und Internetmarkt steht für einen erfahrenen Projektleiter, der im bisherigen Unternehmen keine Zukunftschancen erkennt, die Möglichkeit zum Wechsel in ein anderes Anwenderunternehmen oder eine IT-Dienstleisterfirma offen. Allerdings sollte die Fluktuation im eigenen Interesse nicht in ein ständiges Job-Hopping ausarten! Für einen dynamischen Spezialisten eines zukunftsorientierten Berufs der Informations- und Kommunikationstechnik bietet sich auch ein Start-up als IT-Freiberufler an.

2.10 Die besten Expertentipps dieses Lernmoduls auf einen Blick

Der Projektleiter steht im **Brennpunkt** der Projektarbeit! Von der Wahl eines dynamischen und professionellen IT-Projektverantwortlichen hängt der Erfolg des ganzen Vorhabens ab! An erster Stelle muss ein Projektmanager Führungsqualitäten besitzen und sein Projekt fachlich und menschlich über alle Projektphasen hinweg fest im Griff haben. Dazu benötigt er qualifizierte Kenntnisse und ein ausreichendes Maß an Motivation und Engagement!

Die folgenden Highlights stehen heute im Mittelpunkt der breiten Anforderungspalette an einen IT-Projektleiter:

(1) Wegen der erforderlichen **Projekterfahrungen und Methodikkenntnisse** stammen bisher die meisten IT-Projektleiter aus dem Bereich Informatik und Kommunikationstechnik. In neuerer Zeit sind besonders bei dezentraler Datenverarbeitung und aufgrund der zunehmenden IT-Reife der Fachabteilungen auch Projektleiter aus dem Anwenderbereich anzutreffen. Bei umfangreichen Vorhaben sollte ihnen ein IT-Profi oder ein externer Berater als »Coach« zur Seite stehen. Kleine und unproblematische Projekte können vom IT-Koordinator (Key User) des Fachbereichs geleitet werden.

(2) Das **Kompetenzprofil** des IT-Projektleiters muss in erster Linie Soft Skills umfassen, zu denen führungstechnische, soziale und menschliche Fähigkeiten, Kenntnisse und Erfahrungen gehören. An zweiter Stelle stehen fachliche, IT-technische und methodische Anforderungen.
(3) Der IT-Projektleiter steht selbstbewussten Mitarbeitern gegenüber. Sie verlangen von ihm ein ausgeprägtes **kooperatives Führungsverhalten** und den Einsatz gezielter Führungstechniken. **Motivation** heißt das Zauberwort in der modernen Projektarbeit. Mit einer geeigneten Motivation kann der Projektleiter die persönlichen Vorstellungen seiner Mitarbeiter mit den sachlichen Projektzielen in Einklang bringen. Von großer Bedeutung sind im störanfälligen Terrain der IT-Projekte fundierte Kenntnisse des **Konflikt- und Krisenmanagements**.
(4) Der offizielle **Befugnisrahmen** eines Projektleiters aus dem Informatikbereich beschränkt sich bei der üblichen Matrixorganisation auf die fachlichen Anweisungsbefugnisse gegenüber Projektmitarbeitern. Diese muss der Projektleiter voll ausschöpfen! Stammt der Projektleiter aus dem Führungsbereich der Fachabteilung, hat er gegenüber den Projektmitarbeitern aus seiner Abteilung auch disziplinarische Anweisungsbefugnisse.
(5) Eine fehlende oder mangelnde **Benutzerakzeptanz** gehört heute zu den häufigsten Hemmnissen und Bremsklötzen einer effizienten Projektabwicklung. Ursachen hierfür sind oft Informationsdefizite und Ängste von Fachabteilungsmitarbeitern. Der Projektleiter muss geeignete Strategien entwickeln, um einen hohen Grad der Benutzerzustimmung im Projekt zu erreichen.
(6) Als Projektmanager müssen Sie Ihre begrenzte **Arbeitszeit optimal nutzen!** Dazu benötigen Sie ▶ effiziente persönliche Arbeits- und Lesetechniken, ▶ eine geordnete Ablage Ihrer Unterlagen im Officesystem und Laptop, ▶ wirkungsvolle Strategien zur Bewältigung von Stress und Arbeitsärger, wie sie beispielsweise für IT-Manager im Internet angeboten werden.

(7) Das **Gehalt eines IT-Projektmanagers** besteht aus einem fixen Grundgehalt samt Überstunden- und Stresszuschlägen und einer leistungsbezogenen Vergütung, die bei einer erfolgreichen Projektbeendigung ansteht.

(8) Die Übernahme einer Projektleitung ist ein Job auf Zeit. Überlegen Sie rechtzeitig Ihre **Karrierechancen** in der Zeit danach und richten Sie Ihre

Zusatzfortbildung entsprechend aus:

- Sie können eine **Leitungsfunktion** im IT-Bereich anstreben.
- Sie können eine **Stabsfunktion** als IT-Experte ohne Personalverantwortung vorziehen.
- Sie können eine **Vorgesetztenfunktion in einem Linienbereich** übernehmen, den Sie als Projektleiter kennen gelernt haben.
- Sie können in ein **externes IT-Dienstleistungsunternehmen** einsteigen oder den Sprung in die **freiberufliche IT-Fähigkeit** wagen.

3 Der externe Projektleiter im Klientenprojekt

Immer häufiger wirken Mitarbeiter von IT-Dienstleistungsunternehmen als Projektleiter, Seniorberater, Juniorberater oder als Spezialisten in Kundenprojekten mit. Der Einsatz eines externen Projektleiters und zusätzlicher Fremdmitarbeiter ist in folgenden Fällen anzutreffen:

- Ein Unternehmen beschafft ein integriertes Software-Anwendungspaket oder ein anspruchsvolles Software-Tool für eine Internet-, Workflow-, E-Business- oder Data Warehouse-Applikation.
- In einem Unternehmen soll eine umfassende Geschäftsprozessanalyse und -optimierung durchgeführt werden, für die eine kompetente IT-Firma engagiert wird.
- Für vorhandene Altsoftware wird ein technisches Reengineering durch ein externes Spezialistenteam durchgeführt.
- Für den Aufbau einer modernen Hardware-Plattform oder einer Netzkonfiguration ist der Informatikbereich eines Unternehmens auf externe Unterstützung angewiesen.

An qualifizierten und erfahrenen Projektleitern und IT-Spezialisten für anspruchsvolle Kundenprojekte besteht in Anbieterfirmen für Software und IT-Dienstleistungen heute oft ein gravierender Mangel! Das gilt ganz besonders für den Internet-, E-Commerce- und Netzwerkbereich.

Die Mitwirkung eines externen Projektleiters oder eines ganzen Fremdarbeitsteams in einem Kundenprojekt wirft eine Reihe von grundsätzlichen Fragen auf:

- Welche Kundenerwartungen an externe Projektbeteiligte sind gerechtfertigt?
- Wie sollen Aufgaben und Kompetenzen zwischen den internen und externen Projektverantwortlichen aufgeteilt werden?

- Wie ist eine ausreichende Information des externen Projektbeauftragten und seiner Mitarbeiter über das Kundenunternehmen, das Projekt und über die Umgebungsbedingungen gewährleistet?

Um Meinungsverschiedenheiten bei der gemeinsamen Projektabwicklung vorzubeugen, sind klare Vereinbarungen über die Zusammenarbeit zwischen internem und externem Projektmanagement unverzichtbar!

3.1 Stellung des externen Projektleiters im Kundenprojekt

Die Kernaufgaben und die geforderten Skills und Schlüsselqualifikationen stimmen bei internen und externen Projektleitern weitgehend überein. Unterschiede ergeben sich in erster Linie bei folgenden Punkten:

- Stellung und Kompetenzen des externen Projektverantwortlichen im Projekt des Auftraggebers
- Aufgabenverteilung und -begrenzung in Abhängigkeit von der Vertragsgestaltung

Nur in Ausnahmefällen ist anzutreffen, dass ein externer Projektleiter ein Kundenprojekt voll in die Hand nimmt. Dann gelten für ihn alle Regeln des internen Projektleiters.

In vielen Fällen betreut der externe Projektleiter eines Kundenprojekts gleichzeitig mehrere Firmen oder muss zusätzliche Aquisitionsaufgaben in seinem Unternehmen übernehmen. Diese Simultanarbeit kann in Spitzenzeiten zu erheblichen Terminproblemen führen.

> *Eine präzise und ständig aktualisierte Termin- und Kapazitätsplanung hat deshalb für einen externen Projektleiter einen hohen Stellenwert. Nur mit einem aktuellen Terminplan kann der externe Projektleiter eine zeitweilige Überlastung oder Leerlaufperioden vermeiden. Kritisch sind beim externen Projektleiter häufige dringliche Terminverschiebungen aufgrund von Task-Force-Aufgaben beim Kunden.*

Für den externen Projektleiter gelten bei seinem Einsatz in einem Kundenprojekt die folgenden Maximen:

- Der Kunde erwartet von ihm, dass er auch ohne einen ausdrücklichen Kompetenzrahmen das Projekt über alle fachlichen, menschlichen und IT-technischen Klippen hinweg sicher in der Hand hat und nie den Durchblick verliert!
- Er muss sein Know-how und möglichst viele Denkanstöße in das Projekt hineintragen. Diese müssen dort zu einer messbaren Verbesserung der Projektabwicklung und der angestrebten Systemqualität führen!
- Für den Kunden repräsentiert der externe Projektleiter sein IT-Unternehmen und das von diesem vertriebene Produkt!

Vermeiden Sie als externer Projektleiter oder Freiberufler ein negatives Erscheinungsbild:

- Eine kritische Situation entsteht mit Sicherheit, wenn Sie sich im Haus Ihres Auftraggebers zu sehr durch eine akademische Ausdrucksweise abheben. Ein **elitärer Anspruch** führt zu Akzeptanzproblemen, einer ablehnenden Haltung der internen Projektmitarbeiter und damit insgesamt zu Produktivitätsverlusten!
- Auf keinen Fall dürfen Sie als Externer die vom Kunden vorgegebenen **Umfeldrestriktionen** überspringen, auch wenn Sie selbst andere Vorstellungen haben.
- Achten Sie darauf, dass Sie nicht durch eine unzureichende Qualität und Dokumentation Ihrer Arbeit für die Mitarbeiter des Kundenunternehmens angreifbar werden. Die Teammitglieder und Anwender des Klienten erwarten für das meist gewaltig überschätzte Honorar des Fremdberaters eine überdurchschnittliche Leistung und keinerlei Schwachstellen.
- Sprechen Sie nie abfällig vor Kundenmitarbeitern oder Dritten über das Anwenderunternehmen, in dem Sie als externer Projektleiter oder -mitarbeiter tätig sind. Ihr Unternehmen hat von dieser Firma einen Auftrag erhalten – von dem auch Sie leben!

3.2 Dienst- oder Werkvertrag?

Vor der Mitwirkung eines externen Projektleiters oder -moderators in einem Kundenprojekt sind Umfang und Form der Mitarbeit in einem präzisen Vertrag festzulegen! Aus der vertraglichen Vereinbarung muss hervorgehen, ob es sich um einen **Dienst- oder Werkvertrag** handelt. Dienstverträge sind üblich, wenn der externe IT-Spezialist an Problemlösungen mitwirkt oder eine Coachingtätigkeit im Projekt übernimmt. Die Abrechnung mit dem Kunden erfolgt monatlich entsprechend dem Zeitverbrauch samt den entstandenen Nebenkosten, zum Beispiel den Reisespesen. Im Dienstvertrag sollte auch enthalten sein, in welchem Umfang der externe Projektleiter **Büroarbeitszeiten** zum Studium von Projektunterlagen, zur Vorbereitung von Arbeitsbesprechungen oder zur Zusammenstellung von Berichten abrechnen darf. Diese Punkte führen bei der Auftragsabrechnung beim Kunden häufig zu Missverständnissen oder gar zur Verärgerung.

Häufig werden Dienstverträge mit einem externen Projektleiter so formuliert, dass ein geschätzter maximaler Projektumfang festgelegt wird, auf den sich die Projektmitarbeit erstreckt. Ist der Betrag erschöpft, erlischt der Vertrag, oder es ist vom Kunden ein Zusatzauftrag zu erteilen.

> *Dienstverträge sind häufig zwischen einem Anwenderunternehmen und einem IT-Freiberufler anzutreffen, der das Unternehmen als externer Projektleiter oder Berater bei einer Projektabwicklung unterstützt. Dazu gehören in neuerer Zeit der Aufbau von Netzwerken oder die Konzeption eines Internet-Marktplatzes.*

Bei Dienstverträgen liegt das **Risiko der Ergebnisqualität** ausschließlich beim Kunden! Deshalb ist großer Wert auf die Qualifikation und einschlägigen Erfahrungen des ausgewählten Projektmanagers zu legen.

Werkverträge sind auf dem IT-Sektor üblich, wenn beispielsweise zusammen mit der Lieferung von Netzwerkkomponenten oder Internetsoftware beim Kunden durch ein Projektteam des IT-Lieferanten Customizing- und Installationsarbeiten durchgeführt werden müssen. Der Werkvertrag beinhaltet die Lieferung der Hardware und Software und die zusätzlichen Dienstleistungsarbeiten bis zum produktiven Hardware- und Softwareeinsatz beim Kunden. Die Fertigstellung wird nach einer offiziellen Abnahme durch den Kunden bestätigt.

Werkverträge sind für ein Kundenunternehmen grundsätzlich vorteilhafter. Ein IT-Dienstleistungsunternehmen wird sich jedoch erst auf einen solchen Vertrag einlassen, wenn die organisatorischen und IT-technischen Voraussetzungen gegeben sind.

Terminliche Verzögerungen des Projektabschlusses, eine unzureichende Netzperformance oder funktionelle Softwaremängel, die sich beim IT-Einsatz zeigen, führen hinterher immer wieder zu unerquicklichen Auseinandersetzungen, wenn der IT-Dienstleister vorgibt, nicht die vereinbarte Unterstützung durch das interne Projektteam oder die Benutzerseite erhalten zu haben. Nur bei einer engen Zusammenarbeit und ständigen Abstimmung zwischen internem und externem Projektverantwortlichen und durch die sofortige Einschaltung der Geschäftsleitungen bei aufgetretenen Schwierigkeiten lassen sich solche Akzeptanzprobleme vermeiden!

3.3 Aufgabenspektrum eines externen Projektleiters

Das Aufgabenprofil externer Projektbetreuer leitet sich vom Software- und/oder Dienstleistungsvertrag ab, den der Kunde mit der Lieferfirma abschließt. In vielen Fällen beginnt heute die Zusammenarbeit am Ende einer Softwareevaluation. In den Vertragsunterlagen muss geklärt sein,

- welche Arbeiten von der Lieferfirma im Rahmen einer Softwarebeschaffung kostenlos durchzuführen sind,
- welche kostenpflichtigen Leistungen zu einem vereinbarten Festpreis erbracht werden müssen
- und für welche zusätzlichen Leistungen die IT-Firma bei Bedarf Mitarbeiter zu vereinbarten Stunden- oder Tagessätzen anbietet.

Der externe Projektleiter kennt das Kundenunternehmen meist schon vor dem Vertragsabschluss aufgrund der Teilnahme an der Durchsprache der Pflichtenheftspezifikationen, den Vertragsverhandlungen oder von einem mit dem Kunden durchgeführten Workshop.

Zu den häufigsten Aufgaben eines externen Projektteams bei der Implementierung eines Softwarepakets gehören die anschließend aufgeführten Arbeitskomplexe:

- Projektablaufplanung und Projektmanagement
- Geschäftsprozessanalyse, -modellierung und -optimierung, wenn diese Arbeiten innerhalb des IT-Projekts durchgeführt werden

- Software-Customizing, Prototyping, Prozesssimulation, Erstellung von Zusatzprogrammen mit Hilfe von Generatoren oder 4 GL-Sprachen, Einsatz von Auswertungsgeneratoren zur Berichterstellung
- Lösung von Schnittstellenproblemen
- Testabwicklung
- Training der Projektmitarbeiter und Anwender
- Datenanalyse und -konversion
- Realisierung von Netzen und Hardwareplattformen
- Erarbeitung von Umstellungsstrategien
- Ablösung von Altsystemen und Produktivstart des neuen Systems

Als spezielle Aufgaben des externen Projektleiters können ein Coaching des internen Projektleiters, eine Managementberatung aufgrund der Erfahrungen in ähnlichen Projekten und die periodische Information von Kundenführungskräften und -mitarbeitern hinzukommen.

3.4 Qualifikationsprofil eines externen Projektleiters

Ein Kundenunternehmen erwartet vom Projektleiter eines Softwarelieferanten eine hohe menschliche und fachliche Kompetenz. Seine Topqualifikation soll alle Schwächen des internen Projektleiters und -teams ausbügeln.

Der externe Projektleiter muss in erster Linie mit der angebotenen Software unter fachlichen und IT-technischen Gesichtspunkten vertraut sein. Er muss beim Angebot von Branchensoftware auch tiefgründige Branchenkenntnisse aufweisen. Schließlich muss er im fachlichen Bereich in der Lage sein, einen kundenbezogenen Projektablaufplan unter Berücksichtigung des vorliegenden Organisationsniveaus und der zur Verfügung gestellten Projektressourcen zu entwickeln.

Beim Führungsverhalten und der Kommunikation mit dem Kundenteam darf der Auftraggeber bei einem externen Projektleiter eine Vorbildfunktion voraussetzen. Das gilt auch für die Kenntnis der Kommunikationstechniken, zum Beispiel der Präsentation, der Moderation und der Akzeptanzförderung.

Dagegen können sich bei der Methodenqualifikation Probleme ergeben, wenn das Anwenderunternehmen spezielle oder gar exotische Flowcharting-, Entwicklungs- und Datenbankmethoden und -tools einsetzt, die dem externen Projektbeauftragten nicht geläufig sind.

Vor dem Projektstart sollte vereinbart werden, in welchem Umfang der externe Projektleiter und seine Mitarbeiter unternehmensspezifische Methoden und Softwarewerkzeuge benötigen und wie sie sich diese Kenntnisse aneignen können.

Eine zusätzliche Qualifizierung kann auch auf dem fachlichen Sektor nötig sein, wenn die Kundenprozesse erhebliche Besonderheiten aufweisen. Den Fremdmitarbeitern muss die Möglichkeit geboten werden, dass sie vor dem Software-Customizing in einigen Anlerntagen die Kundenorganisation kennen lernen.

3.5 Typische Konfliktsituationen mit der Kundenfirma

Aufgrund übersteigerter Erwartungen des Kunden an ein Informatikprojekt wickelt sich die Tätigkeit des externen Projektleiters oft in einem beträchtlichen Spannungsfeld ab. Konfliktpotential kann sich zum Beispiel in folgenden Fällen ergeben:

- Vom externen Projektleiter wird ein zeitaufwendiges Engagement bei der Überarbeitung der Geschäftsprozesse erwartet, obwohl im Softwarevertrag nur die Mitwirkung beim Software-Customizing vereinbart wurde. Die Kundenfirma vertritt jedoch die Auffassung, dass die Software nur in Verbindung mit einer intensiven Geschäftsprozessoptimierung Vorteile bringe.
- Der interne Teamleiter ist dem Projekt nicht gewachsen. Um sich selbst aus der Schlinge zu ziehen, spricht er dem externen Projektleiter die Fähigkeit und ausreichende Erfahrungen ab, das Softwareprodukt erfolgreich im Unternehmen einzuführen.
- Der interne Projektleiter des Softwareprojekts war zuvor in einem anderen Unternehmen tätig, in dem ein wesentlich teureres Softwarepaket eines Wettbewerbers im Einsatz ist. Bei seinen ständigen Vergleichen mit diesem Wettbewerbsprodukt stellt er an der vom Unternehmen ausgewählten Software nur Nachteile fest und propagiert diese in übertriebener Form im ganzen Unternehmen.

Kritischer als bei den aufgeführten Konfliktpunkten ist die Situation des externen Projektleiters, wenn der Vertriebsberater seiner Firma dem Kunden mehr versprochen hat, als die Software tatsächlich leisten kann und der externe Projektleiter diese übertriebenen Versprechungen erfüllen oder abwehren muss.

3.6 Die besten Expertentipps dieses Lernmoduls auf einen Blick

Immer häufiger ist in IT-Projekten neben dem internen Projektleiter ein externer Projektverantwortlicher, ein Moderator oder Coach anzutreffen. Seine **Aufgabenpalette** umfasst überwiegend

- bei einer Individualentwicklung die Mitarbeit beim fachlichen und IT-technischen Systemdesign bis hin zur Systemimplementierung und
- beim Einsatz von Fremdsoftware das Customizing und die Ausbildung der Kundenmitarbeiter.

Auf dem Sektor des Projektmanagements und des Methodeneinsatzes darf der Klient von einem hochdotierten externen Projektleiter Spitzenleistungen erwarten!

Diese **Highlights** gehören zu den Schwerpunkten beim Einsatz eines externen Projektleiters:

(1) Der **Aufgabenumfang** eines externen Projektleiters oder -beauftragten ist durch einen zeitorientierten Dienstvertrag oder einen ergebnisorientierten Werkvertrag definiert. Für die Auftragserteilung und die Aufgabenformulierung ist der IT-Bereich des Klienten – meist in Zusammenarbeit mit der Einkaufsstelle – verantwortlich.

(2) Der IT-Auftrag bestimmt den **Kompetenzrahmen** des externen Projektverantwortlichen. Beide Seiten müssen bei der Auftragserteilung bemüht sein, die Aufgaben, Kompetenzen und die Verantwortlichkeiten des externen Projektleiters möglichst exakt zu definieren, um spätere Auslegungsschwierigkeiten zu vermeiden.

(3) Der Klient **erwartet** von einem externen Projektverantwortlichen oder -coach diese Maximen:

- Er muss eine Vorbildfunktion ausüben, das IT-Projekt über alle fachlichen, menschlichen und IT-technischen Klippen fest in der Hand haben und sein volles Know-how in das Projekt einbringen!
- Er muss zu seiner Rechtfertigung ständig den Nachweis erbringen, dass seine Mitarbeit zu einer messbaren Beschleunigung der Projektabwicklung und einer Optimierung der Systemqualität führt.
- Für den Klienten repräsentiert der externe Projektleiter sein IT-Unternehmen und das von diesem vertriebene Produkt!

(4) Eine professionelle und ständig aktualisierte **Termin- und Kapazitätsplanung** hat für einen externen Projektleiter einen hohen Stellenwert. Kritisch sind für ihn häufige und kurzfristig gewünschte Terminverschiebungen seiner Klienten. Das führt für ihn zu Perioden der Überlastung und des Leerlaufs.

(5) **Konfliktsituationen** zwischen externem und internem Projektleiter können sich ergeben,

- wenn der externe Projektleiter durch zahlreiche Projektverpflichtungen total überlastet ist und seine vertraglichen Aufgaben gegenüber den Klienten dadurch nicht erfüllen kann,
- wenn der Vertriebsberater der Fremdfirma mehr versprochen hat, als die Software leisten kann, und der externe Projektleiter diese übertriebenen Versprechungen erfüllen oder abwehren muss,
- wenn sich unerwartete Schnittstellenprobleme zu vorhandenen IT-Systemen ergeben oder vom Klienten nachträglich ohne eine Änderung des Vertragsrahmens gravierende Zusatzforderungen gestellt werden.

up ...

4 Zusammensetzung eines qualifizierten Projektteams

Qualifizierte und engagierte Projektmitglieder sind das Kapital jedes IT-Projektleiters! Vor dem Projektstart müssen Sie sich als Projektmanager darum kümmern, dass Sie **kompetente und motivierte Mitarbeiter** für ein Projektteam erhalten. Mit zweitrangigen Leuten, die anderweitig nicht zu gebrauchen sind, oder mit Gelegenheitsmitarbeitern können Sie kein Erfolgsteam für ein anspruchsvolles IT- oder Internet-Projekt zusammenstellen!

Nur Minimalprojekte lassen sich ohne Projektmitarbeiter durch ein »Einmann- oder Einfrau-Team« durchziehen. Alle mittleren und größeren Vorhaben können nur mit einer interdisziplinären Projektgruppe realisiert werden!

Für viele geplante IT-Projekte im Bereich des E-Business ist der **Mangel an erfahrenen IT-Spezialisten mit zusätzlichen Webkenntnissen** oder an kreativen Webdesignern mit Geschäftsprozess-Know-how nach dem Start in das neue Millenium der größte Hemmschuh für eine Erfolg versprechende Projektbewältigung!

4.1 Mitarbeitertypen in einem IT-Projektteam

Als Fulltime- oder Parttime-Mitarbeiter können in einem Projektteam in Abhängigkeit von Projektart, -größe und -dauer folgende Mitarbeitertypen tätig werden:

- IT-Organisatoren, Organisationsprogrammierer und Anwendungsprogrammierer
- Systemspezialisten, Netzwerkprofis und Datenbankadministratoren
- Büroorganisatoren, Innenrevisoren, Mathematiker u.a.
- Mitarbeiter der Anwenderabteilung als IT-Fachkoordinatoren

Spezialisten eines Stabsbereichs erbringen für das Projekt eine bestimmte Leistung. Es bleibt ihnen selbst überlassen, wie viel Zeit sie zur Erbringung dieser Leistung benötigen. Sie müssen sich allerdings an die vereinbarten Fertigstellungstermine ihrer Leistung halten. Bei solchen Projektleistungen kann es sich bei einem Operations-Research-Spezialisten um ein mathematisches Modell oder bei einem Revisor um die Überprüfung der geplanten Kontrollstrukturen in dem vorgesehenen IT-Anwendungssystem handeln.

Bei Web-Projekten oder E-Business-Lösungen müssen vorhandene IT-Profis Kompetenz auf dem Internetsektor und im Bereich der neuen Technologien vorweisen können!

Zusätzlich wirken bei Bedarf in IT-Projekten externe Beratungspartner mit. Bei internet basierten Vorhaben wird von ihrem Einsatz erwartet, dass sie den Mangel an internen E-Spezialisten durch zusätzliches Wissen in den Bereichen Web-Design, Marketing und Kommunikation ausgleichen. Beim Einsatz von Standardsoftware – beispielsweise von Shop-Lösungen für webbasierte IT-Projekte – ist der Einsatz von Spezialisten der Lieferfirma unentbehrlich.

4.1.1 Mitarbeiter der Organisation und Informatik

Vom IT-Bereich wird erwartet, dass er die Kernmitarbeiter für Projekte der Informatik und Telekommunikation zur Verfügung stellt. Dazu gehören

- IT-Organisatoren, Systemanalytiker, Systementwickler
- Organisations- und Anwendungsprogrammierer
- IT-Spezialisten für Netzwerke, Bürokommunikation und Datenbanken
- Büroorganisatoren

Am häufigsten anzutreffen sind **Organisationsprogrammierer**. Ihre Kompetenz erstreckt sich im optimalen Fall über alle IT-technischen, methodischen und fachlichen Belange eines typischen IT-Projekts der Individualentwicklung oder Fremdsoftwareeinführung. Organisationsprogrammierer sind in allen Phasen eines IT-Projekts tätig.

Ein qualifizierter und erfahrener Organisationsprogrammierer mit fundierten Kenntnissen der Geschäftsprozessorganisation und ausreichender sozialer Kompetenz nimmt überwiegend auch die Stelle des Projektleiters wahr.

Für die Konzeption und Implementierung einer **Datenbank** ist ein Teammitarbeiter mit tief greifenden Datenbankkenntnissen unerlässlich.

Immer wichtiger ist ein **Netzwerkspezialist** zum Aufbau von LAN-Netzen (Local Area Networks), WAN-Netzen (Wide Area Networks) und Client-Server-Plattformen. Zum Netzaufbau greift ein Unternehmen immer häufiger auf die Kommunikationsstrukturen von Intranets und Extranets zurück.

Büroorganisatoren wirken in Projekten hauptsächlich bei der Istanalyse und in der Projektphase der Benutzerorganisation mit, um die Veränderungen der Aufbau- und Ablauforganisation zu planen und zu realisieren. Sie stehen allerdings nur in seltenen Fällen zur Verfügung! Das wirkt sich nachteilig aus, weil Organisationsprogrammierer oder IT-Koordinatoren der Fachbereiche nicht die nötige Ausbildung, Erfahrung und Zeit für diese anspruchsvollen Tätigkeiten haben.

Bei umfangreichen IT-Projekten ist neben dem Projektleiter der **Projektadministrator** ein nützlicher Mitarbeiter. Wenn eine Führungskraft des Anwenderbereichs als Projektverantwortlicher fungiert, ist ein Projektadministrator als Assistenzkraft unentbehrlich. Er unterstüzt den Projektleiter bei den aufwendigen Arbeiten der IT-unterstützten Planung, Steuerung und Abrechnung und beim Projektberichtswesen. Als wichtigstes Arbeitswerkzeug steht ihm ein Projektmanagementsystem zur Verfügung. In vielen Fällen wird die Projektadministration heute zur Entlastung der Projektmitarbeiter in einem für alle IT-Projekte zuständigen Kompetenzcenter, der Projektservicestelle, wahrgenommen.

Außerhalb des Projektteams wirken in IT-Projekten gelegentlich mit:

- ein Projektcontroller
- ein Revisor zum Aufbau von Kontrollsystemen
- ein Datenschutzbeauftragter
- und ein Mitarbeiter der Qualitätssicherung (Auditor)

Die von ihnen angeforderten Leistungen werden im Projektteam bei der Aktivitätenfestlegung geplant und zum gewünschten Zeitpunkt erbracht.

4

4.1.2 Teammitglieder des E-Business

Immer mehr IT-Projekte verschieben sich in den Bereich des Electronic Business (E-Business) und Internets. Es gibt kaum mehr eine Firma, die nicht über Unternehmens- und Produkt-Websites im Internet vertreten ist. Neben diesen Einfachsystemen richten immer mehr Unternehmen Online-Marktplätze ein, um mit anderen Unternehmen (Business-to-Business) oder mit Verbrauchern (Business-to-Consumer) Kontakte zu knüpfen und Geschäfte abzuwickeln.

Es gibt Projekte, bei denen der digitale Anteil sich auf die Präsentation einer Homepage im Internet beschränkt, und andere, die sich überwiegend mit E-Commerce und unternehmensübergreifenden Geschäftsprozessen beschäftigen.

> *In Abhängigkeit von Art und Umfang des E-Business-Anteils müssen für die Projekte Mitarbeiter zur Verfügung stehen, die im Bereich der Webgestaltung und der Internetwelt einen ausreichenden Kenntnisumfang besitzen, um effiziente produktive E-Business-Systeme aufzubauen. An Mitarbeitern mit diesen Sonderkenntnissen besteht zur Zeit ein gravierender Mangel!*

Neben dem weborientierten Sektor bestehen anspruchsvolle E-Business-Projekte aus einem erheblichen Anteil an innovativen Geschäftsprozessen, wie sie für klassische IT-Projekte typisch sind. Das können Logistikprozesse sein oder die Verbindung zu einem im Unternehmen vorhandenen ERP-System (Enterprise Ressource-Planning-System). Hierfür sind zusätzlich zu den Mitarbeitern mit Web-Kenntnissen erfahrene IT-Fachkräfte unerlässlich.

Die anschließend aufgeführten **Kompetenzfelder** müssen bei einem weborientierten Vorhaben im projektspezifischen Umfang durch interne oder externe Wissensträger abgedeckt werden:

- das **Webdesign** zur Gestaltung der Webseiten für das Internet
- die Gestaltung und Programmierung von **E-Business-Prozessen** und Datenbanken
- die unternehmensübergreifende **Kommunikation** der Internet- und Intranet-Anwendungen zwischen Lieferant und Kunde (E-Supply Chain)
- die Datensicherheit der E-Prozesse

Zur Abdeckung des erforderlichen Kenntnisspektrums bei der Verschmelzung von Informations- und Kommunikationstechnologie müssen die vorhandenen IT-Mitarbeiter sich im Bereich der E-Techniken fortbilden oder auf spezielle **interne oder externe Teammitglieder** zurückgreifen, soweit im Unternehmen oder am Markt solche Mitarbeiter aufzutreiben sind. Es handelt sich um E-Business-Entwickler, Webmaster, Internetspezialisten oder Screendesigner, wobei sich die Berufsbezeichnungen teilweise überschneiden.

4.1.3 Projektmitarbeiter aus dem Anwendungsbereich

Als Projektleiter müssen Sie großen Wert darauf legen, dass der betroffene **Anwenderbereich / Kunde** in ausreichendem Umfang bei der Projektdurchführung mitwirkt! Die Einbeziehung des »Abnehmers« bietet die bestmögliche Garantie zur Erreichung der Projektziele! Bei dezentral organisierten Projekten ist diese Problematik nicht vorhanden, weil die Projektleitung und -durchführung dem Fachbereich selbst obliegt. Dagegen muss ein Projektverantwortlicher in den vom IT-Bereich zentral gesteuerten unternehmensweiten Projekten oft große Mühe aufwenden, um eine ausreichende Unterstützung der Fachbereiche zu erreichen!

Als hauptsächlicher Vertreter des Fachbereichs wirkt in Projekten der Informatik und Telekommunikation ein **IT-Fachkoordinator** (auch als Key User oder IT-Anwendungsbetreuer bekannt) in den fachlich orientierten Projektabschnitten mit. Er hat im Normalfall eine organisatorische und informationstechnische Grundausbildung und arbeitet in unterschiedlichem Umfang bei folgenden Projekttätigkeiten mit:

- bei der Anforderungsanalyse und Sollkonzeption
- bei der Erarbeitung der neuen Benutzerorganisation
- bei der Systemanpassung eines Software-Fremdpakets
- bei den Benutzer- und Abnahmetests
- bei der Information, Schulung und Einweisung der Führungskräfte und Sachbearbeiter seiner Fachabteilung
- bei der psychologischen Betreuung seiner Fachbereichsmitarbeiter während der Projektlaufzeit und in der anschließenden Produktivphase des Anwendungssystems

IT-Fachkoordinatoren haben in größeren Unternehmen manchmal einen Fulltime-Job. Überwiegend müssen sie allerdings ihre Mitarbeit in Projekten und bei der Systembetreuung zusätzlich zu ihrer Sachbearbeitertätigkeit nebenamtlich wahrnehmen.

> *Der IT-Koordinator nimmt im Projekt eine Doppelstellung ein: Er ist einerseits normales Teammitglied, andererseits der Interessenvertreter seines Fachbereichs. Das kann ihm in kritischen Situationen einiges Kopfzerbrechen bereiten!*

Achten Sie als Projektleiter darauf, einen noch unerfahrenen Fachkoordinator oder Key User so zu qualifizieren, dass er (oder sie) während des Projektablaufs aktiv als Teammitglied tätig sein kann. Nach Abschluss des Projekts muss der IT-Fachkoordinator in der Lage sein, die Anwenderbetreuung des Systems zu übernehmen und sich fachlich und menschlich um die Endbenutzer zu kümmern!

Neben einem oder mehreren Key Usern sollten geeignete Führungskräfte und Fachspezialisten zeitweilig bei der Anforderungsanalyse, der Beurteilung der fachlichen Sollkonzeption und speziellen Problemlösungen mitwirken. Als Projektleiter sollten Sie aus zwei Gründen auf die Mitarbeit von Spezialisten Wert legen:

- Im Projekt kann ihre hohe Fachkompetenz genutzt werden.
- Das Projekt steht auf einer breiteren Basis und hat mehr Rückhalt im Fachbereich.

In »reifen Fachabteilungen«, in denen sich aufgrund früherer Projekte ein erhebliches Organisations- und Informatikwissen angesammelt hat, kann die fachliche Lösung für ein Projekt möglicherweise voll vom Fachbereich erarbeitet werden!

Vorsicht ist allerdings angebracht, wenn hoch motivierte, aber ausschließlich technikorientierte PC- oder Internetfreaks als Projektmitarbeiter des Fachbereichs den Ton angeben. Hier kommen die übergeordneten Projektzielsetzungen des Fachbereichs, eine businessorientierte Geschäftsprozessorientierung und Fragen der Systemintegration gegenüber technischen Details oftmals zu kurz!

4.1.4 Projektunterstützung durch externe IT-Dienstleister und Internetspezialisten

In zunehmendem Umfang wirken in einem Informatik- oder Telekommunikationsprojekt externe IT-Spezialisten mit. Es kann sich um Fachkräfte folgender Kategorien handeln:

- Unabhängige IT-Berater mit fachlichem und informationstechnischem Know-how und häufig mit zusätzlichen Branchenkenntnissen
- Spezialisten einer Softwarefirma zur Anpassung und Einführung einer Standardsoftware
- Hardware-Systemspezialisten zur Mithilfe bei einer LAN-Konzeption oder dem Layout für eine Client-Server-Plattform
- Internet-Fachkräfte zum Aufbau von Websites und in E-Business-Projekten

Fremdkräfte können aus zwei Gründen für eine erfolgreiche Projektabwicklung unentbehrlich sein:

- Die Kapazität der eigenen Mitarbeiter reicht zur Projektdurchführung nicht aus.
- Es fehlt das Know-how zur Konzeption einer integrierten Systemlösung oder zur Installation und dem Customizing einer komplexen Fremdsoftwarelösung, zum Beispiel von mySAP oder einem anderen E-Business-Paket.

Wegen der finanziellen Auswirkungen auf das Projektbudget sollten Fremdmitarbeiter nur bei anspruchsvollen Schwerpunktarbeiten im Projekt mitwirken. Die Tageshonorare sind außerordentlich unterschiedlich und schwanken zwischen 400 und 2000 Euro!

Mitwirkung eines unabhängigen IT-Beraters im Projekt

Unternehmensberater arbeiten aus unterschiedlichen Anlässen in Projekten mit:

- In vielen Fällen werden sie als Katalysator oder Moderator benutzt, bis ein IT-Projekt auf die Beine gestellt ist.
- Manchmal benötigt ein Projektleiter einen ständigen »Coach«, wofür sich ein erfahrener Berater anbietet.

IT-Berater übernehmen als unabhängige Fachleute bei der Planung, Auswahl und Einführung von Hardware und Software häufig folgende Aufgabengebiete:

- Festlegung der Vorgehensstrategie
- Durchführung einer Machbarkeitsanalyse (Voruntersuchung), ob der Einsatz eines Softwarepakets zweckmäßig und nutzbringend ist
- Mitwirkung bei der Hardware- und Softwareevaluation
- Mitarbeit bei Problemlösungen

Es ist vorteilhaft, wenn ein Berater spezielle Branchenkenntnisse aus dem Handel, dem Krankenhauswesen, dem Behördensektor oder aus einer industriellen Tätigkeit mitbringt, die er in Ihrem Unternehmen einsetzen kann.

Heute wird von einem IT-Berater zusätzlich erwartet, dass er die Anforderungen des digitalen Geschäfts an ein Unternehmen kennt. Er muss in der Lage sein, zusammen mit dem Klienten die neuen Geschäftschancen auszuloten und geeignete Strategien zum Einstieg in das E-Business zu entwickeln.

Achten Sie bei einer Beraterauswahl darauf, dass der Berater nicht mit einer bestimmten Hardware- oder Softwarefirma »verheiratet« ist. Nur wenige Berater können sich aus finanziellen Gründen ihre Unabhängigkeit erhalten und sind für ein Anwenderunternehmen brauchbar!

Erfahrene Berater sind nicht leicht zu finden. Gelegentlich stößt ein Unternehmen auf sie aufgrund einer Fachveröffentlichung oder in einem öffentlichen Lehrgang, den der Berater durchführt.

IT-Dienstleister und Webagenturen

Beim Einsatz umfangreicher Netze und Softwarepakete sind Mitarbeiter von IT-Lieferfirmen und -Dienstleistern meist unentbehrlich. Sie werden zur firmenspezifischen Softwareanpassung und zur Erstschulung und Einweisung der Anwender benötigt. Der Umfang an erforderlicher Fremdkapazität ist außerordentlich unterschiedlich und hängt vom Umfang und der Komplexität der Hardwarenetze und/oder Software ab.

Spezialisten einer Anbieterfirma dürfen zur Wahrung einer objektiven Abwicklung im Projekt erst eingesetzt werden, wenn die Paketevaluation beendet und ein Softwarevertrag geschlossen worden ist. Lassen Sie sich zuvor auch nicht zu einer »kostenlosen Beratung« überreden!

Während eine IT-Dienstleistungsfirma meist über geschulte Kräfte zur Softwareanpassung verfügt, besteht häufig ein gravierender Mangel an erfahrenen Organisationsprofis, welche den Kunden bei der Optimierung seiner Geschäftsprozesse beraten können.

Die **Stärken externer Fachleute**, die im Projekt genutzt werden sollten, liegen

- in ihren Erfahrungen bei der Anpassung des Softwarepakets und
- in der Kenntnis einer systematischen Vorgehensmethodik.

Diesen Stärken stehen mehrere **Schwachpunkte** gegenüber, die der Projektleiter berücksichtigen sollte:

- Der Fremdmitarbeiter kennt nicht die spezifischen Probleme der Anwenderfirma und kann deshalb keine optimalen Problemlösungen anbieten.
- Der Schwerpunkt der Arbeit eines Softwarespezialisten liegt auf rein IT-technischen Lösungen der Softwareanpassung.
- Häufig werden dem Anwender – besonders bei Festpreisaufträgen – Standardlösungen ohne Rücksicht auf die betrieblichen Sonderprobleme aufgedrängt.

Ein Projektleiter muss beim Einsatz von Fremdsoftwerkern auf der Hut sein, dass bei der Softwareanpassung und bei der Schulung und Einweisung der Anwendermitarbeiter ein ausreichender Know-how-Transfer erfolgt. Andernfalls ist zu befürchten, dass die Anwenderfirma ständig »am Tropf des Softwarelieferanten hängt«.

Werden neben den IT-Experten zur Geschäftsprozessmodellierung und dem Softwarecustomizing gleichzeitig Designer einer Webagentur eingesetzt, müssen Sie als interner Projektverantwortlicher bei der Mitarbeiterauswahl prüfen, dass die kreativen »Zopfträger« der Agentur mit den IT-Profis harmonisch zusammenarbeiten. Hierfür sind klare Arbeitsabgrenzungen erforderlich.

4.2 Aufbau eines kompetenten Projektteams

Anspruchsvolle Projekte der Informations- und Kommunikationstechnik können nicht von kontaktarmen Einzelkämpfern bewältigt werden. Zur Abwicklung ist ein Arbeitsteam von Entwicklern, Spezialisten und Anwendern / Kunden nötig. Sie bringen ihre spezifischen Kenntnisse in das Projekt ein.

Die Zusammenstellung eines produktiven Projektteams gehört zu den schwierigsten Aufgaben eines Projektmanagers! Die Anforderungen an den Projektverantwortlichen haben sich aufgrund des chronischen Mangels an IT-Profis mit einem zeitgemäßen Wissensstand und durch die zusätzlichen Anforderungen des E-Business drastisch erhöht.

Wie kommt ein neuer Projektleiter an die erforderlichen Teammitarbeiter heran? Dafür gibt es mehrere **Formen der Anwerbung:**

Am häufigsten werden noch immer die Teammitglieder aufgrund ihrer Kenntnisse und zeitlichen Verfügbarkeit von den Vorgesetzten ausgewählt und dem Projektteam zur Verfügung gestellt.

In anderen Fällen spricht der Projektleiter selbst geeignete Mitarbeiter an und versucht, ihnen eine Mitarbeit im Projekt schmackhaft zu machen.

Gelegentlich sind Ausschreibungen über das vorhandene Bürokommunikationssystem oder Intranet anzutreffen. Mitarbeiter, die sich angesprochen fühlen, können sich bewerben und mit dem Projektleiter Kontakt aufnehmen.

Ein Projektleiter benötigt viel Geschick, aus dem Potential an Bewerbern diejenigen auszuwählen, welche neben ihrem Kenntnisspektrum eine ausreichende Teamorientierung aufweisen und zeitlich im benötigten Umfang zur Verfügung stehen.

Maßgeblich für eine effiziente Teamarbeit ist eine ausgewogene qualitative Zusammensetzung der Projektgruppe und eine zweckmäßige Teamgröße, die ein produktives Arbeiten ermöglicht.

4.2.1 Werden alle Projektaufgaben durch qualifizierte Mitarbeiter abgedeckt?

Die Arbeitsfähigkeit und Effizienz eines Teams hängt entscheidend von der richtigen Teamzusammensetzung und Qualifikationsverteilung ab. Deshalb muss der Projektleiter vor dem Projektstart diese Punkte prüfen:

- Was benötigt das Projekt an Teamqualifikation? In welchem Umfang ist sie bereits vorhanden? Wo ist der wesentliche Qualifikationsengpass?
- Wie kann die fehlende Teamqualifikation durch Trainingsmaßnahmen erreicht werden?

- In welchem Umfang muss die erforderliche Teamqualifikation eingekauft werden?

Untersuchen Sie als Projektleiter besonders kritisch, wo in einem Projekt der **maßgebliche Qualifikationsengpass** liegt, der zur Sicherstellung des Projekterfolgs abgedeckt werden muss. Das kann durch eine entsprechende Ausbildung eigener Projektmitarbeiter oder die Inanspruchnahme eines externen Dienstleisters erfolgen. Häufig sind es heute die unzulänglichen Internet- oder E-Commerce-Kenntnisse, die ein innovatives IT-Projekt zum Scheitern bringen können.

An zwei **aktuellen Fallbeispielen** stellen wir die Anforderungen an die erforderliche Qualifikation des Projektteams dar:

(1) Teamqualifikation für ein unternehmensübergreifendes Beschaffungsprojekt mit Hilfe eines Internet-Marktplatzes und einer innovativen Logistikunterstützung

Das vorhandene IT-organisierte Altsystem des Verwaltungseinkaufs eines Unternehmens soll durch ein weborientiertes Beschaffungssystem auf der Basis eines Internet-Marktplatzes ersetzt werden. Zusätzlich müssen im Projekt die Geschäftsprozesse des Materialwirtschafts- und Logistiksystems an die geplante Internetbeschaffung angepasst werden.

Der Projektleiter stellt die Kenntnisse und Erfahrungen zusammen, die im Team insgesamt vorliegen müssen:

- Professionelles Projektmanagement (fulltime)
- Projektverwaltung für das Projektmanagementsystem
- Objektorientierte Datenbank, 4-GL-Tool und Prototyping
- Fachliches und IT-technisches Systemdesign für die Geschäftsprozessmodellierung der Logistikprozesse
- Systemdesign für die E-Business-Lösung
- Webserver, Internet, Intranet
- Mitwirkung Fachbereich (Istanalyse, Designakzeptanz, Testmitwirkung, Probebetrieb)

(2) Teamqualifikation für ein Multimediaprojekt

In einem Dienstleistungsunternehmen soll für ein Multimediaprojekt ein umfassendes Schulungsprogramm für die Mitarbeiter des Außendienstes aufgebaut werden. Hier sind Kenntnisse und Erfahrungen für die folgenden Qualifikationsbereiche nötig:

- Professionelles Projektmanagement (Schwerpunkt Teamführung)
- Projektverwaltung mit Hilfe eines Projektmanagementsystems
- Systementwicklung, objektorientierte Datenbank
- Multimedia-Technik
- Fachkenntnisse im Außendienstbereich der Branche
- Grafikkenntnisse im Medienbereich
- Medienpsychologie auf dem Trainingssektor

Eine Erweiterung der fachlichen oder IT-technischen Teamkompetenz lässt sich erreichen, wenn es gelingt, durch den Aufbau **virtueller Teams** Experten einzubeziehen, die aufgrund ihrer räumlichen Entfernung nicht an lokalen Teamsitzungen teilnehmen können. Diese Fachleute stehen während der Durchsprache eines Tagesordnungspunkts über die zur Verfügung stehenden Medien – zum Beispiel ein Bildtelefon – mit dem Team in Verbindung.

Liegt das technische Instrumentarium zur Durchführung einer **Videokonferenz** vor, können Projektmitarbeiter an unterschiedlichen Standorten an gemeinsamen Teamgesprächen teilnehmen. Welche Möglichkeiten die Praxis der Projektarbeit bietet, erlebte der Verfasser in seiner Funktion als Logistikberater bei der Prüfung eines französischen Softwareprodukts, das vom Projektteam des deutschen Unternehmens für ein neues Werk in einem östlichen Nachbarland benötigt wurde. Die Vorführung lief im Pariser Rechenzentrum ab. Die Moderation der Projektsitzung fand im deutschen Unternehmen im Projektbesprechungsraum des Informatikbereichs statt. Die betroffenen Führungskräfte und Key User des östlichen Empfängerlands konnten die Softwarepräsentation und Diskussion in ihrem Heimatland mitverfolgen. Voraussetzung für eine reibungslose grenzüberschreitende Verständigung war natürlich die gemeinsame Verwendung der englischen Sprache durch alle Teilnehmer.

4.2.2 Die optimale Teamgröße

Die erforderliche Teamgröße in einem IT-Projekt hängt vom Umfang der zu bewältigenden Aufgaben und der Anzahl der zur Verfügung stehenden Mitarbeiter ab. Es hat sich gezeigt, dass die Teameffizienz nicht proportional zum Teamumfang ansteigt.

Heute sind in typischen Projektgruppen 2 - 3 ständige Teammitglieder tätig. Das Kernteam besteht meist aus einem Organisationsprogrammierer und dem IT-Koordinator der Fachabteilung. Bei Bedarf wird das Team um 1 - 3 zeitweilige Teammitglieder verstärkt, die aus internen Stabsstellen, dem betroffenen Fachbereich / Kunden und externen IT-Dienstleistern stammen können.

Bei einer Individualentwicklung stoßen in den IT-technischen Projektphasen auch Programmierkräfte zum Team dazu.

> *Ein voller Informationsaustausch ist nur bei einer Begrenzung der Mitarbeiterzahl auf die oben genannte Größenordnung möglich. Diese Beschränkung erlaubt es, dass ein Projektteam mit einem geringen Verwaltungsaufwand arbeitet und den direkten Kontakt zwischen den Teammitgliedern aufrechterhalten kann.*

Bei steigender Teamgröße nimmt der Aufwand für die Informationsvermittlung überproportional zu. Der höchste Grad an Kreativität und Effizienz lässt sich in Arbeitsteams erreichen, die eine Größenordnung von 3 - 5 Mitarbeitern aufweisen. Auch zu klein geratene Arbeitsteams sind nachteilig, weil es ihnen an Kreativität, Gedankenvielfalt und Zeit mangelt. Tyische Vor- und Nachteile unterschiedlicher Teamgrößen sind in Abbildung 4.1 aufgezählt.

Bei größeren Aufgabenkomplexen sollten für ein Projekt **Teilteams** gebildet werden. Ihr Zusammenspiel erfolgt über einen Schnittstellenkoordinator und durch gemeinsame Abstimmungssitzungen.

Nicht alle Tätigkeiten eines Projekts lassen sich innerhalb von Arbeitsteams sinnvoll abwickeln. Neben Arbeiten, bei denen alle Teammitglieder anwesend sind, gibt es auch Tätigkeiten, die vorteilhaft in Kleingruppen oder in Einzelarbeit erledigt werden. Zwischen den Teamsitzungen müssen die Mitarbeiter oder Zweierteams »Hausaufgaben« erledigen (siehe Abbildung 4.2).

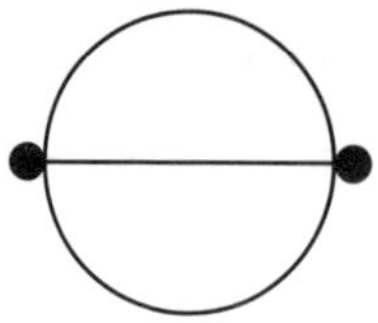

Zweierteam
+ gut für eine partnerschaftliche Arbeit
+ gegenseitiger Gedankenaustausch
– Gefahr der Rivalisierung

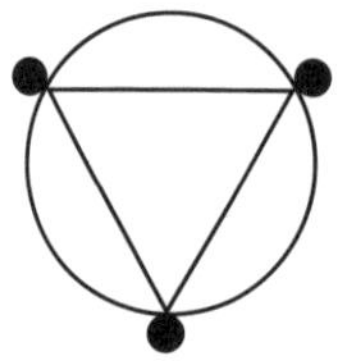

Dreierteam
+ gute und zielstrebige Arbeitsgruppe
+ kein Teammitglied kann sich zurückhalten

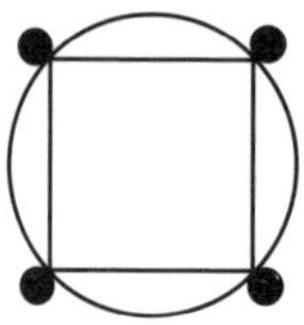

Viererteam
+ Vorteile zwischen Dreier- und Fünfergruppe
– Gefahr einer Pattsituation bei Entscheidungen
– Trennung bei Detailarbeiten nötig

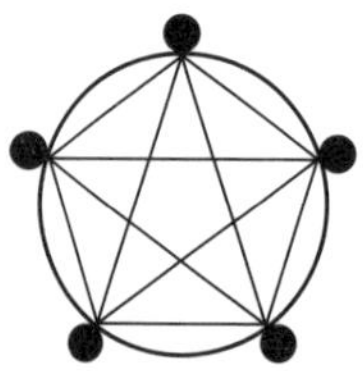

Fünferteam
+ hohe Kreativität durch die Teilnehmerzahl
+ gut für fundierte Entscheidungen
– Trennung bei Detailarbeiten nötig
– hohe Teamkosten!

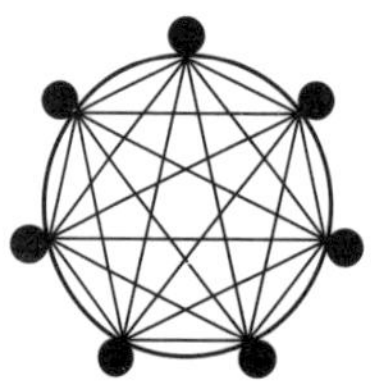

Siebenerteam
+ ideal für Kreativ- und Informationssitzungen
– ungeeignet für die Erarbeitung von Detaillösungen
– hohe Teamkosten!

Abbildung 4.1: Vor- und Nachteile verschiedener Teamgrößen

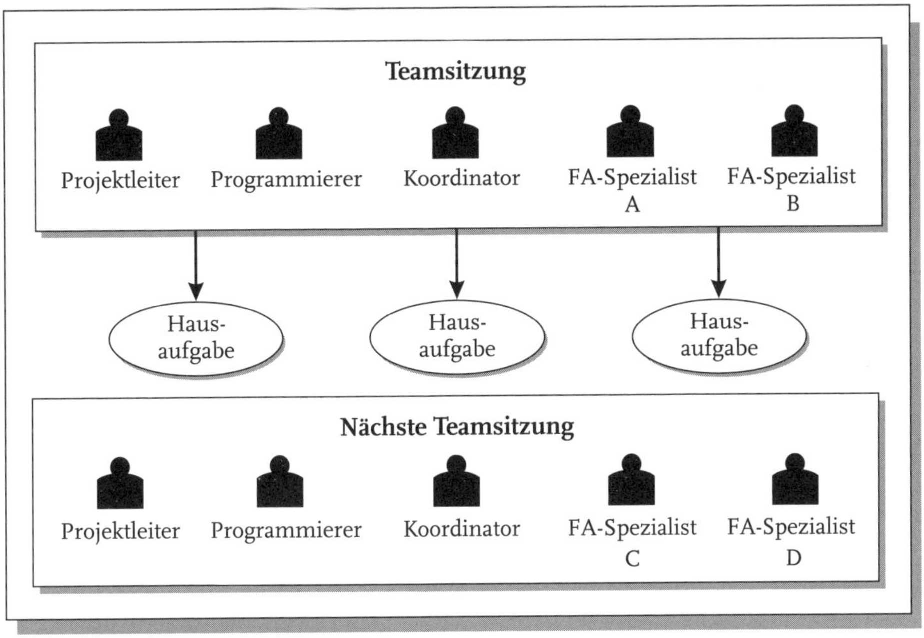

Abbildung 4.2: Abwechslung zwischen Teamarbeit und »Hausaufgaben«

In den gemeinsamen Teamsitzungen werden hauptsächlich Strategien und Konzeptionszusammenhänge erarbeitet. Die Teilnehmer erhalten Vorgaben für Arbeiten und Problemstellungen, die bis zur nächsten Sitzung in Kleingruppen und von einzelnen Mitarbeitern bearbeitet werden sollen. Ihre Ergebnisse werden dann in der Folgesitzung durchgesprochen.

4.2.3 Aufgaben und Befugnisse der Teamplayer

Ein Projektleiter muss sich vor dem Projektstart darum kümmern und genügend Zeit dafür aufwenden, dass er kompetente und motivierte Mitarbeiter für sein Projektteam gewinnt. Mit zweitrangigen Leuten, die anderweitig nicht zu gebrauchen sind, kann er kein Erfolgsteam zusammenstellen.

IT-Projekte werden heute überwiegend nach den Grundsätzen des **Matrix-Managements** abgewickelt. Die Projektmitarbeiter unterstehen für die begrenzte Zeitdauer der Projektarbeit

- personell weiterhin dem disziplinarischen Vorgesetzten,
- fachlich in dem bei der Projektplanung festgelegten Umfang dem Projektleiter.

Projektmitglieder, die nicht als Fulltime-Mitarbeiter ständig zu dem Kernteam gehören, werden der Projektgruppe für bestimmte Aufgabenblöcke und einen vorher geschätzten Zeitumfang, beispielsweise zwei Tage in der Woche, zugeordnet. Es gehört zum Planungsgeschick eines Projektleiters, die Mitarbeiter während der Zeit ihrer Mitarbeit produktiv einzusetzen!

Kennen die Projektmitarbeiter ihre Aufgaben und Arbeitsmethoden?

Erfahrene Projektmitglieder aus dem Informatik- und Kommunikationsbereich kennen die im Projekt üblichen Arbeitsmethoden und die hierfür erforderlichen Werkzeuge und Tools. Sie sind für den Projektleiter überwiegend »pflegeleicht«. Neue Mitarbeiter muss der Projektleiter in die Arbeitsmethoden einweisen, sofern diese nicht dem Projekthandbuch entnommen werden können.

Spätestens beim Kick-off-Meeting muss der Projektleiter auf einige wichtige **Regeln der Zusammenarbeit** hinweisen:

- Der Projektmitarbeiter muss auch solche Arbeiten durchführen, die nicht ausdrücklich am Anfang festgelegt waren.
- Bei der Arbeitsabwicklung muss er den Projektleiter rechtzeitig auf Ereignisse und Probleme hinweisen, die den Projektablauf negativ beeinflussen können.
- Mit der Arbeitsdurchführung ist vom Projektmitarbeiter die zugehörige Dokumentation zu erstellen.
- Wenn sich persönliche Angelegenheiten auf den Projektablauf auswirken (zum Beispiel eine Urlaubsplanung), muss sich der Projektmitarbeiter zuvor mit dem Projektleiter abstimmen.

In einem Projekt gibt es keine Mitarbeiter erster und zweiter Klasse! Deshalb hat jeder Projektmitarbeiter das Informationsrecht, die gesamte Dokumentation einzusehen, wenn er dies zur Aufgabendurchführung für nötig erachtet.

Nicht jeder Projektmitarbeiter erfüllt die hohen Anforderungen, die im IT-Projekt an ihn gestellt werden. Deshalb muss die Möglichkeit bestehen, dass ein Projektmitarbeiter auf eigenen Wunsch oder auf Drängen des Projektleiters von seinen Projektpflichten entbunden wird. Bei seinem Eintritt ins Projekt muss ein Mitarbeiter über diese Möglichkeit informiert werden.

4.2.4 Welche zusätzliche Qualifikation der Teammitarbeiter ist nötig?

Nicht immer können Sie als Projektleiter nach der Zusammenstellung des Projektteams sofort mit der Teamarbeit »loslegen«. Häufig kommen Sie um eine der Projektarbeit vorangestellte Schulung der Teammitglieder nicht herum.

Neue Projektmitarbeiter sollten Sie mit den **Grundsätzen und Methoden des IT-Projektmanagements** bekannt machen, wie es im Unternehmen angewendet wird. Eine solche Informationsveranstaltung dient nicht zuletzt der Motivation der Projektmitglieder. Auch eine Grundausbildung über die Methoden der **Arbeits- und Dokumentationstechniken** sollte dem Projekt vorangehen. Sie beschränkt sich auf die Einsteiger in die Projektarbeit.

Für die fachliche Qualifizierung empfiehlt sich als effizienteste Methode das »Distance Learning« im Unternehmen mit Hilfe von CD-ROMS oder durch einen Download angebotener Internetkurse. Außerdem sollten den Projektmitgliedern aktuelle Fachbücher als Nachschlagewerke zu ihrer Projektthematik zur Verfügung stehen.

Lehrgänge in externen Trainingsinstituten sind wegen der hohen Kosten, des beträchtlichen Zeitaufwands und der häufigen Ineffizienz solcher Veranstaltungen bei vielen Unternehmen heute out! Es hat sich als zweckmäßiger und kostensparender erwiesen, sich bei Bedarf unmittelbar an den Referenten (und nicht an einen Veranstalter!) zu wenden und mit dem Trainer einen gezielten Ausbildungs-Workshop im eigenen Unternehmen durchzuführen. Vergewissern Sie sich allerdings zuvor, dass es sich um einen Ausbilder oder Berater mit aktuellen Praxiserfahrungen handelt.

Wenn ein Projektmitarbeiter auf die Teilnahme an einem öffentlichen Lehrgang nicht verzichten will, sollte er verpflichtet werden, nach dem Lehrgang sein Wissen in einer innerbetrieblichen Trainingsveranstaltung an seine Kollegen weiterzugeben!

Für Anwendermitarbeiter im Projekt hat sich ein mitlaufendes Training on the Job als vorteilhafteste Methode zur fachlichen und IT-technischen Qualifizierung erwiesen. Eine übersichtliche Darstellung des Trainingsbedarfs eines Projektteams lässt sich mit Hilfe einer einfachen Trainingsmatrix erreichen. Eine Darstellungsskizze finden Sie in Abbildung 4.3.

Trainingsmatrix
für Projektmitglieder

Projekt	
Bearbeiter	
Datum	

Trainingsbedarf / Projektmitarbeiter	Projektmanagement	Methodik und Dokumentation	E-Business Geschäftsprozesse	Logistik in Internetprojekten	Websiteaufbau
Frau Müller-Hagen Projektleitung				●	
Akropoulos Systementwickler			●	●	●
Ritzenbauer Netzwerk-administrator	●				
Mahatma E-Systementwickler		●		●	
Frau Schmitz-Ugurlu Key User	●				●

Abbildung 4.3: Ermitteln Sie mit einer solchen Trainingsmatrix die geeigneten Ausbildungsformen und den Schulungsaufwand!

Für jeden Mitarbeiter müssen Sie als Projektleiter feststellen, welcher Informations- und Fortbildungsbedarf besteht. Anschließend müssen Sie die effizienteste und wirtschaftlichste Methode der Wissensvermittlung festlegen.

4.3 Spielregeln und Techniken der Teamarbeit

IT-Projekte der mittleren und oberen Größenordnung werden heute in interdisziplinären Projektteams abgewickelt. Teamarbeit ist »in«. Sie kann erhebliche Vorteile bringen, wie Sie aus Abbildung 4.4 erkennen können. Voraussetzung ist allerdings, dass die Arbeitstechniken der Teamarbeit bekannt sind und die Spielregeln der Kommunikation im Team angewendet werden.

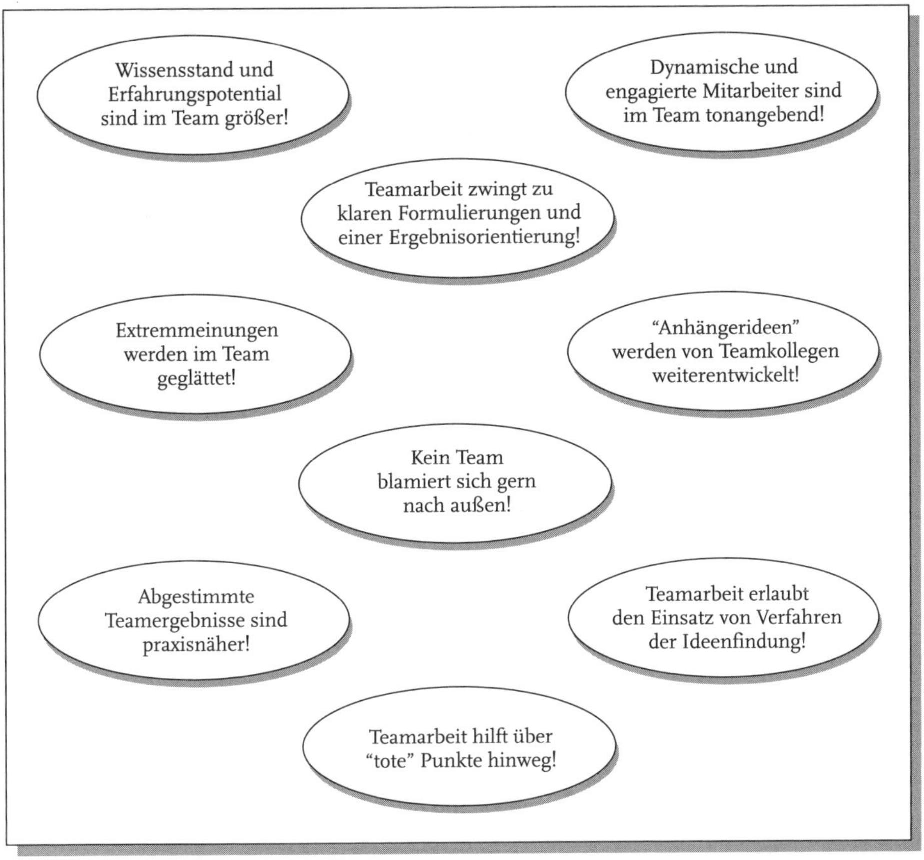

Abbildung 4.4: Diese positiven Aspekte der Teamarbeit ergeben sich in einem gut geleiteten Projektteam!

Wie wichtig Regeln der Teamarbeit sind, weiß jeder, der einmal in einer Arbeitsgruppe bunt zusammengewürfelter Mitarbeiter tätig war und die ersten Sitzungen miterlebte. Eine solche Gruppe stellt noch kein Team dar! Es dauert meist eine erhebliche Weile, bis das anfängliche gegenseitige Misstrauen und die Zurückhaltung der Teammitglieder in der »Schnupperphase« abgebaut sind, sich Grundsätze der Zusammenarbeit gebildet haben und diese Regeln von den einzelnen Teammitgliedern beachtet werden.

4.3.1 Teamfähige Projektmitarbeiter sind nötig!

Ein Projektleiter darf nicht davon ausgehen, dass Organisatoren, IT-Mitarbeiter und Anwender automatisch zu einem optimalen Team zusammenwachsen. Besonders IT-Spezialisten sind von ihrem Typ und ihrer Begabung her häufig introvertierte Problemlöser. Auch grundsätzliche Teamspielregeln werden von ihnen oft nicht eingehalten. Noch schwieriger kann für einen Projektleiter die Auswahl geeigneter Teammitglieder aus den Anwenderabteilungen sein. Sie haben im Gegensatz zu ihren professionellen Teamkollegen aus der Informatik oft noch keine ausreichenden Teamkenntnisse und -erfahrungen. Sie benötigen viel Einarbeitungszeit, bevor sie sich im Team wohlfühlen.

Ideale Teammitglieder sollten nach Auffassung eines Betriebspsychologen folgende Persönlichkeitsmerkmale aufweisen:

- Ausreichende Fachkompetenz und Kenntnis der Anwendungsprobleme haben
- Von den Kollegen anerkannt werden als jemand, der »den Durchblick hat« und »den Mund aufmacht«
- Die Fähigkeit zum Gliedern und Strukturieren besitzen
- Engagement aufweisen
- Motivationsfähigkeit gegenüber Teamkollegen und Anwendern haben
- Standfestigkeit in seinen Auffassungen beweisen
- Physisch und psychisch belastbar sein

Konformisten sind für eine Teamarbeit ebenso wenig geeignet wie ständige Querdenker und profilierungssüchtige Typen. Auch kommunikationsunfähige Jünger der Internetgeneration tun sich als Teammitglieder sehr schwer!

4.3.2 Grundsätze der modernen Teamarbeit

Ein reifes Team kennt und akzeptiert die in der Folgeübersicht aufgeführten **zehn Grundregeln der Gruppenarbeit**:

1. Jeder erkennt jeden als vollwertiges Gruppenmitglied an.
2. Eine Diskussion im Team ist hierarchiefrei durchzuführen. Ein Status außerhalb des Teams darf sich während der Teamarbeit nicht auswirken, da er die Informationsoffenheit, die Kritikbereitschaft und die Kreativität der Teammitglieder beeinträchtigt.

3. Jedes Teammitglied soll seine Meinung offen vertreten und darf sie nicht verschleiern.
4. Zur Teamarbeit gehört die Kooperationsbereitschaft des einzelnen.
5. Jeder Teammitarbeiter ist berechtigt, positive Kritik zu üben, muss jedoch auch sachliche Kritik von anderen entgegennehmen.
6. Meinungsverschiedenheiten sind in der Teamarbeit unvermeidbar. Sie müssen jedoch auf der sachlichen Ebene ausgetragen und gelöst werden.
7. Das Team repräsentiert sich nach außen als Gesamtheit.
8. Kein Teammitglied darf die noch nicht gemeinsam abgestimmten Ergebnisse der Teamarbeit an Außenstehende weitergeben.
9. Innerhalb des Teams muss ein vollständiger Informationsaustausch erfolgen. Kein Teammitglied darf Informationen zurückhalten.
10. Durch die aktive Einbeziehung in den Meinungsbildungsprozess findet eine starke Motivation jedes Teammitglieds statt.

Den Spielregeln hat sich auch der Projektleiter zu unterwerfen. Bei kooperativer Projektführung ergeben sich hierbei keine Gegensätze.

Es ist nicht zu erwarten, dass diese psychologischen Grundregeln von Anfang an akzeptiert werden. Es sind zunächst die psychologischen Barrieren zu überwinden, welche sich häufig durch folgende Punkte ergeben:

- In der Gruppe bestehen wesentliche Altersunterschiede, die zu unterschiedlichen Vorstellungen und evtl. sogar zu einem verschiedenartigen Arbeitsrhythmus führen.
- Die Gruppe besteht aus Mitarbeitern unterschiedlicher Hierarchiestufen, die außerhalb der Gruppenarbeit in autoritärer Form miteinander verkehren.
- In der Gruppe arbeiten Mitarbeiter aus überwiegend kooperativ und überwiegend autoritär (patriarchalisch) geführten Bereichen zusammen.

Die Überwindung der Gegensätze kostet Zeit. Es hat sich bewährt, wenn die Regeln auf einem Flipchart an die Wand gehängt werden. Verstößt ein Teammitglied gegen die Regeln, sollte es darauf hingewiesen werden.

4.3.3 Vorgehens- und Arbeitstechniken im Team

Der Wirkungsgrad der Teamarbeit hängt neben einer ausreichenden Gruppendynamik auch stark von einer systematischen, durchdachten Vorgehensweise und der Kenntnis und Anwendung ergebnisorientierter Arbeitstechniken ab. Wir haben diese Punkte in der anschließenden Checkliste zusammengefasst:

Checkliste der Arbeitstechniken für eine erfolgreiche Teamarbeit:
(1) Formelle Abwicklung ▶ Zielsetzungen für jede Teamsitzung; Protokollführung ▶ Straffe Gesprächsführung; wechselnde Moderatoren für die Tagesordnungspunkte ▶ Klare »Hausaufgaben« für die Teammitglieder zwischen den Sitzungen
(2) Motivationsgesichtspunkte ▶ Pausenregelung (Pausen nach 1,5 Stunden); Vereinbarung über das Rauchen; Getränke; keine Störungen ▶ Förderung einer positiven Stimmung ▶ Ständiges ausreichendes Feedback gegenüber den Teammitgliedern ▶ Stets Lernbedarf feststellen und in zweckmäßiger Weise befriedigen
(3) Kreativitäts- und Problemlösungstechniken ▶ Erstellung einer Problemlandschaft; Brainstorming zur Problemsammlung; Problemstrukturierung; weitere Kreativitätstechniken ▶ Pro- und Contra-Diskussion, um Problemsituationen zu vertiefen ▶ Funktionelles Denken bei Ist-Erhebung und Soll-Entwicklung

(4) Kommunikationstechniken

- Kick-off-Meeting
- Kenntnis moderner Darstellungstechniken (Matrizen, Entscheidungstabellen, Wer-Was-Informationsfluss-Diagramme, hierarchische Funktionsdarstellungen)
- Kenntnis moderner ergebnisorientierter Berichts- und Protokolltechniken; Präsentationstechniken
- Informationsmarkt zur Information interessierter Mitarbeiter außerhalb des Projekts
- Periodische Reviews (Projektstatus und -fortschritt)
- Anonyme Meinungsabfragen mit Klebepunkten
- Benutzung von Flipcharts und Pinnwänden zur optischen Visualisierung

Besondere Bedeutung kommt in innovativen Projekten systematischen Methoden zur Ideenfindung zu, beispielsweise den verschiedenen Arten des Brainstormings. Brainstorming stellt eine Sammlung aller Ideen einer Gruppe oder Person in einer gegebenen Zeit zu einem gegebenen Thema dar. Es ist ein Bestandteil eines allgemeinen Problemlösungsprozesses mit den Abschnitten:

(1) Problemerkennung und -beschreibung
(2) Informationssammlung zum Problem
(3) Erarbeitung von Lösungsalternativen
(4) Beurteilung der unterschiedlichen Lösungen
(5) Auswahl der optimalen Lösung
(6) Realisierung der ausgewählten Lösung

Für die Teamarbeit im Rahmen eines IT-Projekts lassen sich diese Techniken bei vielen Problemlösungen anwenden. Es empfiehlt sich, dass ein Projektleiter die Spielregeln und Arbeitstechniken bei der ersten Teamsitzung (»Kick-off-Meeting«) vorträgt, falls sich neue Mitglieder im Team befinden.

4.3.4 Gruppenkonflikte im Projektteam

Auch bei Beachtung der Spielregeln der Gruppendynamik sind Konflikte in der Teamarbeit nicht vollständig zu vermeiden. Sie können sich aus sachlichen Meinungsverschiedenheiten oder aufgrund persönlicher Differenzen bilden. Typische Ursachen für Gruppenkonflikte ergeben sich durch eine zu starke Individualität von Gruppenmitgliedern, durch eine übertriebene Konformität und Klüngelbildung und durch eine aggressive und überspitzte kritische Einstellung von Gruppenmitarbeitern.

Häufige Ursache von Gruppenkonflikten ist ein unsystematisches Arbeiten der Gruppe. Man will möglichst schnell die Ziele erreichen, überspringt wichtige Phasen eines Problemlösungsprozesses und bewertet Vorschläge, bevor sie endgültig durchdiskutiert worden sind. Wegen der mangelnden Übersichtlichkeit können nicht alle Teammitglieder aktiv am Problemlösungsprozess teilnehmen und fühlen sich übergangen.

Spannungen können sich auch zwischen den Teammitgliedern ergeben, wenn nicht bei allen die für eine Teamarbeit nützlichen Sondertechniken (Beispiel: Brainstormingtechniken, Phasenkonzept einer Problemlösung, systematische Evaluations- und Bewertungstechniken und die Dokumentation mit Hilfe der Flowchartingtechnik) bekannt sind. Bei mangelhafter Kenntnis und unzureichendem Verständnis werden solche Techniken von reinen Praktikern immer wieder als Spielereien abgelehnt.

Konflikte schaden der Teamarbeit, weil sie die erforderliche Zeit zur Lösung der Sachprobleme verkürzen und die Teamarbeit ineffizient wird. Allerdings dürfen sie nicht mit Meinungsverschiedenheiten sachlicher Art verwechselt werden. Letztere sind zwangsläufiger Bestandteil und eine wichtige Informationsquelle jeder Teamarbeit!

Viele aufkeimende Teamkonflikte kann der Projektleiter durch

- Vieraugengespräche,
- straffe Teammoderation und viel Visualisierung unter Einbeziehung der Teammitglieder und
- Einsatz spezieller Teamtechniken (zum Beispiel Pro- und Contra-Diskussion)

vermeiden oder in ihrer Intensität verringern.

4.4 Die besten Expertentipps dieses Lernmoduls auf einen Blick

Kommunikative Strukturen im Projektteam und zur Anwender- / Kundenseite eines IT-Projekts bestimmen maßgeblich den Projekterfolg. Der Projektleiter muss deshalb diesem Punkt eine hohe Bedeutung beimessen. Dazu benötigt er qualifizierte Projektmitarbeiter, die in einem motivierten Arbeitsteam die übertragenen Projektaufgaben abwickeln.

Der Projektleiter muss vor dem Projektstart darum kämpfen, dass er in ausreichender Zahl kompetente Mitarbeiter für sein Projektteam erhält.

Diese zwölf Highlights gehören zu den Schwerpunkten einer erfolgreichen Teamarbeit im IT-Projekt:

(1)	Als **Fulltime- oder Parttime-Mitarbeiter** wirken in einem Projektteam Informatiker, System- und Datenbankspezialisten, Fachleute des Inter- und Intranet und geeignete Mitarbeiter der Anwenderabteilung mit. Nach den Grundsätzen des Matrix-Projektmanagements sind die Projektmitarbeiter dem Projekt fachlich für eine bestimmte Zeit oder spezifische Aufgaben zugeordnet.
(2)	Mitarbeiter aus dem Fachbereich sind in unterschiedlicher Intensität in einem IT-Projekt integriert. Als Interessenvertreter seines Bereichs und Kernmitglied wirkt der IT-Fachkoordinator / Key User der Anwenderabteilung in den fachlichen Phasen der Projektabwicklung mit. Er betreut die Informatikanwendung auch nach Abschluss des Projekts. Neben dem Koordinator arbeiten weitere Fachspezialisten zeitweilig bei der Anforderungsanalyse und für spezielle Problemlösungen im Projekt mit.
(3)	Als externe Fachleute können in einem Projekt zeitweilig unabhängige IT-Berater mit speziellem Know-how und / oder Mitarbeiter der Softwarefirma zur Anpassung und Einführung einer Standardsoftware mitwirken. Bei der Beraterauswahl muss der Projektleiter darauf achten, dass der Berater nicht mit einer bestimmten Softwarefirma »verheiratet« ist. Vertreter eines Softwareunternehmens dürfen erst eingesetzt werden, wenn die Paketevaluation beendet worden ist.

(4)	Teamarbeit kann bei der Projektabwicklung erhebliche Vorteile bringen, wenn allen Mitgliedern die **Techniken** der Gruppendynamik bekannt sind und die Spielregeln der Kommunikation im Team angewendet werden.
(5)	Bei der Arbeitsdurchführung müssen sich die internen und externen Projektmitarbeiter an die vorgegebenen Methoden und Tools halten. Beim Kick-off-Meeting sollte der Projektleiter neue Mitarbeiter mit den Regeln der Zusammenarbeit bekannt machen. Der Wirkungsgrad der Teamarbeit hängt neben der Einhaltung der **Teamspielregeln** vom Einsatz einer systematischen Vorgehensweise nach einem erprobten Problemlösungsprozess und ergebnisorientierten Arbeitstechniken ab.
(6)	Maßgeblich für eine effiziente und effektive Teamarbeit ist eine **interdisziplinäre Zusammensetzung der Projektgruppe** und eine zweckmäßige flexible Teamgröße, die ein produktives Arbeiten ermöglicht. Durch lokal vorhandene oder virtuell in das Projekt eingebundene Teammitglieder müssen alle fachlichen und IT-technischen Anforderungen abgedeckt werden!
(7)	Anspruchsvolle Projekte im Bereich von Internet und E-Commerce lassen sich nur anpacken, wenn im Projekt neben dem IT-Know-how aktuelles Fachwissen aus der Cyberwelt verfügbar ist! Andernfalls muss auf teure externe IT-Dienstleister zurückgegriffen werden.
(8)	Für innovative Projekte muss das Arbeitsteam vor dem Projektstart durch geeignete **Qualifizierungsschritte** fit gemacht werden! Dafür bietet der Markt zeitgemäße und preisgünstige Fortbildungsmaßnahmen. Didaktisch hervorragend aufbereitete Lern-CD-ROMS, ein Download brandaktueller Lehrgänge aus dem Internet und das in modernen Fachbüchern konzentrierte Wissen der IT-Trainer stehen zur Verfügung! Dagegen sind Lehrgänge in externen Trainingsinstituten bei vielen Unternehmen wegen der erheblichen Abwesenheitszeiten der Teilnehmer und der Ineffizienz vieler Kurse heute out!

(9)	In typischen **Kernteams** sind zwei bis drei Teammitglieder fulltime tätig. Bei Bedarf wird das Team um ein bis drei zeitweilige Teammitglieder verstärkt. Bis zu dieser Teamgröße ist ohne hohen Verwaltungsaufwand ein voller Informationsaustausch möglich. Umfangreichere Teams lassen sich besser steuern, wenn sie in Unterteams mit Teilprojektleitern aufgeteilt werden.
(10)	Das moderne technische Instrumentarium des Internets, der Bildübertragung und des Videoconferencings erlaubt die Zusammenstellung **virtueller Projektteams**. So können auch räumlich entfernte Fachexperten an Teambesprechungen, bei Problemlösungen oder an Präsentationen mitwirken.
(11)	**Gruppenkonflikte** lassen sich in der Teamarbeit nicht vermeiden und können verschiedene Ursachen haben. Konflikte und Spannungen schaden der Teamarbeit, weil sie die erforderliche Zeit zur Lösung der Sachprobleme verkürzen und die Teamarbeit ineffizient machen. Der Projektleiter muss deshalb Teamkonflikten nachgehen und sie durch geeignete Maßnahmen aus dem Weg räumen.
(12)	Die Mitarbeiterfluktuation ist bei jüngeren IT- und Electronic-Business-Spezialisten außerordentlich hoch. Die Auswirkungen eines Mitarbeiterausstiegs aus einem laufenden Projekt können verheerende Folgen haben! Achten Sie deshalb als Projektverantwortlicher darauf, dass durch ▶ ein motiviertes und ergebnisorientiertes Team, ▶ einen begrenzten Projektzeitraum, ▶ eine mitlaufende und für Dritte verständliche Dokumentation und ▶ einen Anreiz in der Form einer finanziellen Erfolgsvergütung beim Projektabschluss die Risiken eines vorzeitigen Mitarbeiterausstiegs minimiert werden können!

5 Kommunikations- und Moderationstechniken

Wesentliche Projektentscheidungen werden häufig in **Arbeitssitzungen** mit den Entscheidungsträgern des Projekts und Anwenderführungskräften vorbereitet und gefällt. Von einem Projektleiter wird erwartet, dass er die Kommunikations- und Moderationstechniken zur Projektabwicklung kennt und in den Projektsitzungen anwendet.

Qualifikation und Erfahrungen eines Projektleiters zur effizienten und zeitsparenden Durchführung von Arbeitssitzungen und zur wirkungsvollen Präsentation entscheiden oft über seine Akzeptanz und seinen Projekterfolg!

Der **Kommunikationsumfang** ist bei einem Projektleiter außerordentlich hoch und nimmt etwa zwei Drittel seiner Arbeitszeit als Projektverantwortlicher ein!

Neben der mündlichen Kommunikation in Teambesprechungen und Sitzungen hat die schriftliche Kommunikation im Rahmen von Berichten unterschiedlicher Art eine erhebliche Bedeutung. Auch hierfür muss der Projektleiter wichtige Grundsätze und Regeln beherrschen.

5.1 Professionelle Abwicklung einer Arbeitssitzung

Arbeitsbesprechungen und Sitzungen im Projektteam und mit einem erweiterten Personenkreis gehören zum wesentlichen Aufgabenspektrum eines Projektleiters. In diesem Lernabschnitt lernen Sie alle wichtigen Grundregeln der Sitzungsabwicklung kennen.

5.1.1 Sitzungsvorbereitung und -durchführung

Projektsitzungen haben unterschiedliche Zielsetzungen. Es ist denkbar, dass sie zur ausschließlichen Meinungsbildung der Teilnehmer angesetzt sind.

Doch können sie auch der Durchsprache und Lösung von Problemen dienen. Schließlich sollen sie oft die Entscheidungsvorbereitung oder eine Beschlussfassung unterstützen.

In ihrem Ablauf gleichen sich Arbeitsbesprechungen in den wesentlichen Punkten. Sie bestehen aus den drei Hauptteilen der

- Sitzungsvorbereitung,
- Sitzungsabwicklung und der
- Sitzungsauswertungen.

Für den Projektleiter sind die **Tagesordnungspunkte** einer Sitzung der Kompass, nach dem er die Besprechung ausrichtet. Er muss darauf achten, dass jedem Top entsprechend seiner Bedeutung ausreichend Zeit gewidmet wird.

Verwenden Sie das anschließende Stufenschema einer Sitzungsabwicklung als Checkliste der erforderlichen Arbeitsschritte bei der Vorbereitung und Abwicklung eines Projektmeetings.

Standardgliederung einer Projektsitzung	
1.	Vorbereitungsschritte
1.1	Themenfestlegung / Tagesordnung
1.2	Festlegung der angestrebten Ergebnisse
1.3	Teilnehmerauswahl und -einladung
1.4	Erstellung und Versand von Informationsunterlagen
1.5	Technische Vorbereitungen (Raum, Sitzordnung, Geräte, Erfrischungen)
1.6	Festlegung der Arbeitsmethodik und gegebenenfalls Vorbereitung und Erstellung von Visualisierungshilfen
1.7	Taktische Überlegungen / Argumentierungshilfen / Alternativen

Standardgliederung einer Projektsitzung *(Fortsetzung)*	
2.	**Sitzungsdurchführung**
2.1	Begrüßung / Bekanntgabe der Tagesordnung / Zeiteinteilung
2.2	Festlegung des Protokollführers
2.3	Abwicklung der Tagesordnungspunkte
2.4	Zusammenfassung des Ergebnisses und Festlegung der Duchführung der Ergebnisse
3.	**Sitzungsauswertungen**
3.1	Protokollerstellung
3.2	Überwachung der Maßnahmendurchführung

Ausschlaggebend für eine zügig abzuwickelnde Sitzung ist eine ausreichende Vorbereitung durch den für die Besprechung verantwortlichen Sitzungsleiter, den Moderator. Er sollte in jedem Fall von den Zielsetzungen und Erwartungen ausgehen und von dort aus die Tagesordnungspunkte ableiten.

Sämtliche Teilnehmer sind – in absteigender Rangreihenfolge – rechtzeitig einzuladen. An einer Informationsbesprechung sollten maximal 10 - 12 Personen teilnehmen, an einer Arbeitsbesprechung 6 - 8 Personen.

Handelt es sich um ein sehr problematisches Thema, sollte der Besprechungsleiter – soweit es in seiner Hand liegt – darauf achten, dass sich die Gruppe aus Pro- und Contra-Teilnehmern zusammensetzt. Sollen bei einer Sitzung Entscheidungen gefällt werden, müssen die Entscheidungsträger an der Besprechung teilnehmen.

Wesentlich für eine lebendige Sitzungsabwicklung ist eine Arbeitsmethodik, bei der Problemdarstellungen, Kurzvorträge, eine allgemeine Diskussion, Präsentationen und evtl. Zwischenberatungen in kleinen Gruppen miteinander abwechseln. Es hat sich bewährt, wenn hierfür technische Hilfsmittel zur Verfügung stehen, zum Beispiel Flipcharts, verschiedenfarbige Kärtchen, eine Pinnwand für Brainstormingüberlegungen und Klebepunkte für Meinungsabfragen.

Unterschiedliche Auffassungen bestehen darüber, ob es zweckmäßig ist, über die Tagesordnung hinaus an die Besprechungsteilnehmer umfangreiche Vorabinformationen zu verschicken. Vorteilhaft ist der sich dadurch ergebende gleiche Informationsstand, sofern die Teilnehmer die Unterlagen durchlesen. Nachteilig kann sich auswirken, dass evtl. vor der Sitzung schon unerwünschte Querabsprachen zwischen Teilnehmern stattfinden und sich möglicherweise Fronten bilden.

Bei der Folge der Tagesordnungspunkte ist zu berücksichtigen, dass die einfacheren Punkte an den Anfang gelegt werden, problemgeladene Themen dagegen erst in der zweiten Sitzungshälfte besprochen werden. Allerdings dürfen sie nicht zu weit ans Ende der Sitzung geschoben werden, damit die Besprechungsteilnehmer nicht in Zeitnot geraten.

5.1.2 Tipps zur Sitzungsabwicklung

Der Besprechungsleiter sollte bereits von Anfang an darauf achten, dass die Sitzung in einer positiven Atmosphäre stattfindet.

Die Dauer einer Sitzung hängt selbstverständlich vom geplanten Inhalt und der Art der Themenabwicklung ab. Ein Kardinalfehler der meisten Sitzungen ist es, dass sie viel zu lange dauern. 2 - 3 Stunden Dauer sollten für eine Sitzung das Maximum sein. Die Produktivität und Aufnahmefähigkeit lässt nach einer gewissen Zeit erheblich nach. Bei Sitzungen, die mehr als 2 Stunden dauern, sollte der Besprechungsleiter nach 1,5 Stunden eine Pause einplanen.

Bei der Besprechung der Tagesordnungspunkte ist Wert darauf zu legen, dass ein Punkt möglichst in einem Zug durchgesprochen wird und auf keinen Fall von Punkt zu Punkt gesprungen wird.

Eine üble Angewohnheit von Sitzungsteilnehmern ist es, ständig von der Tagesordnung abzuweichen und neue Themen auf den Tisch zu legen. Um eine zügige und logische Sitzungsabwicklung zu erreichen, sollte der Besprechungsleiter darauf achten, dass nicht zur Tagesordnung gehörende Punkte ausgeklammert werden.

Bei der Durchsprache eines Punktes ist die logische Folge eines Problemlösungsprozesses einzuhalten:

- Zuerst muss jedem Besprechungsteilnehmer das Problem überhaupt klar sein.
- Anschließend können die Lösungsmöglichkeiten erarbeitet werden.
- Liegen die Lösungen auf dem Tisch, können die Vor- und Nachteile von Alternativen gegeneinander abgewogen werden.
- Erst jetzt sollte die Auswahl der geeigneten Maßnahmen erfolgen.
- Zuletzt kann darüber diskutiert werden, wie und mit welchen Mitteln diese Maßnahmen durchgeführt werden können.

Haben sich die Gemüter erhitzt, sollte der Besprechungsleiter auf eine »Abkühlungspause« drängen. Nach ihr kann ein Punkt oft wesentlich leichter und schneller einer Lösung zugeführt werden. Einem erfahrenen Besprechungsleiter fällt hier meist etwas Passendes ein. Vielleicht kann eine Kaffee- oder Zigarettenpause eingeblendet werden. Es ist auch denkbar, dass ein Teilnehmer ein passendes Beispiel vorträgt. Ausnahmsweise kann ein einfacher Tagesordnungspunkt dazwischengeschoben werden, bei dem keine Meinungsverschiedenheiten zu erwarten sind.

5.2 Der Projektleiter als kompetenter Sitzungsmoderator

Bei Arbeitssitzungen im Rahmen des Projekts nimmt der Projektleiter die Rolle des Sitzungsmoderators wahr. Er ist in dieser Eigenschaft für die fachliche und technische Vorbereitung der Sitzung und für eine effiziente Abwicklung verantwortlich.

Die Moderatorenrolle kann einem engagierten Projektleiter wegen seines großen eigenen Interesses an der Projektthematik schwerfallen! Denn als Moderator darf er nicht persönlich »die erste Geige spielen«, sondern sollte die Sitzungsteilnehmer zu größtmöglicher Aktivität und Kreativität anspornen.

5.2.1 Die wichtigsten Moderationsgrundsätze und -techniken

Als Sitzungsmoderator muss der Projektleiter den Schwerpunkt seiner Tätigkeit darauf legen, die Sitzungsteilnehmer im Sinne einer Selbststeuerung zu aktivieren und die Erarbeitung von Lösungen durch die Teilnehmer zu unterstützen.

Auf keinen Fall darf der Projektleiter in der Rolle eines Moderators versuchen, das Sitzungsergebnis durch eine einseitige Beeinflussung bei der Auswahl der Teilnehmer, bei der Festlegung der Tagesordnungspunkte, bei der Diskussionsabwicklung oder gar bei der Protokollformulierung zu manipulieren.

Dagegen zählt es zu seinen Aufgaben, eine Versachlichung der Sitzungsabwicklung und der Diskussion herbeizuführen, indem er Vorurteile unter den Teilnehmern abbaut und ständig auf Sachlichkeit bedacht ist.

Für kritische Besprechungspunkte muss ein erfahrener Moderator Strategien und Vorgehensweisen vorbereiten und parat haben, wenn den Teammitgliedern kein »Warmstart« gelingt. An folgenden Schwerpunkten muss der Projektleiter in den Sitzungsablauf eingreifen:

- Zur Tätigkeit des Moderators gehören Eröffnung und Abschluss der Sitzung und die Steuerung der Tagesordnungspunkte.
- Die Tagesordnung ist das Korsett einer Sitzung. Der Sitzungsmoderator darf kein Springen von Punkt zu Punkt zulassen.
- Er muss für ein konstruktives und positives Sitzungsklima sorgen.
- Zur Förderung der Konsensbildung muss er immer wieder Zusammenfassungen bringen und bei der Bildung tragfähiger Kompromisse mitwirken.
- Er muss die Teilnehmer zu sachlicher Kritik stimulieren.
- Alle positven und negativen Gesichtspunkte eines Tagesordnungspunkts müssen behandelt werden.

Ihre eigene Meinung sollten Sie als Moderator erst äußern, wenn die Teilnehmer ihre Diskussionsbeiträge eingebracht haben. Das kann einem engagierten Projektleiter schwer fallen!

Zu den typischen Moderatorenaufgaben gehört es, auf die Einhaltung der Diskussionsspielregeln zu drängen:

- Jeder Diskussionsbeitrag muss sich auf das Thema beziehen!
- Es spricht immer nur einer!
- Keiner fällt dem anderen ins Wort!

- Überlange Diskussionsbeiträge strapazieren die Geduld der Zuhörer!
- Diskussionspunkte sind durch entsprechende Fragestellungen des Moderators in Gang zu bringen oder zu bremsen.

Am Schluss eines Tagesordnungspunkts ist es Ihre Aufgabe als Moderator, die wesentlichen Ergebnisse zusammenzufassen. Auf diese Weise erfolgt nochmals eine Abstimmung der Meinungen.

Wenn Sie eine Sitzung leiten, müssen Sie nicht jeden Punkt selbst moderieren. Lassen Sie die Moderation einzelner Punkte von fachlich geeigneten Sitzungsteilnehmern durchführen – besonders von solchen, die angeblich ohnehin alles besser wissen und ständig an anderen herumnörgeln.

Gehen Sie **Gruppenproblemen** nach, sobald Sie diese bei einer Projektsitzung erkennen! Beispiele: Teilnehmer halten Informationen absichtlich zurück. Äußerungen werden laut: »So haben wir uns das nicht vorgestellt....«; »Ich sehe Probleme auf uns zukommen....«.

Nicht zufrieden geben dürfen Sie sich als Projektleiter mit Antworten, die als »Killerphrasen« allseits bekannt sind. Sie werden von Sitzungsteilnehmern gern zur Ablehnung unbequemer Vorschläge verwendet. Anbei einige Kostproben:

- Theoretisch gut, aber in der Praxis nicht realisierbar ...
- Bisher ist es auch ganz gut so gegangen ...
- Sie stellen sich das zu einfach vor ...
- Da haben schon andere daran herumgemacht ...
- Es wird auf keinen Fall funktionieren ...
- Übernehmen Sie die Verantwortung für diese Änderung? ...

Gegenüber solchen Killerphrasen sollten Sie schlagfertige Antworten parat haben. Sie sollten möglichst sachlich sein, aber dem anderen klar machen, dass Sie mit dieser Antwort nicht zufrieden sind. Antwortbeispiel auf die Feststellung Ihres Partners: »Theoretisch gut, aber in der Praxis nicht realisierbar«: »Wenn Sie selbst der Auffassung sind, dass der Vorschlag grundsätzlich gut ist, sollten wir uns detailliert darüber unterhalten, welche Gründe nach Ihrer Ansicht einer Realisierung noch entgegenstehen.«

5

Werkzeuge und Medien einer Moderation

Visualisierungshilfen gehören zum Standardequipment der Moderationstechnik. Das Repertoire der Werkzeuge für eine professionelle Moderation besteht aus den aufgeführten Medien:

- Pinnwand (Metaplanwand)
- Flipchartständer
- Overheadprojektor und Leinwand
- Moderatorenkoffer mit Steckkärtchen verschiedener Form, Größe und Farbe, Flipchartmarkern verschiedener Strichstärke und Farbe und Klebepunkten in verschiedenen Farben
- Sofortbildkamera zum Ablichten der Ergebnisse

Beziehen Sie als Moderator die Teilnehmer einer Besprechung aktiv ein. Sie erhalten Moderationswolken oder -karten, um zum Beispiel wichtige Gesprächsthemen darauf zu notieren. Mit Hilfe von Klebepunkten kann eine gemeinsame Bewertung von Ergebnissen nach Dringlichkeit und Wichtigkeit erfolgen.

Optische Hilfen spornen die Kreativität an und erleichtern eine straffe Punkteabwicklung! Hierfür sollten Sie als Moderator einfache Techniken für eine übersichtliche Schnelldarstellung von Abläufen und Diagrammen beherrschen (siehe hierzu Abbildung 5.1).

Zusätzlich kann ein PC oder Laptop zusammen mit einem Flowcharting-Tool für die Dokumentation und der Ablage der Moderationsergebnisse in einem Repository oder einer Workbench gute Dienste leisten.

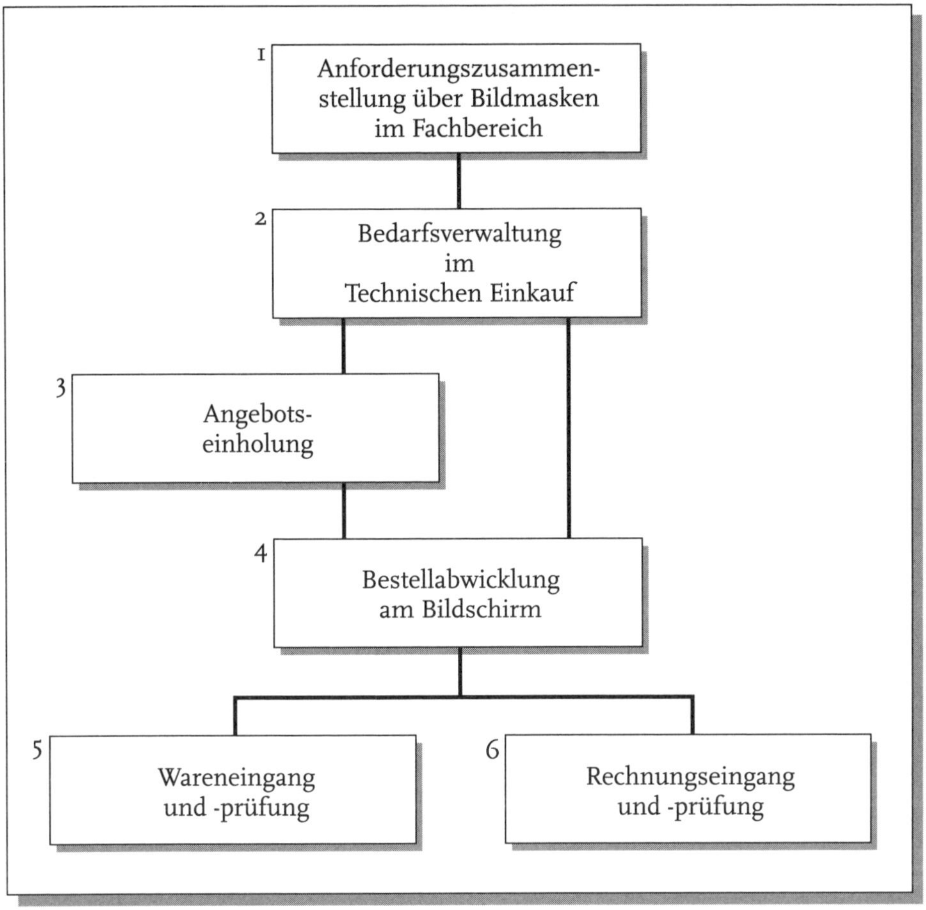

Abbildung 5.1: Flipchartbild zur optischen Unterstützung eines Diskussionspunkts (Fallbeispiel: Ablaufkette des technischen Einkaufs)

Beispiel einer Entscheidungsmoderation

Eine Projektgruppe hat das Konzept einer E-Commerce-Auftragsabwicklung erarbeitet. Als Ergebnis der bisherigen Arbeit liegen drei etwa gleichwertige Alternativen vor. In einer vom Projektleiter moderierten Sitzung, an der das Projektteam, das Fachabteilungsmanagement und mehrere Key User teilnehmen, soll die optimale Systemalternative ausgewählt werden. Der Projektleiter hat zusammen mit dem Kernteam eine Vorgehensstrategie für die moderierte Ent scheidungssitzung entworfen und mehrere Metaplanbilder vorbereitet, die bei der Moderation eingesetzt werden sollen. Die Moderationssitzung wickelt sich **in den folgenden sechs Schritten** ab:

(1) Vorstellung der drei Alternativen der E-Commerce-Lösung mit vorbereiteten Plakaten durch drei Projektmitglieder
(2) Sammlung der Kriterien auf Kärtchen der Teilnehmer, nach denen die drei Varianten bewertet werden sollen
(3) Bewertung der gesammelten Kriterien mit Hilfe einer Bewertungsskala 3, 2, 1, 0 und Dokumentation der bewerteten Kriterien nach absteigender Reihenfolge des Ergebnisses: ▶ Termineinhaltung 36 Punkte ▶ Priorität Rückstandsauslieferung 30 Punkte ▶ Auslieferung nach Werthöhe 10 Punkte ▶ Bevorzugung von Neukunden 3 Punkte ▶ Bevorzugung von langjährigen Altkunden 1 Punkt
(4) Wie weit erfüllen die drei Varianten die wesentlichen Kriterien? Untersuchung in Kleingruppen. Dokumentation auf drei Flipcharts für jede Variante mit Angabe von Begründungen.
(5) Bewertung und Auswahl der bevorzugten Alternative durch die Teilnehmer mit Hilfe von Klebepunkten.
(6) Feststellung mit Hilfe von Klebepunkten an der Pinnwand, ob das Team mit der Vorgehensweise einverstanden ist: zufrieden, unzufrieden (mit Begründungsstichwort auf Kärtchen). Siehe hierzu Abbildung 5.2.

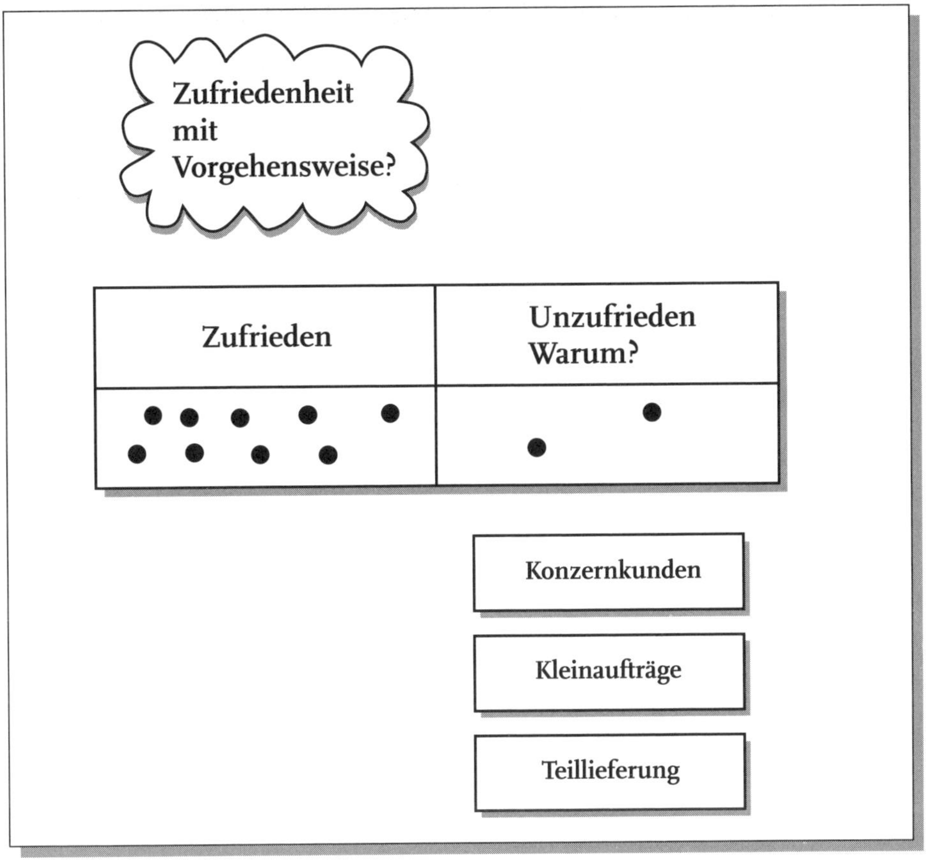

Abbildung 5.2: Beispiel eines Szenarios, das zu Punkt 6 der Entscheidungsmoderation unter Mitwirkung der Moderationsteilnehmer an der Pinnwand zusammengestellt wurde.

Moderationserfahrungen in IT-Projekten

Projektsitzungen, bei denen alle Tagesordnungspunkte in Moderationsform abgewickelt werden, sind auch dann selten anzutreffen, wenn alle Projektmitglieder diese Technik beherrschen.

Die **Vorteile der Moderationstechnik** lassen sich am besten nutzen, wenn eine Problemlösung aus einer mehrstufigen Ablaufkette besteht und die Lösungsschritte von den Teilnehmern hohe Kreativitätsanstrengungen verlangen. Die Abwicklung einfacher oder administrativer Tagesordnungspunkte in moderierter Form ist unnötig und bringt keinen zusätzlichen Nutzen.

5.2.2 Fragetechniken zur Verbesserung der Sitzungsabwicklung

Grundkenntnisse der Fragetechnik gehören zum Methodenrepertoire eines Sitzungsmoderators:

Mit Fragen hat der Moderator »das Heft in der Hand« und kann einen Sitzungspunkt aktiv gestalten.

Mit geeigneten Fragen kann er seinen Gesprächspartner motivieren.

Mit den richtigen Fragen kann der Moderator die Richtung eines Themas flexibel bestimmen.

Fragen schaffen eine Vertrauensbasis!

Die Erlernung der Fragetechnik ist nicht schwierig. Im Mittelpunkt muss die ständige praktische Anwendung stehen! Nach kurzer Zeit beherrscht der Moderator die Fragetechnik wie das Autofahren: Er weiß, welche Fragearten »zum Anfahren« nötig sind. Er kann Fragen formulieren, wenn »der Motor stottert«, das heißt, wenn der Sitzungspartner nicht aus sich herausgeht. Schließlich kann er Fragen »zum Abbremsen« stellen, wenn genügend über einen Punkt diskutiert worden ist.

Im Mittelpunkt einer Sitzungsmoderation stehen folgende Fragearten:

- Durch eine **offene Frage** soll der Gesprächspartner dazu ermuntert werden, seine Meinung zum Ausdruck zu bringen.
  Beispiele: »Wie ist Ihre Auffassung zu diesem Punkt?«
  »Welche Erfahrungen haben Sie damit gemacht?«
  »Können Sie dazu ein Beispiel nennen?«
- Durch eine **provokative Frage** soll der Gesprächspartner bewusst zur Präzisierung oder zum Widerspruch angeregt werden, wenn er sich nur oberflächlich oder verschwommen zu einem Punkt geäußert hat.
  Beispiele: »Ist es Ihnen denn gleichgültig, ob Ihre Berechnungen falsch sind?«
  »Wollen Sie überhaupt bei so vielen Missständen weiterarbeiten?«
- Eine **geschlossene Frage** ist zu stellen, wenn über einen Punkt ausreichend diskutiert worden ist und ein Gesprächspartner sich nun endgültig festlegen sollte.

Beispiele: »Sind Sie nun eigentlich für oder gegen diese Lösung?«
»Stimmen Sie diesem Punkt zu?«

- **Suggestivfragen**, bei denen der Moderator die gewünschte Antwort bereits durchblicken lässt, sollte er vermeiden.
  Beispiel: »Sie sind doch auch der Auffassung, dass mindestens eine Rechnungskopie aufbewahrt werden muss?«

Es gibt weitere Fragearten, mit denen ein Moderator die Kunst der Fragetechnik bei Sitzungen und auch bei Interviews verfeinern kann:

- Überraschungsfragen
- Doppel- und Kettenfragen
- Alternativfragen
- Fangfragen
- Kontrollfragen
- Gegenfragen usw.

Eine ausführliche Besprechung dieser Thematik findet ein Projektleiter in der Ausbildungsliteratur für Organisatoren.

5.2.3 Sitzungsteilnehmer richtig behandeln

Die richtige Behandlung von Besprechungsteilnehmern durch den Projektleiter kann über Erfolg oder Misserfolg einer Sitzung entscheiden! Falls er Teilnehmer noch nicht ausreichend kennt, muss er sich über sie möglichst schnell ein klares Bild verschaffen, um sie richtig ansprechen und produktiv in die Sitzung einbinden zu können.

Eine schnelle Beurteilung und zutreffende Einordnung eines Sitzungsteilnehmers ist aufgrund seiner Meinungsäußerungen, seiner Körpersprache und Mimik, seines Benehmens und seiner Gruppenbeziehungen zu anderen Besprechungsteilnehmern möglich. Am schwierigsten sind natürlich passive Sitzungsteilnehmer zu beurteilen.

> *Das Erfolgspotential einer Sitzung hängt weitgehend davon ab, ob es Ihnen als Sitzungsmoderator gelingt, die Teilnehmer aufgrund ihrer persönlichen Eigenschaften, ihrer Kenntnisse und ihrer Erfahrungen so anzusprechen und einzusetzen, dass ihre positiven Seiten voll ausgenutzt werden und ihre negativen Punkte nicht zum Durchbruch kommen.*

Ein erstes Verhaltensprofil können Sie als Projektleiter durch Überlegungen mit den folgenden Schwerpunkten erhalten:

Einen kooperativen und aktiven Teilnehmer erkennen Sie aufgrund dieser typischen Verhaltensmerkmale:

- Er macht selbst sachliche Vorschläge und begründet sie.
- Er gibt Auskünfte und bietet Informationen an.
- Er unterstützt Vorschläge anderer Sitzungsteilnehmer.
- Er zeigt Verständnis für andere Meinungen.
- Er trägt zur Klärung von Missverständnissen bei.
- Er fügt sich Mehrheitsentscheidungen und trägt sie.

Ein aggressiver, profilierungssüchtiger und unzufriedener Teilnehmer wird charakterisiert durch folgende Verhaltensäußerungen:

- Er reagiert aggressiv und beleidigend und verweigert seine Zustimmung.
- Er versucht sich zu profilieren und durchzusetzen, wobei ihm alle Mittel recht sind.
- Er hält sich nicht an die Spielregeln und Tabus der Gruppenarbeit.
- Er nimmt keine Rücksicht auf die Gefühle anderer Teilnehmer und macht oft ihre Vorschläge lächerlich.

Unsicherheit und ein Kenntnis- oder Intelligenzdefizit (möglicherweise auch ein Lernbedarf!) eines Teilnehmers lässt sich aus folgendem Verhalten ableiten:

- Teilnehmer hält sich über Gebühr zurück und stellt höchstens Fragen.
- Er hat keine eigene Meinung und schließt sich immer der Mehrheit an.

Einige praktische Anregungen kann der Projektleiter von der anschließend dargestellten Charakteristik häufiger Teilnehmertypen ableiten. Selbstverständlich handelt es sich um Extreme. In der Praxis wird häufig eine Mischung verschiedener Typen mit unterschiedlichem Schwergewicht vorliegen.

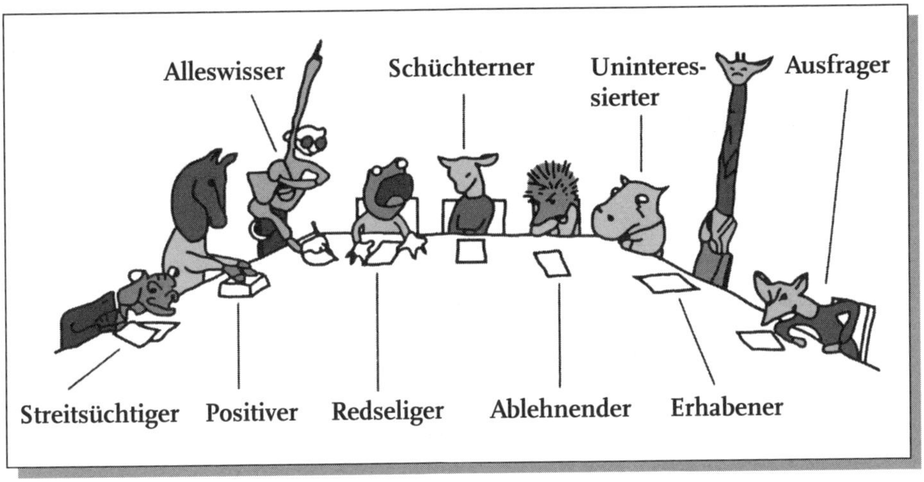

Abbildung 5.3: Dem Projektleiter sitzen unterschiedliche Mitarbeitertypen gegenüber (Originalquelle des Bilds unbekannt).

Bemerkungen zu den einzelnen Teilnehmertypen

- **Der Streitsüchtige**

Charakteristik:
Dieser Typ ist sehr leicht aufgebracht. Aus oft nichtigem Anlass heraus versucht er, sich mit dem Konferenzleiter anzulegen.

Behandlung:
Der Konferenzleiter sollte sich auf keinen Fall mit dem Streitsüchtigen in eine Diskussion einlassen, sondern dessen Einwendungen an das »Plenum« weitergeben.

Er sollte einen Streitsüchtigen auffordern, selbst zu Behauptungen Stellung zu nehmen. Im äußersten Fall sollte er ihn negieren und links liegen lassen.

- **Der Positive**

Charakteristik:
Er ist sachlich und steht dem Besprechungsziel positiv gegenüber. Er unterstützt den Sitzungsleiter.

Es kann jedoch vorkommen, dass er vorschnell »Ja« sagt; es besteht dadurch die Gefahr, dass er »umfällt«.

Behandlung:
Der Positive ist eine Hauptstütze jeder Besprechung. Auf ihn kann der Sitzungsleiter rechnen. Er wird ihn besonders dann ansprechen, wenn er Unterstützung benötigt.

Der Positive eignet sich zum Zusammenfassen eines Punktes nach einer allgemeinen Diskussion.

- **Der Besserwisser**

Charakteristik:
Es sind oft unerfahrene aber ehrgeizige Mitarbeiter, die sich ständig als Besserwisser profilieren möchten, ohne die nötige Sicherheit zu haben. Sie wissen angeblich für alles eine Antwort. Sie behaupten oft mehr als sie wissen.

Behandlung:
Besserwisser müssen nicht stimuliert werden; sie melden sich von selbst. Der Konferenzleiter sollte sie drängen, Behauptungen zu beweisen.

Für eine Protokollführung dürfte sich ein Mitarbeiter dieses Typs gut eignen, da er dadurch von einem zu häufigen Eingreifen etwas abgelenkt wird.

- **Der Redselige**

Charakteristik:
Zum Teil sind es ältere Führungskräfte, die zwangsläufig aufgrund ihrer Stellung an Besprechungen teilnehmen. In gutmütiger Form nehmen sie eine Sitzung zum Anlass, aus ihrer meist reichen Erfahrung heraus in epischer Breite ein Thema zu behandeln.

Der Nachteil dieses Typs ist seine Oberflächlichkeit. Daneben kostet die Redseligkeit viel Zeit.

Behandlung:
Durch einen direkten Hinweis sollte die Redezeit eines solchen Mitarbeiters beschränkt werden, was er meist einsieht, aber bald wieder vergisst.

Darüber hinaus eignet er sich als »Pausenfüller«, wenn die anderen eine Denkpause benötigen oder niemand zu einem Punkt etwas einfällt.

- **Der Schüchterne**

  Charakteristik:
  Sachbearbeiter, die meist wegen ihres Fachwissens an einer Besprechung teilnehmen, wagen es manchmal nicht, neben ebenfalls anwesenden Führungskräften das Wort zu ergreifen, wenn es erforderlich ist. Sie sind vielleicht auch nicht so wortgewandt und redeerfahren.

  Behandlung:
  Schüchternheit lässt sich nur schrittweise abbauen. Der Konferenzleiter sollte den Schüchternen immer wieder direkt ansprechen, um ihm Selbstsicherheit zu geben. Er sollte ihm jedoch keine zu umfangreichen Ausführungen zumuten. Gegenüber anderen Typen, beispielsweise dem Streitsüchtigen, Besserwisser oder Ausfrager, sollte er den Schüchternen in Schutz nehmen, da dieser sich sonst noch stärker »in sein Schneckenhaus verkriecht«.

- **Der Ablehnende**

  Charakteristik: Es handelt sich um einen von Natur aus oder durch schlechte Erfahrungen halsstarrigen, negativen Typ. Er kann zwar auf seinem Gebiet gut beschlagen sein, sieht jedoch in allen vorgebrachten Punkten nur das Negative. Er hat an allen positiven Beiträgen anderer Teilnehmer etwas herumzunörgeln, ohne selbst konstruktive Beiträge zu liefern.

  Behandlung:
  Der Besprechungsleiter sollte dann an den Ablehnenden herantreten, wenn es gilt, einen Punkt auf seine negativen Seiten hin zu beleuchten.

  Er wird hauptsächlich mit Beurteilungsfragen an ihn herangehen.

- **Der Dickfellige**

  Charakteristik:
  Diesem Typ scheinen die ganzen Punkte der Sitzung gleichgültig zu sein. Er lässt die gesamte Diskussion an sich abgleiten. Dabei können wir ihm ein ausreichendes Fachwissen auf seinem Sektor unterstellen.

  Behandlung:
  Der Dickfellige muss vom Sitzungsleiter unmittelbar mit Fragen aus seinem Arbeitsgebiet angesprochen werden. Durch provokative Fragen ist er aus seiner Lethargie herauszulocken.

- **Der Erhabene (das »große Tier«)**

  Charakteristik:
  Es handelt sich möglicherweise um einen Statusträger, der sich weit über den anderen wähnt und sich einbildet, einen größeren Gesichtskreis als die anderen Teilnehmer zu haben. Er ist bei direkten Fragen leicht beleidigt.

  Behandlung:
  Der Konferenzleiter sollte sich mit diesem Teilnehmertyp möglichst nicht anlegen, sondern sich seine wahrscheinlich auch vorhandenen positiven Seiten nutzbar machen. Beispielsweise sollte er angesprochen werden, wenn es darum geht, einen Punkt aus übergeordneter Sicht zu beleuchten oder um Einzelthemen zu koordinieren.

- **Der Ausfrager**

  Charakteristik:
  Ausfrager in einer Besprechung rekrutieren sich häufig aus jüngeren Mitarbeitern, die oft als Vertreter für Führungskräfte zu einer Besprechung geschickt werden und sie als Plattform für ihre Weiterbildung oder für ein Verfechten privater Auffassungen benützen.

  Behandlung:
  Da seine Fragen oft mit dem Besprechungsziel nichts zu tun haben, sollte ein Ausfragertyp vom Konferenzleiter rechtzeitig gebremst werden. Das kann am besten durch ein Rückgeben von Fragen geschehen.

  Sofern genügend Fachwissen vorliegt, sollte der Ausfrager durch die Übernahme der Protokollführung in seinen Aktivitäten etwas gedämpft werden.

Anschließend dürfen wir darauf hinweisen, dass es neben diesen typischen Charakteren noch andere gibt, die hier nicht erwähnt sind. Dazu gehört beispielsweise der **Mitläufer**, dessen einzige produktive Aufgabe möglicherweise darin besteht, in der Besprechung für eine Partei als »Stimmvieh« zu dienen. Auf Teilnehmer dieser Art sollte der Projektleiter aber möglichst verzichten.

5.2.4 Schwachstellen bei Arbeitssitzungen – und wie man sie vermeidet

Bei der Abwicklung von Besprechungen treten häufig Schwachstellen und Störungen auf. Die »Informationskultur« lässt oft erheblich zu wünschen übrig.

> *Wenn ein Projektleiter eine Besprechung leitet, muss er durch eine gründliche Vorbereitung und eine straffe Abwicklung versuchen, möglichst viele dieser typischen Stolpersteine von vornherein zu umgehen oder bei ihrer Feststellung möglichst im Entstehungsstadium auszuschalten.*

Unklare Zielsetzungen, eine unzureichende sachliche Vorbereitung des Moderators und der Teilnehmer oder eine unpassende Teilnehmerzusammensetzung sind bereits im Planungsstadium einer Besprechung erhebliche Risikofaktoren!

Durch eine klare Tagesordnung und eine straffe Diskussionsführung lassen sich viele der üblichen »Untugenden« vermeiden, wenn der Besprechungsleiter die Grundlagen der Moderationstechnik beherrscht.

Worin liegen die typischen Ursachen für ineffiziente Arbeitstagungen? In einem Brainstorming eines Firmentrainings für IT-Projektleiter redeten sich diese »aus dem Stand heraus« etwa 20 alltägliche Spannungspunkte von der Seele! Hier sind die auf Steckkärtchen festgehaltenen Klagen:

Sammlung typischer Mängel bei Arbeitsbesprechungen	
(1)	Tagesordnung zu umfangreich
(2)	Ungenügende Vorbereitung und Vorkenntnisse der Teilnehmer
(3)	Schlechte Tageszeit für die Besprechung
(4)	Unentschuldigtes Fehlen eines Teilnehmers
(5)	Mangelhafte Durchführung der vergebenen Hausarbeiten
(6)	Zu spätes Erscheinen von Teilnehmern

Sammlung typischer Mängel bei Arbeitsbesprechungen
(7) Es erscheint nur ein Stellvertreter des geladenen Mitarbeiters
(8) Vorbeireden an Tagesordnungspunkten
(9) Störende Privatgespräche
(10) Austragung persönlicher Streitigkeiten und Machtkämpfe
(11) Ständiges »Widerkäuen« der gleichen Probleme
(12) Zu großer Zeitdruck bei der Durchsprache der Besprechungspunkte
(13) Laufende Störungen durch ein mitgebrachtes Handy
(14) Vorgesetzte »kehren sich heraus«
(15) Profiliersucht und Aggressivität von Teilnehmern
(16) Festhaken einzelner Teilnehmer an unwichtigen Details (»Mücke zum Elefant gemacht«)
(17) Zu lange Monologe einzelner Teilnehmer
(18) Ungleicher Informationsstand, der zu zahlreichen Fragen führt
(19) Monoton abgewickelte Mammutsitzungen führen zu Langweile und mangelnder Kreativität
(20) Passive Teilnehmer und destruktive Kritiker

5.3 Wirkungsvolle Präsentation

Präsentationen sind Zweckvorträge, die der Meinungsbildung, Entscheidungsvorbereitung und Stellungnahme dienen. Sie finden überwiegend vor der Geschäftsleitung oder Führungskräften und Sachbearbeitern von Fachbereichen statt.

In IT-Projekten sind Präsentationen neben Berichten wichtige Verkaufsinstrumente der Arbeitsergebnisse! Von einer gelungenen Präsentation hängt oftmals der Erfolg und die weitere Durchführung des Projekts oder Akzeptanz und Umsetzung eines Systemkonzepts ab.

Präsentationen unterscheiden sich von Fachvorträgen, welche der reinen Wissensvermittlung dienen. Doch gehen beide in vielen Punkten ineinander über, und es gelten teilweise die gleichen Regeln.

In diesem Lernmodul erfährt der Projektleiter,

- wie man einen Präsentationsfahrplan aufstellt,
- wie man eine Präsentation zeitsparend komponiert und auf die Zielgruppe ausrichtet,
- wie man Visualisierungsmedien wirkungsvoll und richtig einsetzt.

5.3.1 Abwicklungsschritte einer Präsentation

Eine Präsentation ist ebenso wie ein Vortrag gründlich vorzubereiten. Sie besteht in ihrem Aufbau aus

- einer Einleitung
- einem oder mehreren Hauptteilen und
- einem Abschluss

Wichtig bei der Vorbereitung einer Präsentation ist eine klare Zielsetzung, die mit der Präsentation angestrebt wird, und eine durchgehende Ergebnisorientierung. Es empfiehlt sich, die in Abbildung 5.4 skizzierte logische Gedankenkette als Rückgrat der Präsentation zu benutzen.

Eine Präsentation hat gegenüber Vorträgen und sonstigen Schulungsaktivitäten einen höheren Schwierigkeitsgrad, weil in zeitlich geraffter Form ein bestimmtes Ergebnis erzielt werden soll. Ein Fehlschritt während einer Präsentationsdarbietung lässt sich meist nicht wieder gutmachen!

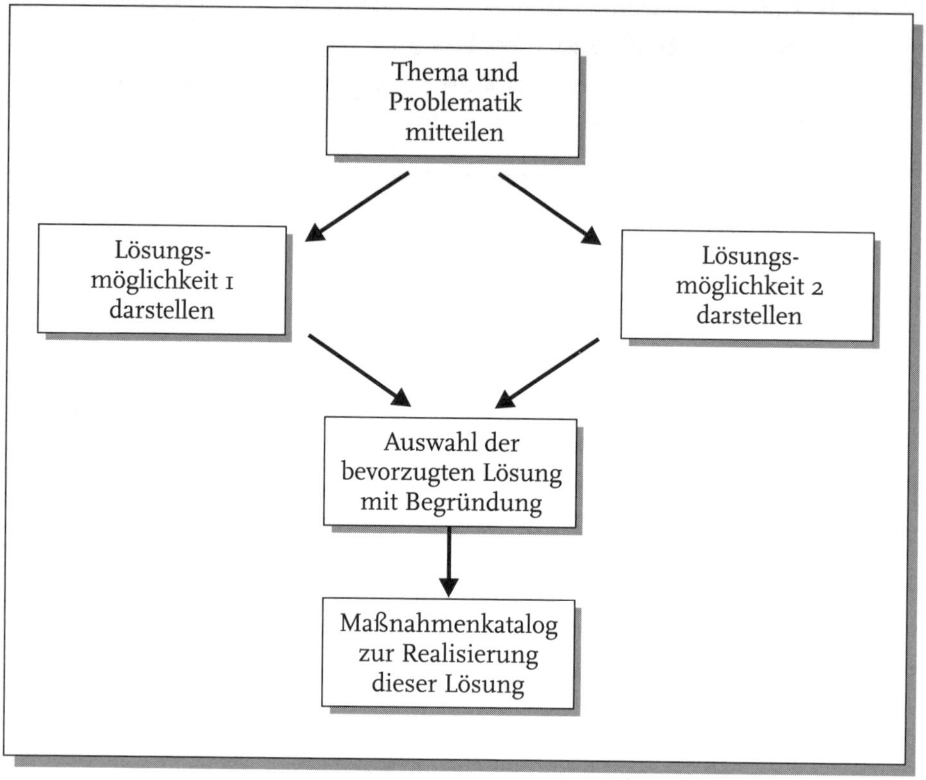

Abbildung 5.4: Logische Gedankenkette der Präsentation einer Problemlösung

5.3.2 Wichtige Präsentationsregeln

Um eine Präsentation wirkungsvoll zu gestalten, sind mehrere Regeln zu beachten:

- Passen Sie sich in der Sprache und im Niveau des Vortrags der Denkweise Ihres Partners an.
- Verwenden Sie übersichtliche optische Hilfsmittel (Flipcharts, PC-Bildfolgen oder Tageslichtfolien).
- Heben Sie die Interessen Ihres Partners an dem präsentierten Stoff hervor.
- Weisen Sie auf offene Problemzonen und Kompromisse in einem Lösungsvorschlag hin.

- Vermeiden Sie einen übertriebenen Optimismus.
- Teilen Sie Ihre Zeit so ein, dass für den Vortrag nur etwa ein Drittel der Zeit benötigt wird und der Rest für eine anschließende Diskussion zur Verfügung steht. Doch sollten Sie (nicht zuletzt zur eigenen Beruhigung) noch ausreichend Reservestoff bereit haben.

Häufig enthält ein Vorschlag Alternativen, auf die sich der Entscheidungsprozess bei einer Präsentation konzentriert. Es ist wichtig, maximal drei Alternativen anzubieten und diese beim Vortrag objektiv gegeneinander abzuwägen.

Wichtig für eine Präsentation ist der Anfang und das Ende. Schreiben Sie sich die ersten drei Sätze für den Anfang und für das Ende wörtlich auf, so dass Sie notfalls darauf zurückgreifen können!

Sprechen Sie nach Möglichkeit frei. Benutzen Sie nur ein gut gegliedertes stichwortartiges Manuskript. Sie kommen dann erst gar nicht in Versuchung, Ihren Stoff abzulesen.

Achten Sie auf eine gute und für den Zuhörer übersichtliche Gliederung. Unterscheiden Sie klar zwischen allgemein gültigen Ausführungen und zwischen Beispielen. Stellen Sie dem Zuhörer immer wieder die Zusammenhänge dar.

Es hat sich in den meisten Fällen als vorteilhaft erwiesen, Handouts und Unterlagen – beispielsweise einen Anwendungsentwurf – an Teilnehmer erst nach einer Präsentation auszuhändigen und nicht schon zuvor. Andernfalls kann die Aufmerksamkeit zu wünschen übrig lassen, weil Teilnehmer sich mehr auf die Unterlagen als auf die Präsentation konzentrieren.

5.3.3 Checkliste für den Referenten

Fast ebenso wichtig wie die Präsentation ist der Referent, der den Inhalt vorträgt: Wird er von den Zuhörern als sympathisch empfunden? »Kommt er an«? Die folgenden Checklistenpunkte lehnen sich teilweise an einen Zeitschriftenartikel von R.H. Ruhleder an: »Wichtiger als die Rede ist der Redner«.

(1) **Wie ist mein Auftreten und meine Körperhaltung?**
Bin ich konzentriert und beherrscht? Stehe ich aufrecht und ruhig und »zapple« ich nicht? Auf keinen Fall dürfen Sie die Hände in die Hosentaschen stecken oder auf dem Rücken verschränken. Suchen Sie für Ihre Hände möglichst festen Halt. Vermeiden Sie theatralische Handbewegungen oder ein ständiges Herumfummeln mit den Händen!

(2) **Halte ich einen ausreichenden Blickkontakt mit den Zuhörern?**
Wende ich mich abwechselnd mit dem Blick an die Zuhörer in der Mitte und auf den beiden Flanken (ohne dass es zu einem Gießkannenblick ausartet)? Fühlen sich die Zuhörer durch meinen Blick angesprochen?

(3) **Wie ist meine Sprechtechnik?**
Spreche ich normal mit meiner üblichen Stimmhöhe (kein Schreiverhalten)? Ist das Tempo des Sprechens richtig? Mache ich nach jedem Satz eine ausreichende Sprechpause? Bin ich zu monoton?

(4) **Strahle ich Sicherheit aus und zeige ich Engagement?**
Beachte ich, dass ein nervöser, fahriger Referent den brillantesten Präsentationsinhalt zunichte machen kann? Zeige ich eine positive innere Einstellung zum Thema, weil meine Zuhörer auch ihre eigene Meinungsbildung stark davon abhängig machen?

(5) **Stimmt meine Zeiteinteilung?** Bin ich noch im Zeitplan? Zeitüberschreitungen sind bei Zuhörern sehr unbeliebt! Deshalb notfalls unwichtige Stoffteile auslassen!

Die persönliche Ausstrahlung des Referenten, der Aufbau eines Sympathiefeldes und die Erarbeitung der Akzeptanz sind Präsentationskomponenten von hohem Stellenwert.

5.3.4 Verwendung optischer Hilfsmittel

Eine Präsentation gewinnt wesentlich, wenn der Referent optische Hilfsmittel zur Visualisierung seiner Darlegungen einsetzt. Hierfür stehen ihm heute in erster Linie Flipcharts, PC-Bildfolgen und Overheadfolien zur Verfügung.

Was kann durch eine Visualisierung erreicht werden?

- Der Zuhörer bekommt wesentliche Zusammenhänge und Schwerpunkte zusätzlich in einprägsamer optischer Form dargeboten. Das erhöht sein Aufnahmevermögen und führt zu einer besseren Vorstellungskraft.
- Mit Hilfe von Bildern, Schautafeln und Skizzen lassen sich schwierige Zusammenhänge und Verfahren vom Referenten oft besser erklären als bei ausschließlicher Verwendung der Sprache.
- Flipcharts und Klarsichtfolien sind für den Referenten selbst eine Gedächtnisstütze. Sie erlauben ihm ohne Manuskript einen freien Vortrag. Sie stellen also für ihn einen roten Faden dar.

Flipcharts sind für eine Präsentation vorteilhaft, wenn mehrere von ihnen während der ganzen Präsentation im Gesichtsfeld der Zuhörer hängen sollen. Es ist nicht nötig, dass Flipcharts »mit dem letzten Schliff« gezeichnet werden. Es schadet nichts, wenn man ihnen die geplante Einmalverwendung ansieht. Selbstverständlich werden sie handschriftlich ohne Benutzung einer Schablone beschriftet.

Karsichtfolien und Overscreens sind eine Alternative. Sie erfordern aber bei ihrer Erstellung viel Sorgfalt und einen geeigneten Gerätepark.

5.3.5 Aktive Arbeits- und Entscheidungsmethoden

Eine qualitative Verbesserung der Präsentation lässt sich erreichen, wenn die Zuhörer aktiv in den Meinungsbildungs- und Entscheidungsprozess einbezogen werden. Vorteilhaft wirkt sich hierbei auch der Spielcharakter solcher Arbeitsmethoden aus. Wir wollen an dieser Stelle einige Methoden schlagwortartig aufzählen:

- Anonyme Meinungsabfragen mit Hilfe eines Punktesystems
- Ein Brainstorming unter Verwendung von Kärtchen, die an eine Pinnwand gesteckt werden
- Auswahlverfahren, bei denen die Teilnehmer selbst die Bewertung vornehmen

Die angewandten Methoden müssen für die Teilnehmer leicht verständlich sein. Die aktive Beteiligung der Präsentationsteilnehmer muss ohne umfangreiche Vorbereitungen und Erklärungen aus dem Stegreif möglich sein.

5.3.6 Praktisches Beispiel einer Präsentation

Ausgangssituation

Sie sind Projektleiter im Verkaufsbereich eines Großhandelsunternehmens. In dem IT-Projekt hat die Systemeinführungsphase begonnen. Zehn Sachbearbeiterinnen, welche die Auftragserfassung durchführen, sollen mit Bildschirmgeräten ausgerüstet werden. Der zuständige Einkäufer hat zwei Angebote für Bildschirm-Arbeitstische eingeholt:

- Eine Einfachstausführung ohne jeglichen Komfort, ohne Höhenverstellbarkeit, ohne Fußstützen und ohne sonstige funktionelle Hilfen. Dafür kostet diese Ausführung nur 400 Euro je Stück.
- Einen ansprechenden Funktionstisch in einem modernen Design und mit allen wünschenswerten ergonomischen Hilfen, besonders einer sehr eleganten Höhenverstellbarkeit zur Anpasssung an die unterschiedliche Größe der Mitarbeiterinnen. Ein solcher Bildschirm-Arbeitstisch kostet allerdings 950 Euro je Stück.

Aus mehreren Gründen möchten Sie die bessere Ausführung haben. Die Mitarbeiterinnen sind von dem Projekt ohnehin nicht begeistert, weil sie Nachteile und mehr Stress befürchten. Es ist zu erwarten, dass sie gegen die Billigausführung protestieren und möglicherweise unter allen möglichen Vorwänden die Einführung des neuen Systems behindern werden.

Das Thema steht für die nächste Lenkungsausschusssitzung auf der Tagesordnung. Sie befürchten, dass die Mitglieder dieses Ausschusses sich aus Preisgründen für die Billiglösung entscheiden werden, weil die Projektkosten ohnehin das veranschlagte Budget weit überschritten haben. Die bisherigen Projektkosten belaufen sich auf 170.000 Euro.

Sie wollen in einer Kurzpräsentation erreichen, dass der Lenkungsausschuss grünes Licht für die Beschaffung der besseren, allerdings teureren Funktionsmöbel gibt. Sie bereiten nach den Regeln dieses Trainingsbuchs eine Präsentation vor.

Sie gehen von der anstehenden Problematik aus. Sie stellen die beiden Lösungsalternativen gegenüber. Sie begründen, warum Sie die bessere Lösung auswählen und unterstreichen dies mit zusätzlichen Zahlenbeispielen. Als Maßnahme schlagen Sie die sofortige Entscheidung vor.

Präsentationsvorschlag

»Meine Damen und Herren,
in diesem Tagesordnungspunkt geht es um die zehn Bildschirm-Arbeitstische für die Mitarbeiterinnen der Auftragserfassung. Die Bildschirme treffen in zwei Wochen ein. Zu diesem Zeitpunkt sollten auch die Bildschirm-Arbeitstische aufgestellt sein.

Der Einkauf hat entsprechend Ihrem Wunsch zwei Angebote eingeholt, die ich gegenüberstellen darf. Das erste Angebot umfasst eine Einfach-Ausführung eines Bildschirm-Arbeitsplatzes, die mit 400 Euro je Stück außerordentlich preisgünstig ist. Allerdings hat diese Ausführung drei Nachteile:

- Der Tisch hat keine Höhenverstellbarkeit.
- Es sind keine Fußstützen vorhanden.
- Die Tastaturplatte lässt sich nicht herausziehen.

Besonders nachteilig ist die fehlende Höhenverstellbarkeit. Ich darf dies an einer Flipchart-Skizze darstellen. Es ist zu befürchten, dass die Mitarbeiterinnen bei dieser Lösung bald über Rückenschmerzen und Sehschwierigkeiten klagen werden.

Das zweite Angebot ist ein Funktionstisch, der drei Besonderheiten aufweist, die ich ebenfalls als Skizze dargestellt habe.

Bei allen drei Besonderheiten handelt es sich keineswegs um reine Komfortpunkte, sondern um funktionelle Lösungen, wie sie in jeder Ergonomieschrift als Forderung enthalten sind.

Der Preis für die Funktionstische ist auf den ersten Blick mit 950 Euro je Stück nicht gerade niedrig. Der Unterschied zu den Einfachtischen beträgt 5.500 Euro. Diesem Mehrpreis muss man aber auch die Vorteile gegenüberstellen:

- Voraussichtlich weniger Klagen über Beschwerden über Sehschwierigkeiten und Rückenschmerzen.
- Weniger Frustration, die mit Sicherheit bei der Einfachlösung in der Auftragsabteilung eintreten würde. Wie Sie wissen, handelt es sich ohnehin um die sensibelste Stelle im ganzen Unternehmen mit einem durchschnittlichen Krankheitsstand von 14 Prozent.

Wenn es uns gelingt, durch eine körpergerechte und motivierende Möblierung den durchschnittlichen Krankheitsstand einer Mitarbeiterin um drei Tage herunterzudrücken, dann haben wir bei täglichen Arbeitskosten von 200 Mark den Betrag bereits in einem einzigen Jahr wieder hereingeholt.

Aus den genannten Gründen schlägt das Projektteam deshalb die Beschaffung der Funktionstische vor. Wenn die Mitglieder des Lenkungsausschusses einverstanden sind, nehmen wir diesen Punkt ins Protokoll auf, so dass die Schreibtische morgen vom Einkauf bestellt werden können.«

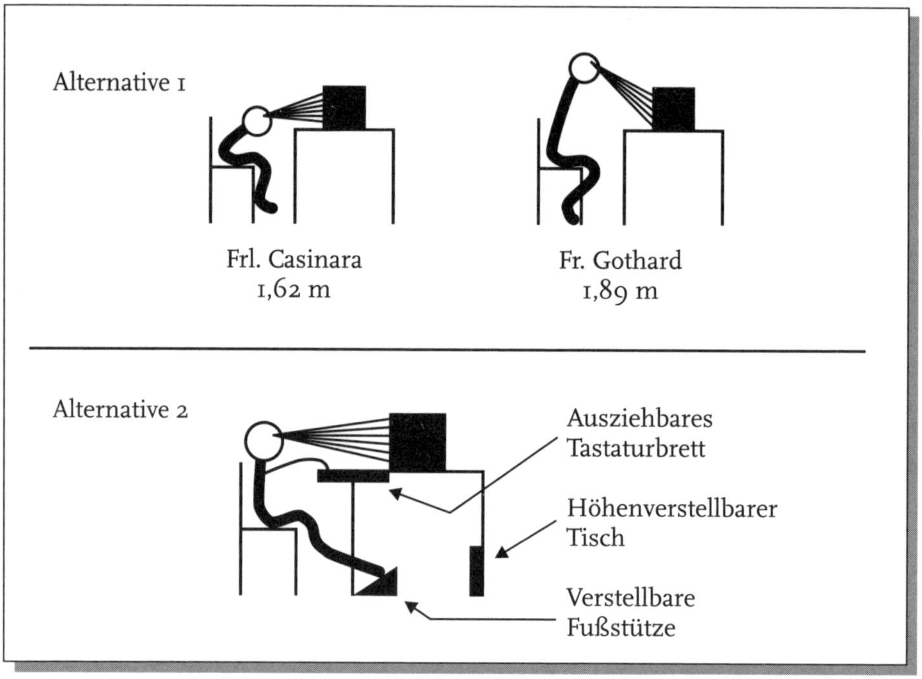

Abbildung 5.5: Optischer Aufhänger als Gag einer Präsentation

5.4 Berichts- und Protokolltechniken

Das Ergebnis einer Sitzung oder einer Anwendungsentwicklung muss der Projektleiter häufig in Berichtsform dokumentieren und weiterleiten. Unter Berichtstechniken versteht man die Regeln zur inhaltlichen und formalen Gestaltung von Berichten jeder Art vom einfachen Protokoll bis zum anspruchsvollen IT-Pflichtenheft, Integrationsmodell oder Anwendungsentwurf.

In diesem Lernmodul haben wir einige zentrale Gesichtspunkte zur Berichtserstellung zusammengestellt. Sie gelten für jede Berichtsart eines Projektfachmanns.

5.4.1 Grundsätze zur Berichtserstellung und -gestaltung

Die folgenden Abschnitte zeigen in der Form einer Checkliste die bei einer Berichtserstellung zu beachtenden Grundsätze.

Allgemeine Grundsätze

- Jeder Bericht ist empfängerorientiert zu erstellen. Er muss in seinem Niveau auf die Erwartungen seines Empfängerkreises, nicht des Absenders, ausgerichtet sein.
- Jeder Bericht hat eine bestimmte Zielsetzung. Aufbau und Inhalt müssen auf diese Zielsetzung ausgerichtet werden.
- Ein Bericht führt nicht nur bei der Erstellung, sondern auch beim Lesen und bei der Auswertung zu einem oft erheblichen Zeitaufwand. Die Devise jedes Berichts muss deshalb lauten: So kurz wie möglich und nur so lang, wie dies zum Verständnis des Lesers unbedingt nötig ist.

Regeln zur inhaltlichen Berichtsgestaltung

- Achten Sie auf einen logischen Aufbau eines Berichts! Häufig ist dies der Weg vom Problem über die Lösung bis zu den zu treffenden Maßnahmen.
- Stellen Sie die Behandlung von Kernfragen vom Umfang der Abhandlung her in den Mittelpunkt.
- Stellen Sie Zusammenhänge in übersichtlicher Form dar.
- Handeln Sie nach dem Prinzip: Vom Groben schrittweise zum Feinen vorgehen.
- Vermeiden Sie unbedingt sachliche Fehler.
- Fassen Sie alle Aussagen konkret und präzis.
- Ein Bericht darf nicht in seinem Kern eine Arbeitsrechtfertigung darstellen.
- Verfahren, Regeln und Ähnliches sollten möglichst immer durch anschließende Beispiele untermauert werden.

- Bringen Sie bei einer Entscheidungsunterlage nicht zu viele Varianten; nennen Sie die von Ihnen favorisierte Variante und begründen Sie diese.
- Werden in einem Bericht Vorteile aufgezählt, sollten auch mögliche Nachteile einer Systemvariante nicht verschwiegen werden. Versuchen Sie, Vor- und Nachteile zu gewichten.

Regeln zur formalen Berichtsgestaltung

- Eine attraktive Aufmachung ist für einen Bericht ein Verkaufsargument (unterschiedliche Farbe der Blätter, Leitkartons, übersichtliches Inhaltsverzeichnis und so weiter).
- Achten Sie darauf, dass der Berichtsstil flüssig ist. Bilden Sie kurze Sätze und vermeiden Sie schwer lesbare Verschachtelungen von Sätzen.
- Verwenden Sie möglichst wenig Abkürzungen; eventuell sollte ein Abkürzungsverzeichnis an das Inhaltsverzeichnis angehängt werden.
- Vermeiden Sie gegenüber Mitarbeitern von Fachabteilungen den DV-Jargon und schwer verständliche Fremdwörter.
- Jeder Bericht muss einen eindeutigen Verteiler haben und dem Empfänger klar den Verwendungszweck (zur Information, zur Bearbeitung und so weiter) aufzeigen.
- Zur Erhöhung der Lesbarkeit sollten umfangreiche Textpassagen durch grafische Darstellungshilfen unterbrochen werden. Sie sind häufig leichter lesbar und aussagefähiger als Fließtext.
- Umfangreiche und wichtige Berichte sollten vor ihrer Veröffentlichung durch eine zweite Person in der Abteilung gelesen werden.

5.4.2 Praxishinweise zur Protokollerstellung

Protokolle dienen zum Festhalten von Sitzungsergebnissen. Sie sind keineswegs überflüssiger Papierkram, sondern gehören zu jeder ordentlichen Sitzungsarbeit. Sie können ein Beweismittel darstellen, was in einer Besprechung festgelegt wurde, und bei Bedarf auch über Argumente und Hintergründe Auskunft geben. Ohne klare Protokolle werden Problempunkte in Folgesitzungen ständig »wiedergekäut«.

Drei Arten von Protokollen werden unterschieden:

- Ablaufprotokolle
- Ergebnisprotokolle
- Kurzprotokolle

Ablaufprotokolle enthalten neben Ergebnissen auch wesentliche Meinungsäußerungen und Argumente. Nachteilig kann ein Ablaufprotokoll für den Empfänger durch seine Länge werden.

Ergebnisprotokolle beschränken sich auf die Darstellung der in einer Besprechung erzielten Ergebnisse und der durchzuführenden Maßnahmen.

Kurzprotokolle sind bei weniger wichtigen Besprechungen üblich. Sie halten in wenigen Sätzen die wesentlichen Ergebnisse fest, ohne dass diese Punkte begründet und detailliert erläutert werden.

Ein Projektverantwortlicher muss am Beginn einer Sitzung den Protokollführer und die gewünschte Protokollart festlegen. Meist reichen Ergebnisprotokolle aus.

Bei wichtigen Protokollen ist zu klären, wer das Protokoll unterschreibt und genehmigt. Sofern in einer Sitzung Beschlüsse gefällt worden sind, muss festgelegt werden, wer die Kontrolle der Ergebnisdurchführung übernimmt.

Ein gutes und neutrales Protokoll, über das sich hinterher niemand beschwert (»einseitig«, »nichtssagend«, »inhaltlich nicht verstanden«) setzt voraus, dass der Protokollführer fachlich kompetent und während der ganzen Sitzung voll bei der Sache ist. Kardinalfehler in Protokollen sind eine bewusste oder unbewusste Ergebnismanipulation oder eine Unterdrückung wichtiger Aussagen, weil sie dem Protokollführer nicht passen.

5.5 Die besten Expertentipps dieses Lernmoduls auf einen Blick

Arbeitsbesprechungen und Sitzungen im Projektteam und mit Führungskräften gehören zum wesentlichen Aufgabenspektrum des IT-Projektleiters. Der **Kommunikationsumfang** nimmt im Schnitt zwei Drittel seiner Arbeitszeit ein.

Qualifikation und Erfahrungen eines Projektleiters zur effizienten und zeitsparenden Durchführung von Informations- und Entscheidungssitzungen beeinflussen maßgeblich die Akzeptanz und den Projekterfolg!

Von einem professionellen Projektleiter wird erwartet, dass er die **Kommunikations- und Moderationstechniken** zur Projektabwicklung kennt und in seiner Projektarbeit anwendet.

Die folgenden acht **Highlights** stehen im Mittelpunkt der Kommunikation in der Projektarbeit:

5

(1) Projektsitzungen haben unterschiedliche **Zielsetzungen**. In ihrem Ablauf bestehen sie immer aus den drei Schwerpunkten der Sitzungsvorbereitung, Sitzungsabwicklung und den Sitzungsauswertungen. Ausschlaggebend für den **Erfolg einer Sitzung** sind eine ausreichende Vorbereitung und eine professionelle Abwicklung der Tagesordnungspunkte.
(2) Bei Arbeitssitzungen nimmt der Projektleiter die Rolle des **Sitzungsmoderators** wahr. Er ist in dieser Eigenschaft für die fachliche und technische Vorbereitung und eine effiziente Abwicklung verantwortlich.
(3) **Optische Hilfen** spornen die Kreativität der Teammitglieder an und erleichtern eine straffe Sitzungsabwicklung. Hierfür muss der Projektmoderator einfache Techniken für eine verständliche Darstellung von Abläufen und Diagrammen beherrschen.
(4) **Fragetechniken** gehören zum Methodenrepertoire des Sitzungsmoderators. Mit geeigneten Fragen hat er »das Heft in der Hand« und kann die Richtung des Themas flexibel bestimmen.
(5) Die richtige **Behandlung der Besprechungsteilnehmer** durch den Projektleiter hat einen hohen Stellenwert. Das Erfolgspotential einer Sitzung hängt davon ab, ob es ihm gelingt, die Teilnehmer entsprechend ihren Kenntnissen und persönlichen Erfahrungen so anzusprechen und einzusetzen, dass ihre positiven Seiten voll genutzt werden und negative Eigenschaften nicht zum Durchbruch kommen.

(6) In IT-Projekten sind **Präsentationen** wichtige Verkaufsinstrumente der Arbeitsergebnisse. Von einer gelungenen Präsentation hängt oftmals der Erfolg und die weitere Durchführung des Projekts ab!

(7) Zur optimalen Präsentationsabwicklung gibt es allgemein gültige Präsentationsregeln. Präsentationskomponenten von hohem Stellenwert sind die persönliche Ausstrahlung des Referenten und der Aufbau eines Sympathiefelds bei den Zuhörern.

Eine Präsentation gewinnt wesentlich, wenn der Präsentationsmoderator geeignete optische Hilfsmittel zur Visualisierung (Flipchart oder Overscreen) einsetzt.

(8) Das Ergebnis einer Sitzung oder einer Projektphase muss der Projektleiter häufig in **Berichtsform** dokumentieren und weiterleiten. Zu diesem Zweck sollte der Projektleiter die Grundsätze der formellen und inhaltlichen Berichtsgestaltung kennen und richtig anwenden.

6 Kreativitäts- und Problemlösungsmethoden

Befriedigende Arbeitsleistungen sind bei den innovativ tätigen Mitarbeitern des Informatikbereichs oft nur durch ein kreatives Denken und Handeln

- beim einzelnen und
- im Team

zu erreichen. Wir verstehen darunter eine Kombination von Wissen, Phantasie und Systematik, was zu den gewünschten Problemlösungen führt.

Kreativität kann originär oder abgeleitet sein. Im ersten Fall erbringt der Mitarbeiter die kreativen Leistungen selbst. Im zweiten Fall gelingt es dem Einzelnen oder dem Team, von anderen bereits vorgedachte Lösungen im vorliegenden Problemfall einzusetzen. Das Ergebnis ist in beiden Fällen gleichwertig.

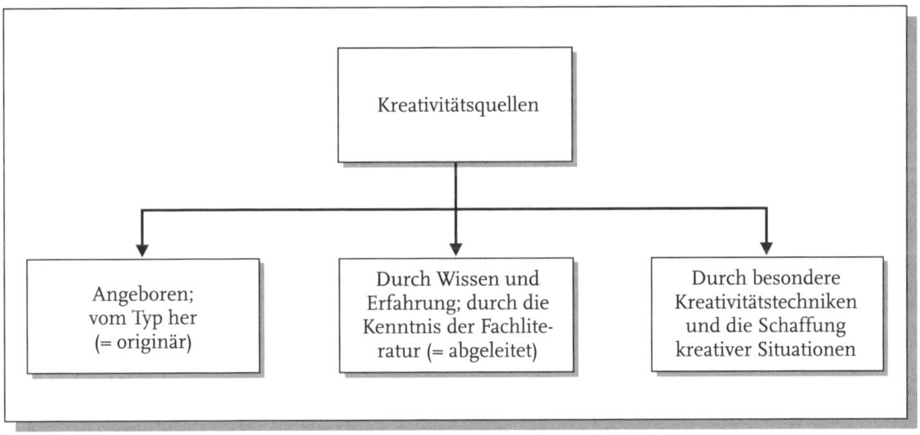

Abbildung 6.1: Kreativitätsquellen eines Projektleiters und -teams

Eine kreative Atmosphäre und damit auch kreatives Denken und Handeln lässt sich durch eine **geeignete Vorgehensweise und zweckmäßige Arbeitstechniken** organisieren. Voraussetzungen für ein kreatives Arbeiten sind besonders

- die Fähigkeit, abstrakt, in Prozessen und in Funktionen zu denken
- eine logische Vorgehensweise
- der Einsatz zweckmäßiger Arbeitstechniken
- eine disziplinierte Zusammenarbeit im Arbeitsteam und ein starkes Problembewusstsein
- positive arbeitstechnische Voraussetzungen und kreativitätsfördernde Software

Kreatives Denken wird besonders **durch folgende Punkte erschwert** oder sogar verhindert:

- Einseitige Erfahrungen eines einzelnen
- Mangelndes Selbstvertrauen und Angst, einen Fehler zu machen oder sich vor anderen zu blamieren
- Der Wunsch »möglichst nicht aufzufallen«
- Gewohnheiten, welche unsere Vorstellungskraft einschränken (»Wir haben es immer so gemacht«)
- Vorurteile gegenüber bestimmten Personen, Stellen, Sachen oder Abläufen

6.1 Bedeutung der Kreativitäts- und Problemlösungstechniken

Als IT-Projektleiter stehen Sie ständig zusammen mit Ihrem Team vor der Notwendigkeit, Probleme zu lösen und in hohem Grad kreativ zu sein. Sie sollten zu diesem Zweck Methodikkenntnisse besitzen, welche Sie bei der Suche brauchbarer Ideen und bei Problemlösungen in formaler Weise unterstützen.

Wir verstehen unter **Kreativitätstechniken** verschiedene Methoden

- zur Ideenfindung
- zur Erhöhung der Kreativität
- zur Entscheidungsfindung
- zur Problemlösung

Es handelt sich um Denk- und Ordnungstechniken, die überall in der Organisationsarbeit Anwendung finden können. Die für die Organisation und Informatik bedeutsamen Kreativtechniken lassen sich in zwei **Kategorien** unterscheiden:

- Techniken zur Ideenproduktion und
- Techniken, um Lösungsansätze zu ordnen und in den richtigen Zusammenhang zu bringen

Jeder Projektmanager sollte in der Lage sein,

- einen **Problemlösungsprozess** in seine formalen Folgeschritte zu unterteilen und
- eine geeignete Vorgehensweise und passende Techniken für die einzelnen Problemlösungsschritte auszuwählen und die Techniken in der Praxis anzuwenden

Die vorgestellten Kreativitätstechniken lassen sich teilweise durch Einzelpersonen, überwiegend aber bei Teamarbeit einsetzen. Sie ermöglichen

- eine logische Reihenfolge der Problemlösung
- eine Intensivierung des Denkprozesses durch eine geeignete formale Schrittfolge
- die Einbeziehung aller Teammitglieder oder Besprechungsteilnehmer in einen Problemlösungsprozeß
- eine stärkere Motivation der Mitarbeiter durch die Schaffung einer für eine Kreativarbeit geeigneten positiven Atmosphäre

Wir zeigen nur einige der bekannteren und einfach anwendbaren Methoden zur Ideenfindung und Problemlösung auf, wie sie beispielsweise in neuerer Zeit zur Abwicklung von innovativen Projekten des E-Commerce benötigt werden.

Vor exzentrischen Kreativitätstechniken ist zu warnen. Sie arten schnell in eine unnütze Spielerei aus. Auch die vorgeschlagenen Methoden sollten nicht zu formalistisch angewendet werden. Gelegentlich ist es zweckmäßig, mehrere der Methoden zu vermischen.

Wir beschränken uns in unserem Arbeitsbuch auf eine Aufzählung und Besprechung einiger **praxisorientierter Methoden zur Ideenfindung und Problemlösung**.

Die bekanntesten Methoden zur **Ideenfindung und Problemlösung** in Projekten der Informations- und Kommunikationstechnik sind

- **klassisches Brainstorming** und -writing, häufig angewendet im Rahmen der Moderationstechniken
- **Ideenkonferenz**, an der vom Problem betroffene Fachleute mitwirken
- **Mind Mapping** zur Sammlung und Strukturierung von Problembestandteilen und Ideen
- **Delphimethode**, wenn zu den Lösungsmöglichkeiten für ein Problem unterschiedliche Meinungen vorliegen, die es zu koordinieren gilt
- **Pro- und Contra-Analyse** zur Erarbeitung der Argumente, die für und gegen ein Verfahren sprechen
- Aufbau einer **Problembox** zur Lösungsunterstützung mehrstufiger Auswahlprobleme
- **Nutzwertanalyse** als Instrument zur Auswahl von Verfahren, Hardware und Software

Eine neuartige Form der Ideenfindung ist das **Brainchatting**. Es nutzt die modernen Möglichkeiten des Internet und Intranet. Projektprobleme werden über das Medium dieser Netze am Newsboard (»schwarzes Brett« des Bürokommunikationssystems) den Mitarbeitern mitgeteilt. Diese können Anregungen und Lösungsvorschläge dort bekannt geben.

6.2 Schrittfolge eines Problemlösungsprozesses

Die für eine Problemlösung erforderliche Kreativität wird bei Einzelüberlegungen eines Organisators oder noch häufiger bei Gruppenbesprechungen oft dadurch abgewürgt, dass nicht die **logische Folge eines solchen Problemlösungsprozesses** eingehalten wird. Immer wieder kommt es vor, dass in Teamsitzungen jemand zu einem Punkt bereits Alternativlösungen vorschlägt, bevor überhaupt das zu lösende Problem erkannt und definiert worden ist. Ein anderer springt mitten während einer Ideensammlung bereits in eine kritische Bewertung dieser Ideen hinein und unterbricht damit schlagartig den Prozess des kreativen Ideensuchens. Der Problemlösung fehlt bei einem sprunghaften Vorgehen die natürliche Logik der Vorgehensweise. Das kostet nicht nur viel Zeit, sondern verhindert auch fundierte sachliche Lösungen und frustriert die Teilnehmer. Wie lässt sich ein solches Durcheinander vermeiden?

Das in technischen Bereichen und bei Wertanalysesitzungen verbreitete **Stufenkonzept eines Problemlösungsprozesses** lässt sich auch auf organisatorische Probleme anwenden. Es geht davon aus, dass eine Problemlösung immer entsprechend den folgenden allgemeinen Schritten durchgeführt werden sollte, wie sie in Abbildung 6.2 dargestellt sind.

Stufen einer Problemlösung	
Schrittfolge	**Tätigkeit**
(1)	Problemerkennung und -beschreibung (Problemdefinition)
(2)	Informationssammlung zum Problem und Erstellung eines Anforderungskatalogs (Problempräzisierung)
(3)	Erarbeitung von Lösungsmöglichkeiten (Lösungssuche)
(4)	Beurteilung der Lösungsalternativen und Auswahl der optimalen Lösung (Lösungsauswahl)
(5)	Realisierung der ausgewählten Lösungsalternative

Abbildung 6.2: In dieser Stufenfolge sollte ein Problem angepackt und eine Lösung gesucht werden.

Bemerkungen zu (1)

Zunächst ist das Problem oder die Aufgabe zu definieren. Es ist festzulegen, um welche Art von Problemen es sich handelt (sachliches oder menschliches Problem). Die Problemsituation ist nach Ursachen und Auswirkungen zu beschreiben.

Bemerkungen zu (2)

Vor der Erarbeitung von Lösungsmöglichkeiten sind die Informationen zu sammeln, die für den Problemlösungsprozeß von Bedeutung sein können: Wo liegen Lösungshinweise vor? An welcher Stelle traten bereits gleiche oder gleichartige Probleme auf? Wie wurden sie gelöst?

Aufgrund der vertieften Informationen kann das Problem präzisiert werden. Es ist ein Anforderungskatalog an die Problemlösung (= Pflichtenheft) zu erstellen.

Bemerkungen zu (3)

Sofern sich aus dem vorhergehenden Punkt bereits brauchbare Lösungsansätze ergeben, sind sie auf der Grundlage des vertieften Anforderungskatalogs zu entwickeln.

Zur Erarbeitung von Lösungsmöglichkeiten kann entsprechend der Art des vorliegenden Problems eine der anschließend dargestellten Kreativitäts- oder Problemlösungstechniken eingesetzt werden.

Bemerkungen zu (4)

Die erarbeiteten Lösungsalternativen sind zu bewerten. Die in Stufe (2) festgelegten Sollanforderungen werden bei Bedarf verfeinert. Die Sollkriterien werden gewichtet. Ihnen wird der bei den einzelnen Lösungsalternativen vorliegende Erfüllungsgrad gegenübergestellt.

Bei der Erarbeitung dieses Punkts können formalisierte Auswahltechniken (zum Beispiel eine Nutzwertanalyse) eingesetzt werden.

Bemerkungen zu (5)

In die Realisierungsstufe einer Problemlösung fallen die Punkte:

- Genehmigung der ausgewählten Lösungsalternativen
- Erstellung eines Realisierungsplans
- Durchführung
- Ergebniskontrolle

Bei der Realisierung können Planungs- und Bewertungstechniken zum Einsatz kommen.

Die Bedeutung einer logisch richtigen Vorgehensweise ist so groß, daß sie einen wesentlichen Bestandteil der DIN-Norm 69 910 über die Methoden der Wertanalyse darstellt.

6.3 Methode des klassischen Brainstormings

Zu den bekanntesten Kreativtechniken gehören die Brainstormingmethoden. Es handelt sich um intuitive Methoden für eine systematische Ideenfindung zu einem bestimmten Thema.

> *Durch Brainstorming wird für eine begrenzte Zeit eine Situation organisiert, in der ein Team optimal kreativ denken kann. Brainstorming ist eine Einfallstechnik zum Auffinden von Lösungsprinzipien, die leicht zu erlernen und anzuwenden ist.*

Das **klassische Brainstorming** wird am häufigsten angewendet. Die Abwicklung wird entsprechend den dargestellten Regeln durchgeführt. Der Einsatz dieser Brainstormingmethode ist für alle Arten von Problemen geeignet.

Die wichtigsten Brainstormingregeln

Bei der Durchführung einer Brainstormingsitzung sind folgende Regeln einzuhalten:

- Es muss eine **klare Problembeschreibung** vorliegen; jeder Teilnehmer muss sich mit dem Problem vor dem Brainstorming gedanklich beschäftigt haben.
- Die **Quantität der Ideenproduktion** hat während des Sitzungsablaufs Vorrang vor der Qualität der Einfälle; Einfälle sind spontan und ohne Hemmungen zu äußern. Je größer die Anzahl der Ideen, desto wahrscheinlicher ist unter ihnen ein »Haupttreffer«.
- **Kombinationsideen** (»Anhalterideen«) sind besonders willkommen und führen häufig zu den besten Einfällen.
- Jede Kritik ist während eines Brainstormingverlaufs aufzuschieben.

Abwicklungsschritte eines Brainstormings

Die Planung, Durchführung und Auswertung einer Brainstormingsitzung umfasst folgende Punkte:

- **Planung**
  - Rechtzeitige Einladung der Teilnehmer (optimale Zahl 5 - 10)
  - Festlegung der Zeitdauer (zeitliche Begrenzung auf 15 - 20 Minuten)
  - Festlegung der Tageszeit (möglichst früher Vormittag oder Abend)
  - Festlegung des Ortes: ungestörter Sitzungsraum mit behaglicher Atmosphäre
- **Durchführung**
  - Festlegung des Sitzungsleiters und Protokollführers
  - Darlegung der Problemstellung (die jedoch zuvor schon bekannt gewesen sein sollte)
  - Ideenproduktion (Stichworte; gegebenenfalls kurze Erläuterung)
  - Sofortige Protokollierung auf einem Flipchart oder Tageslichtschreiber
- **Auswertung**
  Diese ist entsprechend der Problemstellung individuell und wird in einer »Kritikrunde« durch die wesentlichen Fachspezialisten durchgeführt.

Anwendungsmöglichkeiten für ein Brainstorming

Der Anwendungsbereich für ein Brainstorming ist sehr breit gestreut. Der Verfasser dieses Buches hat es bisher immer wieder für folgende Punkte veranlasst oder an Brainstormingsitzungen über folgende Themen teilgenommen:

- Ideen zum Aufbau einer optimalen Homepage im Internet
- Verbesserung der Benutzerakzeptanz in einem IT-Projekt
- erforderliche Arbeiten bei der Einführung eines E-Commerce-Projekts
- Ideen für ein besseres Marketing eines Projekts
- Ideen zur Optimierung eines Geschäftsprozesses

Beurteilung des Brainstormingverfahrens

Wegen der wenigen Regeln und des geringen Zeitaufwands ist das Brainstormingverfahren beliebt. Die Barriere der erstmaligen Anwendung muss allerdings in einer Projektgruppe durchbrochen werden, wie Kursteilnehmer in Methodenseminaren immer wieder berichten.

Als **ungeeignet** hat sich erwiesen, wenn ein Brainstorming von einem Abteilungsleiter in seinem Chefzimmer durchgeführt wird und eine ungemütliche und steife Atmosphäre herrscht. Für eine Brainstormingsitzung ist eine ungezwungene, behagliche Atmosphäre eine unbedingte Voraussetzung.

6.4 Weitere intuitive Kreativitätstechniken

Neben dem beschriebenen »klassischen Brainstorming« gibt es noch andere Arten von Kreativitätstechniken. Wir greifen die Ideenkonferenz, die Delphimethode und die Pro- und Contra-Analyse heraus.

6.4.1 Ideenkonferenz

Diese Kreativitätsmethode ähnelt dem Brainstorming, doch gelten weniger strenge Regeln. Teilnehmer sind Fachleute, welche die Problemsituation kennen.

Das Problem wird zunächst genau definiert und die Teilnehmer äußern sich in freier Weise dazu. Die Vorschläge und Ideen werden notiert und bei Bedarf diskutiert. In der Regel sind die Teilnehmer Personen, die direkt mit dem Problem in Berührung stehen.

Es handelt sich also auch hier um das **Zusammentragen von Ideen**, wobei durch die »Fachgebundenheit« der Beteiligten weniger ausgefallene Ideen produziert werden. Andererseits wird gerade bei der Lösung von technischen Problemen ein bestimmtes Fachwissen vorausgesetzt, damit das Problem überhaupt verstanden wird.

6.4.2 Ideensammlung mit Mind Mapping

Eine beliebte Kreativitätsmethode in Projekten zur Sammlung und einfachen Strukturierung von Ideen ist das Mind Mapping. Der gemeinsame Aufbau dieses **Ideenspeichers** ist besonders in Arbeitsteams geeignet, in denen sich aufgrund der geringen Kopfzahl keine anderen Kreativitätstechniken einsetzen lassen.

> *Der Projektleiter übernimmt bei dieser Kreativitätsmethode die Rolle des Moderators, der die Ideenschlagworte am Flipchart den Zweigen der Mind Mapping-Landschaft zuordnet.*

Mind Mapping lässt sich ohne Vorbereitungsarbeiten anwenden und dient hauptsächlich dem **Einstieg in ein Themengebiet**. In der Mind-Mapping-Skizze lassen sich die Anforderungskomponenten zusammenstellen, die in ein anschließend modelliertes Lösungskonzept eingebunden werden sollen.

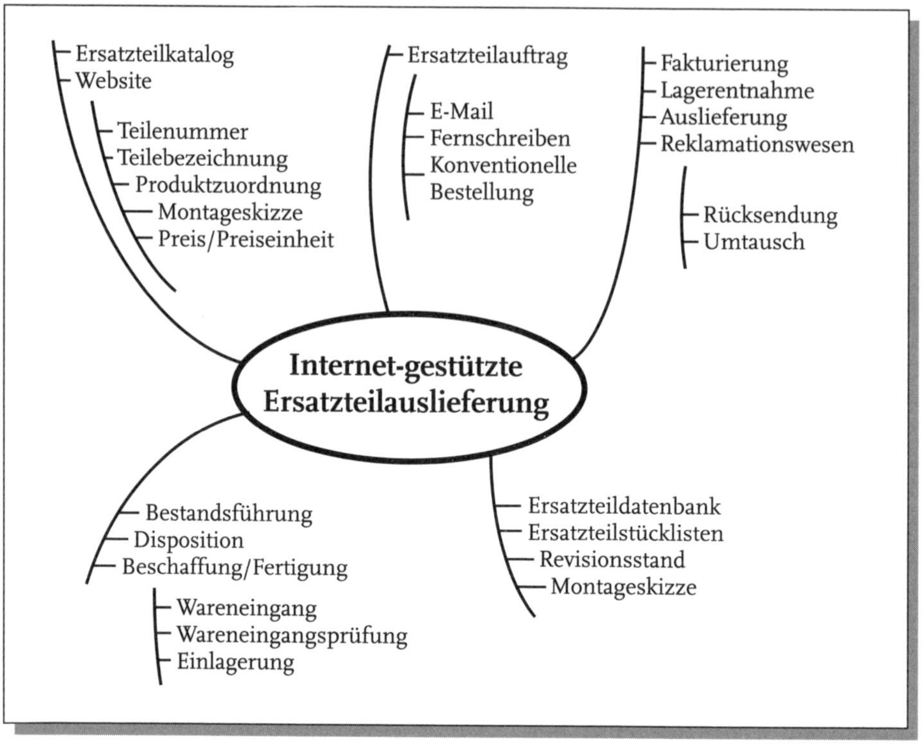

Abbildung 6.3: Mindmapping-Skizze zur Ideensammlung für ein internetgestütztes Ersatzteilauslieferungssystem

Zum schrittweisen Aufbau einer Mind-Mapping-Übersicht und zur Ablage der gesammelten strukturierten Ideen bietet der Softwaremarkt auch PC-orientierte Software an.

6.4.3 Delphi-Methode

Diese Befragungsmethode wird angewendet, wenn über die Lösung eines Problems **stark unterschiedliche Meinungen** vorliegen, beispielsweise über die Auswirkungen einer neuartigen Arbeitsabwicklung. Es geht darum, die unterschiedlichen, subjektiven Auffassungen zu koordinieren.

Die Abwicklung wird in folgenden Schritten vorgenommen: Verschiedene Fachleute werden unabhängig voneinander über ihre Schätzungen für die in Betracht kommenden Faktoren bzw. Meinungen über Ursachen / Auswirkungen befragt.

Der Projektleiter nimmt die Befragungen nach einem bestimmten Schema vor, das er im Voraus festgelegt hat.

Für ihre Schätzwerte oder Vorschläge müssen die Befragten Begründungen angeben. Diese können von den anderen Befragten kritisiert werden. Die Zwischenergebnisse werden allen Beteiligten vorgelegt, so dass eine Rückkopplung besteht.

Durch die Rückkopplung sollen stark gegensätzliche Meinungen einander angenähert werden, so dass am Ende für das koordinierte Ergebnis der Streubereich angegeben werden kann, welcher der Vorstellung aller Fachleute entspricht. Man kann auf diese Weise beispielsweise die Wahrscheinlichkeit einer bestimmten Auswirkung besser erkennen.

6.4.4 Pro- und Contra-Analyse

Diese Kreativitätsmethode dient der Erarbeitung von Vor- und Nachteilen eines Verfahrens oder einer Vorgehensweise. Sie enthält Teile einer Brainstormingmethode und nimmt darüber hinaus eine intensive Bewertung der Ergebnisse vor.

Eine Pro- und Contra-Analyse ist **leicht anwendbar** und erfordert 6 - 10 Teilnehmer. Ihre Durchführung dauert 1 - 2 Stunden.

Eine Pro- und Contra-Analyse wickelt sich **in mehreren aufeinander folgenden Schritten** ab:

1. Der Moderator für diese Gesprächsrunde bildet **zwei gleich starke Gruppen**. Sie sollen aus Mitarbeitern bestehen, welche das Thema kennen. Eine Gruppe sucht die Argumente, die für ein bestimmtes Vorgehen oder Verfahren sprechen. Die andere Gruppe sucht die Argumente, die dagegensprechen.
2. Jede Gruppe notiert ihre Argumente auf einem Flipchart oder Steckkarten und bewertet sie in einer absteigenden Rangfolge ihrer Bedeutung.

3. Jede Gruppe trägt ihr Ergebnis vor und begründet es. Es erfolgt noch keine Diskussion. Jede Gruppe erhält die Argumente der Gegengruppe.
4. Beide Gruppen beraten getrennt über die Argumente der Gegengruppe.
5. **In einem gemeinsamen Streitgespräch** versucht jede Gruppe, die Argumente der anderen Gruppe zu entkräften. Wechselseitig werden die Argumente von der Gegengruppe angegriffen. Die Ergebnisse werden von einem Protokollführer oder dem Moderator festgehalten.
6. Nach einer »Abkühlpause« der evtl. erregten Gemüter überprüfen die Kernmitglieder der beiden Gruppen gemeinsam die einzelnen Argumente und werten sie aus. Für die Bewertung lässt sich ggfs. eine formalisierte Auswahltechnik verwenden.

Sofern die Tiefe der Argumentation noch nicht ausreicht, kann die Pro- und Contraliste mit vertauschten Rollen wiederholt werden.

Zur **Beurteilung der Pro- und Contra-Methode** lässt sich feststellen: Es ist kein Verfahren, das alltäglich angewendet werden kann. In kritischen Situationen bietet es jedoch zur Vertiefung vorliegender Argumente eine **brauchbare Ergänzung**.

Aus der praktischen Erfahrung ist besonders darauf hinzuweisen, dass die beiden Gruppen möglichst gleich stark sein sollten. Sie sollten darüber hinaus ausreichend Zeit zur Erarbeitung ihrer Argumente erhalten.

Nachteilig kann sein, dass eine Gruppe ihre Argumente so stark verteidigt, dass sie bei der gemeinsamen Bewertung der Ergebnisse nur langsam zu einer objektiven Betrachtung zurückfinden kann. In diesem Fall kann es zweckmäßig sein, in der Auswertungsgruppe neutrale Personen mitarbeiten zu lassen.

6.5 Problemlösungsmethoden im IT-Projekt

Von einem versierten IT-Projektleiter erwarten Geschäftsleitung oder Kunde, dass er vor schwerwiegenden Entscheidungen im Bereich der Informations- und Kommunikationstechnologie bei der Teamarbeit geeignete Problemlösungsmethoden einsetzt, um die Entscheidung zu erleichtern und zu untermauern.

6.5.1 Wo lassen sich Problemlösungsmethoden einsetzen?

Zu den aus der Fachliteratur bekannten **Verfahren zur systematischen Problemlösung** gehören

- das Entscheidungsbaumverfahren
- die Problemlösungsbox (morphologisches Verfahren)
- Simulationsverfahren ohne und mit IT-Unterstützung

Problemlösungsverfahren lassen sich beispielsweise in Projekten der **Geschäftsprozessanalyse und -optimierung und des E-Commerce** einsetzen. Nach der Modellierung eines neuen Geschäftsprozesses anhand von gemeinsam durch das Projektteam entwickelten Flowcharting-Abläufen lassen sich durch Simulationsprogramme die niedrigsten Kosten der Prozesskette bei unterschiedlichen Auftragshöhen und -häufigkeiten oder die kürzestmöglichen Durchlaufzeiten bei unterschiedlichen Ablaufschritten ermitteln.

Im Gegensatz zu Kreativitätsmethoden und einfachen Evaluationsverfahren können Sie als Projektleiter anspruchsvolle Problemlösungsverfahren in der IT-Projektarbeit nur selten einsetzen. Es reicht deshalb aus, wenn Sie darüber Bescheid wissen, für welche Arten von Entscheidungen es formalisierte Lösungsverfahren gibt. Im Bedarfsfall können Sie auf die in der Fachliteratur beschriebenen Techniken zurückgreifen und durch den Einsatz eines geeigneten Problemlösungsverfahrens Ihre methodische Kompetenz demonstrieren.

Wegen der geringen Häufigkeit der konkreten Einsatzmöglichkeiten für Problemlösungsverfahren beschränken wir uns in diesem Trainingspackage für IT-Projektleiter auf die Darstellung des Problemlösungsverfahrens **»Aufbau einer Problemlösungsbox«**. Es eignet sich besonders gut für eine Teammoderation durch einen erfahrenen Projektleiter, wenn in einem Projekt der Geschäftsprozessoptimierung oder bei der Entwicklung einer durchgehenden Supply Chain vom Online-Marktplatz bis zum Internetkunden eine zweckmäßige Kombination von Einzelschritten bis hin zu einer optimalen Gesamtlösung gesucht wird.

6.5.2 Aufbau einer Problemlösungsbox

In manchen Fällen besteht – besonders bei einer Geschäftsprozessoptimierung und in einem komplexen E-Commerce-Projekt – das Problem darin, dass eine zweckmäßige Kombination von Einzellösungen gesucht wird. Das Projektteam hat bereits Lösungsansätze erarbeitet und sucht anschließend eine optimale Gesamtlösung. Zur Bearbeitung solcher Kombinationsprobleme ist der Aufbau einer Problemlösungsbox sinnvoll. Man nennt dieses Instrument auch Morphologie-Box oder die morphologische Problemlösungsmethode. Es handelt sich um ein **Ordnungsschema in Matrixform**, in das sämtliche Problemelemente und Lösungsmöglichkeiten hineingepackt werden.

Bei der Problemlösungsbox handelt es sich um ein **systematisches Suchverfahren** nach gewünschten Kombinationen von Teillösungen. Zu diesem Zweck wird das Gesamtproblem von dem Organisationsmitarbeiter in möglichst unabhängige Teilprobleme zerlegt. Für die Teilprobleme (Parameter genannt) sucht er Lösungsalternativen. Die jeweils besten Lösungen werden anschließend zu einer Gesamtlösung kombiniert. Es können sich auch mehrere brauchbare Gesamtlösungen ergeben. In diesem Fall muss die bestmögliche Lösungskombination in einem Auswahlverfahren ermittelt werden.

Entwicklungsschritte einer Problemlösungsbox

Wenn ein komplexes Problem vorliegt, bei dem sinnvolle Kombinationen möglicher Teillösungen gesucht werden, wird zuerst das Problem in seine Problembestandteile zerlegt. Als optische Darstellungshilfe wird eine Matrix gewählt.

Schritt 1: Kennenlernen der Problematik, Definition des Problems und Entscheidung, dass eine Lösung über eine Problemlösungsbox geplant wird.

Schritt 2: Erarbeitung der Problemelemente (Parameter), die in der Gesamtlösung berücksichtigt werden müssen bzw. von denen die Gesamtlösung abhängt.

Aufbau der Problemlösungsbox					
Problem-elemente	**Alternative Teillösungen**				
	1	2	3	4	
Problem-element 1					
Problem-element 2					

Abbildung 6.4: Zusammenstellung der Problemelemente, die in der gesuchten Lösungskette zu berücksichtigen sind

Schritt 3: Überlegungen, welche Lösungsalternativen (Teillösungen) sich für jedes Teilproblem anbieten.

Aufbau der Problemlösungsbox					
Problem-elemente	**Alternative Teillösungen**				
	1	2	3	4	
Problem-element 1	Teillösung 11	Teillösung 12	Teillösung 13	Teillösung 14	
Problem-element 2	Teillösung 21	Teillösung 22	Teillösung 23	–	

Abbildung 6.5: Erarbeitung der Lösungsalternativen, die für jedes Problemelement in Frage kommen

Eine gedankliche Unterstützung bei der Zergliederung des Gesamtproblems in Teilprobleme und der Suche der Lösungsalternativen erhält man durch Fragestellungen:

- Wo soll etwas gemacht werden?

- Wann kann es gemacht werden?
- Wie können wir es uns vorstellen?
- Welche Voraussetzungen müssen erfüllt werden?
- Warum ist etwas durchzuführen?
- u.Ä.m.

Schritt 4: Auswahl der zweckmäßigsten Teillösung für jedes Problemelement (= Teilproblem) und Kombination der optimalen Teillösungen zu vollständigen Lösungsketten, welche eine Gesamtlösung des Problems darstellen können.

Aufbau der Problemlösungsbox

Problem-elemente	**Alternative Teillösungen**				
	1	2	3	4	5
Problem-element 1	11	12	13	14	
Problem-element 2	21	22	23		
Problem-element 3	31	32	33	34	35
Problem-element 4	41	42	43	44	

Abbildung 6.6: Auswahl der zweckmäßigsten Teillösung eines Problemelements und Erarbeitung einer optimalen Lösungskette für einen Geschäftsprozess

Im vorliegenden Fall kristallisiert sich die in der Abbildung dargestellte Lösungskette heraus. Die Kombination der Teillösungen zu einer Gesamtlösung wird gemeinsam im Team vorgenommen.

Basis für die Geschäftsprozessoptimierung können die insgesamt niedrigsten Kosten einer Lösungskette, die schnellstmögliche Realisierbarkeit, die größte Ablaufsicherheit, die kürzeste Durchlaufzeit oder andere Kriterien sein.

Fallbeispiel: Geschäftsprozessoptimierung mit einer Problemlösungsbox

Ein Handelsunternehmen hat eine Zentrale und in verschiedenen Städten Außenbüros. Die Aufträge werden in den Außenbüros durch Vertreter hereingeholt. Man überlegt die Möglichkeiten einer dezentralen Auftragserfassung, einer optimalen Übertragung an die Zentrale und der Art der Auftragsbearbeitung in der Zentrale. Zur Aufbereitung der Probleme und Darstellung der Lösungsmöglichkeiten wählt das Projektteam die Darstellungsform einer Problemlösungsbox.

Schritt 1: Definition der Problematik

Siehe Aufgabenstellung

Schritt 2: Suchen der Problemelemente, die bei der Lösung berücksichtigt werden müssen

- Wie sollen in den Außenstellen die Aufträge erfasst werden?
- Welche Kundenprüfungen sollen in den Außenstellen vorgenommen werden?
- Welche Form der Datenübertragung zur Zentrale soll gewählt werden?
- Wie häufig sollen die Aufträge an die Zentrale übermittelt werden?
- Wie oft soll in der Zentrale die Auftragsbearbeitung und Erstellung der Versandpapiere vorgenommen werden?

Das Ergebnis der Überlegungen wird in die Matrixspalte »Problemelemente« übernommen.

Schritt 3: Überlegung, welche Teillösungen sich für die einzelnen Problemfelder anbieten

Als Ergebnis dieser Überlegungen entstehen die Eintragungen in den Feldern 12 bis 53.

Schritt 4: Auswahl sinnvoller Lösungsketten

Die sinnvolle Kombination einer Gesamtlösung hängt davon ab, welche Forderungen an die Verarbeitung gestellt werden und welche Kosten sich ergeben. Unter diesen Gesichtspunkten wird die zweckmäßigste Lösungsalternative für das Teilproblem 1 ausgewählt. Die weiteren Teillösungen ergeben sich teilweise zwangsläufig oder werden durch die Entscheidung des Projektteams festgelegt.

Abbildung 6.7 enthält die vom Arbeitsteam zusammengestellte Optimierungskette der Auftragsbearbeitung.

Optimierung der Ablaufkette Auftragsbearbeitung			
Problemelemente	**Mögliche Teillösungen**		
	1	2	3
(1) Art der Auftragserfassung in den Aussenstellen	Laptop des Vertreters beim Kunden (11)	PC-Netz der Außenstelle (12)	Formular mit Scanner in der Außenstelle (13)
(2) Kundenprüfungen (hauptsächlich Bonität)	In der Außenstelle (21)	In der Zentrale (22)	
(3) Art der Datenübertragung in die Zentrale	ISDN Wählleitung (31)	Telefonstandleitung (32)	Internet (33)
(4) Häufigkeit der Übermittlung an die Zentrale	Sofort nach Auftragseingang (41)	Bei Bedarf mehrmals täglich (42)	Abends (43)
(5) Häufigkeit der Auftragsbearbeitung und -abwicklung	Sofort nach Auftragseingang und Prüfung der Lieferanten (51)	Bei Bedarf mehrmals täglich (52)	Nachts (53)

Abbildung 6.7: Praxisbeispiel einer Problemlösungsbox

Beurteilung dieser Kreativitätsmethode

Der Hauptvorteil liegt in der tabellarischen Darstellungsmethode. Durch sie reißt der Projektleiter das Problem in übersichtlicher Weise in seine Problem- und Lösungselemente auf. Das Team hat alle Bestandteile ständig optisch vor Augen.

Ein weiterer Vorteil ist das schrittweise Heranführen an die Lösung in mehreren aufeinander folgenden Lösungsschritten. Eine IT-Unterstützung für die Optimierung einer Lösungskette ist beim **Einsatz von Flowcharting-Programmen** mit Hilfe von **Simulationsverfahren** möglich. Hierfür lassen sich beispielsweise die Kosten einer Lösungskette bei unterschiedlichen Auftragshöhen und -häufigkeiten ermitteln.

6.6 Auswahl- und Bewertungstechniken

Im Bereich der Organisation und Informatik sind immer wieder Entscheidungen zu treffen, bei denen aus verschiedenen Alternativen eine Auswahl zu treffen ist und hierbei mehrere Kriterien zu berücksichtigen sind.

Eine **Evaluation** unter Berücksichtigung mehrerer Zielkriterien kann beispielsweise erforderlich sein bei der Auswahl von

- Hardware und sonstigen Geräten
- Anwendungspaketen und Softwaretools
- Verfahrensalternativen
- Mitarbeitern

Die **Bedeutung der Evaluationstechniken** ist besonders auf dem Gebiet der Hardware- und Softwareauswahl groß, da reine Kostengesichtspunkte selten die ausschlaggebende Rolle spielen.

Ein Evaluationsverfahren löst gefühlsbetonte und einseitige Auswahlüberlegungen bei komplexen Entscheidungssituationen durch eine Quantifizierung und Bewertung aller maßgeblichen Kriterien ab. Ein DV-Organisator ist maßgeblich an einer Evaluation beteiligt und muss deshalb ihre Grundprinzipien, Abwicklungsschritte und mögliche Probleme kennen.

Wir stellen in diesem Fachbuch die **Nutzwertanalyse** als gebräuchliches Auswahlverfahren vor. Sie ist auch unter dem Namen **Multifaktorentechnik** bekannt.

6.6.1 Das Auswahlverfahren der Nutzwertanalyse

Bei der Nutzwertanalyse handelt es sich um eine Vergleichstechnik für Hardware-, Software-, Personal- und Verfahrensalternativen. **Zielsetzung dieses Vergleichsverfahrens** ist die Auswahl der optimalen Alternative bei mehreren vorliegenden Kriterien unterschiedlicher Bedeutung (= bei mehreren Zielsetzungen).

Für den Einsatz der Nutzwertanalyse müssen aufbereitete Angebote zur Verfügung stehen. Für eine Verfahrensauswahl müssen die Verfahrensalternativen vorliegen.

Ablaufschritte des Verfahrens

Eine Nutzwertanalyse wird in zwei Stufen abgewickelt. Sie zerfällt in

- eine Grobevaluation und
- eine Feinevaluation.

Bei der **Grobevaluation** werden alle Alternativen ausgeschieden, die als mögliche Problemlösungen nicht in Frage kommen, weil bestimmte Mindestleistungsanforderungen nicht erfüllt werden. Bei der **Feinevaluation** wird unter den verbleibenden Lösungsmöglichkeiten die optimale Alternative ermittelt.

Das Evaluationsverfahren wird **in folgenden Schritten** abgewickelt:

1. Festlegung der Kriterien für die Auswahl
2. Bewertung der Kriterien und Unterteilung in Muss- und Kannkriterien
3. Durchführung der Grobevaluation
4. Durchführung der Feinevaluation

Es ist empfehlenswert, die Auswahl in Teamarbeit durchzuführen. Die Durchführung der Feinevaluation kann mit Hilfe von Auswahlsoftware unterstützt und erleichtert werden.

Festlegung der Auswahlkriterien

Unter Kriterien (= Zielkriterien) verstehen wir die einzelnen Gebiete, Gesichtspunkte oder Teile eines Verfahrens, die für eine Beurteilung maßgeblich sind. Es kann sich um

- Kostenkriterien,
- Leistungs- oder Nutzenkriterien,
- technologische Kriterien
- oder Marktkriterien handeln.

Man unterscheidet **zwei Arten von Kriterien**:

- Musskriterien (KO-Kriterien)
- Kannkriterien

Musskriterien sind solche, die von einer Alternative voll oder bis zu einer Toleranzgrenze zu erfüllen sind. Bei Nichterfüllung, die während der Grobevaluation geprüft wird, wird die Lösungsalternative ausgeschieden.

Zu den **Kannkriterien** zählen alle übrigen in den Vergleich einbezogenen Gesichtspunkte.

Es besteht die Möglichkeit, die Kriterien einstufig als Auflistung untereinander zu schreiben (einstufiger Kriterienbaum). Eine verfeinerte Bewertung ist durch die Möglichkeit des **Aufbaus eines Kriterienbaums** gegeben (Aufbau einer Zielhierarchie).

Prinzip der Bildung von Kriterienbäumen ist es, komplexe Kriteriengruppen in transparente Einzelkriterien aufzulösen. Diese lassen sich leichter bewerten. Einzelkriterien einer unteren Ebene können beim Vorliegen einer geeigneten Metrik quantifiziert oder gewichtet werden. Beispiele: Speichergröße bei der Hardware, Umfang der personellen Unterstützung bei einer Softwarebeschaffung.

Bei der Anwendung der Multifaktorenmethode wird meist ein zweistufiger Kriterienbaum aufgebaut. Doch ist eine stärkere Aufgliederung ohne weiteres möglich.

Die Zusammenstellung der erforderlichen Kriterien sollte von den übergeordneten Kriteriengruppen ausgehen. Diese werden dann in Folgeschritten weiter unterteilt.

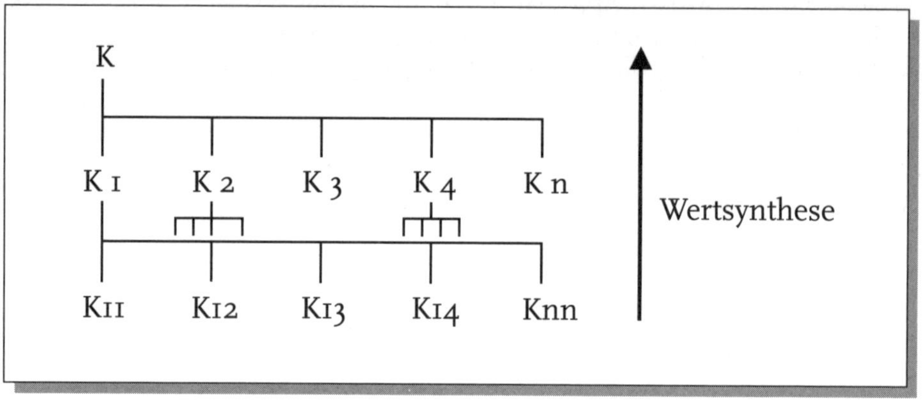

Abbildung 6.8: Kriterienbaum zur Darstellung einer Zielhierarchie

Beachten Sie bei der Zusammenstellung der Auswahlkriterien folgende **Grundsätze**:

- Kriterien dürfen sich nicht widersprechen.
- Gleiche Kriterien dürfen nicht mehrfach unter anderen Formulierungen erscheinen oder sich überschneiden.
- Der Kriterienkatalog muss vollständig sein, das heißt, er muss alle problemrelevanten Gesichtspunkte umfassen.
- Kriterien müssen gleichrangig sein (gleiche Ebene des Kriterienbaums).

Die Punktebewertung wird meist nur für technologische und sonstige Kriterien durchgeführt, die nicht in Geldeinheiten gemessen werden können und daher mit Punkten bewertet werden.

Kosten oder Preise werden in einem sich an die Punktebewertung anschließenden Schritt zu den technologischen Punkten ins Verhältnis gesetzt.

Kriteriengewichtung

Die Kriteriengewichtung ist in zwei Schritten vorzunehmen:

- Die **Musskriterien** sind in einer besonderen Übersicht zusammenzustellen. Zusätzlich ist im Bedarfsfall anzugeben, ab welcher Grenzgröße der Leistung, Dimension usw. ein Musskriterium zu einem Kannkriterium wird.

- Anschließend wird den **Kannkriterien** und den Musskriterien – soweit bei diesen ein Spielraum für eine Bewertung gegeben ist – entsprechend der Bedeutung des Kriteriums eine Sollgewichtung zugeordnet.

Die **Sollgewichtung** kann nach unterschiedlichen Gesichtspunkten vorgenommen werden. Wir haben uns in der Praxis und in diesem Fachbuch darauf festgelegt, dass bei einer Bewertung 100 Sollpunkte vergeben werden.

Die Sollpunkte werden zunächst auf die Gruppen verteilt. Das Auswahlteam muss bei der Verteilung der Sollpunkte so lange überlegen und Punkteverschiebungen vornehmen, bis nach allgemeiner Auffassung die größtmögliche »Gerechtigkeit« erreicht worden ist.

Innerhalb jeder Gruppe werden die zuerst festgelegten Gruppenpunkte anschließend den Einzelkriterien der Gruppe entsprechend ihrer Bedeutung zugeteilt.

Grobevaluation

Die Grobevaluation besteht darin, die verschiedenen Alternativen darauf zu überprüfen, ob Mußkriterien bei einer Alternative nicht erfüllt werden. Solche Alternativen können – sofern der Mangel nicht behoben werden kann – nicht in die Feinevaluation übernommen werden, sondern scheiden aus den weiteren Betrachtungen aus.

Bei einer Softwareauswahl können sich beispielsweise folgende **Musskriterien** ergeben:

- Unsere wesentlichen Softwareanforderungen werden nicht abgedeckt.
- Die Software ist noch gar nicht fertig oder technisch total veraltet.
- Der preisliche Rahmen ist für uns nicht akzeptabel.
- Wir zweifeln an der Zukunftssicherheit der Anbieterfirma.

Feinevaluation

Die Feinevaluation wird auf einem Formular oder einem PC-Arbeitsblatt durchgeführt, das eine **Auswahltabelle** enthält (siehe Abbildung 6.9).

	AUSWAHLBLATT	Projekt	Phase	Datum
			Bearbeiter	Blatt

Kriterien / Gewichtung		Soll-Gewichtung	Ist-Gewichtung											
			Variante A		Variante B		Variante C		Variante D		Variante E		Variante F	
NR				Produkt		Produkt		Produkt		Produkt		Produkt		Produkt
	Summe Punkte													
	Investitionskosten													
	Bewertete Punkte Summe													

Abbildung 6.9: Formular für eine Nutzwertanalyse

In die Kriterienspalte werden die Kriteriengruppen und Einzelkriterien eingetragen. In der Spalte Sollgewichtung werden die Gewichtungsprozentsätze vermerkt.

Für die Errechnung oder Schätzung des Erfüllungsgrads der in die Bewertung einbezogenen Alternativen ist eine Bewertungsskala erforderlich. Folgende Notenskala ist anwendbar:

0 = Funktion nicht erfüllt
1 = Funktionserfüllung in geringem Umfang
2 = Funktion befriedigend erfüllt
3 = Funktion sehr gut erfüllt

Im Mittelpunkt der Feinevaluation steht die Abschätzung, in welchem Umfang die Alternativen der Verfahren oder Angebote mit ihren Kriterien an die festgelegte Sollpunktezahl eines Kriteriums herankommen. Die Bewertung ist zeilenweise vorzunehmen.

Nach der Bewertung der Einzelkriterien erfolgt die Multiplikation mit der angegebenen Sollgewichtung. Anschließend werden die Zeilen der Produktspalten je Kriteriengruppe und insgesamt für jede Alternative addiert.

Als Ergebnis dieser Berechnung ergibt sich eine **technologische Reihenfolge** der Alternativen in absteigender Punktzahl. Diese Reihenfolge entspricht der Bedeutung der einzelnen Alternativen unter ausschließlicher Berücksichtigung der technologischen Gesichtspunkte.

Liegen die Kosten oder Preise der Lösungsalternativen weit auseinander, sollte sich der Errechnung der technischen Reihenfolge eine **Bewertung unter Berücksichtigung der Investitionssumme** anschließen. Diese lässt sich nach der Formel errechnen:

$$\text{Bewertete Punktsumme} = \frac{\text{Technologiepunkte} \times 10^{n}}{\text{Investitionskosten}}$$

Der Korrekturfaktor n ist entsprechend der Höhe der Kosten anzusetzen: Er beträgt zum Beispiel bei einer Stellenzahl der Investitionskosten (vor dem Komma)

von 2 Stellen = 1
3 Stellen = 2
4 Stellen = 3
5 Stellen = 4
6 Stellen = 5

Der Korrekturfaktor bewirkt, dass das Punkteergebnis positiv wird.

Die bewerteten Platzzahlen werden neben den technologischen Reihenfolgen dem Entscheidungsgremium zur Verfügung gestellt.

Praktische Tipps zur Vorgehensweise

Eine Evaluation sollte **möglichst im Team** durchgeführt werden. Auf diese Weise lassen sich am besten einseitige und extreme Festlegungen und Schätzungen vermeiden. Wenn in einem Projektteam genügend Mitarbeiter vorhanden sind, wird gelegentlich sogar empfohlen, dass eine getrennte Auswahl von zwei Teams vorgenommen wird, damit noch leichter subjektive Überlegungen und Bewertungsunterschiede erkannt werden können.

In einem Team sollte nach einer gemeinsamen Kriterienfestlegung jeder Mitarbeiter individuell die Sollkriterien und anschließend auch die Istpunkte schätzen (Spiel mit verdeckten Karten). Die Höhe der Bewertung ist jeweils zu begründen. Erst anschließend wird durch eine Addition der Einzelergebnisse und Division durch die Teilnehmerzahl die endgültige Bewertung eines Kriteriums vorgenommen.

Bei dem hohen Schwierigkeitsgrad einer Evaluation durch die Berücksichtigung unterschiedlicher Kriterien mit verschiedener Bedeutung kann eine Punktebewertung nie vollkommen sein. Sie kann aber quantifizierte Anhaltspunkte für eine Anlagen- oder Verfahrensauswahl geben.

Unsicherheiten, die auch bewusst für eine **Manipulation der Ergebnisse** ausgenutzt werden könnten, liegen

- bei der Vergabe der Kriterien,
- bei der Festlegung der Sollpunkte und
- bei der Schätzung der Istpunkte.

Verfeinerungen des Verfahrens durch Sensibilitätsanalysen sind möglich und können das Ergebnis verbessern und absichern.

6.6.2 Auswahlbeispiel mit Hilfe des Punkteverfahrens der Nutzwertanalyse

Eine Verwaltungsbehörde sucht zur Aktenbearbeitung und Ablage ein modernes Dokumentenverwaltungssystem. Die Dokumenteneingabe in die Datenbank soll je nach Belegart über Scanner, File Transfer oder Mikrofilm erfolgen. Das Programmpaket soll auch die Aktenplanpflege unterstützen und Workflowtätigkeiten übernehmen. Das Softwarepaket muss auch den geplanten Einsatz eines Intranets und den Anschluss an das Internet erlauben. Ein Projektteam hat die Anforderungen zusammengestellt und führt mit Hilfe der Nutzwertanalyse eine Paketauswahl durch.

Schritte der Grobauswahl

Die eingegangenen Angebote werden zuerst danach überprüft, ob die festgelegten Musskriterien erfüllt werden. Das Team hat folgende Muss- oder k.o.-Kriterien festgelegt:

- Rechner mit UNIX
- Scannererfassung der Papierdokumente und Zeichnungen
- Relationale Datenbank
- Client-Server-Architektur
- Menüführung unter WINDOWS

Angebote, welche die Musskriterien nicht erfüllen, werden nicht weiterverfolgt.

Evaluationsmatrix der Feinauswahl

Das Team stellt für die Feinauswahl zuerst einen zweistufigen Kriterienbaum zusammen. Anschließend legen die Teammitglieder die Sollkriterien für die Kriteriengruppen und die Einzelkriterien innerhalb der Gruppen fest.

Die **Haupttätigkeit der Evaluation** ist die Bewertung jedes Kriteriums mit Hilfe einer Notenskala von 0 - 3. Die vergebenen Bewertungsnoten werden mit den zugehörigen Sollpunkten multipliziert. Anschließend werden die Spalten nach Gruppen und insgesamt addiert.

Die errechneten Ergebnisse der technologischen Bewertung werden den Investitionssummen gegenübergestellt. Es ergeben sich bewertete Evaluationsergebnisse.

Das auf einem Evaluationsblatt in Abbildung 6.10 dargestellte Ergebnis wird in kommentierter Form zur Entscheidung an den IT-Lenkungsausschuss der Behörde weitergegeben.

Vorgang	Projekt	Ablagenummer	Datum
EVALUATIONSBLATT	System zur Dokumentenerfassung und -verwaltung		
	Aufgabe Nutzwertanalyse der Angebote	Bearbeiter	Blatt

NR	Gewichtung / Kriterien	Soll-Gewichtung	Ist-Gewichtung Variante A		Variante B		Variante C	
				Produkt		Produkt		Produkt
1.	Allgemeine Kriterien	10						
1.1	Gesamteindruck	5	2	10	3	15	1	5
1.2	Beurteilung Lieferfirma	5	2	10	2	10	2	10
	Zwischensumme			20		25		15
2.	Anwendungskriterien	50						
2.1	Zusätzliche Mikrofilmeingabe	5	3	15	0	0	0	0
2.2	CI-Dokumentenerfassung über File Transfer	5	2	10	2	10	2	10
2.3	Frei definierbares Suchsystem	10	3	30	1	10	2	20
2.4	Workflowmaschine	10	0	0	0	0	2	20
2.5	Aktive Aktenplanpflege	20	1	20	2	40	2	40
	Zwischensumme			75		60		90
3.	Systemtechnische Kriterien	30						
3.1	Betriebssystem Windows	10	3	30	3	30	1	10
3.2	Datenbank ORACLE	5	0	0	0	0	0	0
3.3	Optische Wormlaufwerke	5	2	10	2	10	2	10
3.4	ISDN-Schnittstelle	5	3	15	2	10	2	10
3.5	SAP-Schnittstelle	5	0	0	3	15	0	0
	Zwischensumme			55		65		30
4.	Marktstärke und Zukunftssicherheit	10						
4.1	Marktstärke/Verbreitung	5	3	15	2	10	0	0
4.2	Zukunftssicherheit	5	2	10	2	10	1	5
	Zwischensumme			25		20		5
	Technologiepunkte	100		175		170		140
	Investitionssumme in Euro			70 000		55 000		90 000
	Bewertete Punktsumme			25		31		16

Abbildung 6.10: Evaluationsblatt zur Auswahl eines Dokumentenverwaltungssystems

6.7 Die besten Expertentipps dieses Lernmoduls auf einen Blick

Kreativitäts- und Problemlösungstechniken sind in innovativen Projekten mit großer Komplexität unentbehrlich! Viel zu selten spornen IT-Projektleiter mit Hilfe solcher Methoden ihre Mitarbeiter zu kreativen Höchstleistungen an.

> *Mit dem Einsatz von Kreativ- und Problemlösungstechniken motivieren Sie als Projektleiter Ihre Teammitarbeiter und verbessern die Qualität Ihrer Projektarbeit!*

In diesem Lernmodul sind die effizientesten Verfahren zur Ideenfindung, Problembearbeitung und Evaluation optimaler IT-Produkte so dargestellt, dass sie sich sofort in der Projektarbeit einsetzen lassen.

Die folgenden 8 **Highlights** stellen den Mittelpunkt einer erfolgreichen Ideenfindungs- und Problemlösungsmethodik in IT- und Internetprojekten dar:

(1)	Teamarbeit besteht aus Problemen und Aufgaben, die einer optimalen Lösung zuzuführen sind. Hierfür muss die **logische Schrittfolge eines Problemlösungsprozesses** in der Projektarbeit angewandt werden. Sie ist so bedeutsam, dass die Schritte zur Problemlösung in einer DIN-Norm festgehalten worden sind! Es empfiehlt sich, diese Stufenfolge in Form eines Posters im Projektraum auszuhängen!
(2)	Kreativität ist manchen Teammitarbeitern angeboren. Ziehen Sie solche Teammitglieder unbedingt zu Fragen der Ideenfindung heran! Erfahrene und belesene Projektmitarbeiter verfügen zusätzlich oft über eine abgeleitete Kreativität. Auch diese gilt es zu nutzen! Eine weitere Verstärkung der Kreativität lässt sich im Projektteam durch **Kreativitäts- und Problemlösungsmethoden** erreichen.
(3)	Das **klassische Brainstorming** ist die bekannteste und beliebteste Methode zur Ideenfindung, die sich in einem Projektteam anwenden lässt. Mit Hilfe von Brainstorming wird für eine begrenzte Zeit eine Situation organisiert, in der ein Team sich voll auf die Ideenfindung konzentrieren kann. Das Brainstorming verlangt nur die Einhaltung weniger Regeln, die ein professioneller Projektleiter berücksichtigen muss.

(4) Die **Delphi-Methode** lässt sich zur Problembearbeitung heranziehen, wenn stark unterschiedliche Auffassungen zu einer Problemlösung bestehen. Beim Einsatz dieser Methodik werden Fachleute zu einem Problem um ihre Meinung befragt, die zu begründen ist. Die Stellungnahmen werden unter den befragten Experten ausgetauscht. Über das Internet können auch Fachexperten räumlich entfernter Consulting-Unternehmen in den Erfahrungsaustausch einbezogen werden.

(5) Beim Einsatz der **Pro- und Contramethode** werden die Vor- und Nachteile eines Verfahrens gegenübergestellt. Kernpunkt dieser Ideenfindungs- und Problemlösungsmethodik ist die Unterteilung des Projektteams in eine Pro- und Contragruppe. Beide diskutieren in einem »Streitgespräch« ihre Argumente miteinander. Mit dieser Methodik soll eine vertiefte Beurteilung ermöglicht werden. Bei einem starken Engagement der Teilnehmer ist eine Pro- und Contra-Diskussion schwierig zu steuern!

(6) **Mind Mapping** ist eine verbreitete und einfache Methode zur Sammlung von Ideen, die in strukturierter Form dokumentiert werden. Eine Stoffsammlung über Mind Mapping eignet sich für ein Projektteam zum Einstieg in ein Themengebiet.

(7) Zur Aufbereitung und Lösung bestimmter Probleme lässt sich eine **Problemlösungsbox** (morphologischer Kasten) verwenden. Mit Hilfe dieser mehrstufigen Lösungsmethodik lassen sich in tabellarischer Form optimale Geschäftsprozesse erarbeiten. Als Optimierungsziele werden häufig niedrige Kosten oder kürzeste Durchlaufzeiten angepeilt.

(8) Als bekannteste Evaluationsmethodik für Verfahren oder IT-Produkte hat sich die **Nutzwertanalyse** durchgesetzt. Sie wird in unterschiedlichen Varianten angeboten. Die für eine Auswahl maßgeblichen Kriterien werden im Rahmen einer mehrstufigen Zielhierarchie gewichtet und mit Hilfe einer Notenskala für den geplanten Anwendungsfall bewertet. Eine Nutzwertanalyse ist ein anspruchsvolles Bewertungsinstrument. Ihre Ergebnisse sind bei einer unseriösen Anwendung leicht manipulierbar!

7 Vorgehensmodelle und Entwicklungsstrategien – Werkzeugkasten des IT-Projektteams

Eine Geschäftsleitung erwartet vom IT-Projektleiter, dass er schon zu einem frühen Zeitpunkt – beispielsweise nach einer Vorstudie – einen **Überblick über die konkreten Schritte der Projektarbeit** besitzt. Hierfür muss er zwei Instrumente beherrschen, welche die Basis einer **Projektstrukturierung und Entwicklungsstrategie** darstellen:

7

- das problemadäquate Vorgehensmodell als Basis jeder Projektstrukturierung
- eine moderne Softwarearchitektur, wie sie heute zur Modellierung, Erweiterung und Änderung eines IT-Anwendungssystems zur Verfügung steht.

Solche **Vordenker- und Vorturnerfähigkeiten** sind besonders bei einer teamorientierten Arbeitsweise nötig. An einem Flipchart, einer Pinnwand oder am PC, der über einen Overscreen mit einem Tageslichtprojektor verbunden ist, müssen Sie als Projektleiter in den Teamsitzungen Zusammenhänge verdeutlichen, Strukturen darstellen oder logische Datenmodelle schrittweise entwickeln können.

7.1 Vorgehensmodelle zur Strukturierung des Projektablaufs

Zu den Basiswerkzeugen eines IT-Projekts gehört eine systematische Vorgehensweise bei der Projektdurchführung. Man nennt die schrittweise Abwicklung nach logisch aufeinander folgenden Entwicklungs- und Implementierungsschritten einen Projekt-Life-Cycle, ein **Vorgehensmodell** oder ein **Phasenkonzept**.

Ein schriftlich festgelegtes systematisches Vorgehenskonzept regelt die Entwicklung, Implementierung und Änderung von IT-Systemen. Es führt zu einer einheitlichen und verbindlichen Vorgabe für die Projektaktivitäten und -ergebnisse, die bei der Systemerstellung oder -beschaffung und den begleitenden Tätigkeiten des Projektmanagements, des Konfigurations- und Changemanagements, der Qualitätssicherung und der Dokumentation anfallen.

7.1.1 Warum eine systematische Projektabwicklung unerlässlich ist

Phasenkonzepte sind als Projekt-Tools seit Jahren bei einer **Individualentwicklung** von IT-Anwendungssystemen und Informationssystemen im Einsatz. Sie haben sich bei der Projektplanung, -abwicklung und -kontrolle bewährt.

Ein Phasenkonzept als Vorgehensmodell hat in einem Projekt eine Kompassfunktion zu erfüllen. Es darf nicht als statischer und unverrückbarer Rahmen aufgefasst werden, sondern als Checkliste einer ergebnisorientierten und dynamischen Handlungsfolge. Die Vorstellungen vom Phasenkonzept als einem sturen »Wasserfallmodell« sind antiquiert!

Besonders innovative Vorhaben lassen sich während des Projekteinstiegs schlecht in ein engmaschiges Korsett eines starren Vorgehensmodells zwängen. Hier empfielt sich ein evolutionärer Ansatz. Das Projekt wird erst schrittweise nach einem ausreichenden Wissenserwerb der Projektmitglieder in den Rahmen eines lockeren Phasenschemas übernommen. Diese Einbindung erlaubt eine Planung und Steuerung der Projektaktivitäten und verhindert einen unkontrollierten Projektwildwuchs.

Zur Aktivierung und Motivierung von Anwendern und einem frühzeitigen Ergebnis-Feedback wird heute in ein Vorgehenskonzept bei geeigneten Voraussetzungen und bei einer hohen Projektkomplexität oft eine **Prototyping-Vorgehensweise** eingebunden. Prototyping kann wesentlich zur qualitativen Verbesserung der Projektergebnisse, aber auch der Projektarbeit selbst beitragen. Ein Projektleiter sollte deshalb über Prototyping-Möglichkeiten Bescheid wissen und sie mit Hilfe von Software-Tools in eine Anwendungsentwicklung einbringen.

Auch für ein Projekt beim Einsatz von **Standardsoftware** ist eine methodische Vorgehensweise nach einem ergebnisorientierten Phasenschema für Fremdsoftware vorteilhaft. Das Projektteam vergisst damit keine wesentlichen Punkte oder bezieht sie zu spät in die Ablaufüberlegungen ein.

Vorgehensmodelle zur systematischen Abwicklung von IT-Projekten sind ein Kernbestandteil eines **Qualitätsmanagementhandbuchs** nach den ISO-9000-Normen bei IT-Dienstleistern und in Anwenderunternehmen. Ein detailliertes Vorgehensmodell (»V-Modell«) ist das Rückgrat der modernen IT-Projektarbeit in Verwaltungsbehörden. Es ist dort für die Individualentwicklung und zur Beschaffung von IT-Produkten verbindlich.

Grundsätze der Phasengliederung eines IT-Projekts

Durch die Gleichförmigkeit der Ablaufschritte in einem IT-Projekt kann das Phasenschema als Checkliste für die Folge der Ablaufschritte verwendet werden. Der Einsatz eines standardisierten Phasenkonzepts erhöht die Transparenz eines Projekts und erlaubt die Erstellung eines übersichtlich gegliederten Terminplans.

Die Anwendung des gleichen Phasenmodells für die Projekte eines Unternehmens ermöglicht es, dass durch einheitliche Begriffe die Übersicht über den Projektstand und -fortschritt an keiner Stelle verloren geht. Das erleichtert die Projektplanung und -überwachung.

Die Unterteilung eines Projekts in Arbeitsabschnitte erfolgt zwei- oder dreistufig. Man unterscheidet meist Projektphasen, Segmente (Teilphasen) und Einzelaktivitäten (Einzelvorgänge).

Bei hochkomplexen Projekten mit großer anfänglicher Informationsunsicherheit (Workflowprojekte, Data Warehouse-Aufbau, Einführung einer E-Commerce-Basis) kann in der Startphase eines Projekts noch nicht der gesamte Projektablauf in ausreichendem Feinheitsgrad überblickt werden. Hier erfolgt im Verlauf der Projektabwicklung eine stufenweise Verfeinerung der Projektabschnitte und Arbeitspakete bis zur gewünschten Arbeitsebene.

Jede Entwurfs- und Implementierungsphase eines Anwendungsprojekts ist nach dem gleichen Schema aufgebaut. Sie zerfällt in vier Bestandteile der

- Phasenplanung,
- Phasendurchführung,
- Ergebnisdarstellung und der
- Phasenkontrolle.

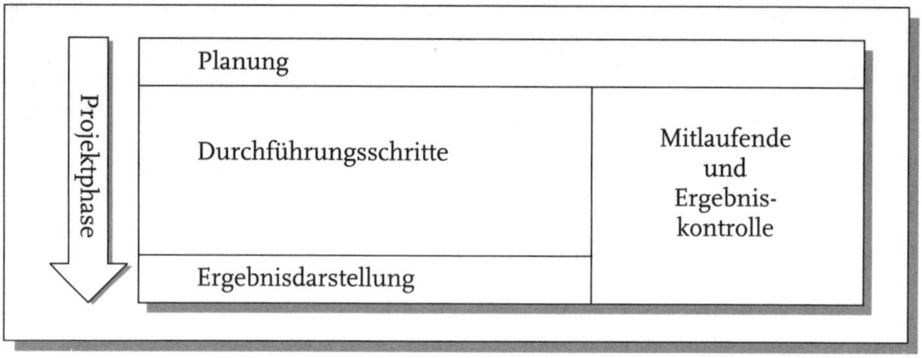

Abbildung 7.1: Jede Projektphase zerfällt in die dargestellten Arbeitsblöcke.

Den Aktivitäten der Projektphasen können bestimmte Entwicklungsverfahren und Softwarewerkzeuge zugeordnet werden. Im Projekthandbuch sollte enthalten sein, welche Arbeitsmethoden und Werkzeuge zur Abwicklung der im Phasenkonzept aufgezählten Aktivitäten anzuwenden sind. Beispiele für zugeordnete Arbeitsverfahren und -techniken:

- bestimmte Methoden der Istanalyse
- Darstellung von Entscheidungstabellen
- Benutzung bestimmter Formulare oder Bildmasken
- Verwendung bestimmter Ablaufdarstellungen (Struktogramme, Prozessketten)

Diese Methodenwerkzeuge muss jeder Projektmitarbeiter kennen, der in einer bestimmten Projektphase mitwirkt!

Anpassung eines neutralen Phasenmodells an ein konkretes Projekt

Die anschließend dargestellten Phasenkonzepte für eine Eigenentwicklung, eine evolutionäre Entwicklung mit Prototyping und ein Beschaffungsprojekt sind neutrale Grundmodelle zur Gewährleistung einer einheitlichen und systematischen Projektabwicklung.

Ein Projektleiter muss für ein bestimmtes Projekt zuerst das geeignete **Grundmodell** bestimmen. Dieses muss er bei der Planung eines Projekts auf die Größe und die gewünschte Vorgehensstrategie seines individuellen Projekts einstellen. Die Anpassung der Projektabschnitte kann ganze Phasen, Teilphasen oder Einzelaktivitäten umfassen:

- Unnötige Projektabschnitte können entfallen.
- Projektabschnitte werden zusammengelegt.
- Zusätzliche Projektabschnitte werden hinzugefügt.
- Bestimmte Aktivitäten müssen mehrmals durchlaufen werden.
- Projektabschnitte müssen parallel bearbeitet werden.

Die Anpassung des Phasenkonzepts geschieht während der **Projektablaufplanung**. Sie ist ein Teil der Voruntersuchung oder erfolgt beim Kick-off-Meeting unmittelbar nach der Projekteröffnung.

7.1.2 Vorgehensmodell der Individualentwicklung eines IT-Anwendungssystems

Das anschließend dargestellte Vorgehensmodell für die **Individualentwicklung** eines IT-Anwendungssystems stellt eine Checkliste der Projektablaufschritte dar. Eine Vorgehensweise nach dieser Standardlogik erhöht die Transparenz eines Projekts und erlaubt den Aufbau eines übersichtlichen Projektterminplans.

Zu den aufgeführten Arbeitsschritten können bei der Anpassung des neutralen Vorgehensmodells an ein reales Projekt Aktivitäten hinzugefügt werden oder wegfallen. Häufig müssen bestimmte Projektabschnitte bei Bedarf in Form einer Schleife mehrfach durchlaufen werden. Andere Projektsegmente müssen vielleicht parallel bearbeitet werden. Die Anpassung des Phasengrundmodells geschieht während der Projektablaufplanung. Sie ist ein Teil der Voruntersuchung oder erfolgt bei der Startsitzung unmittelbar nach der Projekteröffnung.

Wichtige zugehörige Arbeitsmethoden zur Erarbeitung einer modernen Softwarearchitektur finden Sie im folgenden Lernabschnitt.

Standard-Phasenkonzept für eine Individualentwicklung

Phase 1: Voruntersuchung (Eventualphase)
Grobe Problem- und Bedarfsanalyse
Anforderungen an die Lösung

Phase 2: Fachliche Grobkonzeption
Problem- und Bedarfsanalyse (bzw. Ergänzung)
Erarbeitung eines fachlichen Grobentwurfs (bzw. Verfeinerung)

Phase 3: Fachliche Feinkonzeption
Fachlicher Feinentwurf
Logische Datenorganisation
Planung der Benutzerorganisation

Phase 4: Programmvorgabe
Erstellung der Programmstruktur
Aufbau der physischen Datenbank
Hardwareplattform / Netzwerke

Phase 5: IT-technische Realisierung
Erstellung Programmentwurf
Codierung und Umwandlung
Testarbeiten

Phase 6: Benutzerorganisation und Systemeinführung
Zusammenstellung des Benutzerhandbuchs
Benutzerschulung und -einweisung
Datenbereinigung und -aufbereitung
Anpassung der Benutzerorganisation
Systemumstellung

Abbildung 7.2: Standard-Phasenkonzept für eine Individualentwicklung

7.1.3 Phasenmodell bei einer Prototyping-Strategie

Durch den Einsatz einer Prototyping-Vorgehensweise lässt sich eine Anwendungsentwicklung beschleunigen und benutzerfreundlicher gestalten als mit dem üblichen Phasenkonzept. Voraussetzungen hierfür sind geeignete Anwendungsobjekte und der Einsatz von Prototyping-Tools.

Prototyping steht in keinem Widerspruch zum klassischen Vorgehensmodell. Doch unterscheiden sich in einer Prototyping-Umgebung wichtige Entwicklungsphasen gravierend vom herkömmlichen Phasenkonzept. Prototyping erlaubt den Anwendungsentwicklern ein effektiveres Arbeiten und eine intensivere Zusammenarbeit mit den Benutzern.

Prototyping stellt ein Verfahren der Anwendungsentwicklung dar, das im Gegensatz zu strukturierten Techniken mit einer vorgezogenen Spezifikation der Ein- und Ausgaben ein frühzeitiges Experimentieren mit einer **Pilotversion** des künftigen Anwendungsprogramms ermöglicht.

Grundprinzipien der Prototyping-Vorgehensweise

Der Projektleiter muss vor Projektbeginn entscheiden, wann der Einsatz einer Prototyping-Vorgehensweise vorteilhaft sein kann, sofern die technischen Voraussetzungen dafür gegeben sind. Die Grundelemente der Prototyping-Denkweise sollen an einem **Schemabeispiel** dargestellt werden. Ein komplexer Dialogablauf – z. B. ein mehrstufiger Dialog bei der Abwicklung von Kundenaufträgen oder Lieferantenbestellungen – lässt sich in klassischer Form mit Hilfe des Phasenkonzepts in folgenden Schritten abwickeln: Nach der Anforderungsanalyse wird der fachliche Sollentwurf erarbeitet. Ihm folgt die programmtechnische Entwicklung mit den verschiedenen Anwendertests. Nachteilig bei diesem Entwurfsverfahren kann sich die erhebliche Zeitspanne zwischen der Spezifikation, die dem Benutzer zur Begutachtung vorgelegt wird, und der Programmrealisierung auswirken. Außerdem kann es schwerfallen, zum frühen Zeitpunkt der fachlichen Entwurfsarbeit bereits eine benutzergerechte Spezifizierung fertig zu stellen. Der Benutzer ist aufgrund theoretischer Darstellungen in der Sollkonzeptionsphase oft nicht in der Lage, seine Wünsche klar und endgültig zu formulieren.

Durch den **Einsatz von Prototyping-Werkzeugen** kann diese Unsicherheit verringert und der Benutzer bereits im Entwurfsstadium in die praktische Entwicklung eingeschaltet werden. Um einen frühzeitigen Ergebnis-Feedback und eine aktive Mitwirkung der Anwender zu erreichen, kann in ein Vorgehensmodell eine Prototyping-Vorgehensweise eingebunden werden. Prototyping kann wesentlich zur qualitativen Verbesserung der Projektergebnisse, aber auch der Projektarbeit selbst beitragen.

Der Ablauf einer Prototyping-Vorgehensweise ist in Abbildung 7.3 enthalten. Wesentlich ist der iterative Durchlauf der Entwicklungsschritte in der Form eines Spiralmodells, bis ein vom Benutzer akzeptierter Entwurf der Vorgangsbearbeitung vorliegt.

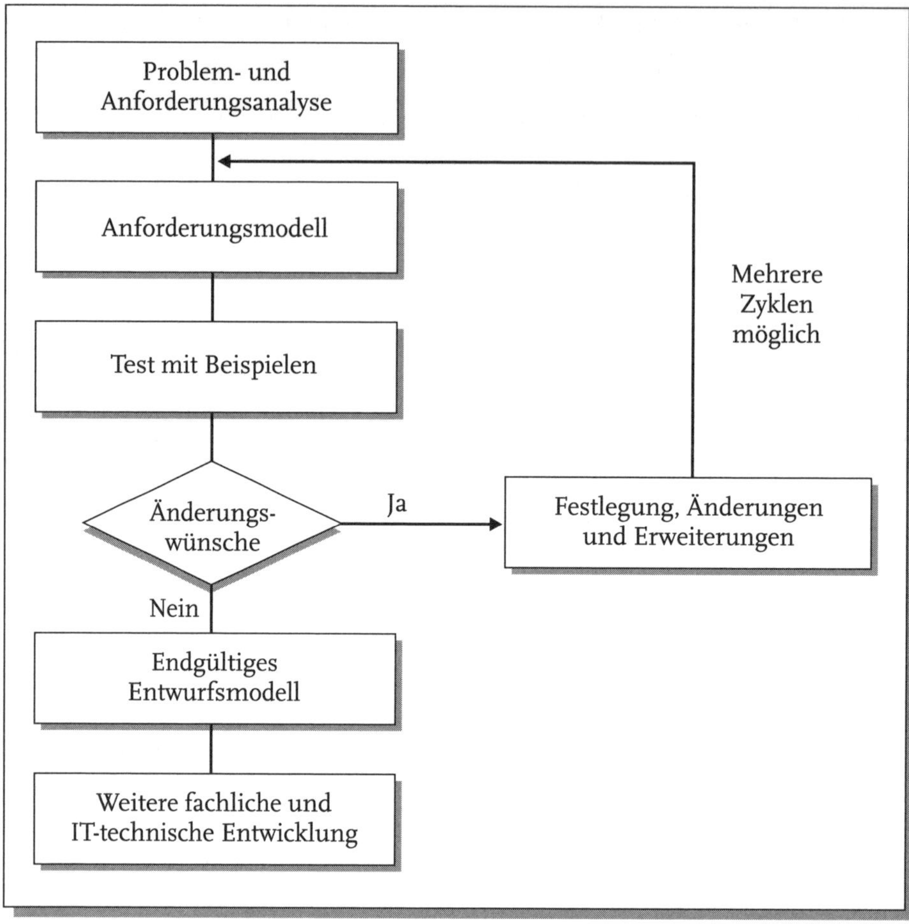

Abbildung 7.3: Ablaufschema des Prototyping

Das Anwendungsmodell wird zyklisch mit Anwenderdaten getestet und so lange verbessert, bis ein ausreichendes Zufriedenheitsniveau erreicht ist. Weil ein reales Modell vorliegt, kann der Benutzer bereits in einem frühen Entwicklungsstadium mitdenken. Durch das ständige **Feedback bei jedem Testzyklus** erreicht der Anwendungsentwickler in einer Prototyping-Umgebung eine höhere Sicherheit dass die Benutzerwünsche erfüllt werden, als bei einer klassischen Vorgehensweise. Der Entwicklungs- und Wartungsaufwand eines Systems kann durch die Prototyping-Methodik gesenkt werden.

Geändertes Phasenkonzept beim systematischen Prototyping

Vor dem Einsatz der Prototyping-Methode ist vom Projektteam zu prüfen, ob das Anwendungsgebiet hierfür geeignet ist. Prototyping kann bei folgenden Voraussetzungen vorteilhaft sein:

- Schwierige Zielsetzungen mit Unsicherheit der Anwendervorstellungen.
- Probleme und Unsicherheit bei der sofortigen Anforderungsspezifizierung und Dokumentation des ursprünglichen Systemmodells.
- Aktive Benutzer, die bereit sind, bei der Entwicklung konstruktiv mitzuwirken.

Daneben sind technische Voraussetzungen erforderlich. Es müssen eine Datenbank und komfortable Prototyping-Entwicklungstools vorliegen.

Wird eine gesamte Anwendungsentwicklung nach der Prototyping-Methodik abgewickelt, um in einem Projekt ein schnelleres, effektiveres und stärker benutzerorientiertes Arbeiten zu erreichen, muss an die Stelle eines klassischen Phasenkonzepts mit strukturierten Methoden und einer detaillierten Spezifikation ein geändertes Prototyping-Vorgehensmodell treten.

Den Ablauf des Prototyping-Vorgehensmodells finden Sie in Abbildung 7.4. Die Darstellung konzentriert sich auf die von der klassischen Projektabwicklung abweichenden Projektphasen. Wesentlich bei der Prototyping-Abwicklung ist der **iterative Durchlauf der Entwicklungsschritte**, bis ein vom Benutzer akzeptierter Entwurf der Vorgangsbearbeitung vorliegt. Durch das ständige Feedback bei jedem Testzyklus erreicht der Anwendungsentwickler in einer Prototyping-Umgebung eine höhere Benutzerakzeptanz als bei einer klassischen Vorgehensweise.

Durch die Gliederung in Projektphasen lassen sich bei einem Prototyping-Phasenkonzept die gleichen Vorteile bei der Projektplanung und -überwachung erreichen wie beim Einsatz des klassischen Phasenschemas.

Bei dem von der Anwendungsentwicklung entworfenen Prototyping-System kann es sich bereits um den Urtyp des Zielsystems handeln, der unmittelbar übernommen wird. Doch kann zuerst auch nur ein Laborsystem aufgebaut werden, das in das Zielsystem umgesetzt werden muss.

Phasenkonzept in einer Prototyping-Umgebung

Phase 1: Voruntersuchung (Eventualphase)
(siehe Phasenkonzept einer Individualentwicklung)

Phase 2: Fachliche Grobkonzeption
(siehe Phasenkonzept einer Individualentwicklung)

Phase 3: Systementwurf mit Prototyping
Aufbau Anforderungsmodell
Entwurf Datenschema mit Objekten
Dialogstrukturen, Masken- und Listenentwurf
Festlegung Verarbeitungsbestimmungen
Zyklen des Prototyping mit schrittweiser Detaillierung der Fachspezifikationen und Testfälle

Phase 4: IT-technische Realisierung
Technischer Systementwurf
Eventuell Umsetzung in Zielsprache (wenn zuvor Entwurfssprache)
Datenbank- und Systemintegration
Programmentwicklung mit Programm- und Systemtests
Laufzeit- und Systemtuning

Phase 5: Organisation Benutzerumfeld und Systemeinführung
(siehe Phasenkonzept einer Individualentwicklung)

Abbildung 7.4: Schwerpunkte eines Prototyping-Vorgehenskonzepts

7.1.4 Vorgehenskonzept zur Beschaffung von Standardsoftware

Die Beschaffung, Anpassung und Einführung von Standardsoftware ist ebenso wie eine Individualentwicklung ein IT-Projekt, das mit vielen Risiken behaftet sein kann. Drei Risikozonen (siehe Abbildung 7.5) stehen im Vordergrund. Um diese Risiken auszuschalten und den Projekterfolg zu sichern, muss das Beschaffungsprojekt ebenso wie ein Individualprojekt nach einem systematischen Vorgehensmodell abgewickelt werden.

Als Projektverantwortlicher eines Softwarebeschaffungsprojekts müssen Sie unter Einschaltung der Führungskräfte und maßgeblicher Sachbearbeiter des Anwendungsbereichs auf eine **tiefgründige Anforderungsanalyse** Wert legen.

Ein mangelhaftes oder einseitiges IT-Pflichtenheft gilt als der größte Risikofaktor einer Softwarebeschaffung!

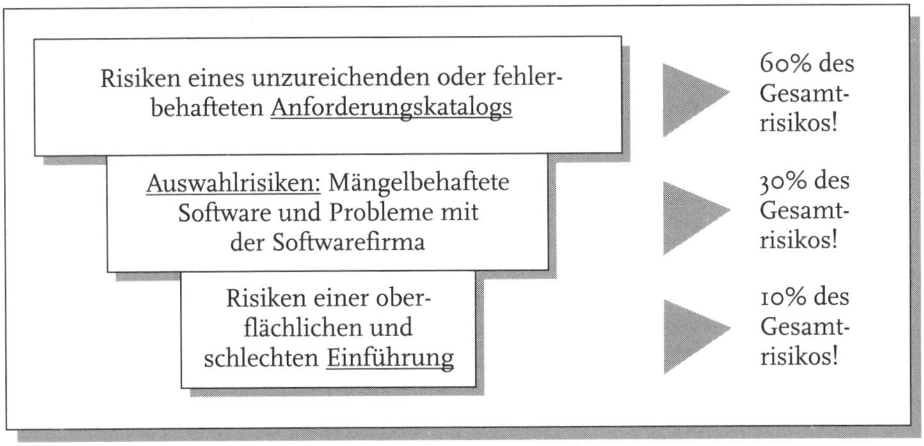

Abbildung 7.5: Die Risikoschwerpunkte bei Softwarefremdbeschaffung

Beim Einsatz von Fremdsoftware verändert sich das Phasenschema der Individualentwicklung in wesentlichen Teilstücken. Typische Entwicklungsphasen einer Eigenentwicklung fallen weg oder verlieren an Bedeutung. Dafür kommen andere Phasen und Aktivitäten hinzu.

Die Übersichtstabelle 7.6 zeigt in komprimierter Form das standardisierte Phasenkonzept, das beim Einsatz von Marktsoftware verwendet werden kann.

80 % der Projektarbeit fallen beim Einsatz integrierter Standardsoftware für die beiden Projektphasen der Softwareinstallation und -anpassung und der Organisation des Benutzerumfelds und die Systemeinführung an. Im Vordergrund stehen die Arbeitspakete:

- Modellierung der neuen Geschäftsprozesse und Schaffung des organisatorischen Benutzerumfelds
- Customizing der Softwaremodule und Realisierung individueller Ergänzungen
- Schnittstellenfestlegung und -programmierung
- Schulung der Systembetreuer und Endanwender
- Datenübernahme von Altsystemen

Phasenkonzept beim Einsatz von Standardsoftware
Phase 1: Projektinitialisierung Eventuell mit Voruntersuchung (siehe Individualentwicklung) **Phase 2: Fachliche und IT-technische Anforderungsanalyse** Problem- und Bedarfsanalyse (eventuell nur Ergänzung) Fachliche Anforderungen Systemtechnische Anforderungen und Restriktionen Schnittstellen zu Nachbarsystemen Sammlung Software-Marktinformationen **Phase 3: Pflichtenheft und Evaluation** IT-Pflichtenheft für Software und eventuell Hardware Evaluationsabwicklung - Grobauswahl - Softwaredemos, Workshops, Besichtigung Referenzen - Feinauswahl, eventuell mit Nutzwertanalyse Vertragsverhandlungen und -abschluss **Phase 4: Softwareinstallation und -anpassung** Ausbildung Projektmitarbeiter Softwareinstallation (eventuell auch Hardware) Softwareanpassung Schnittstellenprogramme zu Altsoftware Abnahmetests **Phase 5: Organisation Benutzerumfeld und Systemeinführung** Benutzerhandbuch (Ergänzung und Anpassung) Benutzerschulung und -einweisung Anpassung Benutzerorganisation Datenübernahme von Altsystemen Systemumstellung und -konsolidierung

Abbildung 7.6: Phasenkonzept zur Beschaffung und Einführung von Marktsoftware

Der Projektaufwand für diese Arbeiten kann die einmaligen Lizenzgebühren der Fremdsoftware um 200 - 300 % übersteigen! Angebote von Softwareanbietern für ihre Dienstleistungen bei der Softwareanpassung und -einführung enthalten nur einen Teil des anfallenden Projektaufwands. Viele aufwendige Arbeiten in den beiden Projektphasen müssen von den Projektmitarbeitern des Kunden bewältigt werden. Dazu zählen

- der Aufbau der Infrastruktur in den Fachbereichen und
- die zeitraubende Gewöhnung der Sachbearbeiter an die Geschäftsprozesse und das Informationsangebot des neuen Anwendungssystems.

Diesen erheblichen Zeit- und Kostenanteil, der den Aufgabenumfang des Dienstleisters beim Software-Customizing weit übersteigen kann, darf der interne Projektleiter beim Kalkül der Aufwandschätzung für die Arbeitspakete der beiden Projektabschnitte nicht unterschätzen!

Auch beim Software-Customizing ist häufig anzutreffen, dass das Projektteam zusammen mit maßgeblichen Anwendern wichtige Softwarefunktionen vor ihrer endgültigen Anpassung und Freigabe mit Hilfe von Prototyping auf ihren Benutzerkomfort testet.

7.1.5 Vorgehensmodelle in Softwarehäusern und IT-Dienstleistungsunternehmen

Immer häufiger sind in den Qualitätsmanagement- und Projekthandbüchern von System- und Softwarefirmen systematisch aufgebaute Vorgehensmodelle zur Abwicklung häufiger Projektarten anzutreffen, an denen Projektleiter und -mitarbeiter dieser Firmen in Kundenprojekten mitwirken. Die Vorgehensstandards sollen das externe Projektteam bei der Projektplanung und -überwachung unterstützen.

> *Die Anlehnung an ein vorbildlich gestaltetes Vorgehensmodell, das alle typischen Tätigkeiten der externen Projektmitglieder enthält, unterstützt den Leiter dieses Teams bei der Aktivitäts- und Terminplanung und bei der Budgeterstellung und -überwachung.*

Überwiegend werden die Regelungen zur methodischen Projektabwicklung bei den Vorbereitungsarbeiten für eine Zertifizierung nach ISO EN 9000 zusammengestellt und in einem Handbuch dokumentiert. Die Übersichtstabelle 7.07 zeigt den Inhalt des Vorgehensmodells eines Softwareanbieters für die Mitarbeit in Kundenprojekten.

Vorgehensmodell einer Software- und Systemfirma

Phase 1: Voruntersuchung (Eventualphase)
Feststellung der Projekteignung (fachlich und systemtechnisch)
Lösungsalternativen
Untersuchungsbericht

Phase 2: Spezifikation (Entwurf, Sollkonzeption)
Pflichtenheft (funktional, prozessorientiert) oder
Ergänzung der Ausschreibungsunterlagen des Kunden
IT-Konzept
Projektgrobplanung
Angebotserstellung
Angebotsverhandlungen, Demonstrationen, Workshops
Vertragsabschluss

Phase 3: Realisierung (Softwareentwicklung, Softwareanpassung)
Zeit-, Termin- und Ressourcenplanung
Fachliche Feinspezifikation
Bereitstellung von Modulen / Tools / Hardware / Netze
Fachliche Abstimmung mit Kunde
Erstellung detaillierter Projektplan
Softwareanpassung / Programmierung / Prototyping
Modultests / Fehlerbehebung
Interne Integrationstests

Phase 4: Implementierung beim Kunden
Installation des Softwaresystems
Kundenschulung
Funktionsabnahme
Systemintegration
Probebetrieb
Auswertung Kundenreklamationen / Optimierung
Freigabe Echtbetrieb
Projektabrechnung

Phase 5: Echtbetrieb
Gewährleistungszeitraum und -arbeiten
Projektabschluss und Endabrechnung
Optimierungs- und Schnittstellenarbeiten außerhalb des Projekts

Abbildung 7.7: Vorgehensmodell einer Softwarefirma

Im Gegensatz zu den Vorgehenskonzepten in IT-Anwendungsunternehmen hängt die Startaktivität für das externe Projektteam vom Umfang des Kundenauftrags ab.

1. Bei einem hohen Vertrauensvorschuss erhält eine Softwarefirma bereits einen Auftrag zur Durchführung einer Voruntersuchung. Das dürfte sich auf seltene Fälle beschränken.
2. Der Softwareanbieter kann auch ab dem Start der Projektphase 2 eingeschaltet werden, um für den Kunden ein Pflichtenheft (Spezifikation) zu erstellen oder dieses zu ergänzen.
3. Am häufigsten erfolgt der Einsprung des System- und Softwareanbieters nach dem Abschluss der Evaluationsarbeiten des Kunden und der Auftragsvergabe an die Fremdfirma zwischen den Phasen 2 und 3 des externen Vorgehensmodells.

Maßgeblich für die **Aktivitäten des externen Projektverantwortlichen** und seiner Mitarbeiter ist der Umfang des Kundenauftrags, die vom Kunden erwarteten Ergebnisse und die Form der Zusammenarbeit mit dem internen Projektteam des Kunden.

Die wichtigste Aufgabe des externen Projektleiters aus der Sicht seiner Softwarefirma ist es, den Auftrag so abzuwickeln, dass er mit Gewinn abgeschlossen werden kann. Zur mitlaufenden Überwachung von verbrauchter Budgetsumme und Projektfortschritt kann die Aktivitätenliste des Phasenkonzepts gute Dienste leisten.

Im Gegensatz zur Auftragsgestaltung zwischen Kunde und Systemlieferant rechnet ein **IT-Berater**, der bei einem Kunden eine Projektverantwortlichkeit übernimmt, nach angefallenen Tages- oder Stundensätzen ab.

7.1.6 Das V-Modell: Projektmethodik für den öffentlichen Dienst

Das V-Modell ist ein **umfassendes Vorgehenskonzept** zur IT-Projektabwicklung der Bundes- und Landesverwaltungen. Es wurde in der Bundesrepublik entwickelt und wird als »Euromodell« auch in anderen Ländern der Europäischen Union eingesetzt.

Gegenwärtig ist das **V-Modell 97** die aktuelle Version dieses ausgefeilten Methodiksystems, das ständig weiterentwickelt wird.

Zielsetzungen des V-Modells

Für öffentlich-rechtliche Aufträge der Informations- und Kommunikationstechnik soll das V-System **zwei Aufgaben** wahrnehmen:

- Es ist **Vertragsunterlage** gegenüber privaten und öffentlichen Auftragnehmern.
- Es stellt für die Projektabwicklung eine **Arbeitsanleitung und Kommunikationsbasis** dar.
- Es erzwingt eine ordnungsgemäße **Dokumentation**, die etwa den Richtlinien von ISO 9000 entspricht.

Der Einsatz des V-Modells soll einen einheitlichen Projektaufbau und eine systematische Projektabwicklung gewährleisten und die Standardisierung der Informations- und Kommunikationstechnik in Behörden und Unternehmen vorantreiben.

Konzept und Inhaltsschwerpunkte des V-Modells

Das V-Modell regelt den Prozess der Softwareentwicklung, -änderung und -pflege. Schwerpunkte sind

- ein detailliertes Phasenkonzept der Projektabwicklung
- Arbeitsanleitungen zur Abwicklung der Projektaktivitäten
- eine sorgfältige Projektakte und Entwicklungsdokumentation

Submodelle sind neben einer strukturierten Systemerstellung ein komplettes Projektmanagement, Anweisungen zur Qualitätssicherung und ein Konfigurations- und Änderungsmanagement.

Das V-Modell lässt sich für eine Individualentwicklung und für Projekte der Softwarebeschaffung einsetzen.

Anpassung durch »Tailoring«

Das allgemein gültige V-Modell muss vor seinem Einsatz an das Unternehmen angepasst werden, in dem es angewendet werden soll. Das **Tailoring** umfasst

- die Verteilung der Projektaktivitäten auf die beteiligten IT-Dienststellen und Anwender,

- die Festlegung der Schnittstellen zwischen Auftraggeber und Auftragnehmer,
- die Festlegung der Datenbankkonzeption (relational oder objektorientiert),
- die Auswahl der Methoden und Tools.

Die Anpassung stellt ein **eigenes Projekt** dar. Ihm folgen zeitaufwendige Schulungs- und Coachingaktivitäten und ein Pilotprojekt, in dem der Einsatz des V-Modells getestet wird.

Beurteilung des V-Modells in der Praxis

Positiv hervorzuheben sind die **umfassende Sicht** dieses aktuellen Projektmethodiksystems und seine konsequente Ergebnisorientierung.

Vor der Entscheidung für das V-Modell und seine Einführung sind zwei Punkte kritisch zu prüfen:

1. Läßt sich die Methodik des V-Modells mit vertretbarem Aufwand in das vorhandene Projektumfeld integrieren?
2. Können sich aufgrund einer geringen Projektgröße und -dauer oder der Mentalität der Projektmitarbeiter Schwierigkeiten beim Einsatz dieser doch etwas »bürokratischen« Methodik ergeben, die hauptsächlich für große Projekte entwickelt worden ist?

Wer öffentliche Aufträge auf dem IT-Sektor durchführt, erhält häufig nur bei einer Verpflichtung zum Einsatz des Vorgehensmodells einen Zuschlag!

7.2 Verfahren und Modellierungswerkzeuge einer Softwarearchitektur

Neben einer professionellen Vorgehenstechnik mit Hilfe eines geeigneten Vorgehensmodells benötigt ein Projektteam für die Entwicklungs-, Evaluations- und Implementierungstätigkeiten geeignete Arbeitswerkzeuge und Softwaretools.

Der Paradigmenwechsel der 90er-Jahre hat in der IT-Anwendungsentwicklung und bei der Softwarebeschaffung zu erheblichen Schwerpunktverschiebungen geführt. Der Aufbau einer Lean Organisation mit Konzentration auf die Kernprozesse des Unternehmens, der Trend zu prozessorientierten Vorgangsketten anstelle einer Funktionsorientierung und die Forderung nach einer methodisch sauberen Dokumentation der Geschäftsprozesse entsprechend der Qualitätsnorm von ISO 9000 hat ihre Spuren in den heute verbreiteten Darstellungs- und Beschreibungsmethoden der Anwendungsentwickler und in den neueren CASE-Tools hinterlassen.

Der Einstieg in die neue **Business-Welt des Internet und E-Commerce** führt zu einer beträchtlichen Erhöhung der Komplexität vieler IT-Projekte! Die Projektgrenzen beschränken sich nicht mehr auf das Unternehmen, sondern umfassen die gesamte Wertschöpfungskette von den Lieferanten bis zu den Kunden (e-Supply Chain Management). Im Gegensatz zum Slogan »Internet breaks all Rules« gelten auch für Internet und E-Business die normalen Regeln des IT-Projektmanagements! Ein Projektteam benötigt auch für Projekte dieser Art die Arbeits- und Dokumentationsmethoden und -werkzeuge, die wir in diesem Lernmodul darstellen. Erhöhte Projektanforderungen können durch die Verschmelzung von Informations- und Kommunikationstechnologie entstehen. **Neuartige Anforderungen** ergeben sich durch

7

- den Einsatz universeller Datenbanken zur Speicherung multimedialer Daten,
- neuartige Endgeräte (zum Beispiel Handys) und das hierfür erforderliche Screen Design,
- spezielle Programmiersprachen und
- gestiegene Sicherheitsanforderungen beim Einsatz von Extra- und Intranets.

Der Projektleiter muss dafür Sorge tragen, dass ein Projekt erst gestartet wird, wenn die aktiven Projektmitarbeiter über das erforderliche Systemwissen verfügen!

In den anschließenden Lernabschnitten zeigen wir in Kurzform die Entwicklungsschritte und Modellierungswerkzeuge einer modernen Softwarearchitektur und ihren Einsatz in Projekten der Individualentwicklung und der Softwarebeschaffung.

7.2.1 Flowcharting-Abläufe: Basistechnik zur grafischen Modellierung

Seit der Mitte der 90er-Jahre weitete sich der Einsatz grafischer Darstellungsmethoden in der IT-Anwendungsentwicklung rasant aus. Mehrere Ursachen trugen zu diesem Boom bei:

- Die Erstellung grafischer Abläufe wurde durch den Einsatz PC-orientierter Flowcharting-Tools einfacher und flexibler.
- Funktions- und Prozessdarstellungen verschiedenen Feinheitsgrads können bei Bedarf in einem Repository abgelegt und wieder aufgerufen werden.
- Grafische Abläufe sind zur Darstellung von Wertschöpfungsketten, für Business-Reengineering-Projekte und zur Dokumentation der Geschäftsprozesse nach ISO 9000 gut geeignet.

Aus den genannten Gründen nehmen grafische Darstellungen heute in der Projektarbeit eine Schlüsselrolle ein.

Flowcharting-Abläufe in Softwareprojekten

Flowcharting-Darstellungen greifen überwiegend auf eine grafische Symbolpalette zurück, wie sie in der Vergangenheit auf DIN-Schablonen zur Erstellung von Datenflussplänen und Programmabläufen angeboten wurde. Am häufigsten werden heute bei einer Projektabwicklung Ablaufdarstellungen der folgenden Art verwendet:

- Prozessketten unterschiedlichen Feinheitsgrads ohne oder mit Eingabe-/Ausgabe-Symbolen
- Hierarchische Funktionsdiagramme
- Logische Datenmodelle
- Organigramme zur Darstellung der Aufbauorganisation
- Netzwerk-Layouts

Die aufgeführten Darstellungsformen werden bei der Erstellung eines fachlichen und technischen Konzepts, bei der Softwareimplementierung und in Projekten zur Geschäftsprozessoptimierung und Workflowabwicklung eingesetzt.

Produkte und Anbieter von Flowcharting-Software

Mehrere Softwareunternehmen bieten Flowchartingprodukte in unterschiedlichen Leistungs- und Preisklassen an. Anbei eine Übersicht der bekanntesten Produkte:

- **ABC-Flow Charter (Firma Micrografx)**
  Mit ISO 9000-Symbolpalette
- **ARIS-Toolset (Firma IDS)**
  Im oberen Leistungs- und Preisbereich; mit Repository
- **Corel Flow (Firma Corel)**
  Für Low-Budget-Markt; mit zahlreichen Clipartgrafiken auf CD-Rom
- **Process Charter (Firma Scitor)**
  Mit Werkzeugen zur Prozesssimulation und Wertschöpfungsanalyse
- **VISIO 2000 (Microsoft)**
  Mit Symbolpalette für Total Quality Management und einfacher Bedienung

Für den Einsatz eines Flowchartingwerkzeugs als reines Darstellungsinstrument zur Arbeitserleichterung im Projekt reicht ein Niedrigpreisprodukt mit einfacher Bedienbarkeit aus.

Jeder Projektmitarbeiter muss heute in der Lage sein, Ablaufdiagramme unterschiedlicher Art und Strukturierung mit Hilfe von Flowcharting-Programmen zu erstellen. Achten Sie als Projektleiter darauf, dass in einem Projekt nur eine bestimmte Darstellungstechnik verwendet wird. Das kann die Symbolpalette der DIN-Norm 66001 oder des ARIS-Toolsets sein, wenn dieses Softwarepaket im Unternehmen durchgängig eingesetzt wird.

Weitere bekannte Darstellungsinstrumente der Systementwicklung

Neben den Ablaufdiagrammen verschiedener Art sind in den IT-Projekten häufig weitere grafische oder tabellarische Darstellungs- und Dokumentationsinstrumente im Einsatz. Sie werden überwiegend auf manueller Basis eingesetzt. Handelt es sich um häufig benutzte Entwicklungswerkzeuge, steht heute fast immer ein Software-Tool zur Verfügung. Am bekanntesten sind die folgenden Werkzeuge:

- Entscheidungstabellen
- Struktogramme
- Petrinetze (in technisch orientierten IT-Projekten)

Entscheidungstabellen sind in zahlreichen Softwaresystemen der Individualentwicklung, in Software-Tools und in Standardsoftware anzutreffen. Ein Hauptvorteil von Entscheidungstabellen ist die leichte Änderungsmöglichkeit ihrer Inhalte, die sie dem Anwender bieten. Ein Beispiel einer einfachen Entscheidungstabelle ist in Abbildung 7.8 dargestellt.

Entscheidungstabelle Rabatthöhe	**Regeln**										
	1	2	3	**ELSE**							
B 1 Umsatz Vorjahr ≥ Tausend Euro	10	5	2								
B 2 Umsatz letztes Quartal ≥ Tausend Euro	2,5	1,25	0,5								
A 1 Rabatthöhe in %	4,5	3	1,5	0							

Abbildung 7.8: Darstellung einer erweiterten Entscheidungstabelle

Für jede Diagrammart bietet der Buch- und Softwaremarkt und das Internet genügend Ausbildungsmöglichkeiten, auf die ein Projektmitarbeiter bei Bedarf zurückgreifen kann.

7.2.2 Geschäftsprozessorganisation: Zentrale Arbeitsstrategie in IT- und E-Projekten!

Die **prozessorientierte Denkweise** hat sich bei Projekten der Systementwicklung als wichtigstes Denkprinzip durchgesetzt. Es gilt der Grundsatz: Die Informatik muss den gewünschten Unternehmensprozessen folgen und sich nach ihnen ausrichten – und nicht umgekehrt.

Wer in einem IT-Projekt der Systementwicklung oder Softwarebeschaffung aktiv mitwirkt, muss über

- die Organisation von Geschäftsprozessen,
- die Grundsätze und Zielsetzungen der Geschäftsprozessmodellierung und
- die Dokumentation von Geschäftsprozessen

Bescheid wissen und in der Lage sein, im Rahmen der Projektarbeit optimale Geschäftsprozesse zu modellieren.

Wegen der überragenden Bedeutung stellen wir die wichtigsten Highlights einer IT-unterstützten Geschäftsprozessorganisation den anschließenden Lernabschnitten der Individualentwicklung von Anwendungssoftware und der Beschaffung von Softwarepaketen voran.

Die Bedeutung der Geschäftsprozessorganisation nimmt beim **Electronic Business** auf der Grundlage von Internet und Intranet noch zu. Hier überschreiten Geschäftsprozesse die Unternehmensgrenzen und umfassen die gesamte Wertschöpfungskette zwischen Lieferant, Unternehmen und Kunde.

Was sind Geschäftsprozesse? Was gehört zu einer Geschäftsprozessmodellierung?

7

Geschäftsprozesse sind Organisationsabläufe, die einen gesamten Arbeitsfluss über alle Bearbeitungsstellen hinweg umfassen. Sie beschränken sich nicht auf die Tätigkeiten in einer hierarchischen Einheit. Geschäftsprozesse können Abteilungsgrenzen überspringen. Die bisher übliche tayloristische Arbeitsteilung wird zugunsten einer ganzheitlichen Übersicht aufgehoben. Der Prozessbearbeiter soll als Caseworker für einen ganzen Ablauf, nicht nur für einen festgelegten Teilabschnitt innerhalb einer Organisationseinheit verantwortlich sein.

Aus organisatorischer Sicht sind Geschäftsprozesse Organisationsabläufe, die mit einem Startereignis beginnen, sich über verschiedene Vorgänge erstrecken können und mit einem Schlussereignis enden. **Bestandteile eines Geschäftsprozesses** sind

- ein Auslöser, Start- und Endereignis
- Vorgänge, Funktionen, Module
- Informationsträger und Datenbanken
- Aufgabenträger, Stellen oder DV-Anwendungssysteme
- eine Vorgangsart (dialog- oder stapelorientiert, manuell)
- Schnittstellen zu anderen Geschäftsprozessen

Zusätzliche Kenndaten wie zum Beispiel Relevanz, Nutzen, Prozesskosten, Häufigkeit, Zeitdauer, Richtlinien und Vorschriften können dazukommen.

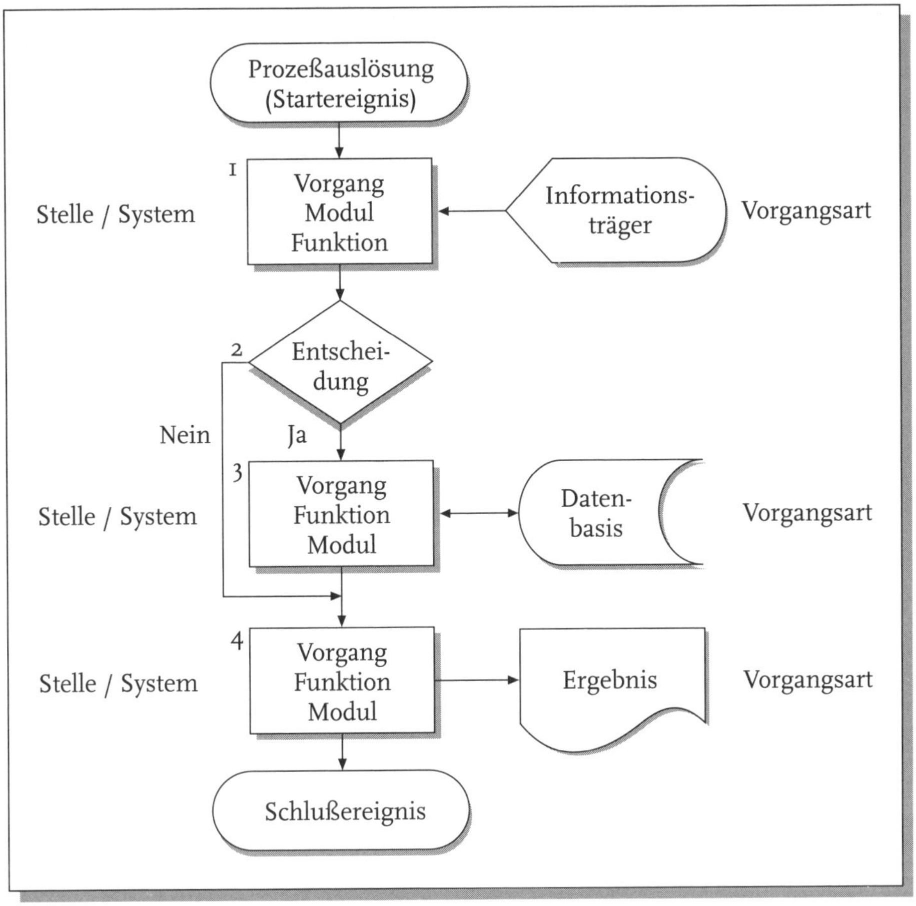

Abbildung 7.9: Schemabeispiel eines Geschäftsprozesses

Die Geschäftsprozesse eines Unternehmens oder eines Bereichs lassen sich in übergeordnete Gesamtprozesse und untergeordnete Detailprozesse einteilen. **Beispiel eines Gesamtprozesses:** Gesamte Kundenauftragsabwicklung für eine bestimmte Produktgruppe: **Beispiele für die zugehörigen Detail- oder Einzelprozesse:** Auftragsbearbeitung bis zur Auslieferung des Auftrags, monatlich durchgeführte Fakturierung, Abwicklung einer Reklamation bis zur Gutschriftserstellung und -überweisung.

Der Entwurf neuer Geschäftsprozesse geht meist in der Top-down-Richtung vor sich. Zuerst wird der umfassende Gesamtprozess grob skizziert. Die Detailprozesse werden durch Start- und Schlussereignisse abgegrenzt. Ein Startereignis ist zum Beispiel der Eingang einer Kundenanfrage. Ein Schlussereignis ist der Versand einer Ware.

Häufig anzutreffen ist die **Unterteilung der Geschäftsprozesse** des Ist- und Sollzustands nach ihrer Bedeutung. Folgende Einteilungen sind anzutreffen:

- Kernprozesse und Nebenprozesse
- Primäre Geschäftsprozesse mit Wertschöpfungscharakter und sekundäre Prozesse mit Unterstützungscharakter

Kernprozesse stehen im Mittelpunkt der prozessorientierten Anwendungsentwicklung. Im Bereich der Kundenauftragsabwicklung zählen zu den Kernprozessen beispielsweise die Angebotsbearbeitung, die Auftragsabwicklung für jede Produktgruppe und die Reklamationsbearbeitung.

Grundsätze und Zielsetzungen einer modernen Geschäftsprozessorganisation

Der gegenwärtige Boom zum Aufbau von Internet- und E-Commerce-Systemen zwingt die Unternehmen zur kritischen Analyse ihrer bisherigen Geschäftsprozessorganisation und zur Entwicklung neuartiger und hocheffizienter Geschäftsabwicklungs- und Logistiksysteme. In diese werden alle Teilnehmer der Wertschöpfungskette vom Lieferanten bis zum Geschäftskunden oder privaten Endconsumer integriert.

> *Vor dem Start dieser komplexen Innovationsvorhaben muss der Projektleiter die Teammitarbeiter des IT-Sektors und der betroffenen Anwenderbereiche mit den Zielsetzungen und Nutzenpotentialen bekannt machen, die mit einem Projekt zur Modellierung neuer Geschäftsprozesse angestrebt werden.*

Bei der Entwicklung oder Beschaffung neuer Software muss ein Projektteam die betroffenen Arbeitsgebiete und Geschäftsprozesse auf folgende Zielsetzungen hin prüfen und überarbeiten:

- Ausrichtung auf eine ausschließliche **Markt- und Kundenorientierung**, wobei es sich bei Kunden auch um innerbetriebliche Abnehmer einer Dienstleistung oder Information handeln kann.
- Schwerpunktsetzung auf das lebenswichtige **Kerngeschäft** und die Erfolgsfaktoren einer Unternehmung und Ausschaltung aller Abläufe, die nur »Blindleistungen« erbringen.

- **Durchgehende Prozessorientierung** mit kurzen, einfachen Arbeitsketten und einer eindeutigen Prozessverantwortung.
- **Flexibilitätserhöhung** durch eine radikale Verkürzung von Durchlauf-, Liege-, Warte- und Transportzeiten und eine Minimierung der Arbeitsschritte und Arbeitsstationen.

Als **Denkstrategie für eine Geschäftsprozessmodellierung** muss das Projektteam bei jedem Gesamt- oder Teilprozess immer die drei zentralen Zielsetzungen

- **Leistung und Qualität** (auch Flexibilität, Sicherheit und Benutzerkomfort)
- **Zeit** (Durchlaufzeit, Neben- und Wartezeiten)
- **Kosten der Abwicklung** (Personal- und Sachkosten)

in den Mittelpunkt stellen. Die Gewichtung für jeden Prozess muss vom Team entsprechend seiner Bedeutung festgelegt werden. Liegen mehrere Prozesse vor, ist immer von den maßgeblichen Kernprozessen auszugehen.

In vielen Fällen führen diese Aktivitäten zur Entscheidungsverlagerung auf dezentrale Stellen, zur Ausweitung der Mitarbeiteraufgaben und -kompetenzen (Job Enlargement) und zur Einbindung bisher selbstständiger Kontroll- und Koordinierungsfunktionen in die Arbeitsprozesse.

Von der **betrieblichen Informatik** wird als Enabler der neuen Techniken erwartet, dass sie die neuen Geschäftsprozesse mit ausreichenden Informationen aus allen erforderlichen Datenquellen versorgt. Durch eine komfortable Vorgangssteuerung und -überwachung muss sie eine reibungslose Geschäftsabwicklung sichern. Die moderne Informations- und Kommunikationstechnologie unterstützt diese Bestrebungen durch Client-Server-Möglichkeiten, Workflow- und Groupwareprogramme und verschiedene Formen der inner- und überbetrieblichen Kommunikation auf der Basis von Intra- und Extranets.

Welche Erfolgspotentiale das Arbeitsteam in einem Projekt der Geschäftsprozessoptimierung realisieren kann, hängt nicht zuletzt von der richtigen Teamzusammenstellung und einer kreativen Arbeitsatmosphäre ab. Als Hilfsmittel sollten Checklisten, Referenzmodelle, Simulationsmöglichkeiten, Prototyping, grafische Darstellungssoftware und eine Repository-Ablage für die Metamodelle zur Verfügung stehen.

Die betroffenen **Fachbereiche** müssen die prozessorientierte Arbeitsabwicklung durch eine Ausrichtung ihrer Aufbauorganisation auf die Anforderungen der **Workflow-Technik** ermöglichen. Beim Einsatz von Groupwareprogrammen muss eine Teambildung zur Lösung der anfallenden Entscheidungs- und Kommunikationsaufgaben erfolgen.

Darstellungsformen für Geschäftsprozesse

Das Repertoire der grafischen Darstellungsformen lässt sich auch für den Entwurf und die Dokumentation von Geschäftsprozessen mit Hilfe eines Prozessmodells anwenden. Zur Darstellung eines Geschäftsprozesses werden die beiden aus der DIN-Norm 66001 stammenden Ablaufgrafiken des **Funktionsablaufdiagramms** (auch Flussdiagramm genannt) und des **Datenflussdiagramms** verwendet. Die Anbieter von Toolsets für Flowcharting-Software haben die Symbolik zur grafischen Präsentation von Geschäftsprozessen gegenüber den Vorschriften und Begrenzungen der Norm in mehreren Punkten verbessert und weiterentwickelt.

Zur Darstellung eines umfangreichen **Gesamtprozesses** eignet sich aufgrund des einfachen und übersichtlichen Aufbaus das **Funktionsablaufdiagramm**. Zur Gesamtübersicht eines Geschäftsprozesses werden meist nur Vorgangskästchen und Schnittstellensymbole für die Anfangs- und Endereignisse oder Stellen verwendet. Auf Entscheidungsrauten wird zur Wahrung einer ausreichenden Übersicht oft verzichtet. Abbildung 7.10 enthält ein Beispiel eines Gesamtprozesses.

Als Moderator eines Projektteams müssen Sie bei der Skizzierung einer Gesamtprozessübersicht darauf achten, dass sie sich auf die wesentlichen Funktionen oder Vorgänge konzentriert.

Das Prozessmodell für einen Gesamtprozess wird in hierarchischer Form schrittweise in verfeinerte **Detailprozesse** aufgelöst. So ergibt sich zum Beispiel für den skizzierten Geschäftsprozess der Auftragsabwicklung zur Abwicklung der am Monatsende durchgeführten Fakturierung der anschließend dargestellte Detailprozess. Er ist gegenüber den vor- und nachgelagerten Prozessen durch ein Anfangs- und Schlussereignis abgegrenzt. Bei der Entwurfsphase eines Detailprozesses ist es vorteilhaft, zuerst mit einem einfachen **Funktionsablaufplan** zu arbeiten. Das gilt besonders für die Arbeit in einem anwenderorientierten Team.

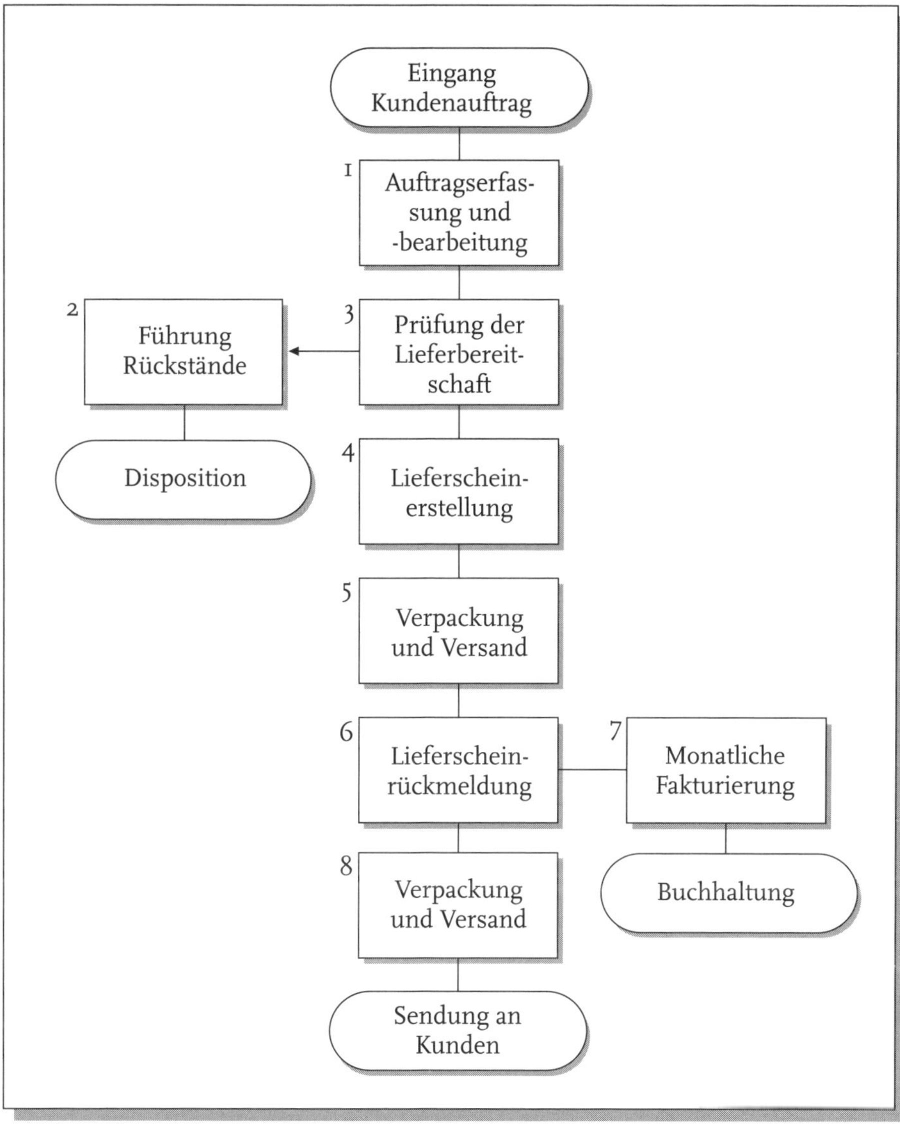

Abbildung 7.10: Ablaufdarstellung eines Gesamtprozesses

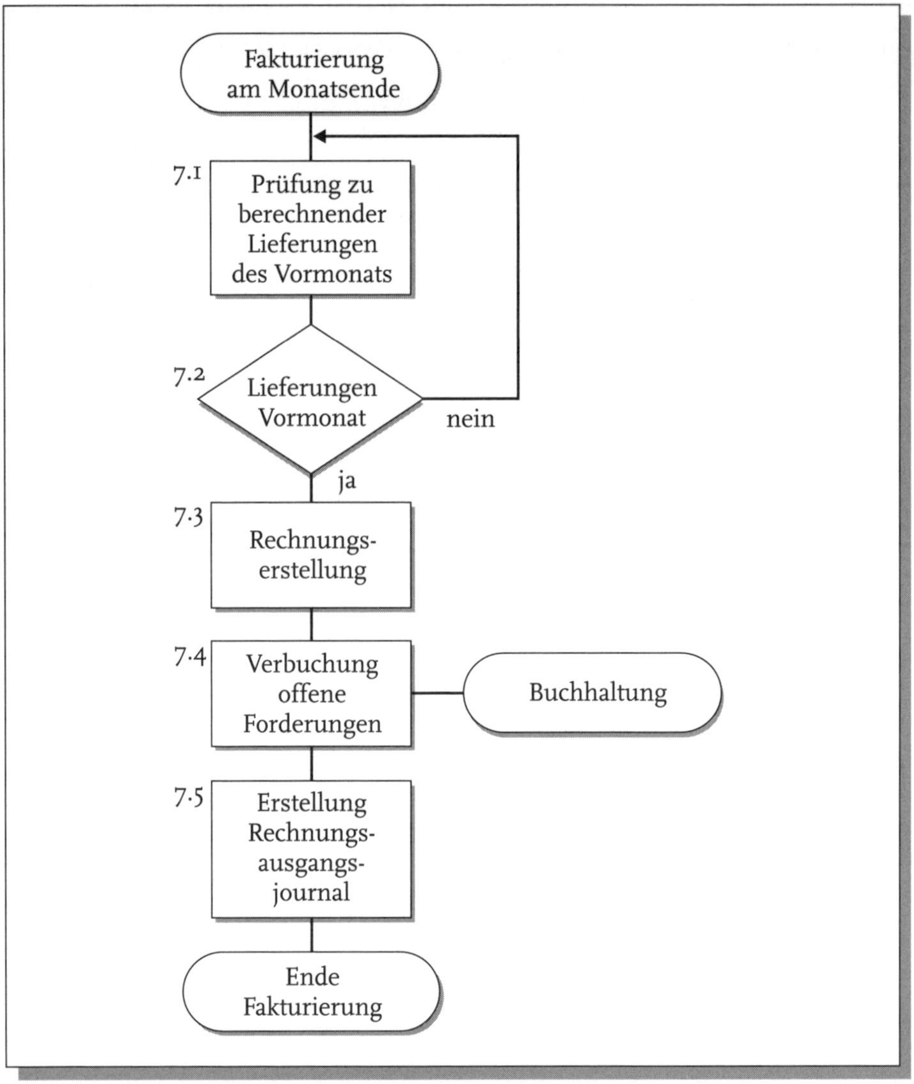

Abbildung 7.11: Detailprozess einer Fakturierung

Bei der Prozessdetaillierung ist darauf zu achten, dass die Hierarchieebenen des Gesamtprozesses und der Detailprozesse aufeinander abgestimmt sind und konsistent in die nächstniederen Ebenen übergehen.

Für aussagekräftige Ablaufdarstellungen und die endgültige Dokumentation der Detailprozesse werden im Projektteam **Informationsflussdiagramme** verwendet. Sie enthalten auch die Ein- und Ausgabeelemente eines Prozesses und lassen damit eine wesentlich genauere Prozessbeschreibung zu.

Ein Informationsflussdiagramm eignet sich aufgrund der zusätzlichen Angabe der Ein- und Ausgabedaten und der für eine Verarbeitung erforderlichen Datenbestände zur Durchführung einer Zeitaufwandsschätzung, wenn hierfür die Function-Point-Methodik gewählt wird.

Neben Prozessablaufmodellen gehören zu einer **ganzheitlichen Beschreibung eines Geschäftsprozesses** auch eine grafische oder tabellarische Funktionssicht und ein Datenmodell. Außerdem müssen die Auswirkungen der Geschäftsprozessorganisation auf den Organisationsplan der Aufbauorganisation dargestellt werden. Alle vier Sichten müssen in der endgültigen Dokumentation aufeinander abgestimmt sein.

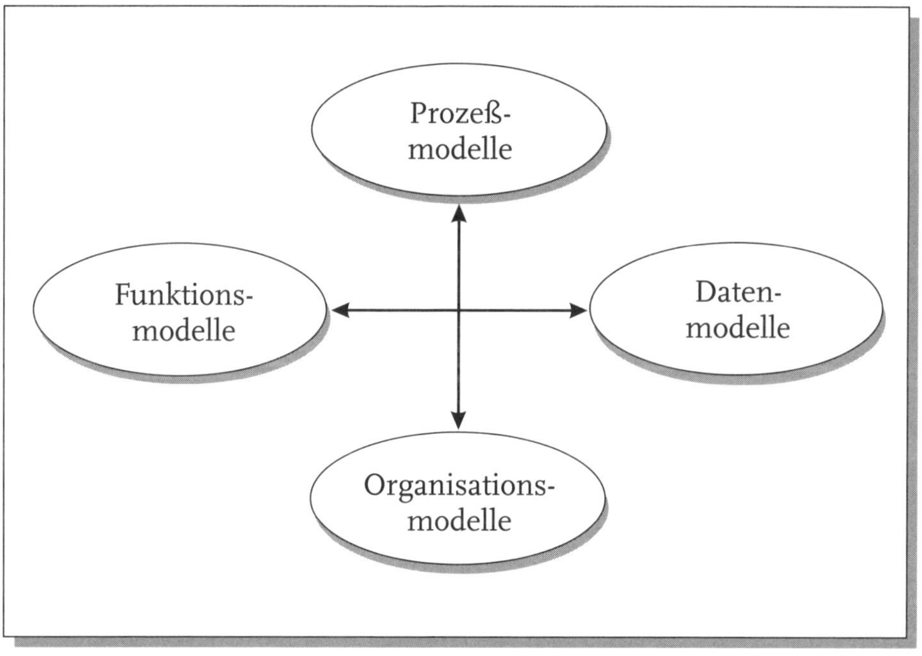

Abbildung 7.12: Alle Sichten eines Geschäftsprozesses müssen aufeinander abgestimmt sein!

Detaillierte Darstellungen der Geschäftsprozessorganisation samt umfassenden Beispielen finden Sie in modernen Lehrbüchern der Systementwicklung. Einen integrierten **Architekturrahmen zur Geschäftsprozessdarstellung** bietet das ARIS-Toolset von IDS [I4]. Neben Prozessmodellen verschiedener Art lassen sich mit dem Softwarepaket Funktionsbäume, Datenmodelle und Organigramme in aufeinander abgestimmten Sichten darstellen und in einem Repository ablegen.

Arbeitsschwerpunkte bei einer Geschäftsprozessanalyse und -optimierung

Viele Arbeitspakete einer Geschäftsprozessanalyse und -modellierung entsprechen den normalen Projektaktivitäten eines Softwareentwicklungs- oder Beschaffungsprojekts. Wir konzentrieren uns in diesem Lernabschnitt auf typische Besonderheiten, die bei der Überarbeitung von Geschäftsprozessen im Vordergrund der Projektarbeit stehen.

Als Grundlage für ein Business-Reengineering müssen die vorhandenen Geschäftsprozesse bekannt sein. Deshalb erfolgt als Einstieg eine **Isterhebung der vorhandenen Prozesse** in den ausgewählten Geschäftsfeldern.

Ergebnis der **Istanalyse** ist eine Identifizierung und Klassifizierung der typischen Schwachstellen der vorhandenen Geschäftsprozessorganisation. Anbei einige Beispiele:

- Zu lange Durchlaufzeiten (Wartezeiten, Nebenzeiten usw.)
- Personelle Probleme (Qualifikation, Erfahrung)
- Führungs- und Controllingprobleme
- Hohe Anzahl von Ausnahmefällen mit gravierenden Nachteilen
- Koordinationsmängel
- Zu viele Medienbrüche und Insellösungen
- Abweichungen der Aufbauorganisation von der Prozessfolge

Das **Solldesign** stellt das kreative Kernstück einer Geschäftsprozessoptimierung dar: Welche Möglichkeiten gibt es, um die Zielgrößen der Kosten, Durchlaufzeit, Qualität und der menschlichen und sachlichen Ressourcen durch einen Reengineering-Prozess positiv zu verändern?

Drei **Ansatzpunkte** können beim Reengineering gewählt werden:

- Die prozessorientierte Optimierung erfolgt in Anlehnung an die vorhandenen Prozesse (Bottom-up-Lösung).
- Eine radikale Neuorientierung wird angestrebt. Hilfestellung leisten eine kybernetische Denkweise, visionäre Überlegungen und der Einsatz von Kreativitätstechniken (Top-down-Lösung).
- Das Team lehnt sich bei der Neugestaltung der Geschäftsprozesse an Referenzmodelle und branchenorientierte Standards an, die am Softwaremarkt angeboten werden. Die Zahl der angebotenen Referenzmodelle ist bisher allerdings noch gering.

Häufig anzutreffen ist eine Prozessverbesserung mit Hilfe von vorgegebenen **Checklisten**. Es handelt sich um eine leicht erlernbare »handwerkliche« Prozessanalyse und -verbesserung, die besonders von Einsteigern gewählt wird. Eine Aufdeckung von Schwachstellen und die Realisierung von Verbesserungspotentialen lassen sich erreichen, wenn ein Geschäftsprozess schrittweise aufgrund der Checklistenfragen durchleuchtet wird. Ausgangsbasis ist eine übersichtliche Prozessdarstellung in der Form eines Funktionsablauf- oder Datenflussdiagramms. Wir zeigen in der Folgetabelle eine Zehn-Punkte-Checkliste zur Prozessanalyse und -optimierung. Sie lässt sich in jedem Unternehmen bei der Modellierung und Optimierung eines Geschäftsprozesses einsetzen.

7

Checkliste zur Geschäftsprozessanalyse und -optimierung	
(1)	Eliminierung aller nicht unbedingt notwendiger Prozessschritte, Mitarbeiter und Arbeitsstationen
(2)	Erarbeitung der günstigsten Arbeitsschrittfolge eines Prozesses durch Abwägung von Alternativen
(3)	Hinzufügen fehlender oder zweckmässiger zusätzlicher Arbeitsschritte, um die Prozessziele besser zu erreichen

7

Checkliste zur Geschäftsprozessanalyse und -optimierung	
(4)	Überprüfung der optimalen Integration mit anderen Prozessen zur Verbesserung der Zusammenarbeit und der Ausschaltung unnötiger Schnittstellen
(5)	Größtmögliche sinnvolle Automatisierung von Prozessschritten
(6)	Beschleunigung von Einzelschritten, wenn sich dadurch Vorteile ergeben
(7)	Parallelschaltung von Einzelschritten eines Gesamtprozesses
(8)	Erarbeitung und Zuteilung der optimalen Information für die Abwicklung jedes Prozessschritts
(9)	Festlegung klarer Verantwortlichkeiten für den Gesamtprozess und Zuordnung zu einem kompetenten Caseworker
(10)	Festlegung der unbedingt nötigen Kontrollen zur Erreichung der notwendigen Sicherheit

Natürlich darf es sich bei der Modellierung und Optimierung eines Geschäftsprozesses mit Hilfe einer Checkliste nicht um ein formales und stures Durchspielen der Prüfungsschritte handeln! Wichtig ist die Diskussion jeder geplanten Änderung mit den betroffenen Anwendern.

Wenn die Geschäftsleitung vom Projektteam neuartige oder gar revolutionäre Organisationslösungen erwartet, muss das Team eine andere Vorgehensweise wählen. Im Mittelpunkt der Lösungserarbeitung müssen **visionäre Überlegungen** stehen, wie die idealen Geschäftsprozesse künftig aussehen sollten. Wichtige Anstöße für optimierte Prozessabläufe ergeben sich durch die **kreative Lösungssuche** in einem praxisorientierten Arbeitsteam. Wir zeigen dies an einem Beispiel, wo als Ausgangspunkt einer Geschäftsprozessoptimierung eine zeit- und kostenaufwendige Standardlösung für den Bereich des Kostenstelleneinkaufs vorlag. Ablauf (1) in Abbildung 7.13 zeigt die ursprüngliche Lösung, Ablauf (2) die kosten- und zeitoptimierte Lösung nach den Optimierungsüberlegungen, realisiert mit Workgroup-Software.

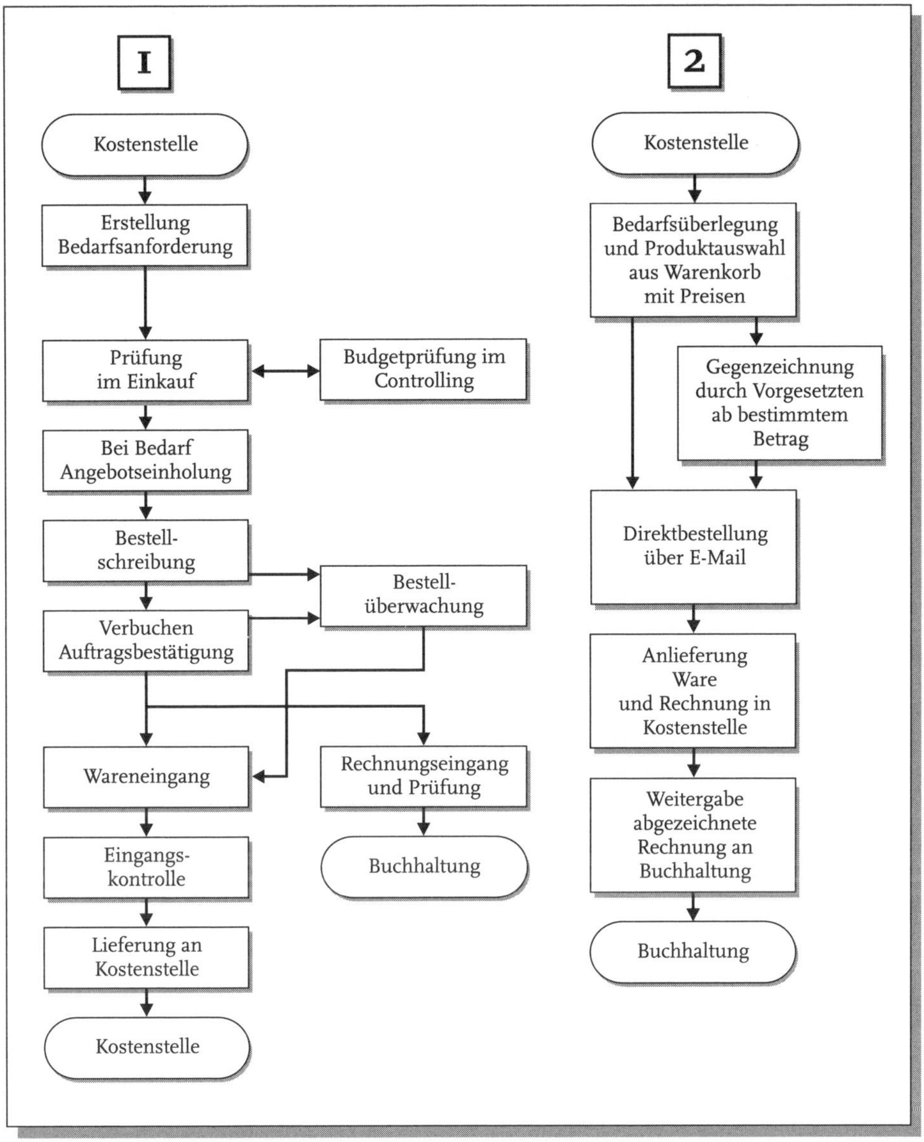

Abbildung 7.13: Eine Einkaufslösung vor und nach einer Geschäftsprozessoptimierung

Die entscheidende Unterstützung zur prozessorientierten Neumodellierung kommt heute von den technischen und organisatorischen **Enablern** der Informationstechnologie. Sie erschließen völlig neue Möglichkeiten einer geschäftsprozessorientierten Arbeitsabwicklung. Typische Enabler sind

- der Einsatz von Intra- und Extranets, welche durchgehende Prozesse bis zu Kunden und Lieferanten ermöglichen
- eine flexible Client-Server-Technik mit ihren Durchgriffsmöglichkeiten auf unterschiedliche Informationsquellen
- der Einsatz von Imaging und einem optischen Dokumentenmanagement
- Workflow-Lösungen zur Steuerung und elektronischen Weitergabe von Informationen in Geschäftsprozessen
- Groupware zur besseren Entscheidung und Kommunikation im Team
- ein Data Warehouse zum Rückgriff auf eine Informationsdatenbank

Als psychologisch schwierigste Projektstrecke einer Geschäftsprozessüberarbeitung kann sich die **Umsetzung der Vorschläge** erweisen, wenn sie mit einer radikalen Veränderung der Hierarchieebenen und der Arbeitsplatzorganisation verbunden ist. Werden die betroffenen Mitarbeiter unzureichend informiert und auf die Restrukturierung vorbereitet, sind menschliche Spannungen und Widerstände vorprogrammiert. Auf keinen Fall darf sich deshalb ein Projektteam nur auf die technischen Gesichtspunkte einer Geschäftsprozessanalyse und -optimierung konzentrieren!

Problemzonen bei der Reorganisation von Geschäftsprozessen

Der Aufbau einer optimalen Geschäftsprozessorganisation und die totale Überarbeitung einer gewachsenen Ablauf- und Aufbauorganisation zählt zu den Projekten mit dem höchsten **Risikoumfang** und der Gefahr eines blamablen Fehlschlags!

> *Überzeugende organisatorische Lösungen müssen bei einer Geschäftsprozessoptimierung im Vordergrund stehen! Sie setzen gediegenes Organisations-Know-how voraus. Von reinen Informatikprofis und PC-Freaks kann ein Unternehmen keine kreativen Konzepte erwarten.*

Wir weisen Sie auf mehrere typische **Risikopotentiale** beim Aufbau einer Geschäftsprozessorganisation hin:

- Bei einer **unzureichenden Kreativität**, mangelndem Fachwissen oder einer fehlenden Motivation des interdisziplinären Reorganisationsteams bleibt der Innovationsumfang gering. Das Projekt bringt nur unterdurchschnittliche Ergebnisse.

- Beschränkt sich der Aufbau der Prozessorganisation auf einen schmalen Teilbereich, können sich negative Auswirkungen auf die nach antiquierten Prinzipien organisierten Nachbarbereiche ergeben.
- Nur bei einem hochrangig angesiedelten Projektleiter kann eine einseitige »politische« Einflussnahme betroffener Statusträger vermieden werden, die um ihre angestammten Rechte fürchten.
- Der Aufbau einer Prozessorganisation setzt eine **Qualifizierung der künftigen Caseworker** voraus. Diese lässt sich nicht kurzfristig durchführen! Im gesamten Bereich des E-Commerce und der Internet-Marktplätze liegen bisher nur wenige Piloterfahrungen vor.
- Heute sind viele Unternehmensbereiche mit **Altsoftware** vollgestopft. Sie lässt sich selten der neuen Geschäftsorganisation anpassen. Die Beschaffung oder Entwicklung prozessorientierter und internetgeeigneter Software ist aber überwiegend langwierig und teuer.

Zur Risikominimierung muss ein Reengineering-Team rechtzeitig ein detailliertes Konfigurations- und Change-Management mit einem Migrationsplan aufbauen und diesen immer wieder auf seine Aktualität überprüfen!

7.2.3 Methodenschwerpunkte und Werkzeuge zur Individualentwicklung von Software

Die Eigenentwicklung von Anwendungssoftware sollte sich an die Schrittfolge eines bewährten Vorgehensmodells anlehnen, wie wir es in diesem Lernmodul dargestellt haben. Eine gründliche Anforderungsanalyse, die Entwicklung eines optimalen Solldesigns und ihre IT-technische Realisierung stehen im Vordergrund der Projektarbeit.

Von einem Projektleiter aus dem Informatikbereich wird erwartet, dass er als Vordenker seines Arbeitsteams die richtige Vorgehensstrategie und passende Methodikwerkzeuge in das Projekt einbringt.

Das Methodikinstrumentarium und die eingesetzten Entwicklungstools müssen dem Inhalt und Komplexitätsgrad des geplanten Systems und dem Wissensstand der beteiligten Projektmitarbeiter entsprechen.

Wir weisen Sie in diesem Lernabschnitt auf das Methodikrepertoire hin, das heute einem Projektteam für eine Individualentwicklung zur Verfügung stehen sollte.

Spezifikationswerkzeuge der fachlichen Sollkonzeption

Das methodische Instrumentarium einer fachlichen Sollkonzeption sollte aus einer integrierten **Anwendungsarchitektur** bestehen, die folgende Komponenten benutzt:

- eine hierarchische Funktionsstruktur,
- eine Integrationsübersicht der Prozesszusammenhänge
- und eine Darstellung des logischen Datenmodells.

Diese drei Kernansichten einer fachlichen Konzeption müssen in jedem Projekt aufeinander abgestimmt sein!

Weitere Darstellungsinstrumente, die hauptsächlich in der fachlichen Feinkonzeption eingesetzt werden, sind

- Prozesskettendarstellungen verschiedener Art,
- Entscheidungs- und Datentabellen,
- Bildmasken und Listbilder.

Um alle Teammitarbeiter voll in die Entwurfsschritte einzubeziehen, sollte ein Projektleiter bei der Teamarbeit soweit wie möglich vom Einsatz von Flipcharts und einer Pinnwand Gebrauch machen, um den Teamgeist und die Arbeitsmotivation zu fördern.

Als Auszug aus einem Softwareprojekt »Online-Einkauf« zeigen wir die wesentlichen Spezifikationswerkzeuge des vom Projektteam entwickelten fachlichen Solldesigns. Eine tabellarische Top-down-Übersicht der gewünschten Softwarefunktionen ist in Abbildung 7.14 enthalten. Die Funktionsübersicht ist nach Stammdatenfunktionen, Arbeitsfunktionen, Informationsfunktionen und Sonderfunktionen unterteilt. Alternativ wäre auch eine Funktionsübersicht in grafischer Darstellungsform möglich.

Alle Funktionsmodule sind in Kurzform zu beschreiben:

- wesentliche Ergebnisse, die erwartet werden
- benutzte Arbeitsverfahren und Verarbeitungsformeln
- wichtige Eingabeinformationen

Gewünschte Softwaremodule für den Einkauf

1 **Einkaufsdatenbank**
 11 Verwaltung Lieferanten / Verwaltung Konzerne
 12 Verwaltung Artikel / Verwaltung Artikelklassen

2 **Verwaltung Bedarfssätze**

3 **Angebotseinholung**
 31 Erstellung und Verwaltung Anfragen
 32 Erstellung und Verwaltung Angebote

4 **Bestellerfassung und -schreibung**
 41 für Lagerartikel
 42 für Nichtlagerartikel und Dienstleistungen
 43 für Kontrakte / Abrufe

5 **Mahnwesen**

6 **Wareneingangsabwicklung**

7 **Rechnungsprüfung**
 71 Rechnungserfassung und -prüfung
 72 Berechnung neuer Durchschnittswerte

8 **Berichtswesen**
 81 ABC-Analyse der Artikel
 82 Bestellstatistik
 83 Lieferantenstatistik
 84 Preisentwicklung
 85 Listgenerator für weitere Auswertungsprogramme

9 **Schnittstellenprogramme**

Abbildung 7.14: Hierarchischer Funktionsüberblick des geplanten Softwaresystems in tabellarischer Darstellungsform

Die Grobbeschreibung muss fachlich orientiert und auf die Anwenderabteilung als Empfänger ausgerichtet sein.

Eine Darstellung der Integrationszusammenhänge und Schnittstellen zu Nachbarsystemen lässt sich mit einer **Prozessübersicht** erreichen. Sie stellt das dynamische Gegenstück zur statischen Funktionsübersicht dar. Ein Beispiel im Rahmen unseres Einkaufsprojekts finden Sie in der Abbildung 7.15.

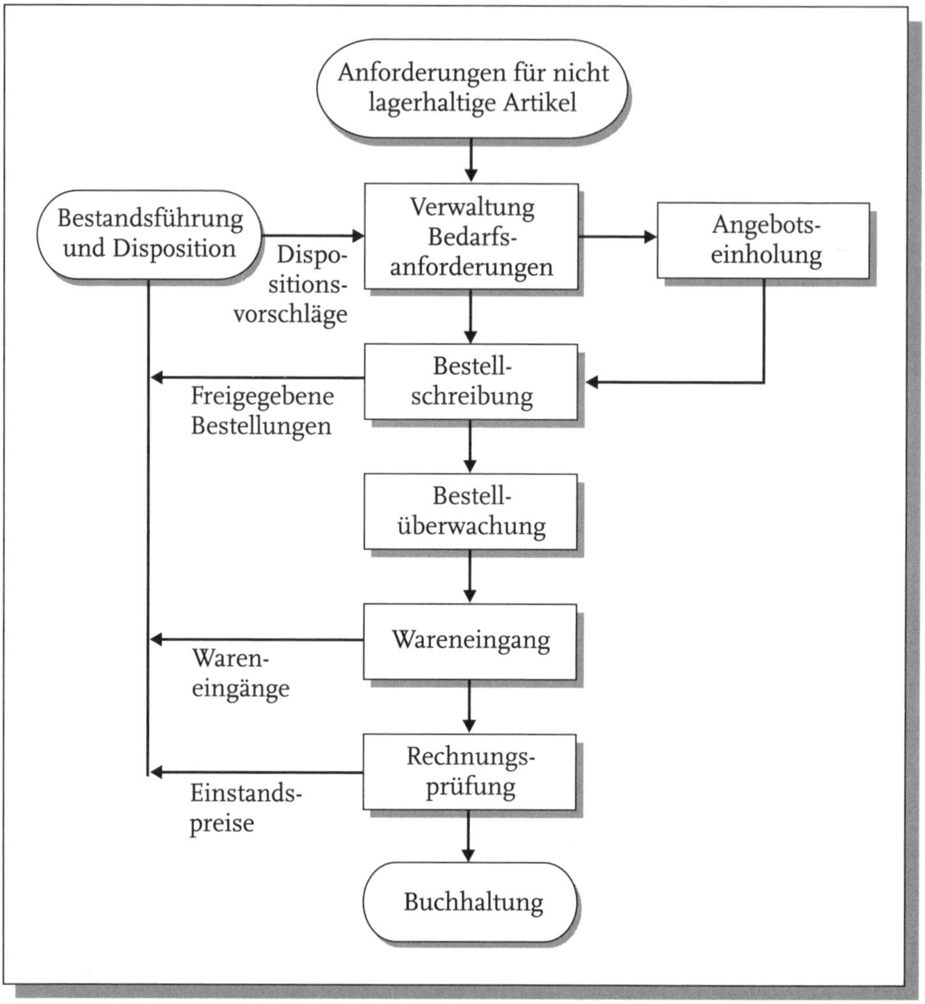

Abbildung 7.15: Darstellung der Systemzusammenhänge und Schnittstellen zu Nachbarsystemen

Die dritte Säule eines Fachentwurfs stellt das logische Datenmodell dar. Ein Beispiel des konzeptionellen Datenmodells unseres Einkaufsprojekts ist in Abbildung 7.16 dargestellt.

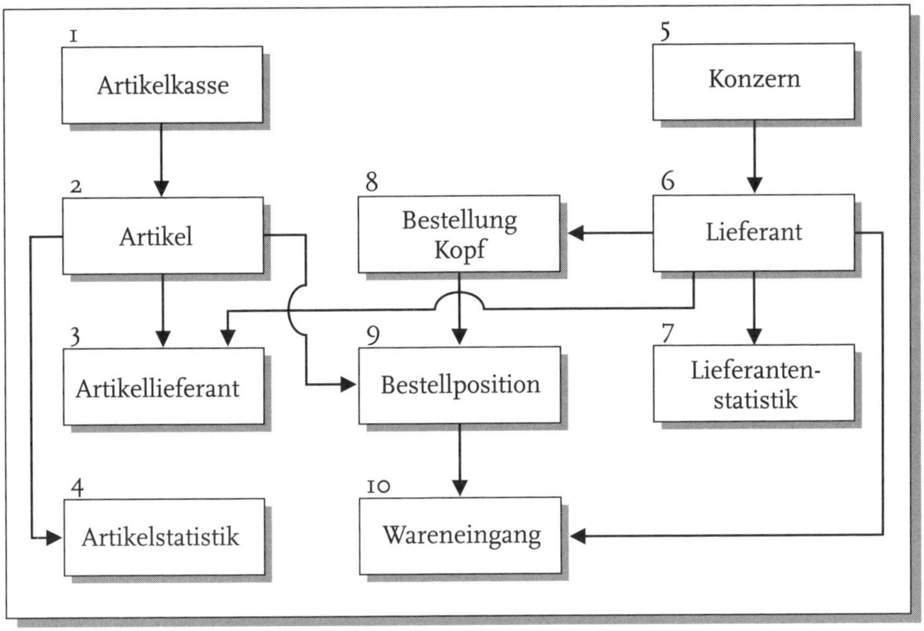

Abbildung 7.16: Grafische Abbildung eines logischen Datenmodells

Den Übergang vom integrierten Architekturmodell zur fachlichen Feinkonzeption bilden Vorgangsketten eines Teilprozesses. Mit ihnen lässt sich eine Detaillierung von Hauptfunktionen der Gesamtprozessübersicht durchführen.

Die Teilprozesse können zusätzlich die Grundlage für **Informationsflussdiagramme** bilden. Diese erweiterten Prozessketten enthalten zusätzlich die zur Durchführung einer Funktion benötigten Datenspeicher und die Ein- und Ausgabekomponenten.

Werkzeuge zur Programmentwicklung

Die Softwaretools zur Programmentwicklung werden nur in seltenen Fällen im Zusammenhang mit einem konkreten Projekt festgelegt. Die Methodenstrategie gehört zu den zentralen Aufgaben des IT-Managements. Das Projektteam muss sich an die bestehenden Regeln der Programmierung halten.

> *Die Aufgabenstellung des IT-Projektleiters muss sich bei der Softwareentwicklung darauf konzentrieren, dass die Programme im Rahmen des definierten Geschäftsprozessmodells nach den vorgegebenen Methoden und Tools erstellt und ausreichend kommentiert und dokumentiert werden.*

Besonders kritisch hat der Projektleiter auf zeitlich ausreichend bemessene Testphasen bei den Modul- und Integrationstests zu achten. Der Testumfang wird besonders bei den innovativen Aufgaben des E-Business häufig gewaltig unterschätzt!

Als Grundlage der Programmentwicklung dient die manuelle oder IT-unterstützte **Systemdokumentation** des fachlichen Solldesigns. Schwerpunkte der Systemdokumentation sind bei einer Anwendungsentwicklung eine hierarchische Funktionsübersicht der Systemfunktionen

- ein Geschäftsprozessmodell mit Schnittstellen zu Nachbarsystemen
- Informationsflussdiagramme (Datenflusspläne)
- Ein- und Ausgabedarstellungen samt Beschreibung der Datenfelder
- ein logisches Datenmodell mit Datenbeschreibung
- Verarbeitungsbeschreibungen samt Eingabeprüfungen
- Hinweise zu Datenschutz und -sicherung
- Testhinweise aus Anwendersicht

Der Übergang von der fachlichen zur IT-technischen Entwicklung erfolgt bei einer strukturierten Vorgehensweise über einen Programmhierarchieplan (auch Programmbaum genannt). Er stellt eine Programmgliederung in die Programmmodule der Steuerung und Durchführung dar. Die Verbindungen des Hierarchieplans sagen aus, welche untergeordneten Verarbeitungsmodule in ein übergeordnetes Steuermodul einfließen. Das Folgebild enthält ein Beispiel eines Programmhierarchieplans. Er gehört zu den Standardinstrumenten der Programmierung.

Parallel zum Programmhierarchieplan entsteht aus dem logischen Datenmodell das physische Datenbankdiagramm. Es ist nach den Regeln der eingesetzten Datenbank zu erstellen.

Soweit keine CASE-Tools oder eine Workbench eingesetzt werden, erfolgt im Anschluss an den Programmentwurf die Codierung mit ausreichender Kommentierung der Programmabschnitte und -schritte.

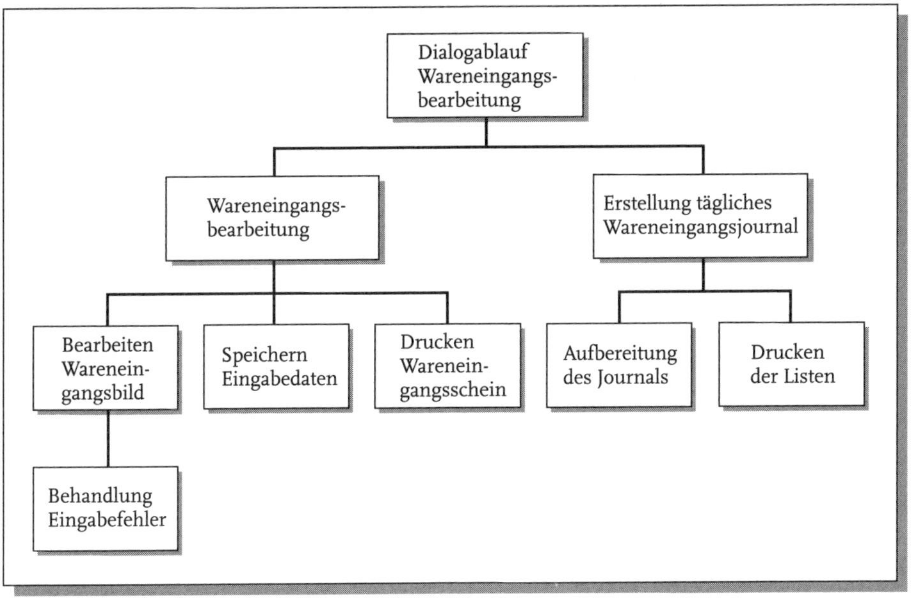

Abbildung 7.17: Beispiel einer hierarchischen Programmstruktur

Testmethoden und Testmanagement

Der Zeitaufwand für die vollständige Abwicklung der Testaktivitäten beträgt im Schnitt 40 - 60 % der gesamten IT-technischen Systementwicklung! Fast immer wird der Testumfang einer Software-Eigenentwicklung sträflich unterschätzt! Das gilt gleichermaßen für die Anpassung und Einbindung von fremdbeschaffter Anwendungssoftware in die Softwareumgebung eines Unternehmens.

Als Projektleiter müssen Sie das im Unternehmen **verfügbare Testequipment** kennen. Stellen Sie im Planungsstadium Ihres Projekts fest:

- Welches aktuelle Testinstrumentarium (Methoden und Tools) steht zur Verfügung?
- Welche Testarten und -komponenten sind für das Projekt erforderlich?
- Beherrschen die Mitarbeiter Ihres IT-Projekts die zur Testabwicklung erforderlichen Methoden und Tools?

Softwaretests werden heute häufig erschwert, wenn ein hoher Integrationsgrad vorliegt, Schnittstellenprobleme zu Drittsystemen gelöst werden müssen oder das neue Softwareprodukt an eine heterogene Hardwarelandschaft angepasst werden muss. Im Bereich des E-Commerce fehlen darüber hinaus Testerfahrungen aus ähnlichen Projekten.

Der Aufbau eines Testinstrumentariums und die Beschaffung effizienter Test-Tools gehört nicht zur Aufgabe eines IT-Projekts! Es zählt zur Infrastruktur des IT-Bereichs. Dagegen muss das Projektteam die für das Projekt erforderlichen Testkomponenten auswählen und die projektspezifische Testlandschaft zusammenstellen.

Schwerpunkte der **Testmethodik** bilden heute

- mehrere bekannte Standard-Testverfahren,
- die Testphasen im Software-Entwicklungsprozess und
- die logischen Abwicklungsschritte einer Testaktivität bei der Planung,
- Durchführung und Dokumentation eines Testfalls.

Zur professionellen Testabwicklung müssen eine geeignete Testumgebung und wirkungsvolle Testtools zur Verfügung stehen. Zur Test- und Debugging-Software zählen beispielsweise Testdatengeneratoren und Testdriver.

Zu den **Standard-Testverfahren**, die jedem Softwareentwickler bekannt sein sollten, zählen die Black-Box- und die White-Box-Testmethodik. In diesen Bereich gehören auch Kenntnisse über erfolgreiche Debugging-Methoden entlang der Programmlogik und mit Testfällen.

Jeder Systementwickler, der bei den Testarbeiten mitwirkt, sollte darüber Bescheid wissen, wie wichtig die unterschiedlichen **Testphasen** des

- Modultests,
- des System-und Integrationstests und
- des Abnahmetests für den Projekterfolg sind.

Der Abnahmetest für fertig gestellte Systeme muss unbedingt unter der Federführung der Nutzer- oder Kundenseite erfolgen! Zielsetzung dieses Tests ist die Prüfung der Übereinstimmung des neuen Systems mit der Wirklichkeit und den gestellten Anforderungen. In der Praxis kostet es den Projektleiter oft viel Überzeugungsaufwand, bis sich die Fachabteilung als Auftraggeber zur Durchführung des Abnahmetests bereit erklärt!

7.2.4 Professionelle Methoden und Werkzeuge zur Softwarebeschaffung

Heute gilt für jedes IT-Projekt der **Grundsatz**: Wenn der Markt geeignete Software zur Verfügung stellt, hat eine Softwarebeschaffung Vorrang vor einer Eigenentwicklung. Für die Aufgabe der Markterkundung wird häufig ein professioneller IT-Berater herangezogen. Eine Softwarerecherche kann heute über das Internet oder Softwarekataloge in Papierform oder auf CD-ROM-Basis erfolgen.

Eine detaillierte Handlungsanleitung zur Softwarebeschaffung finden Sie in dem Fachbuch und der zugehörigen CD-ROM: »IT-Pflichtenheft zur optimalen Softwarebeschaffung« [Literaturhinweis G1].

Fachliche Anforderungen an Standardsoftware

Ebenso wie bei der Entwicklung von Individualsoftware sollte ein Phasenkonzept zur Softwarebeschaffung den Kompass für die richtige Vorgehensweise bilden. Es hilft mit, dass alle Arbeiten rechtzeitig angestoßen werden, keine Aktivitäten wiederholt werden müssen und kein Schritt vergessen wird.

Der Einstieg in ein Softwarebeschaffungsprojekt erfolgt über die Zusammenstellung der fachlichen Anforderungen. Zwei Schwerpunkte muss der Projektleiter hierbei unterscheiden:

- Die Erarbeitung der fachlichen Anforderungen, die für das Softwarepflichtenheft benötigt werden.
- Die Zusammenstellung der Arbeiten, die im eigenen Unternehmen zu erledigen sind und in einem »internen Pflichtenheft« festgehalten werden.

Die internen Voraussetzungen für eine Softwareeinführung werden im Projekt oft sträflich vernachlässigt. Die Änderung der Organisation und der Geschäftsprozesse ist oft schwieriger zu realisieren als die Installation eines Softwarepakets!

IT-Pflichtenheft – Kernbestandteil einer Softwarebeschaffung

Zu den Schwerpunktaufgaben eines Projektteams gehört die Zusammenstellung eines aussagekräftigen Pflichten- oder Lastenhefts, das eine einfache Gegenüberstellung und Bewertung der Angebote erlaubt.

Ein Pflichtenheft zur Beschaffung von Standardsoftware muss dem Ausschreibungsumfang und -wert angemessen sein. Die anschließende Standardgliederung für ein Software-Pflichtenheft kann vom Projektleiter als Checkliste für den Inhalt einer Ausschreibungsunterlage benutzt werden.

Standardgliederung für ein Software-Pflichtenheft

1. **Unternehmenscharakteristik**
   1.1 Name und Adresse des Unternehmens
   1.2 Branche, Produktgruppe, Dienstleistungen
   1.3 Unternehmensgröße, Wachstumsrate

2. **Istzustand der Arbeitsgebiete**
   2.1 Bisherige Verfahren und Hilfsmittel
   2.2 Unternehmensspezifische Besonderheiten
   2.3 Bewertung des Istzustands

3. **Zielsetzungen**
   3.1 Quantifizierbarer Nutzen
   3.2 Sonstige Vorteile

4. **Anforderungen an die geplante Anwendungssoftware**
   4.1 Fachliche Anforderungen
   - Überblick und Zusammenhänge
   - Detaillierte Anforderungen an die Arbeitsgebiete

   4.2 Technische Anforderungen

5. **Mengengerüst**
   5.1 Kartei- / Stammdaten
   5.2 Bestandssätze, Belege / Zahl der Bewegungen

6. **Evtl. Anforderungen an Hardware und Systemsoftware**
   6.1 Hardware
   6.2 Systemsoftware

7. **Mitarbeiter für die Umstellung**

8. **Zeitlicher Realisierungsrahmen**

9. **Anforderungen an die Lieferfirma**

10. **Wünsche zum Angebotsaufbau und -inhalt**
    10.1 Angebotsaufbau
    10.2 Preise und Vertragsbedingungen
    10.3 Abgabetermin des Angebots

Abbildung 7.18: Standardgliederung eines übersichtlichen IT-Pflichtenhefts

Die Formulierungen in einem Softwarepflichtenheft müssen möglichst konkret und messbar sein. Dem Anbieter ist vorzugeben, was unsere Mussforderungen (»K.o.-Kriterien«) sind.

Ablaufschritte einer Softwareevaluation

Der Schwierigkeitsgrad der Auswahl von Standardsoftware liegt für ein Projektteam in der **Vielzahl unterschiedlicher Kriterien**, die diese Entscheidung beeinflussen:

- der Funktionsbreite und Leistungsfähigkeit der Software
- der preislichen Gesichtspunkte
- der Marktstellung und Zukunftssicherheit der Anbieterfirma

Zu den wesentlichen **Arbeitsschritten** einer Softwareauswahl zählen

- die Grobevaluation mit Ausschaltung der Angebote, welche die K.o.-Kriterien nicht erfüllen
- die Feinevaluation – häufig mit Hilfe einer Punktebewertung nach den Grundsätzen der Nutzwertanalyse

Zur Softwareauswahl gehören mehrere aufwendige Arbeitsschritte: Angebotsbesprechungen mit den Vertriebspartnern der Softwarefavoriten, Softwaredemos und evtl. vertiefende Workshops mit bereitgestellten Firmendaten, Besuche bei Referenzanwendern und systematische Angebotsvergleiche.

Ein Projektverantwortlicher muss darauf achten, dass die Folgeschritte einer Softwareauswahl mit ausreichender Sorgfalt nacheinander abgewickelt werden. Auf keinen Fall darf eine vorzeitige Bindung an einen Softwareanbieter erfolgen. Besonders für eine Punktebewertung muss ein Projektleiter Kenntnisse der einschlägigen Evaluationsverfahren besitzen.

Wir weisen in diesem Fachbuchabschnitt auf die wesentlichen Verfahrensschritte einer Softwareauswahl hin. Wenn ein Projektleiter detailliertes Wissen benötigt, sollte er auf praxisorientierte Buchtitel zur Thematik der Hardware- und Softwareevaluation zurückgreifen (siehe Literaturverzeichnis).

Grobauswahl der Standardsoftware

Nach der Prüfung der Angebote muss das Projektteam in einem ersten Durchlauf alle Angebote ausscheiden, bei denen die geforderten K.o.-Kriterien nicht erfüllt werden. Das können unterschiedliche Punkte sein:

- Die Softwareprobleme des Anwenders werden nicht abgedeckt.
- Das Niveau der Software entspricht nicht den Anforderungen des Anwenders.
- Die Software ist noch gar nicht fertig.
- Der preisliche Rahmen ist nicht akzeptabel.
- Es bestehen Zweifel an der Zukunftssicherheit des Anbieters.

Verfahren der Feinevaluation

Während eine Grobevaluation dazu dient, unbrauchbare Anbieter möglichst schnell zu eliminieren, ist es das Ziel der Feinauswahl, unter den in Frage kommenden Anbietern den optimalen Partner nach objektiven und möglichst quantifizierbaren Gesichtspunkten zu ermitteln.

Als Vorbereitung für eine Feinauswahl müssen Verhandlungen mit den Anbietern, eine Softwaredemonstration des Anbieters und Besuche bei Referenzanwendern stattfinden.

Zur exakten Bewertung von Softwareangeboten lässt sich eine Nutzwertanalyse durchführen. Das Verfahren basiert auf einer Gegenüberstellung von Vorgabewerten für Auswahlkriterien und einer Bewertung mit Hilfe einer Benotungsskala. Sieger einer Punktebewertung ist der Anbieter mit der höchsten Punktezahl. Ein Punkteverfahren ist methodisch anspruchsvoll und lässt bei dilettantischer Anwendung fatale Manipulationsmöglichkeiten zu. Eine Nutzwertanalyse sollte deshalb nur durchgeführt werden, wenn ein erfahrener Organisationsfachmann im Projektteam mitwirkt. Eine ausführliche Anleitung und ein aktuelles Fallbeispiel einer Nutzwertanalyse finden Sie im Lernabschnitt 6.6 »Auswahl- und Bewertungstechniken«.

Software-Customizing und Geschäftsprozessanpassung

Eine gewachsene Ablauforganisation oder vorhandene Software-Altsysteme decken sich normalerweise nicht mit dem Inhalt eines fremdbezogenen Softwaresystems. Um das Programmpaket effektiv einzusetzen, muss das Projektteam für jedes Softwaremodul Überlegungen anstellen:

- Wo müssen die vorhandenen Geschäftsprozesse und Abläufe entrümpelt und begradigt werden, damit sich die Fertigsoftware sinnvoll darüber stülpen lässt?
- Wo muss die Software angepasst oder geändert werden, damit sie unseren betriebsspezifischen Aufgaben gerecht wird?

Abbildung 7.19 zeigt die Denkweise bei der Gestaltung einer neuen IT-unterstützten Organisation.

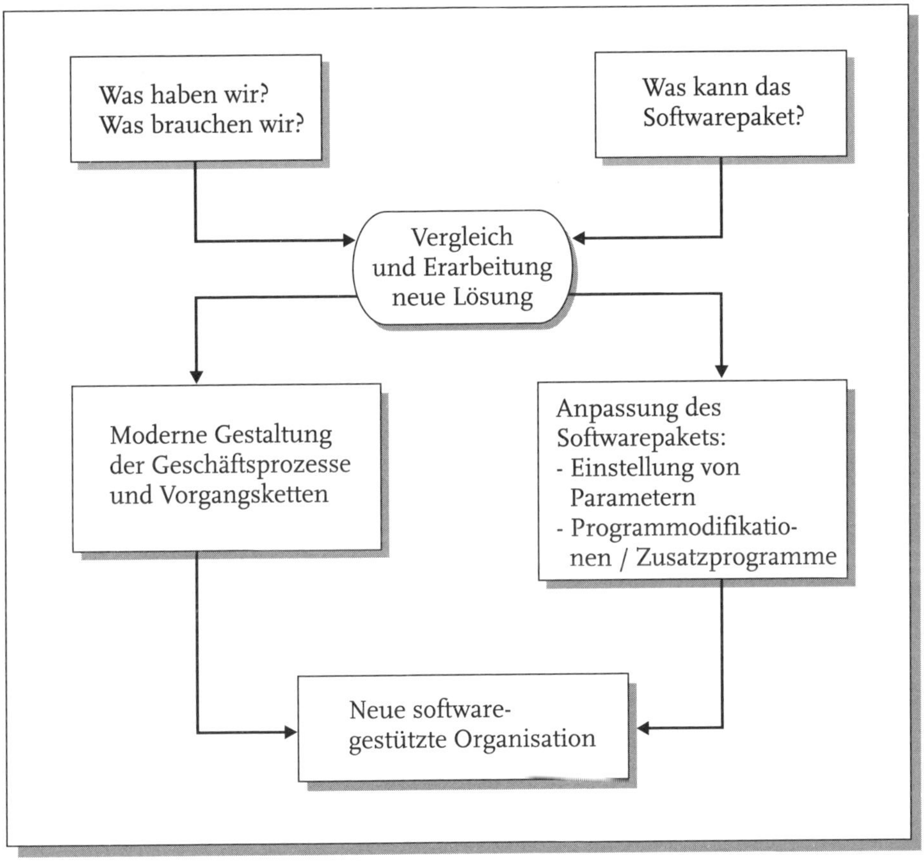

Abbildung 7.19: Denkmodell bei der gegenseitigen Anpassung von Geschäftsprozessen und Softwarepaket

Zur Unterstützung einer Anwenderfirma bei der betriebsspezifischen Anpassung eines Softwaremoduls bieten Softwareanbieter **Benutzerreferenzmodelle** an. Es handelt sich um vorbildlich gestaltete grafische Prozessabläufe, die auch Alternativmöglichkeiten enthalten. Der Kunde wählt die gewünschten Abläufe aus. Bewegt er sich innerhalb des vorgegebenen Wegs eines Referenzmodells, macht die Anpassung der Fremdsoftware keine Schwierigkeiten. Das Projektteam muss sich allerdings vor einer Umsetzung der Prozesse durch ein gemeinsames Prototyping mit dem Fachbereich vergewissern, ob die Standardabläufe des Referenzmodells tatsächlich zu optimalen Kundenprozessen führen.

7.3 Die besten Expertentipps dieses Lernmoduls auf einen Blick

Methoden der Systementwicklung stehen in allen Informatik- und Internetprojekten im Mittelpunkt der Projektarbeit. Die Auswahl optimaler Vorgehensmodelle und der Einsatz geeigneter Entwicklungsstrategien und Modellierungswerkzeuge gehört zu den Kernaufgaben eines professionellen IT-Projektleiters!

Die wichtigsten methodischen Anforderungen haben wir für Sie in den folgenden 10 **Highlights** zusammengefasst:

(1) Zu den Basiswerkzeugen einer IT-Anwendungsentwicklung oder Softwarebeschaffung gehört eine systematische Vorgehensweise nach einem geeigneten **Vorgehensmodell**. Es erfüllt in einem Projekt eine **Kompassfunktion**. Ein Standardphasenmodell muss vor dem Projektstart an die projektspezifischen Besonderheiten angepasst werden.

(2) Zur Aktivierung der Anwender und einem frühzeitigen Ergebnis-Feedback kann bei geeigneten Voraussetzungen in ein Vorgehenskonzept eine **Prototyping-Vorgehensweise** eingebunden werden. Sie kann zur qualitativen Verbesserung der Projektarbeit und einer Verkürzung der Einführungszeit beitragen. Zur Durchführung eines Prototypings müssen spezielle Entwicklungstools vorliegen. Das Prototyping-Vorgehensmodell unterscheidet sich in mehreren zentralen Punkten von einem klassischen Phasenkonzept.

(3)	Ein hochaktuelles und ausgefeiltes Phasenkonzept für eine Individualentwicklung und Softwarebeschaffung stellt das in Behörden und Unternehmen der öffentlichen Hand verbreitete **V-Modell 97** dar. Allerdings kann es einige bürokratische Besonderheiten nicht verbergen!
(4)	Ausgefeilte **Vorgehensmodelle** sind in System- und Softwarehäusern für die Projektleiter und -mitarbeiter anzutreffen, die in Kundenprojekten mitwirken. Die Aktivitätenübersicht eines solchen Phasenkonzepts soll das externe Team bei der Termin- und Budgetüberwachung unterstützen und mithelfen, dass das Projekt für den Dienstleister nicht in die Verlustzone abgleitet.
(5)	Die **Flowcharting-Symbolik** stellt als leicht erlernbare Zeichentechnik die Basis für die wichtigsten Entwicklungs- und Dokumentationswerkzeuge dar. Die Ergebnisdokumentation erfolgt in einem Repository mit Hilfe einfacher Flowcharting-Programme. Low-Price-Produkte kosten weniger als 100 Mark.
(6)	Zur Entwicklung kommerzieller und administrativer Softwaresysteme und ganz besonders innovativer E-Commerce-Anwendungen müssen die Projektmitarbeiter gediegene Kenntnisse der **Geschäftsprozessanalyse, -modellierung und Optimierung** aufweisen. Für die Umsetzung in die gewünschte Software steht ein Arsenal von Enablern der Informationstechnologie zur Verfügung. Dazu gehören beispielsweise Workflowlösungen, das Dokumentenmanagement und die Kommunikationsnetze des Internet und Intranet.
(7)	Bei der Individualentwicklung von Anwendungssoftware haben die Projektabschnitte der **Anforderungsanalyse** und des **fachlichen Solldesigns** den höchsten Stellenwert. Die Softwarearchitektur muss die vier aufeinander abgestimmten Sichten des Funktionsmodells, des Prozessmodells, des Datenmodells und des Organisationsmodells umfassen.
(8)	Beim Einsatz integrierter Standardsoftware (zum Beispiel von ERP-Programmen) fallen 80 % der Projektarbeit in der Teilphase des **Software-Customing** an. Deshalb müssen hierfür Anpassungswerkzeuge mit einem hohen Komfortgrad zur Verfügung stehen. Dazu gehören beispielsweise Referenzmodelle und Parametertabellen.

7

(9) **Schnittstellenprobleme** zwischen vorhandenen Softwareanwendungen können heute bei der Systementwicklung und Softwarebeschaffung Knackpunkte ersten Ranges sein und das Projektbudget über Gebühr belasten. Das Projektteam muss sich deshalb in allen Projektphasen ausreichend mit der optimalen Lösung der Schnittstellenfragen beschäftigen!
(10) Komplexe IT-Projekte lassen sich nur gemeinsam mit den **Anwendern / Kunden** durchführen. Beim Einsatz von CASE-, Prototyping- und Test-Tools muss der Projektleiter darauf achten, dass alle eingesetzten Methoden und Werkzeuge für die aktiven Teammitarbeiter verständlich sind. Sie dürfen erst eingesetzt werden, wenn die Anwendermitarbeiter im Projekt ein ausreichendes Methodenverständnis erlangt haben.

8 Qualitätsmanagement und Dokumentation

Drei bedeutsame Punkte eines IT-Projekts, die eng miteinander verwandt sind, kommen häufig bei der Projektabwicklung zu kurz:

- die **Qualitätssicherung** der Prozesse und Produkte
- die **Projekt- und Systemdokumentation**
- das **Konfigurations- und Änderungsmanagement** (das bei umfangreichen Projekten heute unerlässlich ist)

Die Ursachen der Vernachlässigung dieser drei Themenbereiche sind oftmals auf den Termindruck zurückzuführen, unter dem die meisten Projektvorhaben der Informations- und Kommunikationstechnik durchzuführen sind. Darüber hinaus fällt es einem Projektleiter schwer, seine Teammitglieder für diese trockenen und »unproduktiven« Tätigkeiten zu motivieren, die zudem als unliebsame Zeitfresser betrachtet werden. Sie rangieren deshalb oft auf einem der letzten Plätze in der Prioritätenliste der Projektaktivitäten.

Einen erheblichen Schub erhält der Themenbereich der Qualitätssicherung, wenn ein Unternehmen zur Verbesserung seiner Marktposition eine **Zertifizierung nach ISO 9000** durchgeführt hat und diese auch den IT-Bereich umfasst. In ähnlicher Weise fordert der Einsatz des **V-Modells** (Vorgehensmodell der öffentlichen Hand) die Einhaltung vorgegebener Qualitätsnormen.

Die in einem Qualitätsmanagementhandbuch festgehaltenen Anforderungen an die Qualitätssicherung schlagen sich in der **Projekt- und Systemdokumentation** nieder. Beide müssen den Grundsätzen der Qualitätsnormen entsprechen.

Bei großen Projekten kommen Sie als IT-Projektleiter nicht darum herum, zur Beherrschung der Dokumentenflut die Regeln eines **Konfigurations- und Änderungsmanagements** zu berücksichtigen.

8.1 Professionelle Qualitätssicherung und -kontrolle

Im Gegensatz zu den Sturm- und Drangjahren der Informatik mit ihren Quick-and-dirty-Produkten hat die Qualitätssicherung in IT-Projekten heute einen hohen Stellenwert!

Der Projektleiter ist dafür verantwortlich, dass die festgelegten **Standards der Qualitätssicherung** bei der Projektabwicklung berücksichtigt werden. Da ein Projekt fast immer auch unter dem Diktat der Wirtschaftlichkeit steht, können hohe Qualitätsansprüche dem Projektleiter einen echten Spagat abverlangen! Die Messlatte der Qualitätssicherung liegt besonders hoch, wenn sich ein Unternehmen den Regeln des ISO-9000-Qualitätsmanagements unterworfen hat und dieses nicht nur als Aushängeschild gegenüber Kunden benutzt.

8.1.1 Schwerpunkte und Methoden des Qualitätsmanagements

Oberste **Zielsetzung jedes Qualitätsmanagements** ist es, durch qualitätssichernde Maßnahmen den Wert des eigenentwickelten oder fremdbezogenen IT-Produkts für den Kunden oder Anwender zu steigern! Schwerpunkt des Qualitätsmanagements ist die Sicherung der **Prozesse** der Softwareentwicklung, -beschaffung und -einführung und damit auch der bei der Projektdurchführung entstehenden **Produkte**. Dazu sind Methoden, Tools und Maßnahmen

- beim personellen Projektmanagement
- bei der Softwareentwicklung, -beschaffung und -implementierung
- bei der Projektplanung und -überwachung
- bei der Projektdokumentation

nötig. Es wird erwartet, dass der Projektleiter zugleich ein Fachmann für das IT-Qualitätsmanagement ist und Verfahren, Checklisten und Tools zur Qualitätssicherung (QS) in das Projekt einbringt, soweit sie nicht bereits im Projektmethodenhandbuch oder einem Handbuch des Qualitätsmanagements enthalten und den Teammitgliedern bekannt sind.

Zum **Methodenrepertoire der Qualitätssicherung** gehören

- klare Projektstrukturen (Vorgehensmodelle und Projektplan)
- übersichtliche und verständliche Darstellungsmethoden für den fachlichen und technischen Softwareentwurf
- ein formalisiertes Freigabe- und Änderungswesen
- systematische Testverfahren
- eine Abnahmedokumentation nach den Richtlinien im Entwicklungshandbuch, Projekthandbuch oder QS-Handbuch

Bei der Planung eines IT-Projekts ist zu bestimmen, welche qualitätssichernde Maßnahmen und Dokumente für das Projekt erforderlich sind. Sie werden in einem Qualitätssicherungskonzept festgehalten. Außerdem ist festzulegen, nach welchen Projektaktivitäten QS-Prüfungen stattfinden müssen.

Prüfungen zur Sicherung einer ausreichenden Prozess- und Produktqualität und einer ausreichenden Dokumentation haben sich am besten in der Form von **QS-Reviews** (Design-, Test- und Dokumentations-Reviews) bewährt, die am Schluss eines Projektabschnitts beim Erreichen eines Projektmeilensteins durchgeführt werden.

8.1.2 Normen zur Software-Qualitätssicherung

Die Bedeutung eines professionellen Qualitätsmanagements hat durch Normen und spezielle Verfahren zur Qualitätssicherung und Güteprüfung erheblich zugenommen. Die stärkste Verbreitung haben

- die Qualitätsmanagementnorm DIN EN ISO 9000 ff
- der Methodenbaukasten des V-Modells (Vorgehensmodell der Behörden)
- TQM (Total Quality Management)
- das Produkthaftungsgesetz

Für den Bereich der Informatik sind besonders die Norm ISO 9000, Teil 3, und das V-Modell relevant.

IT-Qualitätsmanagement nach ISO 9000

Zur Steigerung ihrer Wettbewerbsfähigkeit haben zahlreiche Unternehmen ein Qualitätssicherungssystem für ihre Geschäftsprozesse aufgebaut und sich einer Zertifizierung unterzogen. In einem **Qualitätshandbuch** sind die Geschäftsprozesse und die zur ordnungsgemäßen Arbeitsabwicklung eingeführten Qualitätssicherungsmaßnahmen festgehalten.

Beim Einsatz der Norm ISO 9000, Teil 3, unterwirft sich auch der IT-Bereich den Vorschriften der ISO-Norm. Er verpflichtet sich, seine Prozesse der Systementwicklung und -beschaffung und der Systemwartung gemäß den Vorschriften von ISO 9000 abzuwickeln. Dazu gehören

- ein systematisches Vorgehen nach einem zweckmäßigen Phasen- oder Stufenkonzept
- übersichtliche Darstellungs- und Dokumentationsmethoden
- die Aufstellung eines projektbezogenen Qualitätssicherungsplans
- Qualitätsreviews am Ende eines Projektabschnitts bis zur Abnahme des Fertigprodukts.

Eine besondere Bedeutung im Rahmen von ISO 9000 haben systematische Testverfahren und eine aussagekräftige Softwaredokumentation.

Wenn Sie als Projektverantwortlicher die in diesem Projektleiterreport aufgeführten Arbeits-, Darstellungs- und Dokumentationsmethoden einsetzen, haben Sie die wesentlichen Forderungen von ISO 9000 erfüllt!

Zusätzlich notwendig sind einige – teilweise formale – Zusatzdokumente und Festlegungen. Beispielsweise übernimmt neben dem für das Projekt verantwortlichen Projektleiter ein anderer Projektmitarbeiter die Stellung eines ISO-9000-Beauftragten.

V-Modell der Bundesbehörden

Im Bereich der Bundesbehörden und auch darüber hinaus hat das Methodenpaket V-Modell (Vorgehensmodell) eine bemerkenswerte Verbreitung gefunden. Es wird heute in einer überarbeiteten Version als **V-Modell 97** angeboten. Die Rahmenregelung für IT-Systeme der Behördenwelt beschreibt einen standardisierten IT-Entwicklungsprozess. Das V-Modell ist auch anwendbar, wenn marktgängige Softwarebausteine im Rahmen von Entwicklungsvorhaben beschafft und integriert werden. Durch »**Tailoring**« lassen sich die organisationsneutralen Regelungen an eine unterschiedliche Projektorganisation anpassen [Literaturquelle D3].

Das gesamte Regelwerk zerfällt in die Submodelle

- Systemerstellung
- Projektmanagement
- Qualitätssicherung
- Konfigurationsmanagement

Einen außerordentlich hohen Stellenwert misst das V-Modell der **Qualitätssicherung** bei. Es gibt Qualitätsanforderungen vor und enthält Prüfregelungen zur Einhaltung der Qualitätsmaßstäbe und Standards. Das Submodell des **Konfigurationsmanagements** verwaltet die IT-Produkte und stellt sicher, dass alle Dokumente eindeutig identifizierbar sind und Produktänderungen nur kontrolliert durchgeführt werden.

IT-Dienstleistungsunternehmen, die für Bundesbehörden und -unternehmen tätig werden, sind verpflichtet, die Regelungen und Standards des V-Modells einzuhalten.

IT-Projektleitern außerhalb des obligatorischen Einsatzbereichs dieses Regelwerks ist die Lektüre der instruktiven Fachschriften zum V-Modell 97 zu empfehlen, da es zahlreiche konstruktive Anregungen enthält. IT-Manager in privaten Wirtschaftsunternehmen empfinden den Umfang an organisatorischen Regelungen und Prüfdokumenten, die von den Projektmitarbeitern abverlangt werden, als überdimensioniert und bürokratisch, sofern keine hochkomplexen und langdauernden Großprojekte zu bewältigen sind.

8.1.3 Aufwand und Nutzen der Qualitätssicherung

Eine bewusste und methodisch unterstützte Qualitätssicherung in IT-Projekten ist nicht zum **Nulltarif** zu haben und fällt einem Projektleiter nicht in den Schoß! In vielen IT-Projekten ist ein schwieriger Balanceakt nötig, um hochstehende Qualitätsanforderungen mit dem üblichen Zeit-und Kostendruck in Einklang zu bringen.

Welcher **Zeitaufwand** zur Abdeckung erhöhter Qualitätsanforderungen anfällt, hängt von drei Punkten ab:

1. Welche Methodikkomponenten der Systementwicklung, die auch qualitätssichernde Maßnahmen beinhalten, sind schon im Einsatz?
2. Wie hoch hängt die Messlatte, wenn die Qualitätsanforderungen von ISO 9000, V-Modell oder TQM erfüllt werden müssen?
3. Wie sind der Kenntnisstand und die Motivation der Projektmitarbeiter auf dem Sektor der Qualitätssicherung zu beurteilen?

Für eine **mustergültige Qualitätssicherung** auf der Grundlage einer umfassenden Qualitätsnorm können im IT-Projekt Mehraufwendungen bei den folgenden Budgetpositionen anfallen:

- Schulung und Motivation der Teammitarbeiter
- Zusammenstellung projektspezifischer Qualitätsstandards
- Projekt- und Systemdokumentation
- Durchführung von Qualitätsreviews und Korrekturmaßnahmen

Besonders eine Intensivierung der Testabwicklung kann gewaltige Löcher ins Zeitbudget eines Projekts reißen!

Bei konsequenter Realisierung von ISO 9000 und in noch stärkerem Umfang beim Einsatz des V-Modells muss ein Projektleiter gegenüber einer zuvor üblichen »Minimaldokumentation« einen Mehraufwand von 20 % im Projektbudget unterbringen, wie Teilnehmer an Projektleiterlehrgängen übereinstimmend berichten!

Wo sind gegenüber diesem Mehraufwand **Qualitätsverbesserungen** in Projekten und Systemen festzustellen? Denn auch qualitätssichernde Maßnahmen müssen sich lohnen! Vorteile verstärkter Qualitätsbemühungen lassen sich zwar nur selten quantifizieren. Doch führen Projektleiter bei einem Brainstorming in Fortbildungslehrgängen häufig diese Vorteilsaspekte auf:

- Weniger Kommunikationsprobleme im Projekt
- Leichtere Einarbeitung neuer Projektmitarbeiter
- Sauberer Projektabschluss
- Wesentlich einfachere Systemwartung durch den Benutzerservice

Schließlich ergeben sich bei Einhaltung der Qualitätssicherungsvorschriften auch keine Auseinandersetzungen mit den internen und externen Qualitätsauditoren.

8.1.4 Organisation des Qualitätsmanagements im IT-Projekt

Die Bedeutung des Qualitätsmanagements wird zwar heute bei jedem IT-Projekt betont, ist aber in der Praxis häufig ein Opfer des Zeitdrucks. Eine Software-Qualitätssicherung klappt nur dann, wenn sie fest in den Projektablauf eingebaut wird.

Die Qualitätssicherung des IT-Projekts muss auf drei Säulen aufbauen:

- dem Einsatz eines Projektmitarbeiters als Qualitätsbeauftragten
- Checklisten zur Qualitätssicherung, eingebaut in das Vorgehensmodell des Projekts
- Qualitätsreviews und erforderliche Korrekturmaßnahmen am Ende eines Projektabschnitts

8

Ein Projektleiter kann erwarten, dass die allgemein gültigen Forderungen des Qualitätsmanagements für eine Eigenentwicklung, für die Fremdvergabe von Programmieraufträgen und für den Softwarekauf im Handbuch der Projektmethoden und -standards oder einem speziellen Qualitätshandbuch vorliegen.

Verantwortlichkeit für das Qualitätsmanagement

Der Projektleiter trägt die **Hauptverantwortung** für eine ausreichende fachliche und IT-technische Qualität der im Projekt erstellten Prozesse und Produkte! Er wird unterstützt vom IT-Management, dem zuständigen Fachmanagement, projektexternen oder -internen Qualitätsbeauftragten und eventuell auch einem IT-Revisor oder Projektcontroller. Die Qualitätsverantwortung wird dem Projektleiter durch einen Qualitätsbeauftragten nicht abgenommen! In den meisten Fällen führt ein projektinterner Qualitätsbeauftragter diese Aufgaben nebenamtlich durch.

Vergessen Sie als Projektverantwortlicher nicht, die künftigen Benutzer als Abnehmer der Projektleistungen in die Planung, Durchführung und Kontrolle der Qualitätssicherung einzuschalten!

Es empfiehlt sich, die Führungskräfte und aktiven Anwendermitarbeiter des Projekts über die Bedeutung der Qualitätssicherung, qualitätssichernde Maßnahmen und ihre Beteiligung am Qualitätsmanagement zu informieren und bei Bedarf eine Schulungsveranstaltung durchzuführen.

Welche Qualitätssicherungsmaßnahmen sind erforderlich?

Das Qualitätsmanagement in einem IT-Projekt kann nur funktionieren, wenn die Zielsetzungen, Maßnahmen und Ergebnisse der Qualitätssicherung festliegen und die Hilfsmittel zur Zielerfüllung den Projektmitarbeitern zur Verfügung stehen. Zu diesem Zweck müssen Sie vor dem Projektstart als Projektleiter zusammen mit Ihrem Team einen Maßnahmenkatalog zur Qualitätssicherung zusammenstellen und in die vorgesehenen Projektaktivitäten übernehmen.

Für ein IT-Projekt muss der Grundsatz gelten: Die gewünschte Qualität ist ein Bestandteil der Hardware-, Netz- und Softwarearchitektur eines Projekts. Qualität kann nicht nachträglich durch Kontrollmaßnahmen in eine Systemarchitektur hineingeprüft werden!

Das Qualitätssicherungskonzept muss alle fachlichen und IT-technischen Projektphasen umfassen! Für die Festlegung der Qualitätsstandards hat sich die Zusammenstellung einer **phasenbezogenen Qualitäts-Checkliste** bewährt. Meist liegt ein solcher Fragenkatalog bereits in einem Qualitätsmanagementhandbuch des Unternehmens oder der Behörde vor. Er muss in diesem Fall nur noch um projektspezifische Besonderheiten ergänzt und den Arbeitspaketen des Projekts zugeordnet werden. Aufgrund unserer eigenen Projekterfahrungen halten wir es für wichtig, dass jeder Projektmitarbeiter bereits bei der Arbeitsdurchführung mit den geforderten Projektstandards konfrontiert wird! Alle Mitarbeiter im Projekt müssen darüber Bescheid wissen,

- auf welche Qualitätsgesichtspunkte im Projekt besonderer Wert gelegt wird,
- wie die Realisierung der Qualitätssicherungsmaßnahmen erfolgen soll,
- welche Werkzeuge hierfür zu benutzen sind und
- in welcher Form eine Maßnahmenkontrolle vorgesehen ist.

Die gewünschte Softwarequalität sollte sich durch einen **Verständigungsprozess** zwischen Projektleiter und -mitarbeitern ergeben, wobei die Anwenderseite unbedingt einbezogen werden muss.

ISO 9000/3 enthält umfangreiche Fragelisten zur Qualitätssicherung. Sie wurden von zahlreichen Unternehmen in die betrieblichen QS-Handbücher übernommen. Allerdings sind diese überbetrieblichen Fragenkataloge zwangsläufig allgemein gehalten und lassen sich nicht ohne eine projektspezifische Anpassung als Qualitätsanforderungskatalog in ein Projekt übernehmen.

Checkliste IT-typischer QS-Anforderungen

Um Ihre Planungsüberlegungen beim Aufbau projektspezifischer QS-Maßnahmen zu erleichtern, haben wir für Sie wichtige Fragen und Anregungen für ein fachliches und IT-technisches Qualitätssicherungskonzept zusammengestellt.

Kernpunkte zur fachlichen Qualitätssicherung:

Die fachliche Qualitätssicherung ist eine Gemeinschaftsaufgabe von Projektteam und den Führungskräften und Sachbearbeitern der Fachabteilung, die bei der Projektabwicklung aktiv mitwirken.

Aufhänger der fachlichen Qualitätskontrolle sind die Dokumente der Zwischen- und Endprodukte, die im Phasenverlauf eines Projekts anfallen. Anbei die typischen Fragen zur fachlichen Qualitätssicherheit an Meilensteinen des Projektablaufs:

(1) Ergebnisse der Isterhebung, Problemanalyse und Anforderungsanalyse:

- Sind nach Auffassung der Fachabteilung die Hauptprobleme erfasst worden?
- Geben die zusammengestellten Anforderungen die Wünsche und Zielsetzungen an die Softwareerstellung oder -beschaffung vollständig und richtig wieder?
- Ist in ausreichender Tiefe untersucht worden, in welchem Umfang und in welcher Richtung mit der Softwareeinführung eine Reorganisation der Geschäftsprozesse erfolgen muss?

(2) Lösungsvorschläge der fachlichen Sollkonzeption:

- Sind Lösungsalternativen erarbeitet und mit dem Fachbereich besprochen worden?
- Wird das erarbeitete Fachkonzept von der Anwenderseite voll akzeptiert?
- Lassen sich das geplante Organisationsniveau und der Integrationsgrad der Lösung in die Praxis umsetzen?
- Können alle fachlichen Schnittstellenprobleme mit Nachbarbereichen praxisgerecht gelöst werden?
- Werden schwierige Lösungspunkte im Rahmen eines Prototyping-Vorgehens auf eine ausreichende Benutzerakzeptanz und -freundlichkeit geprüft?

(3) Testpläne und -strategien für die erstellten Programme und die angepasste Fremdsoftware:

- Existiert ein systematischer Testplan?
- Hat der Fachbereich in ausreichendem Umfang praxisgerechte Testfälle für den Modul-, Integrations- und Abnahmetest geliefert?
- Sind die Testergebnisse zusammen mit dem Fachbereich analysiert und von diesem abgenommen worden?

(4) Benutzerhandbuch und Schulungskonzepte für die Anwender:

- Liegt ein Benutzerhandbuch vor, das eine ausreichende Hilfestellung für die Anwender darstellt?
- Ist bei Softwarefremdbezug und anschließender Anpassung die Benutzerdokumentation überarbeitet worden?
- Sind die Benutzer genügend geschult und in das neue IT-Anwendungssystem eingewiesen worden? Sind sie in der Lage, das neue System selbstständig zu bedienen? Steht ihnen bei Arbeitsschwierigkeiten ein qualifizierter Benutzerservice des IT-Bereichs und/oder ein Key User zur Verfügung?

(5) Systemabnahme und -freigabe für den Produktivbetrieb:

- Sind alle Entwicklungs- beziehungsweise Anpassungstätigkeiten abgeschlossen?
- Sind auch alle Nebenarbeiten (Dokumentation, Datenkonversion von Altsystemen, Schnittstellen zu Fremdsystemen und andere) beendet?
- Können sich Probleme ergeben, weil das neue System noch nicht vollständig eingeführt worden ist?
- Liegen noch offene Punkte vor, die im Zusammenhang mit dem Projekt einer Regelung bedürfen? Sind hierfür die Verantwortlichkeiten, Mitarbeiterkapazitäten und Fertigstellungstermine festgelegt worden?

IT-technische Qualitätssicherung

Für die IT-technische Qualitätsüberwachung liegt die Gesamtverantwortung ebenfalls beim Projektleiter. Ist er persönlich nicht in der Lage, IT-technische Qualitätsreviews zu überwachen, sollte er einen fachkundigen IT-Spezialisten für die Qualitätskontrolle heranziehen.

Die IT-technischen Qualitätsüberprüfungen finden bei einer Individualentwicklung an folgenden Stellen statt:

- eventuell bereits bei der Übergabe der fachlichen Dokumentation an die Programmiererseite,
- nach dem Abschluss der Programmvorgabe mit Erstellung des systemtechnischen Konzepts und dem physischen Datenbankschemas,
- nach der Fertigstellung wesentlicher Programmmodule,
- nach dem Abschluss der Systemintegration und der Integrations- und Abnahmetests,
- nach der Ablieferung der Programmdokumentation beziehungsweise Fertigmeldung an den Projektleiter.

Bei einem Softwarefremdbezug liegt der geeignete Zeitpunkt für die IT-technische Qualitätskontrolle am Ende der Anpassungsarbeiten des Softwarepakets und den sich anschließenden Abnahmetests. Eventuell muss der Projektleiter zusammen mit IT-Spezialisten bereits vor dem Abschluss des Softwarevertrags die angebotene System-, Anpassungs- und Installationsdokumentation auf Verständlichkeit und Vollständigkeit prüfen.

Ist mit dem Softwareprojekt in größerem Umfang auch eine Hardwarebeschaffung verbunden, müssen der Hardware nach dem Eingang des Angebots und nach der Installation wichtige Qualitätsreviews gewidmet werden. Eine solche Prüfung ist besonders bedeutsam, wenn im Unternehmen eine neuartige Hardwareplattform, zum Beispiel eine Client-Server-Umgebung, eingeführt wird. Über folgende Fragen muss sich das Unternehmen bei diesen Reviews Klarheit verschaffen:

- Können mit der von der Lieferfirma angebotenen Hardware, dem LAN und dem Betriebssystem die Anforderungen des Unternehmens optimal erfüllt werden?
- Ist das Angebot weder über- noch unterdimensioniert?
- Entsprechen die Hardwarekomponenten dem gegenwärtigen State of Art?
- Ist eine ausreichende Kompatibilität zum bestehenden Hardwareequipment gegeben?
- Ist die Hardware entsprechend dem Bedarf unseres Unternehmens ausbaufähig und zukunftsorientiert?

Zusätzliche QS-Anforderungen ergeben sich bei **Internet- und E-Commerce-Projekten** beispielsweise im Performance-Bereich hinsichtlich einer möglichen Netzüberlastung oder einer unzureichenden Auslegung des Webservers.

8.1.5 Reviews zur QS-Prüfung

Prüfungen zur Sicherung einer ausreichenden Prozess- und Produktqualität und einer ausreichenden QS-Dokumentation haben sich am besten in der Form von **QS-Reviews** (Design-, Test- und Dokumentations-Reviews) bewährt. Sie werden am Ende eines Projektabschnitts beim Erreichen eines Projektmeilensteins durchgeführt. Beim Einsatz der QS-Normen ISO 9000 oder dem V-Modell gehören solche Reviews zum Standardrepertoire einer Projektabwicklung.

Reviews sollten nicht vom Projektleiter oder den am Ergebnis beteiligten Projektmitarbeitern geleitet werden. Für die Moderation sollte ein projektexterner oder -interner Qualitätsbeauftragter zur Verfügung stehen. Achten Sie darauf, dass die Fachabteilung in ausreichendem Maß an einer Qualitätsinspektion der fachlichen Anforderungen mitwirkt! Das gilt in besonderem Maß für eine Abnahmeprüfung.

Der **Fokus eines Qualitätsreviews** muss darauf gelegt werden, ob das geprüfte Produkt oder Dokument die Qualitätsanforderungen erfüllt. Bevorzugte Formen der QS-Prüfung sind

- Gegenüberstellung von Sollanforderungen (Prüfanweisungen) und festgestellten Prüfergebnissen
- Dokumentationsprüfungen
- Beurteilung durch Kunde / Fachabteilung (Beispiel: Qualität der Benutzeroberfläche)
- Softwaretests

Die **Verifizierungen** nach jeder Projektphase müssen die **Aufbauorganisation** (Aufgaben, Kompetenzen und Verantwortlichkeit), die manuelle oder softwaregestützte Ablauforganisation (Vollständigkeit, Richtigkeit und Zweckmäßigkeit der Regelungen), die Dokumentation und den Kenntnisstand der Mitarbeiter des Anwenderbereichs umfassen.

Damit die Qualitätssicherung in einem nach ISO 9000 ff zertifizierten Unternehmen nicht nebenbei und oberflächlich geschieht, muss der Durchführungsverantwortliche ein Qualiltätssicherungsprotokoll erstellen, um den Umfang und die Art der Qualitätskontrolle nachweisen zu können.

Im **Protokoll des Qualitätsreviews** muss enthalten sein,

- wer die Qualitätsbesprechung verantwortlich geleitet hat,
- welche Mitarbeiter teilgenommen haben,
- welche Punkte geprüft wurden.

Das Protokoll muss die festgestellten Schwachpunkte aufweisen. Aufgrund der Auditbefunde sind Korrekturmaßnahmen einzuleiten.

8

8.2 Konfigurations- und Änderungsmanagement

Mit wachsendem Projektumfang wird es immer schwieriger, die Vielzahl der papiergebundenen und gespeicherten Dokumente und der Änderungen zu beherrschen und stets auf die richtigen Unterlagen zurückzugreifen.

Zur Bewältigung dieser komplexen Aufgabe kann ein Konfigurations- und Änderungsmanagement Hilfestellung leisten! Es stellt ein nützliches – und oft unentbehrliches – Hilfsmittel eines hoch entwickelten Qualitätsmanagementsystems dar!

Trotz der Forderungen durch ISO 9000 und das V-Modell der Behördenwelt stellt ein brauchbares und durchgängiges Konfigurations-und Änderungsmanagement in vielen Unternehmen immer noch eine Schwachstelle der Projektmanagementmethodik dar.

Wir beschränken uns bei der Darstellung des Konfigurationsmanagements (KM) auf wesentliche Highlights, da die Thematik nicht jeden Projektleiter berührt und unterschiedliche Rahmenregelungen und Software-Tools zur KM-Unterstützung angeboten werden. Eine vertiefte Darstellung finden Sie beispielsweise in dem Kompendium zum V-Modell 97 [Literaturquelle D4].

8.2.1 Zielsetzungen und Organisation des Konfigurationsmanagements

Mit dem Einsatz eines Konfigurations- und Änderungsmanagements soll erreicht werden, dass

- die relevanten Dokumente eines Projekts richtig gelenkt, archiviert und rückverfolgt werden können und
- alle Änderungen erkannt und richtig zugeordnet werden.

Ebenso wie für die Qualitätssicherung gilt auch für das Konfigurations- und Änderungswesen, dass die **Organisation eines Software-Konfigurationsmanagements** zu den Infrastrukturmaßnahmen eines IT-Bereichs gehört. Doch muss ein Projektteam in der Lage sein, ein vorhandenes KM-System innerhalb eines bestimmten Projekts richtig einzusetzen. Die Verantwortung für die Führung eines Konfigurations- und Änderungsmanagements innerhalb des Projektrahmens liegt beim Projektleiter. Die Aufgabendurchführung wird in IT-Projekten meist dem Qualitätsbeauftragten und den zuständigen Projektmitarbeitern übertragen.

8.2.2 Schwerpunkte eines KM-Systems

Zu einem Software-Konfigurationsmanagement gehören drei wesentliche **Bestandteile**:

- ein durchdachtes **Identifizierungssystem** für alle Dokumente
- eine **Konfigurationsbuchführung** in einem Konfigurationsarchiv
- ein geregeltes **Änderungswesen** für die in der Konfigurationssteuerung geführten Dokumente

Verfahren und Tools für ein Konfigurations- und Änderungsmanagement werden am Softwaremarkt angeboten

Nummernsystem zur Identifizierung aller Projektdokumente

Um eine ordnungsgemäße **Dokumentenarchivierung** zu ermöglichen, ist eine eindeutige Identifizierung jedes Dokuments nötig. Ein praktisches Beispiel einer **Dokumentenidentifizierung** finden Sie im Folgeabschnitt 8.3.5: »Organisation der Dokumentationsmethodik«.

Die Dokumentenidentifizierung muss um einige zusätzliche **Klassifizierungselemente** ergänzt werden. Dazu gehören

- die Dokumentenbezeichnung (Suchname),
- das Erstellungsdatum,
- die Zuordnung zur Systemstruktur bei mehrteiligen Systemen,
- eine Versionsnummer und
- der Dokumentenstatus.

Ein Dokument durchläuft vom Entwurf bis zu seiner Abnahme mehrere Entwicklungs- und Prüfschritte. Sie werden in einem **Statusschlüssel** festgehalten. Er ist neben der Identifizierungsnummer zu pflegen. Mit Hilfe des **Statuskonzepts** hat jeder Projektmitarbeiter einen Überblick über den Entwicklungsstand der Dokumente jedes Systembestandteils. Das ursprüngliche Statuskonzept des V-Modells lautet beispielsweise:

- Geplantes Dokument
- In Bearbeitung befindliches Dokument
- Vorgelegtes Dokument (Erstellung abgeschlossen)
- Akzeptiertes Dokument (freigegeben, genehmigt)
- Keine Führung eines Statusschlüssels

Jedes Unternehmen kann diesen überbetrieblichen Schlüssel verändern und beispielsweise einen weiteren Status »Inaktives Dokument« hinzufügen.

Von Bedeutung ist häufig auch die **Versionsunterscheidung** eines Dokuments (Beispiel: Testversion, Produktivversion, historische Version).

Konfigurationsadministration und -archivierung

Zur Führung und dem Nachweis der Dokumente ist eine Konfigurationsbuchhaltung und -verfolgung nötig. Die Speicherung der Dokumente erfolgt in einer hierarchisch aufgebauten Konfigurationsdatenbank.

Für jedes geplante Softwaresystem muss vor der Dokumenteneingabe ein **Konfigurationsplan** zusammengestellt werden. Er enthält die Unterteilung des Projekts in der Form einer mehrstufigen Projektstrukturierung (»Strukturstückliste«). Diese Strukturierungsarbeit ist projektbezogen und fällt in die Zuständigkeit des Projektteams!

Der **Abruf von Dokumenten** aus dem Konfigurationsarchiv kann über die Identifikationsnummer oder ein Schlagwortverzeichnis der Dokumentenbezeichnung erfolgen.

Die Aufgaben des Änderungsmanagements

Das Konfigurationsmanagement eines Projekts wird durch ein **Änderungsmanagement** ergänzt. Es dient dem Zweck, alle Änderungen an Systemen und Dokumenten in ihrem Ablauf zu verfolgen und damit einen geordneten Änderungsdienst zu gewährleisten.

> *Eine effiziente Projektsteuerung wird erleichtert, wenn der Projektleiter durch ein transparentes Änderungsmanagement das Problem der »schleichenden Änderungen« in den Griff bekommt. Aus vielerlei Gründen werden diese oft durch Hintertürchen in ein Projekt eingeschleust und bringen den Terminplan total durcheinander!*

Änderungen im Rahmen eines Projekts – und auch in der Systemwartung! – durchlaufen bei einem systematischen Änderungsmanagement folgende **Erstellungsschritte**:

1. Zusammenstellung des Änderungsantrags auf einem standardisierten Formular
2. Zentrale Prüfung durch eine Änderungsstelle
3. Freigabe oder Ablehnung
4. Realisierung und Dokumentation des Änderungsauftrags
5. Prüfung (Verifizierung)
6. Eingliederung in das System

Jede Änderung erhält eine **Änderungsnummer**. Aufschlussreich ist die Führung eines **Ursachenschlüssels**:

- Nachträgliche Anwenderwünsche
- Planungsfehler
- Änderung gesetzlicher Vorschriften
- Technische Probleme
- Negative Testergebnisse
- Schnittstellenprobleme

Beim Einsatz eines Projektänderungsmanagements muss der Projektleiter darauf achten, dass durch die kontrollierte Änderungsabwicklung keine zeitlichen Verzögerungen eintreten!

8.2.3 Problemzonen eines Konfigurations- und Änderungsmanagements

Kein System eines Konfigurations- und Änderungsmanagements, das wir bisher in Unternehmen und Behörden angetroffen haben, war voll befriedigend! Häufig waren bei der Realisierung erhebliche Kompromisse nötig. Anbei einige **typische Schwachstellen**, auf die ein Projektteam achten muss:

- Leistungsfähige KM-Administrationstools sprengen möglicherweise das Projektbudget!
- Auch der laufende Pflegeaufwand darf nicht unterschätzt werden.

- Dokumente mit Mehrfachverwendung benötigen Querverweise.
- Für die Verbindung eigenentwickelter und fremdbezogener Anwendungssysteme muss eine individuelle Lösung gefunden werden.
- Versionsänderungen führen zu einer Vielzahl neuer Dokumente.
- Neben maschinell gespeicherten Dokumenten sind auch papiergebundene Belege zu verwalten!

Durch die Rückführung eines KM-Systems auf die individuell erforderlichen Funktionalitäten dieser Infrastrukturmaßnahme kann sich ein Unternehmen gegen den Vorwurf der »Überreglementierung« schützen.

8.3 Dokumentationsmethodik in IT-Projekten

Das Thema Dokumentation gehört zu den Dauerbrennern, wenn man sich über Probleme der Projektorganisation unterhält. »Soll ich dokumentieren oder arbeiten?« Diese immer wieder von Projektmitarbeitern gestellte provozierende Frage demonstriert am besten das gestörte Verhältnis vieler Mitarbeiter zur Dokumentation.

Aus drei Gründen ist es notwendig, eine übersichtliche Projektdokumentation anzufertigen:

Aus der Dokumentation muss eindeutig hervorgehen, welche Arbeiten vorgenommen wurden und zu welchen Ergebnissen sie geführt haben. Sie erlaubt einen Nachweis, wenn Arbeitsergebnisse nachträglich angezweifelt werden.

- Für Mitarbeiter, die erst später in das Projekt eingetreten sind und bei den vorherigen Arbeiten nicht beteiligt waren, muss die angefertigte Dokumentation verständlich sein.
- Bei der Wartung eines IT-Anwendungssystems kann nur aufgrund der Dokumentation eine gezielte Änderung oder Erweiterung des Programmsystems vorgenommen werden.

Wünscht ein Unternehmen eine Zertifizierung nach dem Qualitätsmanagementsystem ISO EN DIN 9000, muss an erster Stelle der Nachweis für eine ordnungsgemäße Dokumentation erbracht werden.

Zur Erleichterung der Dokumentationsarbeit sollte ein Projektteam so weit wie möglich die im Unternehmen vorhandenen maschinellen Dokumentationshilfen in Anspruch nehmen. Auf jeden Fall sollten heute eine gut kommentierte Programmdokumentation und die Benutzerdokumentation zur Erleichterung des Änderungsdienstes im System hinterlegt werden.

Bei IT-Projekten liegt die Dokumentationsverantwortlichkeit beim Projektleiter. Er muss seine Projektmitarbeiter anhalten, schritthaltend mit ihrer Projektarbeit die Dokumentationsarbeiten durchzuführen. Eine Tätigkeit darf erst dann als beendigt gelten, wenn auch die zugehörige Dokumentation abgeschlossen worden ist.

Wenn ein Projektverantwortlicher bei bisher durchgeführten Projekten des Unternehmens keine brauchbare Dokumentationsmethodik vorfindet, muss er für das aktuelle Projekt ein Minimum an manueller Entwicklungs- und Produktdokumentation von seinen Teammitgliedern nach von ihm vorgegebenen Richtlinien und Musterbeispielen fordern.

8.3.1 Komponenten der Projektdokumentation

Die Dokumentation eines Projekts der Individualentwicklung setzt sich aus folgenden Bestandteilen zusammen:

- Projektmanagementdokumentation
- Organisations- oder Systemdokumentation
- Programmdokumentation
- Benutzerdokumentation
- RZ-Dokumentation
- Sonderdokumentationen (Installationsdokumentation, Netzdokumentation u.ä.)

Eine logische Unterteilung der Dokumentationsbestandteile eines IT-Projekts führt zur Übersicht in Abbildung 8.1.

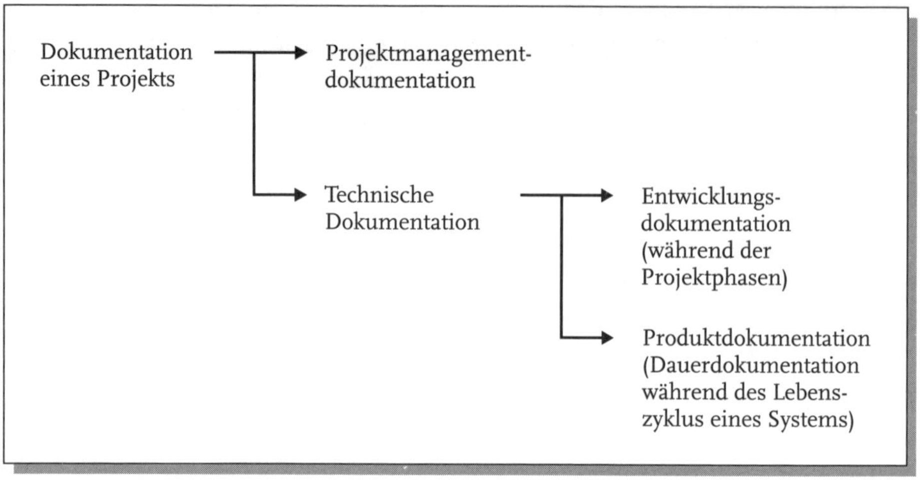

Abbildung 8.1: Unterteilung der Projektdokumentation nach logischen Gesichtspunkten

Die **Projektmanagementdokumentation** umfasst den Projektauftrag und seine Abwicklung in den Projektphasen bis zur Schlussabnahme des Projekts.

Die **technische Dokumentation** gibt Auskunft über den Inhalt des Projekts. Sie zerfällt in die Entwicklungsdokumentation und die Produktdokumentation. Teile der Entwicklungsdokumentation, zum Beispiel Unterlagen der fachlichen Feinkonzeption und der Programmvorgabe, werden in die Produktdokumentation übernommen. Zu ihr gehören die Programm-, Benutzer- und Rechenzentrumsdokumentation.

8.3.2 Projektmanagementdokumentation

Die Projektmanagementdokumentation umfasst alle Unterlagen zur Auslösung, Planung und Steuerung eines Projekts. Im Einzelnen gehören folgende wesentliche Punkte zu dieser Dokumentationsart:

- der Projektauftrag mit dem Anforderungskatalog der Fachabteilung
- wesentlicher Schriftwechsel mit der Fachabteilung
- Aufwands- und Terminplanungen
- Wirtschaftlichkeitsberechnungen
- Arbeitsaufträge

- Zeitüberwachungsblätter
- wichtige Sitzungsprotokolle u.Ä.
- die Ergebnisse der Qualitätsreviews

In einer zeitgemäßen IT-Projektorganisation sollten alle aktuellen **Projektformulare** im **Officesystem** abgelegt sein. Per Mausklick kann jeder Projektmitarbeiter Blankovordrucke aus dem Formulardepot anfordern, sie am Bildschirm ausfüllen und ausdrucken oder in die gespeicherte Projektdokumentation übernehmen. Für jedes Projektformular sollte eine präzise Ausfüllhilfe mit praktischen Erläuterungen zur Verfügung stehen, auf die der Bearbeiter bei Bedarf online zurückgreifen kann.

Wenn Sie in Ihrem Unternehmen solche praktischen Arbeitshilfen vermissen, können Sie auf die in diesem Handbuch enthaltenen Vordrucke zurückgreifen. Darüber hinaus liefert der Softwaremarkt auf unterschiedlichen Speichermedien preisgünstige Formularsammlungen zur Projektabwicklung.

Schriftstücke der Projektmanagementdokumentation unterliegen überwiegend nur einer begrenzten **Aufbewahrungspflicht**. Abgesehen von wesentlichen Auftragsunterlagen, Auftragsänderungsanträgen und wichtigen Sitzungsprotokollen können die Ordner und Dateien der Projektmanagementdokumentation etwa ein halbes Jahr nach dem Abschluss eines Projekts aufgelöst bzw. gelöscht werden.

Rechnerunterstützung der Projektmanagementdokumentation

Beim Einsatz von **Projektmanagementsoftware** werden die Projektstammdaten, der Projektstrukturplan, Netzwerkstrukturen und Rückmeldedaten während der Projektlaufzeit in diesem System gespeichert. Sie können dort fortgeschrieben, geändert und gelöscht werden.

Für die Verwaltung von Projektformularen (Projektauftrag, Reviewprotokolle, Verfolgungsberichte usw.) werden auf der Basis von Textverarbeitungs- und Tabellenkalkulationsprogrammen Standardprogramme angeboten.

Unternehmen mit hohen Ansprüchen an die Projektmanagement-Software reicht der beschränkte Datenfile einer einfachen Projektmanagementsoftware nicht aus. Für Multiprojektanforderungen und einen zentralen Ressourcenpool stehen zentrale **Projektmanagement-Repositories** zur Verfügung.

Diese Softwareprodukte können an Front-ends wie beispielsweise MS-Project angekoppelt werden. Als Aufhänger für die im Repository abgelegten Projektinformationen dient das projektbezogene Vorgehensmodell, das dem System mitgeteilt wird. In der Projektdatenbank können neben den Projekt- und Ressourcenstammdaten alle Soll- und Istdaten der Projektplanung und -überwachung geführt werden. Projektauswertungen sind auf unterschiedlichen Verdichtungsebenen möglich. Von dem Projektmanagement-Repository werden auch Groupwarefunktionen unterstützt, so dass Status- und Frühwarnmeldungen sowie Berichte auf diesem Weg an die Projektmitarbeiter gelangen.

Für den Rückgriff auf Problemlösungen und Informationen in früheren Projekten wird in Unternehmen eine zentrale **Projekterfahrungsdatenbank** (Projektarchiv) geführt. In ihr sind nach einem einheitlichen Schema in Anlehnung an die Projektstruktur Lösungen aus abgeschlossenen Projekten hinterlegt. Mit Hilfe von hypertextorganisierten Abfrageprogrammen können Projektleiter und -mitarbeiter aus diesem Datenpool vergangener Projekte nützliche Informationen für das eigene Projekt gewinnen.

Im Rahmen einer installierten Bürokommunikationssoftware kann für laufende und geplante Projekte ein **Projektinformationssystem** geführt werden. Es lässt sich über ein Intranet ansprechen und dient über ein Newsboard der Information von interessierten Führungskräften und Mitarbeitern. In der Datenbank dieses Projektinformationssystems werden

- die Projektbezeichnung, die Zielsetzungen und eine Kurzbeschreibung,
- die Ansprechpartner im Projekt und
- wichtige Projekttermine

geführt. Neben diesen Stamminformationen kann das Projektinformationssystem um den jeweils neuesten Projektfortschrittsbericht ergänzt werden. Für seine Pflege ist der Projektleiter zuständig.

8.3.3 System- und Programmdokumentation bei der Eigenentwicklung von Software

Bei der technischen Dokumentation ist in einem Softwareprojekt zwischen der Entwicklungs- und Produktdokumentation zu unterscheiden. Für die Produktdokumentation entspricht die Aufbewahrungsfrist der Lebenszeit des Anwendungssystems! Eine sorgfältige Arbeits- und Ergebnisdokumentation nach einem klaren Dokumentationskonzept und/oder dem Einsatz von Dokumentationstools ist bei der Eigenentwicklung eines Programmsystems besonders wichtig. Dieses Lernmodul beschränkt sich auf einige Kernpunkte. Mehr darüber können Sie speziellen Fachbüchern zur Projektdokumentation entnehmen.

Systemdokumentation

Zur Systemdokumentation zählen die während der fachlichen Phasen eines Projekts anfallenden Unterlagen. Es handelt sich in erster Linie um Analyseergebnisse, Konzepte und Systementwürfe verschiedener Feinheitsgrade, welche die Basis für die Programmierung bilden. Sie zählen überwiegend zur Dauerdokumentation während des gesamten Lebenslaufs eines IT-Anwendungssystems. Sie sind wesentliche Unterlagen für Systemänderungen und -erweiterungen. Die Systemdokumentation sollte ebenso einem Änderungsdienst unterliegen wie die Programmdokumentation. Das ist besonders bei stark integrierten Systemen, welche schrittweise aufgebaut werden, wichtig.

Beim Einsatz einer Workbench mit einem Repository ist die Systemdokumentation dort abgelegt und mit dem Inhalt der übrigen Dokumentationsarten durch Querverweise verbunden. Ein Repository ermöglicht auch einen konsistenten Änderungsdienst jedes Dokuments mit Hilfe eines Change-Managements.

Programmdokumentation

Zur Programmdokumentation gehören die Programmvorgabe und die während der Programmierung und an ihrem Ende entstehenden Unterlagen. Im Mittelpunkt stehen folgende Punkte:

- der Programmierauftrag
- die gesamte Programmvorgabe
- vom Programmierer erstellte Programmablaufpläne
- Umwandlungslisten mit Quellenprogrammen und dem Maschinenprogramm
- Testanweisungen und Ergebnisse der Abnahmetests

Die Programmdokumentation wird durch die gewählte Programmiermethodik stark beeinflusst. Soweit Programmunterlagen für den Nachweis des Programminhalts und zur Durchführung späterer Programmänderungen benötigt werden, gehören sie zur Dauerdokumentation und sind während der gesamten Lebenszeit eines Programms aufzubewahren oder in einem Data Dictionary oder Repository abzuspeichern, was erhebliche Vorteile bei der Programmwartung bringt.

Aus der Programmdokumentation leitet sich ein wesentlicher Teil der RZ-Dokumentation ab. Sie dient dem Rechenzentrum zur Information über das Programm und als Bedienungsanleitung.

Benutzerdokumentation

Zur Benutzerdokumentation gehören folgende Anweisungen und Richtlinien:

- das Benutzerhandbuch für das neue Anwendungssystem
- die Anweisungen für eine evtl. vorzunehmende »Urladung« oder Datenkonversion
- Richtlinien für die Datenbereinigung und -aufbereitung
- evtl. Schulungsunterlagen und Präsentationsmaterial

Bei der Zusammenstellung des Schulungs- und Benutzerhandbuchs ist auf eine größtmögliche Verständlichkeit der Erklärungen Rücksicht zu nehmen. Das lässt sich am besten durch praktische Beispiele und Bilder erreichen.

Die Benutzerhandbücher müssen über die gesamte Laufzeit des Systems hinweg aufbewahrt und ständig auf dem neusten Stand gehalten werden. Zur Gewährleistung der Aktualität des Benutzerhandbuchs ist eine maschinelle Führung in einer textorientierten Datenbank mit Hypertextzugriff empfehlenswert.

Gliederung einer Benutzeranweisung

1. **Aufgaben und Zielsetzungen**

2. **Systemüberblick und Zusammenhänge**

3. **Stammdatenführung** (Verwaltungsteil)
   Transaktionskette 1 - n
   - Eröffnung
   - Änderungsdienst
   - Anzeigen und Ausdrucke

4. **Arbeitssysteme** (operative Teile)
   Transaktionskette 1 - n
   - Zugänge
   - Änderungen
   - Abgänge
   - Anzeigen / Auswertungen

5. **Berichtswesen** (Informationsteil)

6. **Besonderheiten**
   - Einschaltung
   - Zugriffsberechtigung
   - Restart bei Störungen
   - Notfallabwicklung

7. **Verantwortlichkeiten**

Abbildung 8.2: Gliederung eines Benutzerhandbuchs

8.3.4 Dokumentationsanforderungen bei Standardsoftware

Alle wichtigen Grundsätze und Arten einer ordnungsmäßigen und verständlichen Dokumentation gelten auch für die Beschaffung von Fremdsoftware. Wer ein Programm am Softwaremarkt anbietet, schuldet auch die zugehörige Dokumentation. So lauten heute Gerichtsurteile, wenn sich ein Softwareanwender in einem Prozess eine ausreichende System- und Benutzerdokumentation erstreiten muss.

Der Umfang der Dokumentationsanforderungen an Marktsoftware ist unterschiedlich und hängt davon ab, ob der Benutzer das Softwarepaket unverändert übernimmt oder an die spezifischen Unternehmensverhältnisse anpassen möchte. Darüber hinaus ist von Bedeutung, wie weit die angebotene Software selbsterklärend ist. Dazu gehören beispielsweise

- eine übersichtliche Menüführung
- eine aussagefähige Benutzersteuerung
- ein Help-System zur Information der Anwender
- ein im Anwendungssystem hinterlegtes Systemhandbuch und ein Benutzerhandbuch

Vom Standardsoftwareeinsatz erwartet ein Unternehmen, dass ihm die Softwarefirma auch die Dokumentationssorgen bei der Softwarewartung abnimmt. Die wichtigste Voraussetzung hierfür ist die **Dokumentationsverwaltung im System** und die maschinelle Einspielung von Änderungen bei neuen Softwareversionen.

8.3.5 Organisation der Dokumentationsmethodik

Die Organisation einer ordnungsgemäßen und benutzerfreundlichen Dokumentationsmethodik gehört nicht zu den Aufgaben eines Projektleiters in einem Informatikprojekt, sondern stellt ein eigenes Projekt dar. Ein Projektteam sollte auf eine vollständige und aktuelle Dokumentationsmethodik in einer Dokumentationsrichtlinie zurückgreifen können!

Eine **komplette Dokumentationsmethodik** muss folgende Festlegungen, Unterlagen und Werkzeuge umfassen:

- Dokumentationsnummern für die Entwicklungs- und Produktdokumentation
- Dokumentationsformulare bei manueller Dokumentation und Dokumentationsprogramme bei einer rechnergestützten Dokumentation
- eine Archivierungsanweisung für die Ablage der Dokumentationsunterlagen

Ordnungsnummer für Entwicklungsunterlagen

Die maßgeblichen Ablagekriterien für die Projektdokumentation sind

- die Zuordnung zu einer Projektphase und
- die Zuordnung zu einem Sachgebiet.

Innerhalb eines Sachgebiets oder einer Elementaraufgabe kann eine weitere Feineinteilung nach logischen Gesichtspunkten und nach Datum und Blattnummer erfolgen. Die Folgeskizze zeigt die beiden vorrangigen Zuordnungen, die für die Ablage der Entwicklungsdokumentation häufig anzutreffen sind.

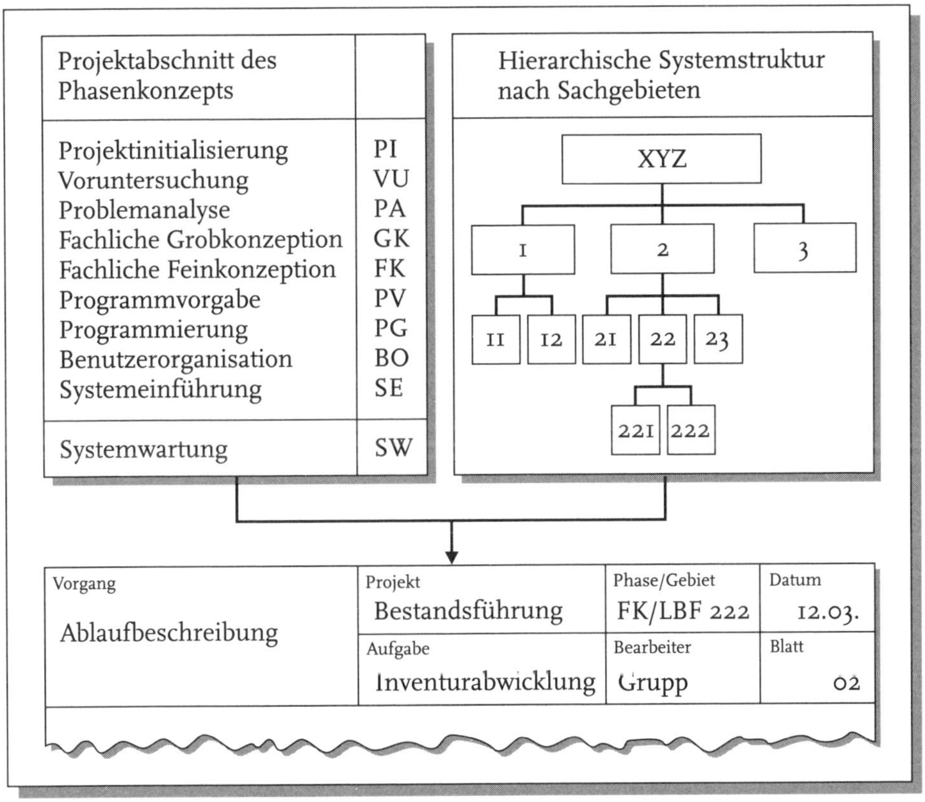

Abbildung 8.3: Die beiden Komponenten der Dokumentationsnummer eines IT-Projekts

Im Bereich der Programmierung entspricht die Ablagefolge innerhalb eines Programms der Modulfolge. Die weitere Untergliederung der Ablage kann nach den Ergebnissen der geforderten Programmdokumentation erfolgen. Schwierigkeiten können sich bei mehrfach verwendeten Programmteilen ergeben. Hier muss eine zweckmäßige Zuordnung durch geeignete Querverweise gefunden werden.

Selbstverständlich kann ein Unternehmen die Projektabschnitte und die zugehörigen Abkürzungen nach eigenem Belieben festlegen. Es ist vorteilhaft, sprechende Abkürzungen zu verwenden. Die Sachgebiete müssen nicht unbedingt in einer hierarchischen Systemstruktur untergliedert werden. Es können auch fortlaufende Sachgebietsnummern gewählt werden.

Für die Ablage der Projektdokumentation sollte – wenn keine allgemein zugängliche maschinelle Projektbibliothek zur Verfügung steht – ein Projektordner bereitgestellt werden. Das Inhaltsverzeichnis kann standardmäßig so unterteilt werden, wie wir es in Abbildung 8.4 dargestellt haben.

8

Deckblatt für Projektordner

Phase:

A Allgemeiner Teil (für jede Phase gültig)

- 0 Projektauftrag und Änderungen
- 1 Personalplanung
- 2 Zeitplanung und -überwachung
- 3 Schriftwechsel
- 4 Berichte (Beispiel: Zielkatalog)
- 5 Sonstiges

B Besonderer Teil

Im besonderen Teil der Dokumentationsablage wird entsprechend der Gliederung des Phasenkonzepts die Systemdokumentation, Programmdokumentation, Benutzerdokumentation und Rechenzentrumsdokumentation vorgenommen.

C Anlagen 1-n

Abbildung 8.4: Projektordner für die übersichtliche Ablage der Projektunterlagen

Immer häufiger ist anstelle eines papiergebundenen Projektordners eine in einem gespeicherten Projektarchiv abgelegte Projektmanagementdokumentation anzutreffen. Über das Intranet können alle Projektmitarbeiter und weitere Mitarbeiter mit einer Zugriffsbefugnis auf diesen »Projektordner« online zurückgreifen.

Ordnungsnummer für die Produktdokumentation

Eine spezielle Dokumentationsnummer ist für die Produktdokumentation nötig, sofern sich ein Unternehmen nicht mit einer fortlaufenden Dokumentationsnummer und der Dokumentenbezeichnung begnügt. Zur Produktdokumentation gehören hauptsächlich

- die Programmdokumentation samt wichtigen Testunterlagen,
- die RZ-Dokumentation und
- die Benutzerdokumentation.

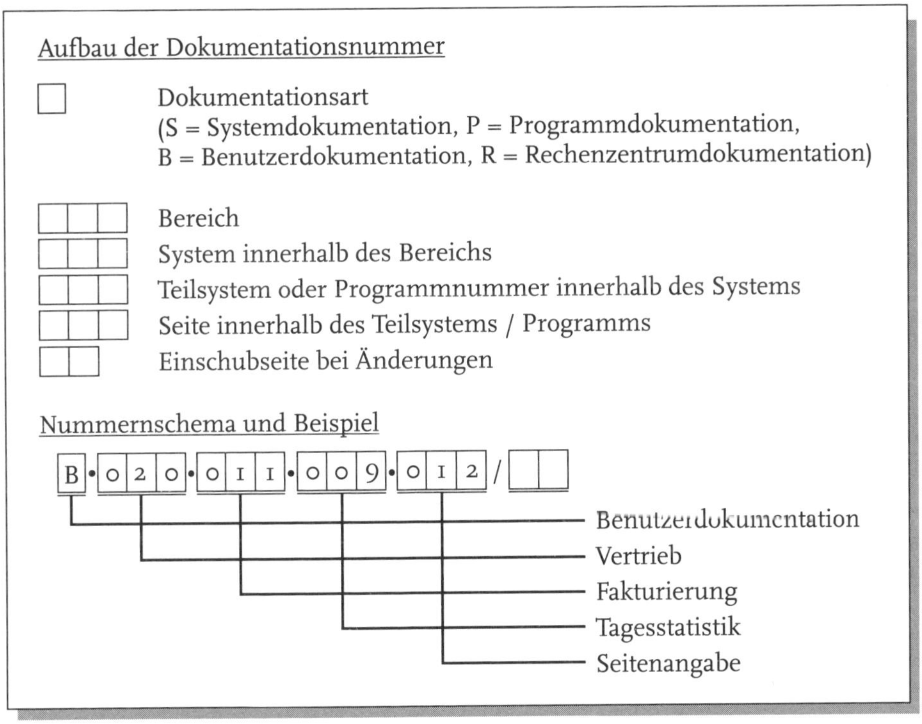

Abbildung 8.5: Dokumentationsnummer für die verschiedenen Dauerdokumentationsarten eines Projekts

Zur Ablage dieser Dokumente sollte eine Dokumentationsnummer vorliegen, die eine hierarchische Ablage ermöglicht.

Abbildung 8.5 enthält einen Vorschlag für den Aufbau einer Dokumentationsnummer für die Produktdokumentation. Die Tiefe der in dem mittleren Nummernteil hierarchisch aufgebauten Nummer kann betriebsindividuell festgelegt werden. Sie kann auch weniger Verfeinerungsstufen umfassen.

Einsatz von Dokumentationssoftware

Alle Wegweiser zur Verminderung der Dokumentationsproblematik und dem Abbau der Papierberge weisen in die Richtung der rechnerunterstützten Dokumentation. Preisgünstige PC-orientierte Entwicklungs- und Dokumentationstools auf Windows-Basis haben heute den Markt erobert und den schwerfälligen Paketen auf Mainframes den Rang abgelaufen.

Allgemeines Einverständnis besteht darüber, dass eine IT-gestützte Dokumentationssoftware nach Möglichkeit den gesamten Lebenszyklus eines Anwendungssystems umfassen sollte. Sie muss bei der Anforderungsanalyse und der fachlichen Spezifikation ansetzen und alle folgenden Projektphasen bis zur Programm- und Benutzerdokumentation einschließen. Für die Ablage der Dokumentationsunterlagen sollte ein Repository oder eine Workbench zur Verfügung stehen, das die auch als Grundlage für das Konfigurationsmanagement und die Softwarewartung benutzt werden kann.

Eine geringere Bedeutung hat Dokumentationssoftware in Unternehmen, die für ihre IT-Anwendungen und Informationssysteme Standardsoftware einsetzen. Hier muss der Softwareanbieter für ausreichende Dokumentationsroutinen sorgen und sie zusammen mit den Programmen der Anwenderfirma ausliefern.

Das Übersichtsschema in Abbildung 8.6 zeigt die verschiedenen Arten der IT-unterstützten Dokumentationswerkzeuge. Von der Zahl her stehen Standalone-Werkzeuge der Softwareentwicklung und einer Parallel- oder Nachdokumentation im Vordergrund. Ihnen stehen die integrierten Entwicklungs- und Dokumentationssysteme als Verbundwerkzeuge gegenüber. Die Projektmanagementsoftware haben wir wegen der andersartigen Zielsetzung in einem getrennten Darstellungszweig unseres Übersichtsschemas ausgewiesen.

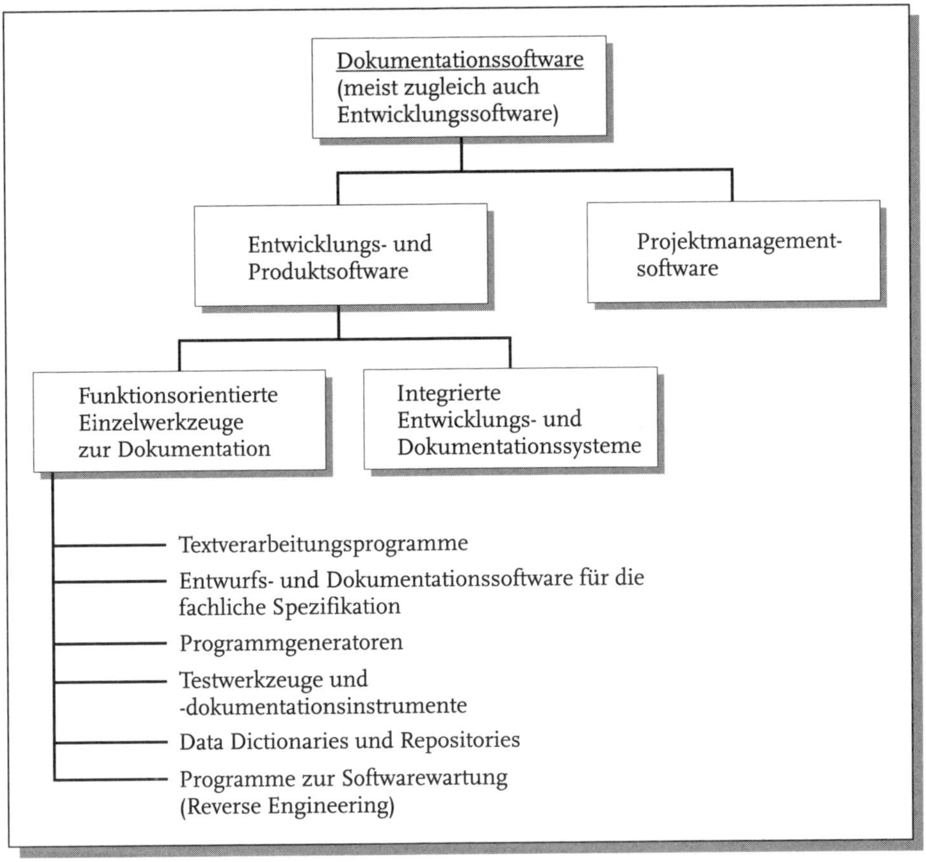

Abbildung 8.6: Überblick über die Arten der Dokumentationssoftware

Die meisten Stand-alone-Werkzeuge unterstützen den Bereich der technischen Systementwicklung. Daneben gibt es zahlreiche Produkte für die Testabwicklung und Testdokumentation.

Zur Unterstützung der fachlichen und technischen Spezifikation bietet der Softwaremarkt als PC-Tool-Sets CASE-Werkzeuge an. Das Rückgrat einer solchen Workbench bildet eine grafische Entwicklungsunterstützung.

Der Werkzeugkasten eines modernen Entwicklungs- und Dokumentationssystems sollte eine 4-GL-Sprache enthalten und ein interaktives Arbeiten ermöglichen. Als minimale Anforderung sollte eine Abfragesprache (z. B. SQL) zur Verfügung stehen.

8

Neuere CASE-Spezifikationssysteme enthalten ein Prototyping-Tool. Es lässt sich zur Generierung von Masken-Layouts und E/A-Programmen verwenden, bevor das endgültige Systemdesign erstellt wird. Die Ablage der Entwicklungsdokumentation erfolgt in einem Repository als Spezifikationsdatenbank.

8.4 Die besten Expertentipps dieses Lernmoduls auf einen Blick

Qualitätssicherung und Dokumentation gelten häufig als die zwei **ungeliebten Zeitfresser** eines IT-Projekts. Durch den Einsatz zeitgemäßer Methodikwerkzeuge und viel Motivation muss der Projektleiter seine Mitarbeiter dazu bringen, dass sie beide Themenbereiche in jeder Projektphase ständig im Auge behalten. Zur Bewältigung dieser Aufgaben muss der IT-Bereich eines Unternehmens als Infrastruktur einer effizienten Projektarbeit ein Qualitätssicherungskonzept und Dokumentations-Tools zur Verfügung stellen.

Die folgenden **Highlights** stehen im Mittelpunkt der Qualitätssicherungs- und Dokumentationsarbeit eines Projekts:

(1) Die oberste **Zielsetzung des Qualitätsmanagements** eines IT-Projekts ist die Schaffung sicherer Prozesse der Systementwicklung, -beschaffung und -implementierung. Das führt auch zu einer Verbesserung der Produktqualität!

(2) Viele Firmen und Behörden wenden heute zur Verbesserung ihres Qualitätsmanagements die **Normen und Konzepte** von ISO 9000 ff, dem V-Modell 97 oder von TQM (Total Quality Management) an. Ihr Einsatz zwingt die IT-Teams zu erhöhten Anstrengungen auf dem Qualitätssektor eines Projekts.

(3) Die Qualitätssicherung eines IT-Projekts baut auf **drei Säulen** auf:

1. dem haupt- oder nebenamtlichen Einsatz eines geschulten Projektmitarbeiters als Qualitätsbeauftragten,
2. **Checklisten zur Qualitätssicherung**, eingebaut in das Vorgehensmodell des Projekts,
3. **Qualitätsreviews** und erforderliche Korrekturmaßnahmen am Ende eines Projektabschnitts Die Gesamtverantwortung eines Qualitätsmanagements liegt immer beim IT-Projektleiter!

(4)	**Qualitätsreviews** dürfen nicht vom Projektleiter oder den aktiven Projektmitarbeitern geleitet werden. Für die Moderation sollte ein projektexterner oder -interner Qualitätsbeauftragter zur Verfügung stehen. Bei der Qualitätsinspektion der fachlichen Anforderungen muss die Anwenderseite den Ton angeben! Die Ergebnisse eines Design-, Test- oder Dokumentationsreviews sind samt den erforderlichen Korrekturmaßnahmen und Nacharbeiten zu protokollieren.
(5)	Zur Bewältigung der Dokumentationsflut umfangreicher IT-Projekte kann ein **Konfigurations- und Änderungsmanagement** Hilfestellung leisten! Mit dem Einsatz eines KM-Tools und einer geordneten Belegarchivierung lassen sich die gespeicherten und die Papierunterlagen besser in den Griff bekommen und richtig zuordnen.
(6)	Ein Konfigurations- und Änderungsmanagementsystem besteht aus drei Komponenten: 1. einem **Identifizierungssystem** für alle Dokumente, 2. einem **Konfigurationsarchiv** und einer Konfigurationsbuchhaltung und 3. einem geregelten **Änderungswesen** für die archivierten Projektdokumente. Aufbau und Pflege eines KM-Systems sind aufwendig! Deshalb muss es mit den Bedürfnissen des eigenen Unternehmens abgestimmt und möglicherweise einer Abmagerungskur unterworfen werden!
(7)	Umfang und Darstellungsform der **Projektmanagement- und Systemdokumentation** müssen in jedem Unternehmen im Methodenhandbuch des IT-Projektmanagements oder einer besonderen Dokumentationsrichtlinie festgelegt sein und ständig aktualisiert werden!
(8)	Für fremdbezogene **Standardsoftware** (zum Beispiel ein ERP-Paket oder E-Commerce-Programme) muss der Softwarehersteller die System- und Benutzerdokumentation mitliefern. Bei der Softwareanpassung (Customizing) muss das Anwenderunternehmen auch die Dokumentation anpassen und ergänzen, um den Grundsätzen der Ordnungsmäßigkeit, Sicherheit und Bedienungssicherheit zu genügen.

8

(9)	Die System-, Programm- und Benutzerdokumentation eines Softwareprodukts gehört zur Kategorie der **Dauerdokumente**. Diese muss während des gesamten Life Cycles der Software gepflegt und aufbewahrt werden!
(10)	Eine Verminderung der Dokumentationsproblematik und ein Abbau der Papierberge lässt sich nur durch eine **rechnergestützte Dokumentation** erreichen. Dafür bietet der Markt heute preisgünstige PC-orientierte Dokumentations-Tools an, die alle Phasen eines IT-Projekts abdecken. Die Bereitstellung von Dokumentationswerkzeugen gehört zur **Infrastruktur** des IT-Repertoires, das einem Projektteam zur Verfügung stehen muss.

9 Strategien der Projektinitialisierung

IT-Projekte fallen nicht wie ein Meteor vom Himmel – und sie sollten in einem Unternehmen auch nicht wie Pilze aus dem Boden schießen. Oft geht der Eröffnung eines Projekts ein langer und verschlungener Entscheidungsprozess voraus, ehe die Projektinitialisierung mit der Freigabe des Projekts endet.

> *Weil Projekte der Individualentwicklung hohe Entwicklerressourcen binden und Softwarebeschaffungsprojekte erhebliche finanzielle Mittel beanspruchen, muss ein Unternehmen Softwareanträge im Rahmen einer Machbarkeitsstudie (auch Vorstudie oder Voruntersuchung genannt) prüfen, bevor sie als Projektauftrag freigegeben werden.*

Eine ausgereifte **Projektorganisation im Informatikbereich** zeichnet sich dadurch aus, dass die Projektinitialisierung in klaren Schritten nach festgelegten Untersuchungsmethoden erfolgt. Sie muss als Ergebnis einer Abstimmung zwischen Entscheidungsinstanz, Anwenderabteilung und Informatikstelle folgende Kernaussagen über das geplante Projekt enthalten:

- klare und möglichst quantifizierte Zielsetzungen des Projekts
- saubere Projektabgrenzung zu Nachbargebieten
- konkrete Aussagen über die personellen und sachlichen Ressourcen
- Nutzenschätzungen, die sich durch das Projekt realisieren lassen
- Höhe der Projektkosten mit Angabe der Schätzunsicherheit

Die Initialisierung eines konkreten Projekts kann auf der Grundlage einer Langfristkonzeption für alle oder bestimmte Unternehmensbereiche erfolgen. Projekte können auch aufgrund eines aktuellen Anlasses oder eines IT-Antrags entstehen, der wertmäßig die festgelegte Untergrenze eines Projekts überschreitet. Zur Klärung der Durchführbarkeit, Wirtschaftlichkeit und Dringlichkeit wird im Zweifelsfall der Projekteröffnung eine **Voruntersuchung** vorgeschaltet.

Die **Projektinitialisierung** – auch Projektentstehungsphase oder Projektdefinitionsphase genannt – zählt zu den schwierigsten Projektabschnitten! Manchmal erfolgt ein voreiliger Projektstart, ohne dass die Voraussetzungen geschaffen worden sind. Die Entscheidung für ein Projekt kann aber auch aufgrund eines übergeordneten Geschäftsleitungsentschlusses zur Einführung eines integrierten Softwarepakets gegen den erklärten Willen der Fachbereiche erfolgen.

Möglicherweise leidet ein Projekt darunter, dass es nie offiziell freigegeben wurde. Schließlich besteht das Risiko, dass sich Projekte aufgrund innerbetrieblicher Widerstände von der ersten Idee bis zur Freigabe total verändern, wodurch ein Misserfolg meist vorprogrammiert ist.

Für einen Projektleiter ist es ideal, wenn er bereits in einer dem Projekt vorgeschalteten Langfristkonzeption aktiv mitgewirkt hat. Wird vor der Projekteröffnung eine Voruntersuchung durchgeführt, sollte der Projektleiter an dieser Untersuchung teilnehmen. Es darf nicht sein, dass Vorstudien und Machbarkeitsanalysen zum Beispiel durch eine externe Beratungsgesellschaft abgewickelt werden und der interne Projektleiter anschließend den vielleicht utopischen Zielsetzungen dieser Consultants und einer übersteigerten Erwartungshaltung der eigenen Geschäftsleitung gerecht werden muss.

9.1 Strategisches Informationsmanagement – Rahmen für die konkreten Einzelprojekte

Ein Projekt der Informations- oder Kommunikationstechnik kann über drei Schienen ausgelöst werden:

- eine **IT-Gesamtkonzeption** (auch Langfristplanung genannt) für das ganze Unternehmen oder ausgewählte Unternehmensbereiche,
- einen **Jahresplan**, der die zentralen und dezentralen Anforderungen an die Informationstechnik des Unternehmens für eine Jahresperiode enthält,
- einen **aktuellen Anlass**, aus dem sich die Notwendigkeit oder der Wunsch nach einem Informatikprojekt ergibt.

Abbildung 9.1 zeigt den Zusammenhang zwischen den Projekten, die aufgrund einer Langfriststrategie oder aus einem aktuellen Anlass heraus ausgelöst werden. Die zwischengeschaltete **Jahresplanung der IT-Projekte** ist hauptsächlich wegen des begrenzten Ressourcenpools an IT-Spezialisten und für die Zusammenstellung des jährlichen IT-Budgets erforderlich.

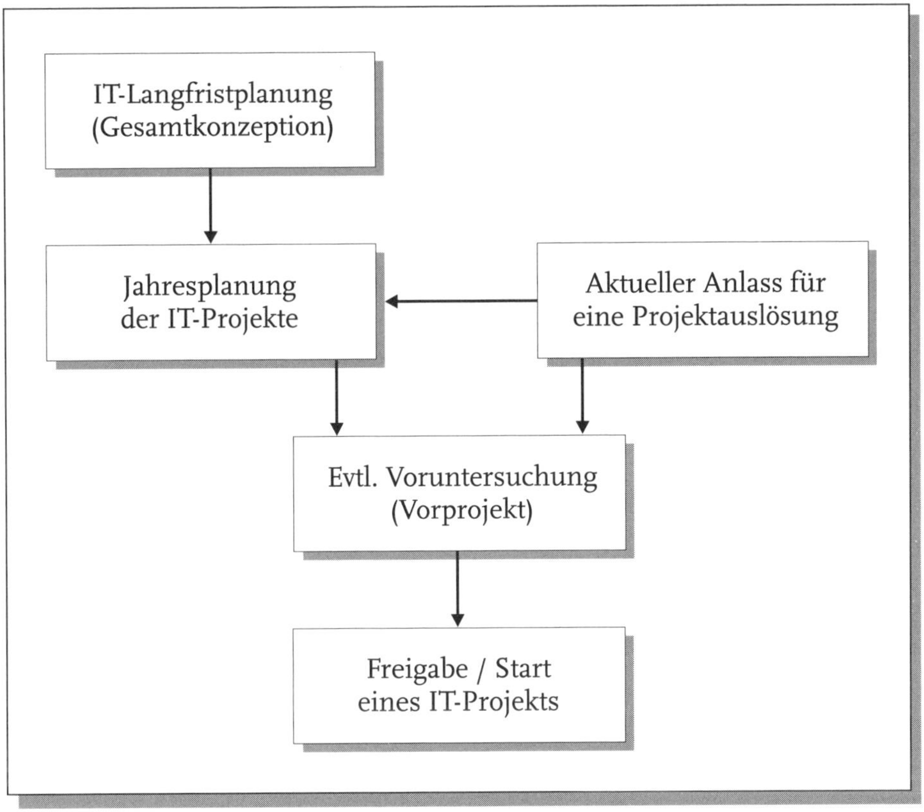

Abbildung 9.1: Die drei Auslösertypen zur Eröffnung eines konkreten Einzelprojekts

Die Einordnung von IT-Projekten in die integrierte Hardware- und Softwarelandschaft eines Unternehmens sollte den **Normalfall** darstellen. Aktuelle Auslöser dringlicher Projekte, die nicht vorhersehbar waren, können sich beispielsweise durch Gesetzesänderungen ergeben. Zu dieser Projektkategorie zählen auch Erweiterungen und Änderungen vorhandener Softwaresysteme, die von Benutzern gewünscht werden.

Eine **Voruntersuchung** als »Vorprojekt« ist unumgänglich, wenn zur Freigabe eines IT-Vorhabens noch nicht alle erforderlichen Eckwerte zur Verfügung stehen.

9.1.1 Warum eine IT-Langfriststrategie unentbehrlich ist

Eine aufeinander abgestimmte Gesamtplanung der Informationstechnik als Ergebnis von Langfristüberlegungen kann die **beste Investition auf dem Informatiksektor** sein! Sie schafft Übersicht im Informationsdschungel der unterschiedlichen Anwendungsbereiche, minimiert die Zahl der Schnittstellen und zeigt klare Prioritäten der Realisierung auf. Damit erleichtert eine strategische Gesamtplanung die Tätigkeit des IT-Managements und führt zu eindeutigen Rahmenbedingungen für die Projekte.

Eine IT-Langfristkonzeption stellt den **Wegweiser** für eine integrierte Weiterentwicklung der Informations- und Kommunikationstechnologie eines Unternehmens dar. Eine Überarbeitung ist bei schwerwiegenden Veränderungen der IT-Landschaft nötig. Dazu drei aktuelle Beispiele:

- der Übergang von veralteten Mainframekonzepten zu offenen Systemen einer Client-/Serverumgebung und eines Intranets
- die Ablösung konventioneller Datenbanklösungen durch eine objektorientierte Datenbanktechnologie
- der Austausch eines klassischen ERP-Pakets durch ein durchgängiges E-Commerce-Paket für den gesamten Verwaltungsbereich.

9

Ein Unternehmen muss versuchen, möglichst viele Projekte im Rahmen einer aufeinander abgestimmten Langfriststrategie auszulösen und abzuwickeln. Isolierte Einzelprojekte aufgrund aktueller Anforderungen einer Stelle können zu erheblichen Schnittstellenproblemen führen und lassen sich oft nur mit hohem Sonderaufwand in die gesamte Informationsstrategie einpassen.

In zahlreichen Firmen und Behörden ist die langfristige Informationsplanung unterentwickelt oder eine vorhandene **Gesamtkonzeption total überaltert**. Das IT-Management reagiert nur auf die ständigen Zwänge, die von der Entwicklung der Informationstechnik und den Anforderungen der Fachabteilung ausgehen. Aktive Anwenderbereiche drängen sich mit Teillösungen vor, die durch ihre mangelhafte Integration mit den übrigen IT-Anwendungen negative Auswirkungen haben und den Systempflegeaufwand hochtreiben.

Anwenderabteilungen klagen häufig darüber, dass sie in die längerfristigen Zukunftsplanungen der Informationstechnik nicht ausreichend und viel zu spät eingeweiht würden. Die IT-Abteilung spiele mit verdeckten Karten und überrasche die Anwender dann plötzlich mit Projekten, auf die sie gar nicht vorbereitet seien.

Die mangelhafte oder gar fehlende Langfristplanung hat in der Vergangenheit viel böses Blut geschaffen und zu Turbulenzen zwischen dem Informatikmanagement und den Linienbereichen geführt. Der schwarze Peter liegt jedoch nicht ausschließlich beim Informatikchef!

Oft werden Langfristüberlegungen von den Anwenderführungskräften als theoretisches Sandkastenspiel abgetan. Da diese Führungskräfte in ihrer Tagesarbeit voll aufgehen und selten über ihren Tellerrand hinausblicken, können sie meist wenig zu einer konstruktiven Langfriststrategie beitragen! Heute geht es bei einer IT-Langfristplanung häufig darum, gewachsene Altsysteme im Rahmen einer überzeugenden Migrationsstrategie in eine integrierte Gesamtkonzeption auf der Basis offener Systeme zu überführen. Hierzu ist eine ganzheitliche Betrachtung der Informationslogistik nötig. Sie muss bei den spezifischen Business-Zielen ansetzen und sich auf die vitalen Geschäftsprozesse und kritischen Erfolgsfaktoren konzentrieren. Eine strategische Informationsplanung muss die Gebiete der Anwendungs- und Systemsoftware, der Hardwareplattform und der Orgware in ihre Überlegungen einbinden.

Die neuen Möglichkeiten von Internet, E-Business und Multimedia erfordern in zahlreichen Unternehmen und Behörden eine totale Neuausrichtung ihrer IT-Langfristkonzeption des vergangenen Jahrzehnts! Oft besteht allerdings noch eine erhebliche Unsicherheit über die endgültige Marschrichtung in der Cyberwelt!

9.1.2 Organisation einer IT-Langfristplanung

Die Entwicklung der zukünftigen Informations- und Kommunikationskonzeption darf nicht dem Informatikbereich überlassen bleiben. Es handelt sich um eine strategische Planung, die am zweckmäßigsten vom IT-Lenkungsausschuss oder einem Arbeitskreis für IT-Langfristplanung getragen wird, der sich aus Führungskräften der Informationstechnik, des Controllings und der Anwenderbereiche zusammensetzt.

Wenn eine umfangreiche Überarbeitung der Langfriststrategie – zum Beispiel zur Einführung einer integrierten Standardsoftware oder einer durchgängigen E-Business-Lösung – ansteht, sollte diese anspruchsvolle Konzeptionsarbeit im Rahmen eines Projekts und nach den Regeln der Projektarbeit abgewickelt werden.

Als Projektmitglieder sollten bei der Erarbeitung der Gesamtkonzeption die späteren Projektverantwortlichen der Einzelprojekte mitwirken. Sie werden durch Führungskräfte verstärkt, die als erweitertes Projektteam zeitweilig im Projekt mitarbeiten oder in einem Beratungs- und Entscheidungsausschuss Einfluss auf die Langfristkonzeption nehmen.

Wenn kein internes Mitglied dieses Sonderprojekts die Trends der Informationsverarbeitung ausreichend überschaut, kann das Team zeitweilig einen einschlägigen **Consultant** hinzuziehen. Auf keinen Fall darf der Fremdpartner jedoch die Leitung eines solchen Projekts oder Arbeitskreises an sich reißen. Beratungsfirmen sind oft einseitig auf eine bestimmte Software eingeschworen und versuchen diese einem Anwenderunternehmen aufzudrängen.

Für eine **Basisstudie der langfristigen Informationsplanung** mit einer detaillierten Standortbestimmung und der Erarbeitung der erforderlichen

- Infrastrukturänderungen,
- strategischen IT-Anwendungen und
- Informationssysteme

empfiehlt sich die Anlehnung an das Phasenkonzept einer breit angelegten Voruntersuchung.

Bei einer Langfristplanung stehen folgende **Ablaufschritte** im Vordergrund:

- Situationsanalyse des vorhandenen Automatisierungsstands
- Zusammenstellung einer Gesamtkonzeption der Anwendungsprojekte
- Erarbeitung der Grundsatzentscheidungen (Datenbank, Hardwareplattform, Anwendungssoftware, Softwaretools)
- Ressourcenplanung, IT-Budget und Nutzenportfolio
- Umstellungs- und Migrationsstrategie, Terminplanung
- Abschlussdokumentation, Präsentation und Freigabe der strategischen Informationsplanung

Eine Gesamtkonzeption sollte sich über eine **Reichweite** von 4 - 5 Jahren erstrecken. Eine Überarbeitung muss bei der starken Dynamik der Informationstechnik in rollierender Form jährlich oder alle zwei Jahre erfolgen.

Den **Ausgangspunkt** sollte eine globale Situationsbewertung der vorhandenen Anwendungssysteme bilden. Gemeinsam können die einzelnen Gebiete nach folgender Skala bewertet werden:

0 =	Kein Handlungsbedarf in den nächsten 4 - 5 Jahren
1 =	In den nächsten 2 - 3 Jahren o.k.
2 =	In den nächsten 2 - 3 Jahren sind einige größere Veränderungen/ Erweiterungen nötig
3 =	Dringender Handlungsbedarf (Neuentwicklung bzw. generelle Überarbeitung)
4 =	Anwendungssystem wird gegenwärtig bereits aufgebaut bzw. überarbeitet

Aus einer solchen Beurteilung ergeben sich schnell die Arbeitsschwerpunkte für die nähere und fernere Zukunft.

Als Darstellungsinstrument kann eine **Integrationsübersicht der Aufgabengebiete** dienen. Eine solche Übersicht verstehen auch die Führungskräfte und Spezialisten der betroffenen Fachbereiche. Ein anschauliches Beispiel ist in Abbildung 9.2 enthalten. Sie zeigt die Zusammenhänge und Abhängigkeiten der Teilstücke einer Gesamtkonzeption eines Industrieunternehmens.

Bei den Geschäftsprozessanalysen einer IT-Gesamtkonzeption muss sich das Projektteam auf folgende **organisatorische Schwerpunkte** konzentrieren:

- Die Business-Ziele des Unternehmens und die wichtigsten Erfolgsfaktoren müssen im Vordergrund stehen.
- Die Kerngeschäfte des Unternehmens sind bevorzugt zu durchleuchten.
- Vorgangskettenanalysen müssen kunden- und abnehmerorientiert durchgeführt werden.
- Die prozessorientierte Betrachtungsweise muss durchgängig sein und sollte eine Brücke zur Lieferanten- und Kundenseite spannen.

Erst anschließend sollte sich das Konzeptionsteam mit der Zuordnung der IT-Funktionen und Datenbanken auf die erarbeiteten zukunftsorientierten Kernabläufe beschäftigen.

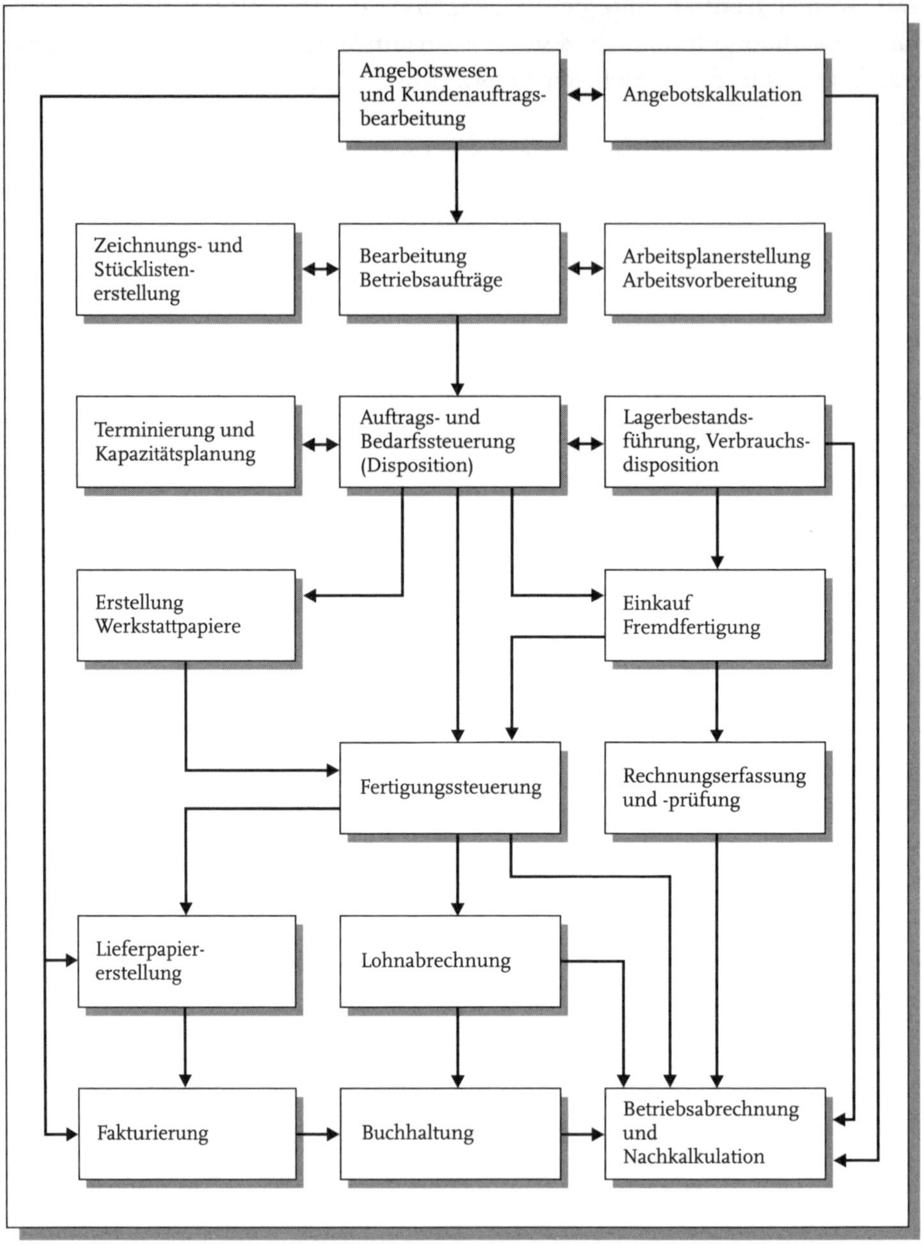

Abbildung 9.2: Darstellung der Integration und der Abhängigkeiten von Aufgabengebieten eines Industrieunternehmens in einem Blockschaltbild

Zur **Grundsatzentscheidung** einer Langfristplanung auf dem Informatiksektor gehört häufig die Fragestellung: Individualentwicklung oder Fremdsoftwarebezug? Für die Gebiete der Verwaltung und des Rechnungswesens stellt diese Frage kein Thema mehr dar. Dort hat sich Standardsoftware durchgesetzt. Vielmehr geht es um die sensiblen Kernprozesse des Unternehmens, in einem Industrieunternehmen also beispielsweise um ein Auftragsabwicklungs- und Vertriebsinformationssystem.

Nach der Klärung, für welche Gebiete in den Folgejahren aufgrund des Gesamtkatalogs der Anforderungen konkrete Projekte durchgezogen werden sollten, muss ein **Realisierungsplan** erstellt werden. Nach der Abstimmung der vorhandenen Kapazität der Anwendungsentwickler und der Höhe des Budgets mit den erarbeiteten Anforderungen, der Nutzenanalyse und einer Prioritätsfestlegung der Projekte kann ein terminlicher Meilensteinplan skizziert werden. Die verständlichste Form ist für diesen Zweck ein Balkendiagramm, das die optimale Projektfolge und ihre Abhängigkeiten aufzeigt.

9.2 Projektauslösung aufgrund eines aktuellen IT-Auftrags

Viele Anforderungen an die Informatik entstehen aus einem aktuellen Anlass heraus. Es liegen Systemmängel vor, die zu beheben sind. Möglicherweise hat ein Fachbereich Systemerweiterungswünsche erheblicher Art. Gesetzliche Vorgaben führen zu einem neuen IT-Projekt. Aber auch neue Informationstechnologien – beispielsweise das Internet – können den Anstoß für IT-Projekte geben. Schließlich können auch Gesetze und Verordnungen den Anlass für Softwareänderungen oder die Erstellung oder Beschaffung neuer Software bilden.

Übersteigt der voraussichtliche Einmalaufwand einer solchen Anforderung die für ein IT-Projekt festgelegte Untergrenze, muss ein Projekt veranlasst werden. Andernfalls kann das gewünschte Vorhaben einer Entwicklung, Änderung oder Auswertung als Kleinauftrag ohne ein Projektkorsett abgewickelt werden.

Die **Untergrenze für ein Projekt** ist in Unternehmen unterschiedlich festgelegt. Sie liegt überwiegend bei einem Aufwand von 1 - 3 Personenmonaten. Doch sind auch Betriebe anzutreffen, wo diese Grenze beträchtlich darunter oder darüber liegt.

9.2.1 Prüfung und Abwicklung von IT-Kleinaufträgen

Kleinaufträge betreffen meist Fehlerbehebungen, Änderungen oder Erweiterungen von vorhandenen IT-Anwendungssystemen. Es sind überwiegend Wartungsaufträge. Hält sich die Anzahl dieser IT-Kleinaufträge in Grenzen, können diese Kleinarbeiten ohne einen Formalismus vom zuständigen IT-Spezialisten miterledigt werden. Die Fachabteilung oder ihr IT-Fachkoordinator wenden sich unmittelbar an die IT-Mitarbeiter. Sofern die IT-Spezialisten einen periodischen Arbeitsbericht erstellen, führen sie den Zeitaufwand für die durchgeführten Kleinarbeiten dort auf.

Ein Missstand kann sich dadurch ergeben, dass die Zahl der Wartungs- und Kleinaufträge so überhand nimmt, dass die Projektmitarbeiter der IT-Abteilung, die diese Arbeiten neben ihrer Projektarbeit erledigen müssen, bei ihren Projektterminen in Rückstand geraten. Um dieser Gefahr vorzubeugen, kann der IT-Leiter eine Regelung treffen, dass für jede gewünschte Programmierarbeit ein schriftlicher Antrag gestellt wird. Vor seiner Freigabe und Durchführung erfolgt eine überschlägige Kalkulation und eine Schätzung des möglichen Fertigstellungstermins durch den IT-Mitarbeiter, der diese Arbeit durchführen muss. Für das Antragsverfahren ergeben sich die in Abbildung 9.3 dargestellten Ablaufschritte.

Das skizzierte Antragsverfahren ist in mittleren und größeren Unternehmen anzutreffen. Ohne ein geregeltes Antragsverfahren ist eine systematische Projektauslösung schwierig. Zur Vereinfachung des Antragsverfahrens liegen hierfür Formulare im Formularspeicher bereit (siehe Abbildungen 9.4 und 9.5). Sie können dort abgerufen und am Bildschirm ausgefüllt werden.

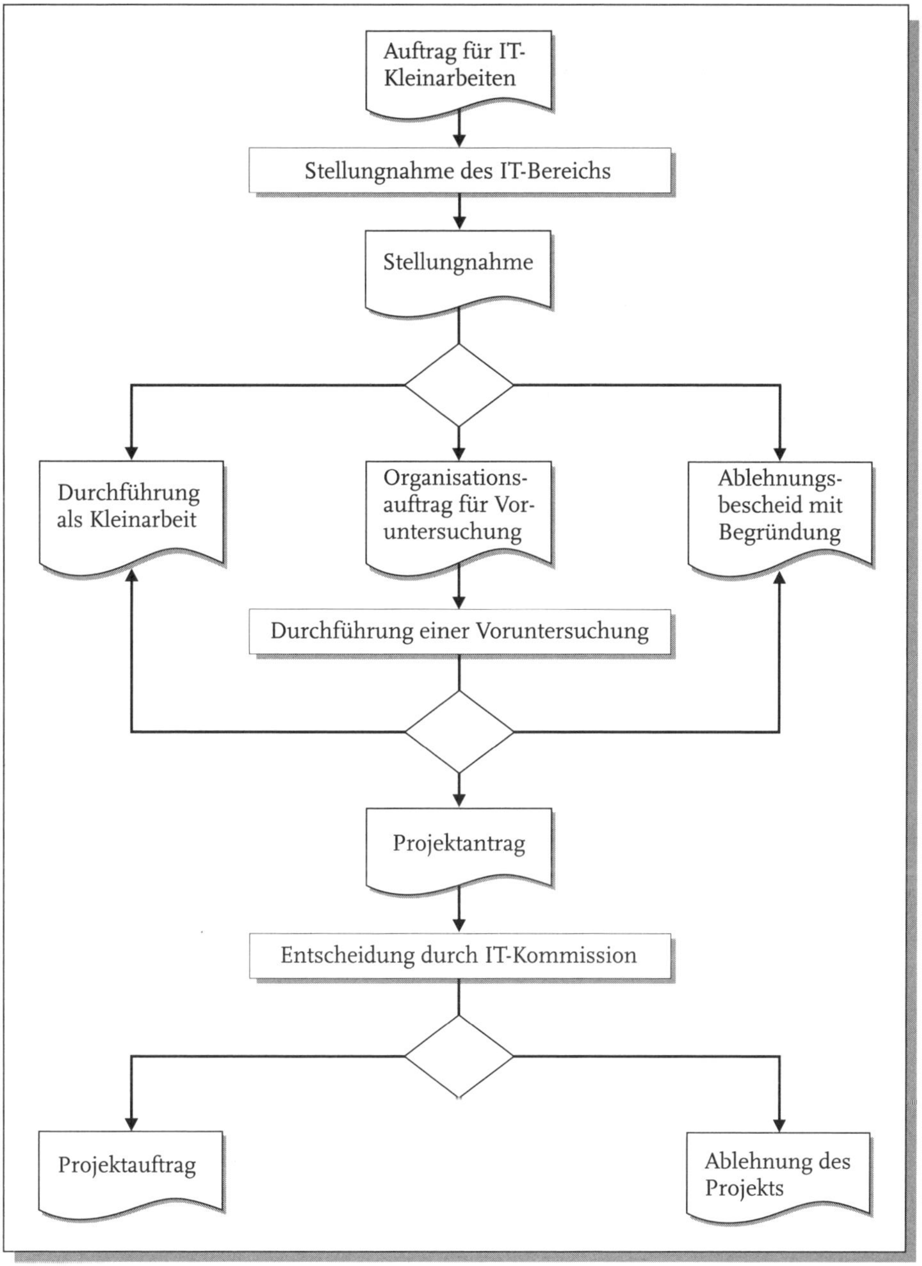

Abbildung 9.3: Abwicklungschritte eines Antrags auf ORG- / IT-Arbeiten

Antrag für IT-Arbeiten

Original und
1 Kopie an die
IT-Abteilung

Eingangsstempel

Fachabteilung Kostenstelle Datum

für Rückfragen zuständig Telefon

Geprüft: ____________ Gesehen: ____________
IT-Koordinator Abteilungsleiter

Bemerkung des
IT-Leiters

Kurzbezeichnung des Antrags

1. Beschreibung
2. Begründung
3. Einsparung und anderweitige Vorteile
4. gewünschter Fertigstellungstermin

Ggfs. Zusatzblatt verwenden

genehmigt:

Stellungnahme
erforderlich

ja ☐ nein ☐

durch: ____________
Name

Abbildung 9.4: Formularbeispiel für einen IT-Antrag

Stellungnahme des IT-Bereichs

Kurzbezeichnung des Antrags	vom	Fachabteilung

Stellungnahme:

Entwicklungskosten		Soll-Angaben			Ist-Angaben		
		Menge	Euro je Einheit	Betrag (Menge x Euro je Einh.)	Menge	Euro je Einheit	Betrag (Menge x Euro je Einh.)
	MT						
	MT						
Programmierung inkl. Dok.	MT						
Summe		——	——		——	——	

Empfehlung zur Durchführung: ☐ Richttermin ______________

Bearbeitet durch: ______________ Datum: ______________

Genehmigung durch IT-Management

______________ ______________

Unterschrift Datum

Arbeit an: ______________ abgeschlossen am: ______________

Abbildung 9.5: Formularbeispiel für die Stellungnahme zu einem IT-Antrag

9

Das Formular »Antrag für IT-Arbeiten« wird vom Antragsteller oder dem IT-Fachkoordinator seines Bereichs ausgefüllt. Neben der inhaltlichen Beschreibung ist auf dem Antrag anzugeben, welcher Nutzen oder welche anderweitigen Vorteile erwartet werden. Außerdem ist die Dringlichkeit des Fertigstellungstermins zu vermerken.

Der Antrag wird vom beauftragten IT-Mitarbeiter bearbeitet. Er prüft die Realisierungsmöglichkeit, schätzt den voraussichtlichen Durchführungsaufwand und anfallende Sachkosten und übernimmt diese Angaben samt einem geschätzten Fertigstellungstermin auf das Blatt »Stellungnahme des IT-Bereichs«. Die Genehmigung des Antrags erfolgt durch die IT-Leitung.

Sofern die Realisierung des Antrags die für ein Projekt geltende Untergrenze (zum Beispiel Entwicklungszeit von mehr als 3 Personenmonaten) überschreitet, ist die Abwicklung in der Form eines Projekts erforderlich. Zur vertieften Klärung der Möglichkeiten kann zuvor eine Voruntersuchung erfolgen.

Die Fachabteilung erhält nach der Prüfung des IT-Antrags eine Benachrichtigung, in der die voraussichtlichen Kosten und der frühestmögliche Durchführungstermin des Antrags genannt werden. Sofern die beantragte Arbeit nicht durchgeführt werden kann, ist der Ablehnung eine Begründung beigefügt.

9.2.2 Voruntersuchung – Machbarkeitsstudie für ein IT-Projekt

Ein Projekt verursacht erhebliche Investitionskosten und kann hohe Risiken enthalten. Zur **Prüfung der Durchführbarkeit** wird deshalb kritischen Projekten eine Arbeitsphase vorgeschaltet, die man Voruntersuchung, Vorstudie, Machbarkeitsanalyse oder Projektstudie nennt.

Bei der Voruntersuchung handelt es sich um eine Eventualphase. Sie ist nicht nötig, wenn alle Voraussetzungen zur erfolgreichen Projektdurchführung geklärt sind.

Eine Voruntersuchung soll mit einem möglichst geringen Untersuchungsaufwand eine Aussage darüber ermöglichen, ob ein geplantes Projekt

- möglich und sinnvoll ist
- welche Voraussetzungen erforderlich sind

- welcher Umstellungsaufwand anfallen wird
- welche Wirtschaftlichkeit zu erwarten ist
- mit welcher Realisierungszeit zu rechnen ist

Die Skala einer solchen Machbarkeitsstudie erstreckt sich in drei Dimensionen:

- IT-technische Durchführbarkeit
- wirtschaftliche Durchführbarkeit und
- betriebliche und menschliche Durchführbarkeit

Die **IT-techniche Durchführbarkeit** soll aufzeigen, ob die Hard- und Softwarevoraussetzungen und die personellen Ressourcen zur Realisierung der Projektvorstellungen gegeben sind.

Die **wirtschaftliche Durchführbarkeit** ist durch eine grobe Aufwand- / Nutzenschätzung zu prüfen. Sie setzt die vorherige Erarbeitung der Lösungsumrisse voraus!

Die **betriebliche und menschliche Durchführbarkeit** setzt sich mit den Fragen des Organisationsniveaus, der Aufbauorganisation, des Führungsverhaltens und der voraussichtlichen Benutzerakzeptanz in den betroffenen Fachbereichen auseinander, die zum Gelingen des Projekts unabdingbar sind.

Häufig stehen heute folgende Fragen im Mittelpunkt einer Voruntersuchung:

- Kann das Projekt mit Hilfe von Standardsoftware realisiert werden?
- In welchem Umfang ist ein vorheriges Business Reengineering erforderlich, um einen sinnvollen Softwarewechsel zu ermöglichen?
- Ergeben sich durch Internet und E-Business neue Geschäftschancen im Untersuchungsbereich?

Die Auswahl von Marktsoftware oder von Reengineering-Tools zählt nicht mehr zum Aufgabenkomplex einer Voruntersuchung.

In vielen Fällen wird eine Voruntersuchung durch ein Zweiergespann abgewickelt. **Kernmitglieder des Teams** sind

- ein Mitarbeiter aus dem Informatikbereich, der anschließend als Projektleiter tätig werden soll und
- ein Fachbereichsmitarbeiter, der im Projekt als Key User mitwirken soll.

Zur **Kompetenzverstärkung** wird das Voruntersuchungsteam oft durch einen IT-Fremdberater verstärkt, der die internen Mitarbeiter unterstützt. Der Einsatz erfahrener IT-Berater bei einer innovativen Projektthematik macht sich für eine Kundenfirma aus zwei Gründen bezahlt:

- Der zeitliche Umfang der Studie kann wesentlich verkürzt werden.
- Die Risiken eines geplanten Projekts lassen sich bei einem Experteneinsatz besser abschätzen.

Achten Sie als interner Projektbeauftragter jedoch darauf, dass der Fremdberater nicht die Leitung der Voruntersuchung an sich reißt und das Unternehmen voreilig in eine bestimmte Lösungsrichtung drängt!

Zur Auslösung einer Voruntersuchung dient der Arbeitsauftrag **IT-Voruntersuchung**. Er wird vom Leiter des Informatikbereichs und der zuständigen Fachabteilung freigegeben (siehe Abbildung 9.6).

Die **Arbeitsschritte einer IT-Voruntersuchung** entsprechen einer gedrängten fachlichen und IT-technischen Grobkonzeption, allerdings ohne präzise Lösungsdetails! Einen Überblick über das Standard-Phasenkonzept einer IT-Voruntersuchung finden Sie in Abbildung 9.7. Bei geplanten Projekten mit speziellen Schwerpunkten ist dieses neutrale Vorgehenskonzept projektspezifisch anzupassen!

	Arbeitsauftrag IT-Voruntersuchung	Datum
		Bearbeiter
Kurzbezeichnung des Auftrags		
Kurzbeschreibung des Auftrags		
Verantwortlicher		
Mitarbeiter		
Planbeginn		
Planende		
IT-Zeitaufwand		
Zeitaufwand Fachabteilung		
Sachkosten		
Genehmigung	Fachabteilung	Informatik
Name	____________	____________
Datum	____________	____________

Abbildung 9.6: Diese Angaben müssen in einem Arbeitsauftrag zur Durchführung einer IT-Voruntersuchung enthalten sein.

Standardphasenkonzept einer IT-Voruntersuchung (VU)

Phase 0: Planungsschritte
Teamzusammenstellung und -qualifizierung
Aufwands- und Terminplanung der Voruntersuchung
Budgetzusammenstellung der Voruntersuchung
Zusammenstellung und Freigabe des VU-Auftrags

Phase 1: Problem- und Bedarfsanalyse
Grobe Istaufnahme und -analyse
Bedarfsüberlegungen
Business- und IT-Zielsetzungen des Projekts
Abstimmung mit Fachbereich

Phase 2: Ausarbeitung Lösungsalternativen
Kernfunktionen und Gesamtprozesse, grobes Datenmodell
Realisierung durch Eigenentwicklung, Fremdprogrammierung, Standard-Anwendungssoftware
Hardwareplattform / Netze
Schnittstellenüberlegungen zu Nachbarsystemen / Altsoftware
Zusammenstellung Lösungsalternativen des Grobvorschlags

Phase 3: Bewertung der Lösungsalternativen
Voraussetzungen der Realisierung
Risikoüberlegungen
Aufwand- und Nutzenbetrachtung
Erwarteter Return-on-Investment
Terminüberlegungen mit Meilensteinen

Phase 4: Abschlussarbeiten
Zusammenstellung Voruntersuchungsbericht
Präsentation vor Fachbereich und IT-Lenkungsausschuss
Entscheidung über weitere Vorgehensweise / Projektfreigabeverfahren

Abbildung 9.7: Vorgehensschritte einer IT-Voruntersuchung

Die Dauer einer Voruntersuchung ist unterschiedlich. Meist reichen bei einem qualifizierten Projektbeauftragten wenige Arbeitswochen aus. Doch kann sie sich im Extremfall über mehrere Monate hinziehen, wenn ihr Ergebnis die Entscheidungsbasis für die Beschaffung eines aufwendigen Softwarepakets bildet.

Kritische Punkte bei der Abwicklung einer IT-Voruntersuchung sind

- die Untersuchung der durch das geplante Projekt angestrebten und erreichbaren **Zielsetzungen** (Ausrichtung an Benchmarks, Umfang der Quantifizierung)
- die Berücksichtigung des **Projektumfelds** (Hardwareplattform, Form der Datenbank, Schnittstellen)
- die Klärung spezieller **Projektrisiken** (Organisationsniveau, Software, Netzperformance, Innovationsgrad, Qualifikation und Motivation der Projektmitarbeiter)
- der **Ausweis des Schätzrisikos** bei Aufwands- und Nutzenkomponenten und realistischen Meilensteinterminen

Auf keinen Fall darf der für die Voruntersuchung verantwortliche Projektbeauftragte subjektive Erwägungen in die zu beurteilenden Faktoren einfließen lassen!

Der **hohe Schwierigkeitsgrad einer Voruntersuchung** liegt darin, dass ohne den Einstieg in detaillierte Lösungsverfahren mit einem begrenzten Zeitaufwand Aussagen zu Machbarkeit, Terminen und Wirtschaftlichkeit erarbeitet werden sollen. Der Verantwortliche für eine IT-Voruntersuchung muss hierbei zwangsläufig in erheblichem Maß auf das Know-how aus früheren Projekten zurückgreifen!

Als **Ergebnis einer Voruntersuchung** soll eine fundierte Entscheidung möglich sein, ob ein Informatikprojekt

- auf der Basis einer Individualentwicklung,
- mit Hilfe von Standardsoftware,
- durch technisches Reengineering vorhandener Altsoftware
- oder überhaupt nicht

durchgeführt werden soll. Denkbar ist allerdings auch ein Voruntersuchungsergebnis, das besagt, dass zuerst eine tief greifende Geschäftsprozessoptimierung in einem Business-Reengineering-Vorhaben nötig ist, bevor sich das Unternehmen für den nächsten Automatisierungsschritt auf dem Untersuchungsgebiet entscheidet.

Zur Dokumentation der in einer IT-Voruntersuchung ermittelten Projekteckwerte dient das **Formular Projektantrag**. Nach der Freigabe durch den zentralen IT-Lenkungsausschuss oder einen dezentralen Entscheidungsträger ergibt sich daraus der für das geplante IT-Projekt maßgebliche Projektauftrag. Wir stellen dieses Entscheidungsdokument im Folgeabschnitt dar, da es auch ohne vorangehende Voruntersuchung zusammengestellt werden kann, wenn alle wesentlichen Informationen zur Verfügung stehen.

9.3 Was zu einem Projektauftrag gehört

Fällt eine Voruntersuchung positiv aus oder liegen alle Projekteckwerte ohne die Durchführung einer Voruntersuchung in ausreichendem Feinheitsgrad vor, kann ein Projektantrag an die Geschäftsleitung oder den IT-Lenkungsausschuss gestellt werden. Ein Projektantrag ist auch erforderlich, wenn das geplante Projekt Teilstück einer Gesamtkonzeption ist. Alle entscheidenden Highlights, von denen der Projekterfolg abhängt, müssen dem Projektleiter bekannt sein und von ihm vor seiner Unterschrift unter das Projekteröffnungsblatt akzeptiert werden.

Bevor ein Projektantrag ausgefüllt werden kann, sollte über die in der Projektstart-Checkliste (Abbildung 9.8) enthaltenen Tagesordnungspunkte Klarheit herrschen, soweit sie für das Projekt relevant sind:

- Welche Themenbereiche sind noch zu klären?
- Müssen die erforderlichen Maßnahmen vor dem Projektstart erledigt sein oder können sie während des Projektablaufs nachgeholt werden?

Auf keinen Fall darf sich ein Projektleiter in das Wagnis eines IT-Projekts stürzen, wenn entscheidende Voraussetzungen ungeklärt sind! Sonst kauft er die »Katze im Sack«.

Wesentliche Eckdaten des geplanten Projekts werden im Projektantrag zusammengefasst. Er bildet die **Entscheidungsunterlage für die Projektfreigabe** durch den IT-Lenkungsausschuss. Durch die Freigabeschritte entsteht daraus der IT-Auftrag (siehe Abbildung 9.9).

Projektstart-Checkliste

Sind die Voraussetzungen für einen erfolgreichen Projektablauf erfüllt?

NR	Aktivität	Bei Relevanz erfüllt?	Erforderliche Maßnahmen
1	Geschäftsziele Projektziele Muß- und Kannziele		
2	Auftraggeber, Entscheidungskompetenz		
3	Aufgabenumfang (Produktstruktur)		
4	Umfeld klar (Schnittstellen, Rahmenbedingungen, Integrationsumfang)		
5	Hardware, Betriebssystem, Vernetzung, Datenbank		
6	Workbench, Entwicklungsmethodik, Dokumentationsmethodik		
7	Umfang Projektleitung, Teamzusammensetzung (IT, Anwender, Externe)		
8	Einverständnis Fachabteilung, IT, Controller, Betriebsrat		
9	Projektstruktur, Aufwand, Meilensteine		
10	Projektkosten, Projektnutzen (quantitativ und qualitativ), erwarteter ROI		
11	Projektrisiken fachlich, methodisch, menschlich (Benutzerakzeptanz)		
12	Freigabeumfang bei Projektstart (bis zu welchem Projektabschnitt)		
13	Qualifizierung Projektmitglieder		
	____________________		
	____________________		

Abbildung 9.8: Diese Prüfliste weist Sie auf wesentliche Risikozonen hin, die nach Möglichkeit vor der Projektfreigabe zu klären sind!

9

	Projektantrag ○ **Projektauftrag** ○	Projektnummer: Datum: Bearbeiter:

Projektbezeichnung:

Projektkurzbeschreibung:

Projektleiter und Projektmitarbeiter

Name	Abteilung	Umfang der Mitarbeit	Beginn der Mitarbeit	Ende der Mitarbeit

Einmalige Kosten	Laufende Kosten	Laufender Nutzen
Personalkosten:	Personalkosten:	Personalkosten:
Sachkosten:	Sachkosten:	Sachkosten:
Summe:	Summe:	Summe:

Kapitalrückfluß (in Monaten):

Qualitativer Nutzen:

Geplante Meilensteintermine

Phase	Dauer	Beginn	Ende
Grobkonzeption			
Feinkonzeption			
Programmvorgabe			
Programmierung			
Systemeinführung			

Freigabedatum: ________

Freigabe bis Phase: ________

IT-Projektleiter	Datum
Leiter Fachabteilung	Datum
Leiter IT	Datum
IT-Lenkungsausschuss	Datum

Abbildung 9.9: Projektantrag / Projektauftrag mit den wesentlichen Eckdaten eines Projekts

Ein Projektantrag enthält eine Projektkurzbeschreibung. In ausführlicher Form ist sie dem Antrag als Anlage beigefügt. Im Anschluss daran sind neben dem Projektleiter die für das Projekt erforderlichen Projektmitarbeiter aufgeführt. Sofern die Namen der Mitarbeiter noch nicht bekannt sind, muss der Mitarbeitertyp und der geplante Umfang seiner Mitarbeit angegeben werden.

In den Folgespalten enthält ein Projektantrag eine **Kosten- und Nutzenübersicht** in dem zu diesem Zeitpunkt vorhandenen Feinheitsgrad. Nach Möglichkeit sollte bereits im Projektantrag eine Schätzung der Kapitalrückflusszeit (Return on Investment) angegeben werden. In einer Reihe von Unternehmen ist die Priorität eines Projekts von dieser Kennziffer abhängig. Beispielsweise werden nur solche Projekte realisiert, deren ROI zwei Jahre nicht übersteigt.

Der Antrag enthält weiterhin die **Meilensteintermine** bei einer Eigenentwicklung. Bei einer Softwarebeschaffung und -anpassung sind die entsprechenden Phasen einzutragen. Natürlich sind Terminangaben erst möglich, wenn der Starttermin des Projekts festgelegt worden ist.

Mit den Genehmigungsvermerken der Informatikabteilung, der Fachabteilung und der IT-Kommission (Projektlenkungsausschuss) wird das Projekt freigegeben.

Bei fehlenden personellen oder finanziellen Ressourcen kann sich die Projektfreigabe über Monate oder gar Jahre hinziehen!

> *Achten Sie als Projektleiter besonders darauf, dass im Projektauftrag die Projektzielsetzungen eindeutig formuliert sind. Außerdem muss der fachliche und IT-technische Projektrahmen klar abgesteckt sein. Nur dann ist gewährleistet, dass während des Projektablaufs der Projektrahmen sich nicht ständig erweitert.*

Für den Projektleiter stellt der Projektauftrag einen Wechsel dar, den er bei der Projektabwicklung einlösen muss. Sofern er bei der Zusammenstellung der Eckwerte nicht mitgewirkt hat, sollte der Projektleiter vor der Projektübernahme im Eigeninteresse die vorgegebenen Werte einer kritischen Prüfung unterziehen!

Nicht immer wird ein Projekt nach der Voruntersuchung bereits vollständig freigegeben. Auf dem Projektauftrag muss vermerkt sein, ob die Freigabe für alle Phasen oder nur bis zu einer bestimmten Projektphase gelten soll. Bei einer Fremdsoftwarebeschaffung erfolgt die endgültige Projektfreigabe erst nach der Abwicklung einer Softwareevaluation und dem Vertragsabschluss.

9.4 Projektstart mit dem Kick-off-Meeting

Mit dem Kick-off wird das Projekt offiziell eröffnet: Der Terminkalender läuft, und ab jetzt werden die Projektleistungen verrechnet! Der **offizielle Projektstart** soll den Projektmitarbeitern einen entscheidenden Motivationsschub für diese anspruchsvolle haupt- oder nebenamtliche Sondertätigkeit geben.

An der **Eröffnungssitzung** müssen alle vom Projekt betroffenen Führungskräfte und Teammitglieder teilnehmen:

- der Auftraggeber und / oder Projektmentor
- Projektleitung und Teammitarbeiter
- das betroffene Fachmanagement

Eine Einladung sollte auch der Projektcontroller erhalten. Wenn durch das Projekt Mitbestimmungsthemen angesprochen werden, darf bei dieser Sitzung ein Betriebsratsmitglied nicht fehlen. Schließlich sollte auch ein externer IT-Berater an der Kick-off-Sitzung teilnehmen, wenn er im Projekt intensiv mitwirken soll.

Schwerpunkte einer Eröffnungssitzung

Im Mittelpunkt des Projekt-Kick-off steht die **Darstellung des Projektauftrags**. Die Eröffnung der Besprechung ist eine Aufgabe des Projektmentors oder des Fachbereichsleiters. Meist schließt sich eine Präsentation des Projektinhalts und -rahmens durch den Projektleiter an.

> *Unbedingt erforderlich ist für das Kick-off-Meeting eine positive Besprechungsatmosphäre. Es wäre Gift für das Projekt, wenn das Fachmanagement bereits beim Projektstart durch skeptische Äußerungen oder gar durch Abwesenheit eine negative Projekteinstellung demonstriert.*

Häufig ist mit der Eröffnungssitzung die inhaltliche, terminliche und ressourcenmäßige Disposition der nächsten Arbeitsschritte verbunden. Die Erarbeitung eines detaillierten Projektplans kann auch in einer **Projekteröffnungsklausur** stattfinden, wenn bei einer innovativen Aufgabenstellung hierfür intensive und zeitaufwendige Teamüberlegungen erforderlich sind.

9.5 Führung der Projektakte

Zu den Aufgaben des Projektleiters gehört heute der Aufbau und die Führung einer fortlaufenden **Projektakte**. Sie wird auch Projektplan oder »Projekthandbuch« genannt. Bei einem nach ISO 9001 zertifizierten Unternehmen stellt eine Projektakte die Grundlage einer ordnungsgemäßen Projektdokumentation dar.

Die Projektakte ist das Projekthandbuch eines einzelnen Projekts. Ihre Anlage erfolgt nach der offiziellen Projektfreigabe. Zur Erstausstattung gehören der Projektauftrag, die Projektzielsetzungen, der Projektablaufplan und die gesamten Planungsunterlagen. Die Fortschreibung der Projektakte geschieht aufgrund folgender Projektaktivitäten:

- Änderungen und Erweiterungen des Projektinhalts durch den Auftraggeber
- periodische Präsentation vor dem Projektlenkungsausschuss
- Status- und Qualitätsreviews
- Fertigstellung eines Projektmeilensteins
- Abschluss oder Abbruch des Projekts

Die Projektakte ist kein Geheimdokument des Projektleiters. Jeder Teammitarbeiter, der Auftraggeber und interessierte Führungskräfte des Unternehmens müssen die Möglichkeit besitzen, zu ihrer Information auf die Projektakte zurückzugreifen.

Gehört zu einer effizienten Projektadministration ein Projektinformationssystem auf der Basis einer Text- und Dokumentenverwaltung, steht die aktuelle Projektakte über dieses Archivierungs- und Recherchesystem zu jedem Zeitpunkt allen Mitarbeitern zur Verfügung, die sich über den Projektstand und fortschritt orientieren möchten. Die gezielte Auswahl der gewünschten Dokumente aus diesem Datenpool kann am Grafik-PC über das Bürokommunikationssystem (Office-System) erfolgen.

Für den Projektleiter stellt die offizielle Projektakte eine nicht zu unterschätzende Nachweis und Absicherungsfunktion dar. Im eigenen Interesse sollte er deshalb auf die Aktualität, Übersichtlichkeit, Verständlichkeit und Prägnanz dieser Projektmanagementdokumentation ausreichenden Wert legen.

9.6 Projektmarketing – mehr als ein Schlagwort

Zum Job des Projektleiters gehört die Aufgabe, das Projekt richtig zu »verkaufen«. Das gilt besonders für schwierige Vorhaben mit Akzeptanzproblemen bei den Anwendern. Der Projektleiter sollte mit seinem Team bereits beim Projektstart über gezielte Marketingstrategien nachdenken.

Für jedes Projekt ist eine kurze, positive und griffige **Projektbezeichnung** vorteilhaft. Es kann sich um eine phantasievolle Abkürzung handeln. Neben dem ausführlichen Projekttitel »Standardisierung und Vereinheitlichung der Artikel- und Materialbezeichnungen für das E-Business-Projekt Procurement« könnte zum Beispiel die motivierende Projektkurzbezeichnung »STAR«-Projekt treten. Ein Projekt zum Aufbau eines Telekommunikationsnetzes im gesamten Unternehmensbereich kommt im Unternehmen unter dem Kurzbegriff »TELEDATA-Projekt« bestimmt besser an.

Bei einem lang dauernden und bedeutsamen Projekt kann ein **Projektlogo** zur Identifizierung aller Beteiligten mit diesem Projekt beitragen. Das gespeicherte Logo sollte in den Kopf aller Projektunterlagen übernommen werden.

9

Weitere **Marketing-Aktionen** im Projekt können folgende Punkte umfassen:

- **Websites** zum Projekt mit wesentlichen Projektinfos, die über das Intranet abgerufen werden können
- Innerbetriebliches E-Mail über den Projektstand und -fortschritt beim Abschluss eines Projektmeilensteins
- Kurze Infoveranstaltungen mit ansprechenden Demos und Diskussionsmöglichkeiten im Anwenderbereich
- Faltblatt mit Informationsmaterial über Ziele und Inhalt des Projekts in optisch ansprechender Aufmachung, das an interessierte Mitarbeiter verteilt wird oder in dieser Form über das Intranet abgerufen werden kann

Anwenderführungskräfte und -mitarbeiter können den terminlichen und qualitativen Projektfortschritt beim Einsatz eines Office Systems mit Hypertextzugriff jederzeit gezielt verfolgen – eine hervorragende Marketingmöglichkeit für jedes Projekt!

Für herausragende IT-Projekte – beispielsweise das erste E-Commerce-Projekt des Unternehmens – kann eine **spektakuläre Auftaktveranstaltung** für einen Motivationsschub des betroffenen Fachbereichs sorgen. Durch einen zum Projekt passendes außergewöhnliches Event lässt sich das Interesse für ein Projekt im Fachbereich beträchtlich steigern, wie Kursteilnehmer in Projektmanagementveranstaltungen begeistert berichteten.

In einem Versorgungsunternehmen diente eine viertelstündige Inszenierung eines Theaterstücks der anschaulichen Thematisierung typischer Projektprobleme. Dazu gehörte beispielsweise der klassische Konflikt der mangelnden Benutzerakzeptanz und die Möglichkeiten zur friedlichen Behebung.

Ein mächtiger **Luftballon** im Innenhof einer Konzernhauptverwaltung kündigte den erstaunten Mitarbeitern den Start des »Intranet-Zeitalters« an, nachdem der Probebetrieb erfolgreich abgeschlossen worden war. Auf pfiffig aufgemachten Plakatwänden in der Eingangshalle wurden die Nutzenpotenztiale dargestellt, die mit Hilfe des neuen Netzwerks in mehreren IT-Projekten realisiert werden sollen.

Positive Anregungen und kritische Hinweise zu einem umfassenden IT-Projekt der Geschäftsprozessüberarbeitung im Vertriebsbereich eines Großunternehmens können alle Mitarbeiter über das lokale Netz auf einer Präsentations-Website anonym oder mit Namensangabe an das Projektteam weiterleiten. Alle Hinweise werden von den Projektmanagern auf der Website oder über eine persönliche Kontaktaufnahme beantwortet. Die zunächst als Marketingaktion gewertete Kommunikation mit den Vertriebsmitarbeitern hat sich für das Projektmanagement des Unternehmens zu einem wertvollen Stimmungsbarometer entwickelt.

9.7 Die besten Expertentipps dieses Lernmoduls auf einen Blick

Erfolg oder Misserfolg eines IT-Projekts entscheiden sich oftmals schon in der Startphase! Häufig werden die Weichen falsch gestellt. Oft fehlen die primitivsten Voraussetzungen zu einer Erfolg versprechenden Projektabwicklung. Nicht selten wird ein IT-Projekt niemals offiziell eröffnet!

> *Eine ausgereifte Projektorganisation im Informatikbereich zeichnet sich dadurch aus, dass die Projektinitialisierung in verständlichen und logischen Schritten nach einem einheitlichen Verfahren erfolgt und sich alle Beteiligten an dieses Procedere halten!*

Legen Sie als designierter Projektleiter großen Wert darauf, dass die **Projekteckwerte** vor der Projekteröffnung eindeutig festgelegt und zwischen Entscheidern, Anwendern und Informatikbereich abgestimmt sind! Die entscheidenden Schritte und Anforderungen für einen erfolgreichen Projektstart haben wir für Sie in 10 **Highlights** zusammengefasst:

(1)	Ein IT-Projekt soll nach Möglichkeit ein Teilstück einer aktuellen integrierten Gesamtkonzeption für alle oder bestimmte Unternehmensbereiche darstellen! Eine aufeinander abgestimmte und ständig aktualisierte **Gesamtplanung der Informations- und Kommunikationstechnik** kann die beste Investition auf dem IT-Sektor sein. Sie zeigt klare Prioritäten der Realisierung auf und führt zu eindeutigen Rahmenbedingungen der IT-Projekte.
(2)	Die Entwicklung der zukünftigen Informationskonzeption darf nicht einseitig dem Informatikbereich überlassen bleiben. Es handelt sich um eine strategische Planung, an der Führungskräfte der Informationstechnik, der Anwenderbereiche und des Controllings mitwirken müssen.
(3)	Viele IT-Anforderungen unterschiedlicher Art und Bedeutung entstehen aus einem **aktuellen Anlass** heraus. Übersteigt der Entwicklungsaufwand ein bis drei Personenmonate, wird hierfür bei Bedarf ein IT-Projekt ausgelöst. Andernfalls wird die Tätigkeit als »Kleinauftrag« abgewickelt.
(4)	Eine Vielzahl von **IT-Kleinaufträgen** unterhalb der Projektgrenze zur Systemänderung oder -optimierung kann einen Projektablauf erheblich stören, wenn die Projektmitarbeiter diese Arbeiten »nebenbei« durchführen müssen. Es ist deshalb unumgänglich, dass für solche Aktivitäten außerhalb der IT-Projekte klare Spielregeln zur Prüfung ihrer Notwendigkeit und zu ihrer Durchführung bestehen und eingehalten werden.

(5)	Als Machbarkeitsfilter wird einer aktuellen Projektanforderung häufig eine **Voruntersuchung** vorgeschaltet. Sie dient der Klärung der Durchführbarkeit, Wirtschaftlichkeit und Priorität des gewünschten Vorhabens. Eine Voruntersuchung hat einen **hohen Schwierigkeitsgrad**! Er ist dadurch begründet, dass ohne den Einstieg in detaillierte Lösungsverfahren mit einem begrenzten Zeitrahmen fundierte Aussagen über Projektaufwand, Meilensteintermine und Wirtschaftlichkeit erarbeitet werden sollen.
(6)	Im **Aufgabenkatalog einer Voruntersuchung** hat ▶ die Vereinbarung konkreter und erreichbarer **Projektzielsetzungen,** ▶ die Berücksichtigung des **Projektumfelds** und der Rahmenbedingungen, ▶ die Klärung spezieller **Projektrisiken** und ▶ der Ausweis des **Schätzrisikos** für Kosten-, Nutzen- und Terminkomponenten einen hohen Stellenwert und darf nicht vernachlässigt werden! Auf keinen Fall darf sich der Projektleiter bei einer Voruntersuchung von subjektiven Erwägungen leiten lassen!
(7)	Ein **Projektleiter** sollte in einer IT-Langfristkonzeption oder einer einem Projekt vorgeschalteten Voruntersuchung mitwirken, um bereits beim Projektbeginn ausreichend über Zielsetzungen, Zusammenhänge und den fachlichen und technischen Projektrahmen informiert zu sein.
(8)	Den formellen Einstieg in ein Projekt bildet der **IT-Projektantrag und -auftrag**. Mit den Genehmigungsvermerken der Informatik, der Fachabteilung und des Lenkungsausschusses wird das Projekt ganz oder für bestimmte Phasen freigegeben. Für den Projektleiter stellt der Projektauftrag den **Wechsel** dar, den er zusammen mit seinem Arbeitsteam bei der Projektabwicklung einlösen muss!

9

(9) Mit dem **Kick-off-Meeting** fällt der offizielle Startschuss für ein IT-Projekt:

- Der Terminkalender läuft!
- Ab jetzt werden alle Projektleistungen verrechnet.

Die Kick-off-Startsitzung sollte den Projektmitarbeitern einen entscheidenden **Motivationsschub** für diese anspruchsvolle haupt- oder nebenamtliche Tätigkeit geben. Deshalb sollten an dieser Eröffnungssitzung auch der Projektmentor und die Leiter des IT- und Fachbereichs teilnehmen.

(10) Zum Job des Projektleiters gehört auch die Aufgabe, das Projekt richtig zu »verkaufen«. Das gilt besonders für schwierige Vorhaben mit Akzeptanzproblemen bei den Anwendern. Deshalb muss der Projektverantwortliche mit seinem Team frühzeitig über ein gezieltes **Projektmarketing** nachdenken und geeignete Aktivitäten in die Wege leiten.

10 Projektplanung und Softwarekalkulation

Projektplanung und Softwarekalkulation gehören zu den Kernaufgaben eines IT-Projektleiters. Er ist für die Ergebnisse der Softwarekalkulation und das gesamte Projektcontrolling verantwortlich!

Aus Motivationsgründen sollte der Projektleiter die Projektplanung gemeinsam mit seinen Projektmitarbeitern im Projektteam vornehmen. Damit kann er das Misstrauen und Unverständnis der Fachabteilung gegenüber dem komplexen Zahlenwerk einer Projektplanung abbauen. Eine Mitwirkung der Projektmitarbeiter bei der Planung ist allerdings nur möglich, wenn der Projektleiter durch anwenderverständliche Planungsverfahren eine ausreichende Planungstransparenz schafft!

> *Von einem professionellen IT-Projektleiter wird erwartet, dass er bereits zu einem frühen Zeitpunkt den wahrscheinlichen Umfang eines Projekts mit den wesentlichen Aufwandsschwerpunkten und Meilensteinterminen abschätzen kann. Wenn ihm auch nach einer gründlichen Vorstudie immer noch der Durchblick fehlt und er das Projekt nicht in den Griff bekommt, sollte er sich um einen kompetenten Coach bemühen. Das gilt auch für eine Führungskraft des Anwenderbereichs, welche eine Projektleiterfunktion übernimmt.*

Die Planungsunterstützung kann durch eine **Projektservicestelle** oder einen projekterfahrenen internen oder externen IT-Berater erfolgen.

Bei einem **Softwarebeschaffungsprojekt** sollten in die Projektplanung auch die Erfahrungen des Softwarelieferanten einfließen, wenn nach der Evaluationsphase das Projektteam die Planung der sich anschließenden Softwareanpassungsaktivitäten überarbeitet.

10.1 Planungsmethoden und -werkzeuge

Es gibt unterschiedliche Strategien, Methoden und Hilfsmittel für eine Projektplanung. Zu wichtigen Grundsätzen und Verfahrensalternativen erhält der Projektplaner in diesem Lernmodul Hinweise und Tipps.

10.1.1 Planungsschritte in einem IT-Projekt

Zur systematischen Planung eines IT-Projekts gehören mehrere **Planungskomponenten**, die wie ein Zahnrad ineinander greifen:

1. Projektdefinition und Aktivitätsplanung
2. Zeitaufwandsermittlung und Ressourcenzuordnung
3. Terminplanung
4. Projektbudgetierung
5. Wirtschaftlichkeits- und Amortisationsplanung

Zusätzliche Planungsüberlegungen sind zu den Themenbereichen Qualitätssicherung und Risikomanagement nötig.

Von einem erfahrenen IT-Projektleiter wird vorausgesetzt, dass er die Planungsschritte und -methoden für Projekte unterschiedlicher Art und Größe kennt und mit Hilfe seiner Planungserfahrungen aus anderen Projekten manuell oder mit Unterstützung durch Projektmanagementsoftware in die Praxis umsetzen kann!

Planungsverfahren und -zusammenhänge

Als typische Methodik bei Softwareprojekten haben sich die **analytischen Planungsverfahren** durchgesetzt. Der Funktionsumfang des geplanten Softwaresystems wird im Projektteam in der Form einer Top-down-Betrachtung schrittweise in zweckmäßige Vorgehensphasen und überschaubare Arbeitspakete aufgerissen. Auf diese Weise wird die gewünschte **Projektstruktur** zusammengestellt.

Für die Basisbausteine der Projektstruktur nimmt der Projektleiter oder Projektplaner unter Berücksichtigung von gesammelten Vergangenheitserfahrungen die Zeitaufwandsermittlung vor. Anschließend wird aufgrund der logischen und zeitlichen Abhängigkeiten der Arbeitspakete ein zweckmäßiger **Projektablaufplan** zusammengestellt. Den Aktivitäten werden die zur Verfügung stehenden Projektressourcen zugeordnet. Für die Berechnung und den Ausweis des Terminplans können eine tabellarische Übersicht, ein Balkendiagramm, ein Netzplan oder eine Kombination aus diesen Darstellungselementen verwendet werden.

Den Schritten der Zeitaufwands-, Kapazitätsbedarfs- und Terminermittlung schließen sich die Projektrechnungen der **Budgetzusammenstellung** und der **Wirtschaftlichkeits- und Amortisationsberechnung** an. Die angegebenen Planungspunkte müssen in manchen Fällen mehrfach durchlaufen werden, da teilweise eine gegenseitige Abhängigkeit besteht und ggf. Korrekturen von Teilplanungen aufgrund von Restriktionen bei anschließenden Planungsschritten nötig sind.

Auch wenn der Projektendtermin dem Projektteam von der Geschäftsleitung vorgegeben wird, sollten die Planungsschritte der logischen Folge der Planungsstufen entsprechen. Erst anschließend sollte der Projektplaner (meist der Projektleiter) einen Vergleich mit dem vorgegebenen Terminrahmen vornehmen und geeignete Anpassungsmöglichkeiten untersuchen, um einen realistischen Endtermin zu erarbeiten (Überstunden der Mitarbeiter, Inanspruchnahme von Fremdkapazität, Arbeitsverlagerungen in anschließende Optimierungsprojekte).

Bei kleineren und übersichtlichen Projekten, wo zur Zusammenstellung der Arbeitspakete die aufeinander folgenden Projektabschnitte eines Phasenkonzepts ausreichen, können die Schritte der Projektstrukturierung, der Zeitaufwandsschätzung und der Ressourcenzuordnung zusammengelegt werden.

Planungsmethoden für IT-Projekte

Unterschiedliche Planungsmethoden sind anzutreffen für die

- Zeitaufwandsplanung
- Terminplanung
- wertmäßigen Planungsrechnungen

Bei Diskussionen über Fragen der Planungsmethodik geht es fast immer um die **Problematik der Zeitaufwandsplanung**. Hier sind bis zur Gegenwart die größten Methodendefizite anzutreffen. Von der Vielzahl der in der Literatur beschriebenen Methoden können nur wenige sinnvoll in der Projektpraxis eingesetzt werden:

- Einige der Methoden funktionieren nur in der Theorie.
- Andere sind zu primitiv und erlauben keine Berücksichtigung von Projektbesonderheiten.
- Die meisten Planungsmethoden stammen noch aus der Mainframe-Ära und berücksichtigen keine modernen Methoden der Programmentwicklung und Datenbankorganisation.

Bei unkritischen und übersichtlichen IT-Projekten stehen bei der Zeitaufwandsermittlung **Direktschätzungen des Zeitaufwands** für die einzelnen Planungsabschnitte im Vordergrund. Planungserfahrungen des Projektleiters aus früheren IT-Projekten spielen hierbei die wesentliche Rolle.

Auch für größere und komplexe IT-Projekte steht dieses Verfahren weit im Vordergrund. Es wird durch die Risikoberücksichtigung von minimalem, wahrscheinlichem und maximalem Aufwand verfeinert (PERT-Schätzung). Daneben ist eine ganze **Palette spezieller Zeitschätzungsverfahren** anzutreffen. Sie werden von Projektleitern jedoch selten angewandt. Zwei Verfahren werden wir im Lernabschnitt 10.3 »Zeitaufwandsschätzung« erläutern. Es handelt sich um

- das Function-Class-Verfahren für eine frühzeitige Grobschätzung des Projektaufwands und
- das Function-Point-Verfahren zur Detailschätzung des Zeitaufwands in IT-Projekten. Es wird auch für eine objektorientierte Systementwicklung angeboten.

Dokumente und Werkzeuge der Projektplanung

Als wesentliche Hilfsmittel für eine papier- oder softwaregestützte Projektplanung werden folgende Dokumente und Werkzeuge benutzt:

- Ergebnisse einer Voruntersuchung oder fachlichen Grobkonzeption in der Form einer Funktionsübersicht, der Prozesszusammenhänge und eines logischen Datenmodells
- Projektablaufpläne in grafischer oder tabellarischer Darstellungsform
- Erfahrungstabellen und -werte früherer Projekte aus einem Erfahrungspool (Projekterfahrungsdatenbank)

- Geeignete Rechenverfahren und Darstellungsformen für die Termin- und Kapazitätsbedarfsplanung
- Planungsmatrix für ein Projektbudget und ein Berechnungs- und Darstellungsschema für die Wirtschaftlichkeits- und Amortisationsrechnung

Beim **Einsatz eines Projektmanagementsystems** stellt dieses Programmpaket eine Palette komfortabler Planungshilfsmittel und Rechenalgorithmen zur Verfügung. Der Projektplaner wird dadurch von zeitaufwendigen Darstellungs- und Rechenarbeiten entlastet.

Zeitpunkte der Projektplanung

Die **Zahl der projektspezifischen Arbeitsphasen und ihre Reihenfolge** ergeben sich aufgrund der Größenordnung und der Besonderheiten des Projekts. Bei einer **evolutionären Entwicklung** (Spiralmodell) können die Projektfolge – und damit auch das Planungsprocedere – ganz anders aussehen als bei einem sequentiellen **Wasserfallmodell**.

Eine **Erstplanung** für alle Arbeitsschritte eines Projekts lässt sich bei einer Individualentwicklung meist erst nach einer Voruntersuchung durchführen, da erst dann genügend Planungseckwerte über die Zielstruktur, den Funktionsumfang und die Prozesszusammenhänge vorliegen.

Eine **Planungsrevision** ist am Ende der nächsten Arbeitsphasen und bei gravierenden Projektveränderungen vorzunehmen. Alle Planungsänderungen sind dem Projektlenkungsausschuss zur Genehmigung vorzulegen.

Bei einem **Projekt der Softwarebeschaffung** kann beim Einstieg in das Projekt nur eine vorläufige Grobplanung aller Phasen auf der Basis gewünschter Meilensteine durchgeführt werden. Eine Vertiefung erfolgt erst nach dem Abschluss des Software- und Dienstleistungsvertrags und der Feststellung der Umstellungs- und Migrationsstrategie gemeinsam mit der Softwarefirma.

Phasenbezogene Planungsverfeinerungen werden vor dem Start eines Projektabschnitts für die detaillierten Arbeitsvorgänge und den Mitarbeitereinsatz durchgeführt. Auf gemeinsame Planungsüberlegungen mit dem Projektteam sollte der Projektleiter aus Motivationsgründen großen Wert legen.

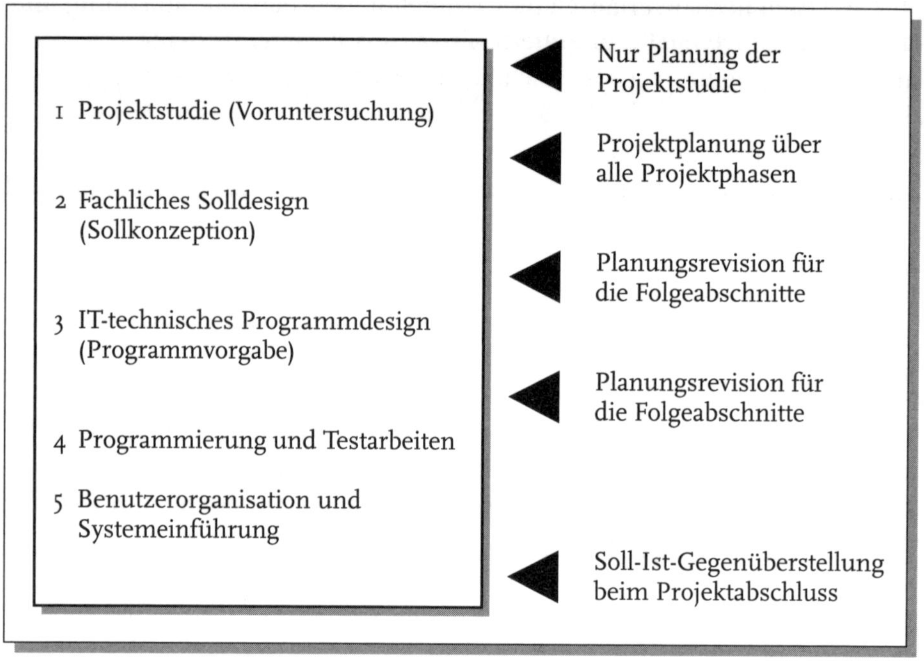

Abbildung 10.1: Typische Zeitpunkte der Projektplanung und der Planungsrevision

10.1.2 Einsatz von Projektmanagementsoftware

Die Verwaltung und Fortschreibung der Planungsunterlagen und die Zeitaufwands-, Termin- und Kostenüberwachung sind in mittleren und größeren IT-Projekten außerordentlich zeitaufwendig. Immer häufiger sind deshalb in der Projektarbeit Softwaresysteme zur Unterstützung des Projektcontrollings anzutreffen.

Einfache Softwarewerkzeuge, zum Beispiel Excel, Lotus oder Teamworks reichen für eine Projektunterstützung aus, wenn diese sich auf die Führung eines Balkendiagramms oder eines tabellarischen Projektbudgets beschränkt. Auch reine **Netzplanprogramme** stehen zur Terminplanung und -überwachung zur Verfügung. Auf dem Informatiksektor decken sie aber nicht alle wesentlichen Bedürfnisse ab und reichen deshalb für eine Projektabwicklung nicht aus. Im Gegensatz zu anderen Einsatzbereichen im Unternehmen spielen ausschließliche Netzplanprogramme bei Informatikprojekten heute keine Rolle mehr.

Eine wachsende Bedeutung bei der Unterstützung der Projektplanung und -überwachung haben **PC-orientierte Projektmanagementsysteme** (PMS) erlangt. Eine Einzellizenz eines solchen Pakets ist heute bereits für einen Preis ab etwa 1200,– DM erhältlich. Wesentlich teurer ist die erforderliche Ausbildung, wenn ein Projektplaner die Beherrschung der wesentlichen Paketfunktionen erlernen will.

Wir empfehlen zur Grundausbildung die Beschaffung einer **leicht verständlichen Lektüre**, die den Projektplaner in die Grundfunktionen eines PMS-Tools einführt. Sie ist in Buchform oder als Internet-Download erhältlich. Zur Fortbildung mehrerer Projektleiter oder -planer eignet sich ein **In-house-Lehrgang**, bei dem die speziellen Projektmanagementprobleme Ihres Unternehmens im Vordergrund stehen. Einen erfahrenen Trainer finden Sie über die PMS-Lieferfirma. Nicht empfehlenswert ist der Besuch teurer öffentlicher Lehrgänge zu dieser Thematik. Sie vermitteln aufgrund der breiten Teilnehmerstreuung nur eine allgemeine Einführung in die Thematik.

Funktionen und Leistungsmerkmale von Projektmanagementsoftware

Ein Projektmanagement-Tool muss den Projektleiter von Routinearbeiten der Projektverwaltung und der Projektplanung und -überwachung entlasten. Es darf auf keinen Fall das Gegenteil bewirken! Um diese Aufgabe erfüllen zu können, müssen die folgenden Arbeiten wirkungsvoll unterstützt werden:

- Verwaltung der Projektstammdaten
- Darstellung einer grafischen oder listenförmigen Projektstruktur
- Termin- und Kostenplanung
- Überwachung von Projektaufwand, Terminen, Ressourceneinsätzen und Kosten
- Projektberichterstattung und Hinweise auf Out-of-Line-Situationen

Die Programme setzen auf den Ergebnissen der vorgeschalteten Projektablauf- und Zeitaufwandsplanung auf. Sie benutzen diese Arbeitsergebnisse zusammen mit den vom Projektplaner zur Verfügung gestellten Projektressourcen zur **Abwicklung der Termin-, Kapazitätsbedarfs- und Kostenplanung**. Keine Unterstützung bieten die Projektmanagementsysteme bisher zur Wirtschaftlichkeits- und Amortisationsrechnung.

Die Projektsteuerung erfolgt durch **Soll-Ist-Vergleiche** der einzelnen Arbeitspakete und des gesamten Projektnetzes. Pakete, die speziell auf die besondere Situation bei IT-Projekten Rücksicht nehmen, packen in die Gegenüberstellung auch die Restbedarfswerte eines Arbeitspakets (oder den prozentualen Projektfortschritt) hinein. Mit Hilfe einer **Meilenstein-Trendanalyse** lässt sich das Programmpaket zum Frühwarnsystem ausbauen.

Die Planungs- und Kontrollstrategie eines ausgereiften Projektmanagementsystems wird durch die Darstellung in Abbildung 10.2 verdeutlicht.

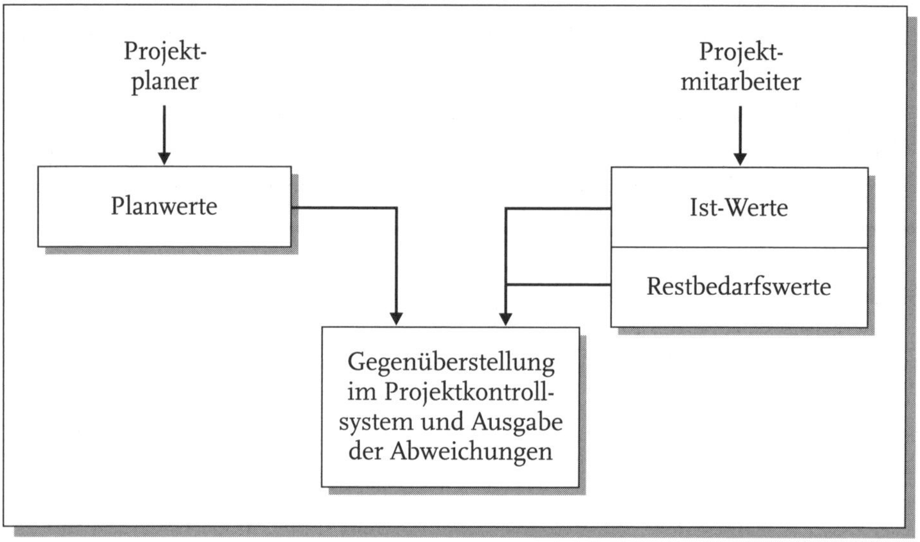

Abbildung 10.2: Ein Projektmanagement-System arbeitet nach dieser Planungs- und Kontrollstrategie.

Gut geeignet sind die Planungs- und Überwachungs-Tools für **Planungssimulationen** und -änderungen. Vorteilhaft einsetzen lassen sie sich auch bei der Projektsteuerung zur Durchführung von Soll-/Ist-Vergleichen und für Planungskorrekturen. Außerdem bieten sie die Möglichkeit für ein komfortables Projektberichtswesen.

Im Gegensatz zu den oft erheblich übertriebenen Versprechungen der Paketanbieter kann der Projektplaner von den marktüblichen Projektmanagementsystemen keine kreative Unterstützung bei der Erarbeitung eines optimalen Projektablaufplans und bei der Zeitaufwandsermittlung erwarten. Gerade auf diesen Sektoren liegen aber die Schwierigkeiten einer realitätsnahen Projektplanung!

Begrenzte Vorteile für die Zeitaufwandsschätzung sind zu erwarten, wenn dem PMS-System eine Projekterfahrungsdatenbank angeschlossen ist. Auf diese kann der Projektplaner bei ähnlichen Folgeprojekten und -aktivitäten zurückgreifen.

Merkmals- und Leistungskatalog eines PMS-Tools

Der Merkmals- und Leistungskatalog eines modernen Projektmanagement-Werkzeugs sollte die folgenden Checklisten-Punkte enthalten:

(1)	Darstellung der miteinander vernetzten Aktivitäten und Ausgabe in einer benutzerfreundlichen Ansicht als Balkendiagramm, Netzplan oder strukturierte Tabelle
(2)	**Multiprojektplanung** zur Verwaltung mehrerer paralleler Projekte und einem Rückgriff auf gemeinsam genutzte Ressourcen
(3)	Unterteilung der Arbeitspakete in Makro- und Mikroaktivitäten, wodurch sich eine übersichtliche Projektstrukturierung und eine schrittweise Verfeinerung des Projektablaufplans erreichen lässt
(4)	**Simulationsmöglichkeiten** zur Ausbalancierung von Aufwandsspitzen und Ressourcenüberlastungen
(5)	**Reportgenerator** zur Erzeugung flexibler Berichte mit zielgruppenspezifischer Verdichtungsmöglichkeit
(6)	Führung eines **Projektarchivs** mit einer Aufwandsübersicht früherer Projekte und der Ausweisung von Durchschnittswerten
(7)	Führung von **Standardnetzen** für wiederkehrende Projekte und Projektabschnitte gleicher Art
(8)	E-Mail-basierte **Kommunikationsmöglichkeiten** über die Inter- und Intranet-Plattform, eine weit gehende Workgroup-Funktionalität zur Teamkommunikation und die Einbettung in ein vorhandenes Office System mit Textverarbeitungs-, Tabellenkalkulations- und Präsentationskomponenten

10

(9)	**4-GL-Entwicklungsumgebung** für individuelle Paketerweiterungen durch die Anwenderunternehmen
(10)	**Unterstützung von Neueinsteigern** durch problemlose Einfachanwendungen des Pakets ohne hohen Erklärungs- und Schulungsbedarf (zum Beispiel einer einfachen Balkendiagrammdarstellung ohne Ressourcenberücksichtigung)

Auf Kommunikationsmöglichkeiten der Projektmanagementsoftware mit vorhandenen Bürokommunikationssystemen, eine Anbindung von E-Mail, Intranet und Internet und eine Integration der Projektdaten mit anderen unternehmensweiten Anwendungssystemen wird heute von projekterfahrenen Unternehmen mit dezentralen Geschäftseinheiten steigender Wert gelegt.

Wegen der immer noch bestehenden gravierenden **Lücken der Projektmanagementsysteme** aufrund fehlender Funktionen für eine

- softwaregestützte Zeitaufwandsermittlung,
- Wirtschaftlichkeits- und Amortisationsrechnung,
- Unterstützung der Risikoabschätzung von Projekten,
- Rückgriffsmöglichkeit auf standardisierte Projektablaufpläne und
- Bereitstellung von Projektinformationen aus einer Erfahrungsdatenbank

machen Unternehmen mit umfassenden Planungserfahrungen von der Möglichkeit individueller **Erweiterungen der Projektmanagementprogramme** Gebrauch. Voraussetzung ist eine vom Softwareanbieter bereitgestellte marktgängige Makrosprache. Besonders für die hohen und speziellen Anforderungen von System- und Softwarehäusern reicht die Standardfunktionalität der Projektmanagementsysteme nicht aus, so dass für sie die Programmierung zusätzlich benötigter Projektmanagementfunktionen und -auswertungen unumgänglich ist.

Marktüberblick für Projektmanagement-Software

Alle bekannten Projektmanagementpakete sind heute windowsorientiert. Einen aktuellen Überblick über die am Markt erhältlichen Pakete geben die halbjährlich veröffentlichten ISIS-Softwarekataloge und die dazu angebotene CD-ROM der Firma Nomina Services, München.

Projektmanagementpakete mit einem hohen aktuellen Bekanntheitsgrad sind

- CA-Super Project (mehrere Versionen) der Firma CA Computer Associates GmbH, Darmstadt,
- MS Project (mehrere Versionen) der Firma Microsoft GmbH, Unterschleißheim,
- PMW Project Manager Workbench der Firma Applied Business Technology Corporation, Hamburg und
- Project Scheduler mit dem Zusatzprodukt Project Communicator der Firma Scitor GmbH, Taunusstein.

Das am stärksten verbreitete Produkt ist MS Project der Firma Microsoft, Unterschleißheim. Es bietet eine ergonomische Benutzeroberfläche, enthält im Lieferumfang einen **Webserver** und eine gute Internet- und Intranet-Anbindung. Erweiterungen und Verbindungen zu Applikationen lassen sich mit der Programmiersprache Visual Basic durchführen.

Die Projektmanagement-Programme werden von den Entwicklungsfirmen ständig verbessert und erweitert, so dass laufend neue Versionsnummern am Markt angeboten werden.

Die Qualität der Systeme hat sich in den neueren Versionen gegenüber den Vorjahren ständig verbessert. Trotzdem empfiehlt es sich, bei Sonderwünschen einer Branche oder Anwenderfirma vorher zu testen, ob diese von den Standardfunktionen abgedeckt werden oder sich über eine geeignete Entwicklungsumgebung als Zusatzmodul realisieren lassen.

Einsatzbeurteilung der Projektmanagement-Software

Die **Installation eines Projektmanagementsystems** und die Einarbeitung von Projektplanern in diese komfortablen Planungs- und Steuerungsinstrumente lohnt sich nur, wenn ein Unternehmen immer wieder Projekte abwickeln muss, für die mehrere Teammitarbeiter benötigt werden und die sich über mehr als ein halbes Jahr erstrecken. Ein Programmeinsatz ist auch dann vorteilhaft, wenn unterschiedliche Teams mehrere Teilprojekte parallel abwickeln und immer wieder terminliche Abstimmungen zwischen diesen nötig sind. Für mittlere oder gar kleinere Projekte, die nach einem Standardphasenschema und im Rahmen einer übersichtlichen Projektstruktur von 2 - 3 Mitarbeitern durchgeführt werden, bringt der Einsatz solcher Werkzeuge nur geringe Vorteile. Hierfür reichen ein einfaches Terminplanungspaket oder die Grundfunktionen eines marktüblichen Projektmanagementsystems aus.

Überlegungen zum Einsatz eines Projektmanagement-Programms haben nur dann einen Sinn, wenn zuvor anhand eines einfachen manuellen Projektüberwachungssystems »getestet« worden ist, ob überhaupt die Voraussetzungen und eine ausreichende Disziplin der Projektmitarbeiter für den Einsatz eines Softwarepakets gegeben sind!

Unerfahrene Projektleiter unterschätzen häufig den Umfang der Erfassungs- und Verwaltungsarbeiten. Einer ständigen Pflege müssen die individuellen Projektkalender samt den zur Verfügung gestellten Ressourcen und die Kostensätze unterliegen. Besonders hoch ist bei zahlreichen kurzen Aktivitäten der anfallende **Rückmeldeaufwand**! Bei größeren Projekten muss sich der Projektleiter durch den Einsatz eines speziellen Projektplaners von diesen administrativen Routinearbeiten entlasten.

10.2 Aktivitätsplanung – Einstieg in die Projektplanung

Der Begriff der Aktivitätsplanung stammt aus der Netzplantechnik. Er bezeichnet die Zusammenstellung der Tätigkeiten, die in einem Projekt hintereinander abgewickelt werden müssen. Das Ergebnis der Aktivitätsplanung ist ein **Projektstrukturplan**, der sich aus Arbeitspaketen zusammensetzt. Diese bilden die Grundlage der Zeitaufwandsermittlung. Anschließend werden sie unter Berücksichtigung ihrer zeitlichen Abhängigkeiten bei der Terminplanung benötigt.

Im Gegensatz zur optisch hervorstechenden Terminplanung werden die beiden Planungsteilstücke der Aktivitäts- und der Zeitaufwandsplanung von unerfahrenen Projektleitern mangels Kenntnissen über die erforderlichen Arbeitsschritte und Zusammenhänge der Projektabwicklung oft stiefmütterlich behandelt oder in der Planung sogar ganz übersprungen.

Eine mit dem Fachressort abgestimmte **Projektdefinition** und eine Feststellung und Analyse der fachlichen und technischen Systembestandteile ist eine unverzichtbare Basis einer professionellen Projektplanung. Sonst steht das ganze IT-Projekt auf einem brüchigen Fundament!

10.2.1 Die Abwicklungsschritte einer Aktivitätsplanung

Um einen Projektstrukturplan in der Aktivitätsplanung eines Projekts zusammenstellen zu können, müssen **Sollvorstellungen** über das geplante Software- und/oder Hardwaresystem vorliegen, wie sie beispielsweise im Rahmen einer Voruntersuchung, einer Grobkonzeptionsphase oder einer Anforderungsanalyse für eine Pflichtenhefterstellung entwickelt werden.

Die **Ergebnisse einer solchen Vorstudie** stellen den Architekturrahmen eines Informatikprojekts dar. Zu den Basisdokumenten zählen

- eine hierarchische Aufgaben- oder Funktionsübersicht des geplanten Systems,
- eine Gesamtprozessübersicht zur Darstellung der Zusammenhänge und Schnittstellen zu Nachbarsystemen,
- ein grobes logisches Datenmodell, das dem neuen System zugrunde liegen soll,
- und möglicherweise bereits Datenflusspläne oder EVA-Diagramme mit den Eingabe- / Ausgabekomponenten für die geplanten Geschäftsprozesse.

Beispiele für die aufgeführten Ergebnisdokumente der vorhergehenden Grobkonzeption eines geplanten IT-Anwendungssystems finden Sie im Lernabschnitt 7.2 »Verfahren und Modellierungsschritte einer Softwarearchitektur« und in dem sich anschließenden durchgehenden Planungsbeispiel für das Projekt »Online-Kundenauftragsabwicklung«.

Die wichtigste Basiskomponente für die Aktivitätsplanung ist eine möglichst übersichtliche **Aufgaben- oder Funktionsstruktur** mit dem erforderlichen Beschreibungsumfang. Die weiteren Dokumente eines groben Sollkonzepts dienen als nützliche Zusatzinformationen. Sie werden besonders für die sich anschließende Zeitaufwandsermittlung und die Terminplanung benötigt.

Projektstrukturplan für eine Eigenentwicklung und einen Software-Fremdbezug

Der **Projektstrukturplan**, der während der Aktivitätsplanung als Einstieg in die Planungsabwicklung aufgebaut wird, stellt eine hierarchische Gliederung des Projekts nach Projektabschnitten und Arbeitspaketen dar, die während der Projektarbeit nacheinander abgearbeitet werden müssen.

Für die **Darstellung eines Projektstrukturplans** kann

- eine grafische Top-down-Struktur oder
- eine mehrstufige tabellarische Gliederung gewählt werden.

Beide Darstellungsformen sind inhaltlich gleich. Eine grafische Übersicht ist optisch ansprechender. Eine tabellarische Gliederung lässt sich in dieser Form unverändert in die Vorgangsspalten eines Balkendiagramms übernehmen. Die hierarchische Darstellungsform erlaubt in beiden Fällen bei Bedarf ein weiteres Herunterbrechen der Arbeitspakete in untergeordnete Vorgangsstrukturen.

Die erste Verfeinerungsstufe eines Softwareprojekts sind bei der Strukturierung die für das Projekt geplanten **Arbeitsphasen**. Diese lassen sich nach den Gesichtspunkten der Objekt- oder Funktionsgliederung weiter unterteilen, bis transparente Arbeitspakete vorliegen. Ein **Arbeitspaket** sollte eine geschlossene Aufgabe umfassen mit:

- wenig Überschneidungen
- klar definierten Aufgaben
- eindeutiger Verantwortungs- und Mitarbeiterzuordnung
- einer klaren Bewertungsmöglichkeit nach Aufwand und Terminen

Bei Projekten mittlerer Größenordnung zur Individualentwicklung von Anwendungssystemen oder zur Beschaffung von Anwendungssoftware reicht für die Projektplanung eine ein- bis zweistufige Projektstrukturierung aus. Für Zwecke der Projektsteuerung und -überwachung können die Arbeitspakete zu einem späteren Zeitpunkt bis zu Elementarvorgängen aufgelöst und im Projektmanagementsystem abgespeichert werden.

Bei einem Softwareprojekt, das sich in seiner Abwicklung weitgehend an ein Standardphasenkonzept anlehnen kann, hat die Projektstruktur für eine vorgesehene **Individualentwicklung** bei grafischer Darstellung die in Abbildung 10.3 dargestellte Form (Schemabeispiel).

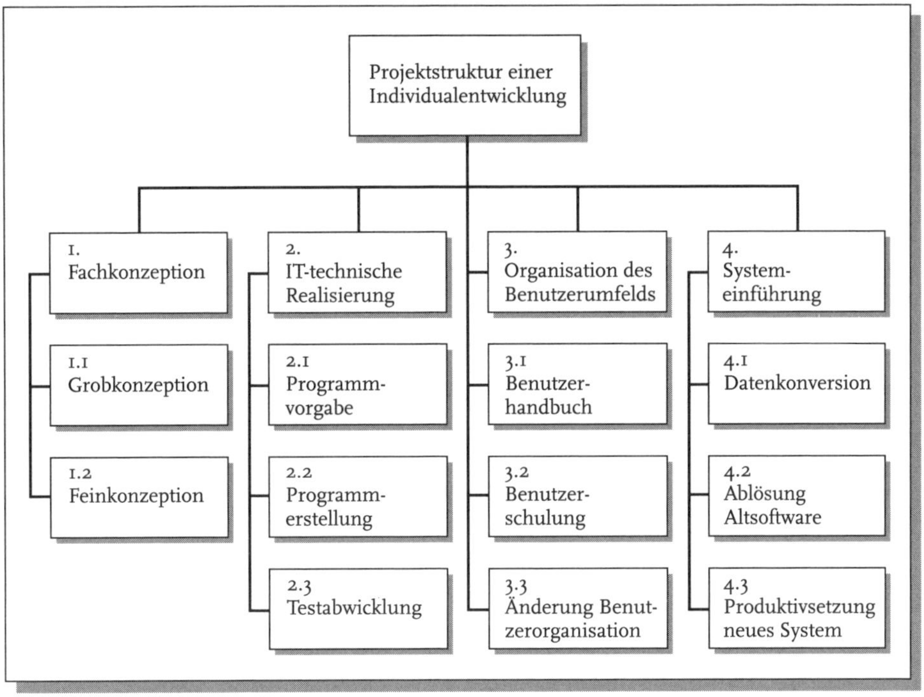

Abbildung 10.3: Grafische Darstellung der hierarchischen Projektstruktur einer geplanten Individualentwicklung (Schemabeispiel)

Bei einer geplanten **Fremdsoftwarebeschaffung** hat die Projektstruktur den in Abbildung 10.4 dargestellten Aufbau. Wir haben in diesem Fall eine tabellarische Skizze der Projektstruktur gewählt, um Ihnen auch diese alternative Darstellungsform zu zeigen. Sie ist in der praktischen Projektarbeit häufiger anzutreffen als die grafische Projektstrukturierung.

Unabhängig von der gewählten Darstellungsform der Projektstruktur lässt sich bei einer Software-Eigenentwicklung und Softwarebeschaffung eine zunächst skizzierte **Makrostruktur** (auch Meilensteinstruktur genannt) schrittweise in detaillierte Vorgangsstrukturen herunterbrechen. Bei der Terminplanung werden die Projektstrukturen in die gewünschte Form einer Netzplanstruktur umgesetzt.

Der Projektstrukturplan muss jeweils so fein sein, dass der Projektleiter daraus einen Überblick über die anstehenden Arbeiten, den Zeitaufwand, die Termine und die Kosten ableiten kann.

Projektstruktur eines Softwarefremdbezugs

1. **Pflichtenhefterstellung**
1.1 Anforderungsanalyse
1.2 Markterkundung
1.3 Zusammenstellung des Pflichtenhefts

2. **Paketevaluation**

3. **Softwareinstallation**

4. **Software-Customizing**
4.1 Erstellung Schnittstellenprogramme zum Altsystem
4.2 Softwareanpassung und Tests

5. **Organisation des Benutzerumfelds**
5.1 Schulung Endbenutzer
5.2 Änderung Arbeitsorganisation

6. **Systemumstellung**
6.1 Datenübernahme
6.2 Start der Produktivversion
6.3 Optimierung des Systems

Abbildung 10.4: Tabellarische Projektstruktur einer geplanten Beschaffung von Standard-Anwendungssoftware

Bei der Terminplanung werden die um den Zeitaufwand und die erforderlichen Ressourcen ergänzten Strukturen der Arbeitspakete in die gewünschte Form einer Netzplanstruktur umgesetzt.

Die Ergebnisse der grafischen oder tabellarischen Projektstruktur lassen sich zur Abwicklung der weiteren Planungsschritte auf eine **Planungstabelle** übertragen. In Abbildung 10.5 finden Sie den Formularaufbau einer solchen Tabelle. Sie eignet sich zur Dokumentation einer Aktivitätsplanung jedes Feinheitsgrads. In die Planungstabelle können zusätzlich zu den hierarchisch gegliederten Aktivitäten die Ergebnisse der Ressourcen- und Zeitaufwandsschätzung eingetragen werden. Die Ergebnisse können auf die Planungsmaske eines Projektmanagementsystems übertragen werden.

Planungstabelle **für alle Projektabschnitte**	Projekt Datum Blatt Bearbeiter

NR	Projektabschnitt	Stelle Mitarbeiter	Zeitaufwand	Kalenderdauer	Bemerkungen
Summe					

Abbildung 10.5: Aufbau einer allgemein verwendbaren Planungstabelle für alle Projektabschnitte eines IT-Projekts

Bei einer **einfachen Projektstruktur**, die sich auf die Ebene der geplanten Projektphasen beschränkt, lohnt es sich nicht, bei der Projektplanung einen grafischen oder tabellarischen Projektstrukturplan als eigenständiges Dokument aufzubauen und abzulegen. In der Praxis legt hier der Projektleiter die Aktivitätsplanung mit der Zeitaufwandsermittlung zusammen und skizziert die ein- oder zweistufige Projektstruktur unmittelbar auf dem Formular oder Spreadsheet der Zeitaufwandsplanung. Auch im anschließenden Planungsbeispiel einer Kundenauftragsabwicklung sind beide Arbeitsschritte auf den Formularen zur Zeitaufwandsplanung gemeinsam dokumentiert.

Greift ein Projektteam zur Zeitaufwandsermittlung der Programme auf eine Erfahrungstabelle für durchschnittlich benötigte Projektzeiten zurück, ist meist ein zusätzliches **Planungsblatt für Programme** (siehe Abbildung 10.6) anzutreffen. Bei der Aktivitätsplanung werden die voraussichtlichen IT-Programme aufgrund der Funktionsübersicht der IT-Voruntersuchung oder -Grobkonzeption ermittelt. Eine Funktionsübersicht ist im anschließenden Planungsbeispiel für eine Kundenauftragsabwicklung (Abbildung 10.7) enthalten. Die geplanten Programme werden in die Planungstabelle für Programme übernommen.

Für jedes Arbeitspaket des Projektstrukturplans sollten im Planungsverlauf die anschließend aufgeführten Punkte festgelegt und in der **Dokumentation des Arbeitspakets** abgelegt werden:

1. Gliederungsnummer der Struktureinheit
2. Bezeichnung und Arbeitsinhalt
3. Verantwortlicher / Mitarbeiter
4. Arbeitsresultat
5. Zeitaufwand (Mitarbeitertage)
6. Bemerkungen (zum Beispiel Schnittstellen)

Beim Einsatz eines Projektmanagementsystems werden diese Basisdaten in das System übernommen und für die Arbeitspaket- und Projektverfolgung zur Verfügung gestellt.

Planungstabelle
Programme

Projekt	
Datum	
Blatt	
Bearbeiter	

NR	Programme	Stelle Mitarbeiter	Zeitaufwand	Kalenderdauer	Bemerkungen
Summe					

Abbildung 10.6: Planungstabelle für Programme

Bei umfassenden **Großprojekten** mit einem erheblichen Innovations- und Schwierigkeitsgrad, zum Beispiel

- bei der unternehmensweiten Einführung integrierter Standardsoftware,
- beim Aufbau einer prozessorientierten Workflow-Applikation auf einer neuen Hardwareplattform oder
- einer von den Lieferanten bis zu Kunden durchgängigen E-Business-Lieferkette,

stellt die Projektstrukturierung hohe Ansprüche an den Kenntnis- und Erfahrungsstand des Projektteams samt der hier unvermeidlichen Beraterkompetenz. Oft lässt sich die gesamte Projektstruktur beim Projektstart noch gar nicht überschauen. Deshalb beschränkt sich eine detaillierte Projektstrukturierung und ein Projektablaufplan auf die Einstiegsphase. Für die Folgeabschnitte wird am Anfang nur ein grobes Meilensteingerippe zusammengestellt. Mit zunehmender Informationssicherheit wird es im Projektverlauf schrittweise verfeinert.

10.2.2 Mitlaufendes Planungsbeispiel »Kundenauftragsabwicklung«: Themenstellung und Aktivitätsplanung

Zur Darstellung der Planungsabwicklung wählen wir als Beispiel ein Projekt »Aufbau einer Online-Kundenauftragsabwicklung« in einem Versandhandelsunternehmen.

Da es sich in erster Linie um ein Fallbeispiel zur Beschreibung der Planungsmethodik in IT-Projekten handelt, haben wir es in seinen Funktionalitäten stark beschränkt! Wir greifen auf dieses Fallbeispiel auch zur Darstellung aller folgenden Planungsschritte zurück.

Die vorgeführten Methoden und Verfahren der IT-Planung sind stark **anwenderorientiert**. Unser IT-Dienstleistungsunternehmen verwendet sie mit großem Erfolg in Unternehmen und Projekten unterschiedlicher Art. Das gesamte Projektteam – samt den Key Usern – nimmt am Planungsprocedere teil. Alle Teammitglieder sollen wissen, wie die Eckdaten zustande gekommen sind – ein nicht zu unterschätzendes Motivationsinstrument für alle Projektmitarbeiter.

Themenstellung

In einem mittelständischen Versandhandelsunternehmen für Werbeartikel soll das Arbeitsgebiet der Kundenauftragsabwicklung auf ein Online-Verfahren umgestellt werden. Zur Abteilung Auftragsabwicklung gehören folgende Sachgebiete:

- die Kundenauftragserfassung und -bearbeitung
- die Lager- und die Versandabwicklung
- die Fakturierung
- das Berichtswesen

Aus bestimmten Gründen wird eine Individualentwicklung des Online-Auftragsabwicklungssystems geplant. Das neue Anwendungssystem kann auf einer schon vorhandenen Hardwareplattform ablaufen und löst ein vorhandenes Programmpaket ab. Die Projektabwicklung erfolgt nach dem im Unternehmen üblichen Phasenschema.

Als Einstiegsphase wird eine Voruntersuchung gewählt. Sie bildet die Basis für die anschließende Projektplanung und enthält folgende Schwerpunkttätigkeiten:

- Ist- und Bedarfsanalyse
- Fachliches Groblösungskonzept
  - Skizzierung der Lösungsverfahren
  - Erarbeitung der Integrationszusammenhänge
- Realisierungsplanung für die Folgephasen
  - Zeitaufwandsschätzung
  - Terminplanung
  - Projektbudget und Wirtschaftlichkeitsrechnung

Geplante Mitarbeiter für das Projekt

Der Projektleiter ist ein erfahrener Systemanalytiker. Er wirkt in allen Projektphasen mit. In der Phase der Benutzerorganisation und Systemeinführung beschränkt er sich allerdings auf einige Überwachungsaufgaben.

In den Projektphasen Programmvorgabe und Programmierung ist zusätzlich ein Anwendungsprogrammierer tätig. Er wirkt bei beiden Phasen fulltime im Projekt mit.

Ein IT-Koordinator (Key User) des Fachbereichs Kundenauftragsabwicklung arbeitet in allen organisatorischen Projektphasen mit. In der Phase Benutzerorganisation und Systemeinführung übernimmt er den Großteil der anfallenden Aufgaben. Er soll nach Abschluss des Projekts auch die fachliche Systembetreuung vornehmen.

Stand der Voruntersuchung

Die Voruntersuchung als Einstiegsphase wurde vom Projektleiter zusammen mit dem IT-Koordinator der Fachabteilung und der gelegentlichen Mitwirkung weiterer Mitarbeiter in zwei Kalenderwochen abgewickelt. Gegenwärtig wird die **Planung des Projekts** durchgeführt. Hierfür liegen aus der Voruntersuchung folgende **dokumentierte Ergebnisse** vor:

- **hierarchische Funktionsübersicht** (Aufgabenübersicht) der zu realisierenden Geschäftsprozesse
- eine prozessorientierte Grobdarstellung der geplanten Systemschwerpunkte und der Schnittstellen zu Nachbarbereichen
- verbale Beschreibung der Sollaufgaben

Die bisherige Aufgabenbeschreibung konzentriert sich entsprechend den Zielsetzungen einer Voruntersuchung auf die **Fragestellung**: »Was soll das neue System liefern? Welche Voraussetzungen müssen hierfür vorliegen?« Die integrierte Systemarchitektur und die sich anschließende detaillierte Lösungsmethodik werden erst in den fachlichen Folgephasen erarbeitet. Die bisher erarbeitete Funktionsstruktur der geplanten Softwarefunktionen der künftigen Kundenauftragsabwicklung ist in Abbildung 10.7 auf der Folgeseite grafisch dargestellt. Zu den gewünschten Funktionen liegt eine grobe textliche Beschreibung vor.

Planung der Projektaktivitäten

Auf der Basis der systematisch erarbeiteten und dokumentierten Grobvorstellungen des IT-Systems lässt sich der geplante Projektumfang unter Berücksichtigung einer angemessenen Schätzunsicherheit feststellen.

Als ersten Planungsschritt führt das Projektteam die **Aktivitätsplanung** durch. In ihr werden die Arbeitsschritte ermittelt, die im Projektablauf erledigt werden müssen. Der Aktivitätsplanung folgen die in der Planungsübersicht skizzierten weiteren Planungsschritte.

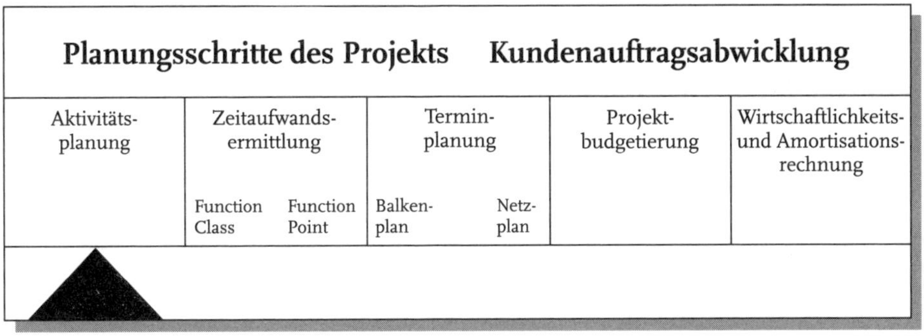

Die Projektplaner stellen während der Aktivitätsplanung die **Planungstabelle für alle Projektabschnitte** zusammen (siehe Abbildung 10.8). Sie greifen hierbei auf das Vorgehensmodell einer Individualentwicklung zurück und passen es bei Bedarf an das vorliegende Projekt an.

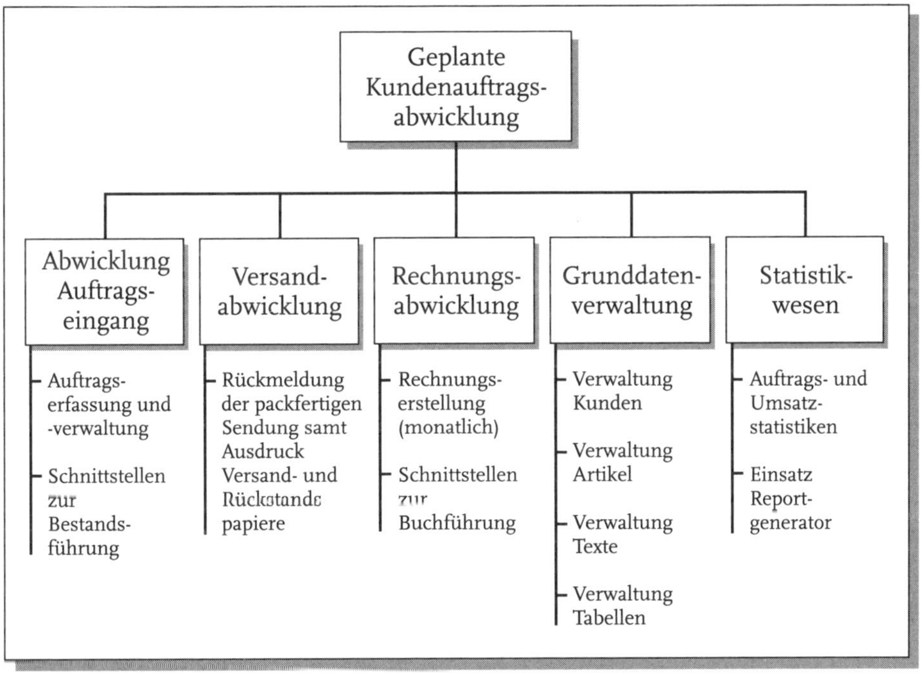

Abbildung 10.7: Der Stand der hierarchischen Funktionsstruktur des geplanten Kundenauftragsabwicklungssystems am Ende der Voruntersuchung

Planungstabelle für alle Projektabschnitte	Projekt: Kundenauftrags-abwicklung
	Datum
	Blatt
	Bearbeiter

NR	Projektabschnitt	Stelle Mitarbeiter	Zeitauf-wand	Kalender-dauer	Bemer-kungen
1	**Fachkonzeption**				
1.1	Fachliches Grobdesign				
1.2	Fachliches Feindesign				
2	**Softwarerealisierung**				
2.1	Programmvorgabe und Datenbankentwurf				
2.2	Programmerstellung und Tests				
3	**Benutzerorganisation und Systemeinführung**				
3.1	Benutzerorganisation				
3.2	Benutzerschulung				
3.3	Ablösung Altprogramme durch neues System				
4	**Projektleitung**				
Summe					

Abbildung 10.8: Planungstabelle für alle Projektaktivitäten nach Abschluss der Aktivitätsplanung

Planungstabelle **Programme**	Projekt Kundenauftrags-abwicklung
	Datum
	Blatt
	Bearbeiter

NR	Programme	Stelle/Mitarbeiter	Grundaufwand	Zu-/Abschläge	Gesamtaufwand	Bemerkungen
1	**Grunddatenverwaltung**					
1.1	Verwaltung Kunden					
1.2	Verwaltung Artikel					
1.3	Verwaltung Texte und Tabellen					
2	**Auftragserfassung und -verwaltung**					
2.1	Auftragserfassung					
2.2	Schnittstellen zur Beständeführung					
3	**Versandabwicklung**					
3.1	Versandfertigmeldung					
3.2	Erstellung Versandpapiere					
4	**Rechnungsabwicklung**					
4.1	Rechnungserstellung					
4.2	Schnittstelle zur Buchhaltung					
5	**Statistikwesen**					
6	**Zuschlag für Sonderprogramme**					
Summe						

Abbildung 10.9: Planungstabelle für Programme

10

Zur überschlägigen Zusammenstellung der voraussichtlichen Programme benutzt das Projektplanungsteam die **Planungstabelle Programme** (siehe Abbildung 10.9). Zur Ermittlung der benötigten Programme greift es auf die zuvor erstellte Funktionsübersicht und die weiteren bereits vorliegenden Entwurfsdokumente zurück.

Die Zusammenstellung der benötigten Mitarbeitertypen und die Ermittlung des Zeitaufwands gehören zu den Aufgaben der sich unmittelbar anschließenden Zeitaufwandsplanung.

10.3 Zeitaufwandsschätzung – ein High-Risk-Business!

Die Zeitaufwandsermittlung umfasst in einem IT-Projekt die **Berechnung oder Schätzung des voraussichtlichen personellen Zeitaufwands** für die Projektphasen / Arbeitspakete eines Projektstrukturplans. Abbildung 10.10 zeigt den Standort der Zeitaufwandsermittlung innerhalb des gesamten Planungsablaufs eines IT-Projekts.

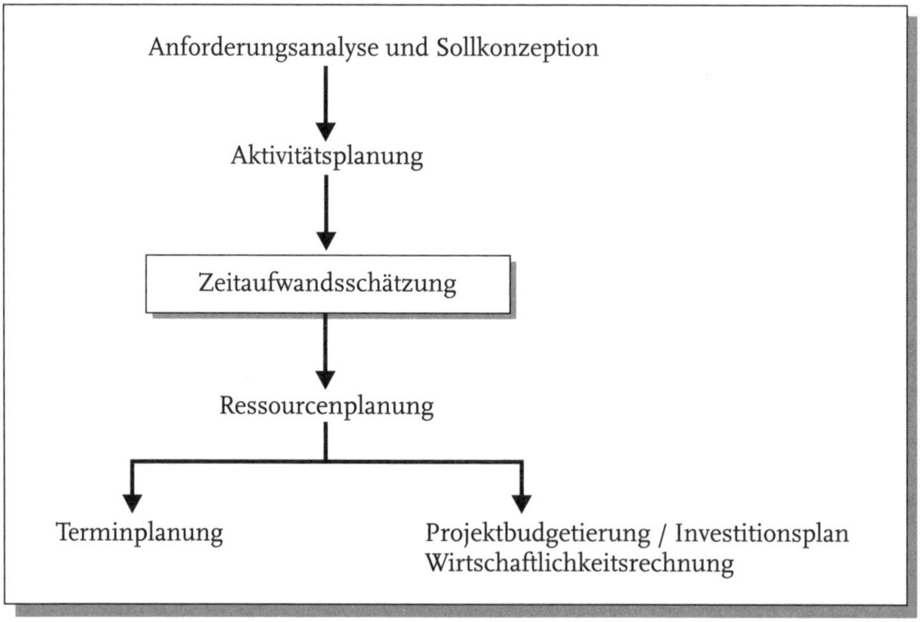

Abbildung 10.10: Standort der Zeitaufwandsermittlung im Planungsverlauf

Die Zeitaufwandsschätzung ist die **schwierigste Planungskomponente** in einem dynamischen IT-Projekt. Mehrere Ursachen sind dafür maßgeblich:

- Der Stand der Softwaretechnik lässt auch heute noch keine risikolose Zeitaufwandsschätzung zu.
- Ausschlaggebend für den Planungsaufwand sind die Leistungsunterschiede aufgrund menschlicher Faktoren.
- Ein weiterer Unsicherheitsgrad ergibt sich durch angestrebte organisatorische Veränderungen im Rahmen eines Business Engineerings.

In drastischer Form äußerte sich der Planungsprofi Harry Sneed in der Zeitschrift »Computerwoche« über den **Schwierigkeitsgrad der Aufwandsplanung**: Die Zeitaufwandsermittlung in Informatikprojekten sei immer noch ein High-Risk-Business mit vielen teuflischen Ungewissheiten. Der Stand der Softwaretechnik sei noch längst nicht so weit gediehen, dass selbst ein Planungsexperte auch nur annähernd risikolos operieren könne.

Ein unerfahrener Planer, der zum ersten Mal eine Projektzeitschätzung vornimmt, wird sich fast immer gewaltig verschätzen. Meist setzt er eine normale, wenn nicht gar optimale Projektabwicklung voraus. Es fehlen ihm das Gespür und die Praxiserfahrungen, nach denen erhebliche Zeitreserven für Nebenarbeiten und Verzögerungen einzuplanen sind.

10.3.1 Grundsätze und Praxisregeln zur Zeitaufwandsermittlung

Jeder Projektplaner muss die **Regeln der Zeitschätzung** kennen und sollte sich nach ihnen richten:

- Lernen Sie zuerst die Problemstellung kennen!
- Schätzen Sie möglichst kleine Aufgabeneinheiten (Mosaikschätzung)!
- Gehen Sie zuerst von normalen Bedingungen aus und beurteilen Sie Unsicherheiten und Abweichungen erst anschließend!
- Eine teilweise Schätzung ist besser als gar keine!
- Führen Sie Zeitaufwandsschätzungen unabhängig von einem Terminplan aus!
- Zeitschätzungen müssen im Projektverlauf mehrfach wiederholt werden!
- Lassen Sie unabhängige Gegenschätzungen durchführen und ziehen Sie die Systementwickler zu den Schätzarbeiten hinzu!

An ein Planungsverfahren zur Zeitaufwandsschätzung von IT-Projekten müssen hohe Anforderungen gestellt werden, wenn es praxisgerecht sein soll:

- Es muss zu ausreichend genauen Planungsergebnissen führen (abhängig vom Feinheitsgrad der zur Verfügung gestellten Planungsinformationen).
- Es muss sich in grober Form bereits zu einem frühen Zeitpunkt der Projektabwicklung einsetzen lassen, hauptsächlich schon nach einer Voruntersuchung.
- Es muss alle wesentlichen Einflussfaktoren berücksichtigen, also sachliche und personelle Gesichtspunkte.
- Es muss sich an konkrete projektbezogene Sachverhalte anlehnen (was bei mathematischen Formeln nicht immer der Fall ist).
- Durch einen Dritten muss nachvollziehbar sein, wie die Ergebnisse zustande gekommen sind.
- Das Planungsverfahren muss leicht erlernbar sein.
- Das Verfahren muss auf ständig aktualisierte Projekterfahrungen zurückgreifen können, die aus einer gleichartigen Entwicklungsumgebung stammen.

Ein Rückgriff auf Durchschnittswerte früherer Zeitaufwandsschätzungen ist nur erlaubt,

- wenn die Produktivitätsumgebung des Schätzfelds bekannt ist (Tool-Einsatz!),
- wenn Verfügbarkeit und Leistungsgrad der Mitarbeiter geklärt sind,
- wenn der Projektplaner über die Anwendungsumgebung – besonders den Schnittstellenumfang zu Nachbarsystemen – Bescheid weiß.

Aufgrund der geplanten Aktivitäten ergibt sich noch nicht der gesamte Zeitaufwand eines IT-Projekts. Der nicht planbare Zeitanteil lässt sich am besten aufgrund des Mehraufwands abschätzen, der sich bei Projekten der Vergangenheit ergeben hat. In der Praxis wird der nicht planbare Aufwand (Eisbergfaktor) in einen Zuschlags-Prozentsatz gepackt, der zum geplanten Zeitaufwand dazugeschlagen wird. Er beträgt zwischen 20 und 50 % des geplanten Aufwands.

Mitarbeiter der Anwenderseite, die nur gelegentlich bei der fachlichen Spezifikation mitwirken oder für Auskunftszwecke zur Verfügung stehen, werden in der Zeitbedarfsschätzung eines Projekts nicht berücksichtigt. Im Terminplan erscheinen die von ihnen übernommenen Arbeiten als »Begleittätigkeit« innerhalb eines angegebenen Zeitraums.

10.3.2 Methoden und Verfahren der Zeitaufwandsermittlung für Softwareprojekte

In der Projektmanagementliteratur stößt der Projektleiter auf eine ganze Palette von Methoden und Verfahren, die zur Zeitaufwandsermittlung auf dem Softwaremarkt angeboten werden. Alle haben ihre Vorzüge und Nachteile. Einige sind hoffnungslos überaltert, weil sie noch aus der Ära der reinen Batchverarbeitung stammen, andere unvollständig, einseitig oder völlig unbrauchbar, wie Praxisvergleiche immer wieder gezeigt haben.

Einfache Schätzhilfen für die Zeitaufwandsermittlung

Für die Aufwandsermittlung gibt es einfache Zeitschätzungsmethoden und anspruchsvolle Zeitschätzungsverfahren, die aus einem **Methodenmix** bestehen. Zu den einfachen Zeitschätzungsmethoden gehören die

- Analogiemethode
- Gewichtungsmethode
- Multiplikatormethode
- Prozentsatzmethode

In einer Kurzbeurteilung nennen wir die Vor- und Nachteile dieser Methoden, die von vielen Projektleitern intuitiv bei der Projektzeitschätzung verwendet werden.

An erster Stelle steht die **Analogiemethodik**. Der Projektplaner schließt vom Aufwand früherer Projekte auf das neue Planungsvorhaben. Man unterscheidet

- Pauschalvergleiche ganzer Projekte und
- differenzierte Vergleiche nach Phasen, Funktionen oder Programmgrößenklassen.

10

Pauschalvergleiche sind als einziges Schätzverfahren zu grob. Differenzierte Vergleiche können zu brauchbaren Ergebnissen führen, wenn sie auf unternehmensspezifischen Organisations- und Programmiererfahrungen aufbauen.

Häufig anzutreffen sind **Gewichtungsmethoden**. Bei ihnen erfolgt die Aufwandermittlung mit Hilfe eines Faktorensystems. Bei der Zeitermittlung werden sachliche Faktoren (Zahl der Ein- und Ausgaben, Verarbeitungsumfang) persönliche Faktoren und Problemfaktoren angesprochen. Das Function-Point-Verfahren baut im Wesentlichen auf der Gewichtungsmethodik auf.

Multiplikatormethoden nehmen als Basis eine Schätzung des Programmieraufwands vor und berechnen von diesem Teilstück den Gesamtaufwand mit Hilfe von Zuschlagsätzen (Multiplikatoren). Die Aufwandsschätzung des Programmieraufwands greift auf die voraussichtliche Zahl der Verarbeitungsstatements zurück (Lines of Code). Der Zuschlagprozentsatz für die restlichen Phasen liegt zwischen 40 und 120 %. Da gerade bei den fachlichen Entwurfsphasen eines Projekts große Zeitaufwandsunterschiede festzustellen sind, führt die Multiplikatormethode zu unzulänglichen und unsicheren Ergebnissen.

Prozentsatzmethoden nehmen eine Aufwandsverteilung in Prozent nach den Phasen vor. Zur Kontrolle der Aufwandsverteilung können Aufwands-Prozentsätze für die Projektphasen hilfreich sein.

Phase	Prozentsatz		
	einfach		schwierig
Voruntersuchung	3%	-	5%
Fachliche Grobkonzeption	5%	-	10%
Fachliche Feinkonzeption	20%	-	30%
Programmvorgaben	10%	-	20%
Programmierung und Testarbeiten	40%	-	60%
Benutzerorganisation und Systemeinführung	5%	-	10%
	(ohne Datenbereinigung und -aufbereitung)		

Abbildung 10.11: Typische Aufwandsverteilung in kommerziellen oder administrativen Projekten

Keine Einzelmethode der Zeitschätzung deckt alle Gesichtspunkte ab, die in eine Aufwandsermittlung von Software einbezogen werden müssen.

Am besten bewährt haben sich stark praxisbezogene Mischverfahren der Zeitaufwandsermittlung, bei denen neben einer geeigneten Methodik auch die eigenen Erfahrungen des Schätzers und Messwerte aus früheren Projekten einfließen. Nicht geeignet sind Verfahren der Zeitaufwandsermittlung, die sich ausschließlich oder überwiegend auf Rechenformeln stützen.

PERT-Schätzung – häufigste Form der Zeitaufwandsermittlung

Überwiegend greifen Projektmanager und Consultants bei einer Projektaufwandsschätzung auf Erfahrungswerte zurück, wobei häufig die **Grundsätze einer PERT-Schätzung** (minimaler, wahrscheinlicher und maximaler Zeitaufwand) Anwendung finden. Als Basis der Aufwandsschätzung dienen die ermittelten Arbeitspakete. Diese müssen ausreichend »heruntergebrochen« werden, damit sie übersichtlich und abgrenzbar sind.

Eine **Direktschätzung der Arbeitspakete** ist möglich

- für eine Individualentwicklung
- für die Schätzung von Systemänderungen und -erweiterungen
- für den Einsatz fremder Anwendungssoftware

Beratungs- und Softwarehäuser unterstützen ihre Consultants bei der Projektaufwandsschätzung durch Aufwandswerte früherer ähnlicher Projekte, die in Projekterfahrungsdatenbanken abgelegt sind.

Professionelle Verfahren der Zeitschätzung

Neben der Direktschätzung des Zeitaufwands greifen IT-Berater und Projektmanager gelegentlich auf ein methodisches Schätzverfahren zurück, wenn sie dieses aus praktischer Erfahrung kennen. Zwei methodische Zeitschätzungsverfahren stehen in der Literatur und bei professionellen Projektplanern im Vordergrund:

- das **Function-Class-Verfahren**, das zu einem frühen Projektzeitpunkt eine einfache Grobschätzung erlaubt, und

- die **Function-Point-Methodik**, die auf einer vertieften Informationsbasis eine detailliertere Zeitschätzung ermöglicht, jedoch einen höheren Arbeitsaufwand erfordert.

Beides sind praxisbezogene Verfahren der Zeitaufwandsermittlung, bei denen neben einer geeigneten Methodik auch erfahrungsbezogene Messwerte aus früheren Projekten in die Zeitschätzung einfließen.

In den Folgeabschnitten werden wir die beiden Verfahren präsentieren und mit Hilfe von Beispielen dem Leser näher bringen. Die **Function-Class-Methodik** stellt an den Projektplaner nur niedrige Anforderungen. Die meisten Projektleiter wenden diese Planungstechnik intuitiv auch ohne spezielle Kenntnisse dieses Verfahrens an. Demgegenüber setzt der Einsatz des **Function-Point-Verfahrens** eine intensive Schulung und eine sich anschließende Anwendungspraxis voraus.

Das Function-Point-Verfahren ist häufig in Projektservicestellen großer Unternehmen und IT-Dienstleister anzutreffen. Dort greifen die professionellen Projektplaner auf dieses anspruchsvolle Verfahren zurück.

Weitere Zeitschätzungsverfahren, die in der Literatur immer wieder auftauchen, sind zum Beispiel COCOMO oder SLIM. Aufgrund ihres formalistischen Aufbaus können sie zu gravierenden Schätzfehlern führen.

Zeit- und Terminplanung bei Standardsoftware

Wenig perfektioniert sind bisher die Zeitschätzungsmethoden für den Einsatz von Fremdsoftware. Kritisch sind beim **Einsatz von Standardpaketen** vier Punkte:

- Umfang der erforderlichen Geschäftsprozessänderungen
- Schwierigkeitsgrad des Software-Customizings
- Schnittstellen zu anderen Anwendungssystemen
- hoher Innovationsgrad und fehlende Erfahrungswerte beim Einsatz von E-Commerce-Software

Methodische Zeitaufwandsschätzungen sind hier bisher selten anzutreffen. Überwiegend tastet sich das Planungsteam nach der PERT-Methodik an den voraussichtlichen Zeitaufwand bei der Anpassung und Einführung eines Softwaremoduls heran. Das innerbetriebliche Projektteam verlässt sich dabei auf die Erfahrungen mitwirkender Fachleute der Softwarefirma.

Die beim Projekteinstieg durchgeführte Meilensteinplanung wird mit fortschreitender Projektabwicklung stufenweise für die Arbeitspakete der Folgephasen verfeinert. Man nennt diese Planungsabwicklung deshalb eine »Kaskadenplanung«.

10.3.3 Frühschätzmethode für IT-Praktiker: Function-Class-Verfahren

Function-Class ist ein einfach zu erlernendes funktionsorientiertes Zeitschätzungsverfahren. Es lässt sich hauptsächlich bei der Individualentwicklung eines Softwaresystems einsetzen. Das Verfahren stellt eine praxisorientierte Vereinfachung des in der Fachliteratur oft beschriebenen Function-Point-Verfahrens dar.

Das Function-Class-Verfahren umfasst die Zeitschätzung für **alle Phasen eines Softwareprojekts** und ist bereits zu einem sehr frühen Zeitpunkt als Planungshilfsmittel einsetzbar. Die Logik der Function-Class-Methodik ist stark verbreitet. Sie legt den Schwerpunkt auf die Programmierzeitschätzung. Sie erfordert bei einer Individualentwicklung zusammen mit den Testarbeiten den höchsten Zeitaufwand.

Ein wesentlicher Unterschied zu anderen Zeitschätzungsverfahren liegt darin, dass die fachlichen Entwurfsphasen bei der Planung getrennt von der Programmierseite und den Phasen der Benutzerorganisation und Systemeinführung gesehen werden. Wegen der oft erheblichen Aufwandsabweichungen in Projekten zur Schaffung integrierter Informationssysteme mit einem hohen Anteil an Geschäftsprozessoptimierung ist die getrennte Betrachtungsweise außerordentlich wichtig.

Dokumente für die Zeitaufwandsermittlung

Als Darstellungs- und Dokumentationswerkzeuge der Zeitaufwandsermittlung dienen die bereits für die Aktivitätsplanung herangezogenen **Planungstabellen**. Als zusätzliche Dokumente werden

- eine projektspezifische Übersicht der Sollfunktionen und
- eine Erfahrungstabelle oder -datenbank für den bisherigen durchschnittlichen Zeitverbrauch

benutzt. Zur Erleichterung der Zeitaufwandsschätzung für die Arbeitspakete der Benutzerorganisation und Systemeinführung kann eine Checkliste benutzt werden.

Zum besseren Verständnis der Zusammenhänge haben wir für Sie die Dokumente und Ablaufschritte der Zeitaufwandsermittlung in einer Integrationsübersicht dargestellt (siehe Abbildung 10.12). Die dick umrandete Planungstabelle für alle Projektphasen übernimmt auch die kumulierten Ergebnisse der Planungstabelle Programmierung und den Zeitaufwand, der aufgrund der Checkliste Benutzerorganisation und Systemeinführung zusammengestellt worden ist.

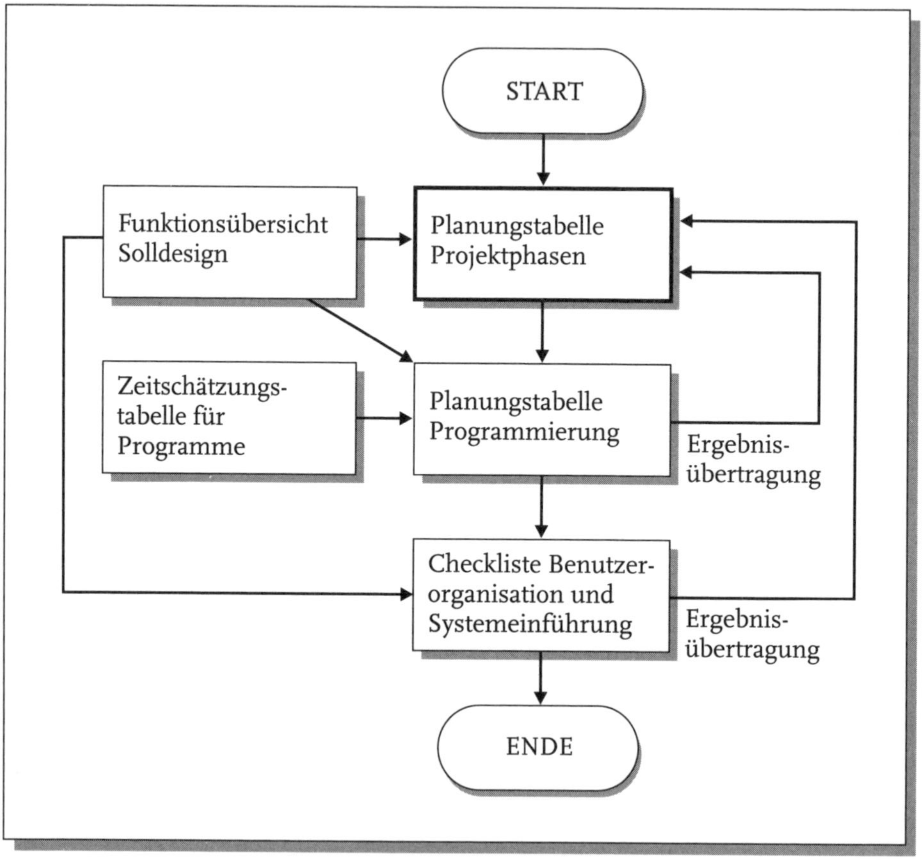

Abbildung 10.12: Zusammenspiel der Dokumente und Ablaufschritte einer Zeitaufwandsplanung in einem IT-Projekt

Ablaufschritte der Zeitaufwandsermittlung

Eine Projektplanung wird meist am Ende einer **Einstiegsphase** – zum Beispiel der Voruntersuchung – durchgeführt. Das Projektteam ermittelt in diesem Arbeitsabschnitt den Projektumfang mit den voraussichtlich benötigten Datenbank-, Arbeits- und Schnittstellenfunktionen. Der Projektleiter und die Teammitglieder lernen hierbei auch die Arbeitsatmosphäre beim Kunden oder Fachbereich kennen.

Der Projektleiter kann aus den fachlichen Anforderungen und dem Projektumfeld ableiten, welcher Arbeitsaufwand voraussichtlich für die Fertigstellung der Sollkonzeption in den fachlichen Folgephasen anfällt. Üblicherweise ist der Aufwand für eine fachliche Sollkonzeption bei einer Vorgehensweise nach dem Phasenschema drei- bis fünfmal so hoch wie für eine Voruntersuchung. Mit Hilfe eines Erfahrungsfaktors lässt sich auf der Grundlage einer Voruntersuchung auf den Personalaufwand für die fachliche Konzeption schließen. Der geplante Aufwand wird in die Planungstabelle für alle Projektabschnitte übernommen.

Die Ermittlung des Zeitaufwands lehnt sich an das **projektspezifische Vorgehensmodell** an, das in der Aktivitätsplanung bis auf übersichtliche Arbeitspakete heruntergebrochen worden ist.

Die Eintragung der ermittelten Projektabschnitte / Arbeitspakete erfolgt in der »Planungstabelle für alle Projektabschnitte«. Die Einteilung dieser Tabelle haben wir zu Ihrer Orientierung nochmals beigefügt (siehe Abbildung 10.13). Alle Projektabschnitte werden in hierarchischer Form durchnummeriert. Ein Planungsbeispiel finden Sie an späterer Stelle.

Bei einem nicht zu umfangreichen IT-Projekt reicht für das fachliche Solldesign eine **pauschale Zeitschätzung für alle Tätigkeiten dieser Phase** aus, wenn sich der Arbeitsabschnitt auf wenige Wochen erstreckt. Häufig wird vom IT-Lenkungsausschuss und der Fachabteilung eine Trennung in eine Grob- und Feinkonzeption gewünscht. Natürlich ist bei einer umfangreichen Fachkonzeption eine weitere Verfeinerung der Arbeitspakete und ihr Ausweis im Projektstrukturplan möglich. Ein Herunterbrechen der Aktivitäten auf einen tieferen Level kann auch zu einem späteren Zeitpunkt erfolgen.

Planungstabelle für alle Projektabschnitte			Projekt		
			Datum		
			Blatt		
			Bearbeiter		
NR	Projektabschnitt	Stelle Mitarbeiter	Zeitaufwand	Kalenderdauer	Bemerkungen

Abbildung 10.13: Einteilung der »Planungstabelle für alle Projektabschnitte«

Der Zeitaufwand je Projektphase / Arbeitspaket wird in seiner **absoluten Größe** in der gewählten Zeiteinheit (Tage / Wochen) in die Spalte »Zeitaufwand« der Planungstabelle übernommen.

Die Personalzuordnung kann auf der Planungstabelle zusammen mit der Zeitaufwandsplanung vorgenommen werden, wenn die Mitarbeiter der Zahl und evtl. dem Namen nach bereits festliegen. Hierfür enthält die Planungstabelle eine Spalte »Mitarbeiter«. In diese werden in jeder Zeile die beteiligten Mitarbeiterkategorien und die jeweilige Mitarbeiteranzahl eingetragen.

Da die Ressourcenplanung und -zuordnung für die Projektarbeit einen kritischen Punkt darstellen kann, finden Sie im anschließenden Lernabschnitt eine ausführliche Darstellung!

Für die Phase der **Programmvorgabe** kann eine Aufwandsschätzung

- autonom aufgrund der vorgesehenen Arbeiten vorgenommen werden,
- als Prozentsatz des Umfangs der Programmierung abgeleitet werden.

Programmvorgabe und Programmierung können auch als »programmtechnische Realisierung« zusammengefasst und einer gemeinsamen Zeitschätzung unterzogen werden. Das bietet sich an, wenn in beiden Phasen mit derselben Teamzusammensetzung gearbeitet wird.

Zur **Frühschätzung der softwaretechnischen Entwicklung** (Programmierung und Testarbeiten) verwendet das Function-Class-Verfahren eine getrennte **Planungstabelle für Programme.** Ihre Spalteneinteilung weicht durch die Differenzierung nach Grundaufwand, Zu- und Abschlägen und Gesamtaufwand von der übergeordneten allgemeinen Planungstabelle ab. Die Einteilung der Tabelle finden Sie in Abbildung 10.14.

Planungstabelle **Programme**	Projekt Datum Blatt Bearbeiter

NR	Programme	Stelle/Mitarbeiter	Grundaufwand	Zu-/Abschläge	Gesamtaufwand	Bemerkungen

Abbildung 10.14: Planungstabelle zur Schätzung des Programmier- und Testaufwands

Für die Schätzung des Programmieraufwands sollten zur Erleichterung der Arbeit des Planungsteams aus früheren Programmen Erfahrungswerte vorliegen. Sie müssen die benutzte Entwicklungsumgebung und die durchschnittliche Qualifikation, Erfahrung und Motivation der Programmierer berücksichtigen.

Als brauchbares Instrument hat sich eine **Zeitschätzungstabelle für Programme** erwiesen. Sie ist unterteilt in Programmkategorien und enthält typische Programmbeispiele für jede Programmkategorie. Die Programmgröße könnte in Lines of Code (LOC) ausgedrückt werden.

Wir haben in der Messwerttabelle in Abbildung 10.15 auf die Angabe von Lines of Code verzichtet und nennen zur Programmkategorie nur einige typische Beispiele zur Größenordnung eines Programms. LOC-Angaben können durch eine aufwendige Programmierung oder durch den Einsatz von Programmgeneratoren manipuliert werden und verlieren damit ihre Aussagekraft.

Die angegebene Programmierzeit ist die Summe aus den Einzelzeiten für

- den Programmentwurf
- die Codierung
- alle anteiligen Testarbeiten
- die Programmdokumentation

Nicht enthalten ist der Zeitanteil für die Projektphase »Programmvorgabe«, da sie überwiegend von speziellen Mitarbeitern der Programmierung erstellt wird. Bei der Programmvorgabe wird aus der Funktionenstruktur die Programmstruktur erstellt. Das logische Datenmodell wird in die physische Speicherstruktur unter Berücksichtigung der eingesetzten Datenbank umgesetzt. Zur Programmvorgabe gehört auch die Festlegung von Ergänzungsprogrammen, die in der fachlichen Konzeption übergangen worden sind, weil sie den Anwender nicht berühren (Beispiel: Programme zur Datensicherung, zur Menüführung, zum Jahreswechsel u.Ä.)

Die **Messwerttabelle** als verdichtete Erfahrungsdatenbank wird heute meist als gespeichertes Dokument geführt und bei Veränderungen der Programmierproduktivität fortgeschrieben. Werden in einem Unternehmen verschiedene Programmiersprachen eingesetzt, sind unterschiedliche Erfahrungstabellen nötig!

Welche Programme in einem geplanten Anwendungssystem erforderlich sind, lässt sich nach einer gründlichen Voruntersuchung aus der Funktionsübersicht und den bereits ermittelten Prozesszusammenhängen (Schnittstellenprogramme!) ableiten. Die Programme werden einer der vier Größenklassen der Messwerttabelle zugeordnet.

In zahlreichen **Projektleiterlehrgängen** hat sich bei den Workshops gezeigt, dass die Ermittlung der voraussichtlichen Programmierzeit aufgrund von Messwerttabellen den Teilnehmern keinerlei Schwierigkeiten bereitet!

Zeitschätzungstabelle für Programme			Datum: Bearbeiter:		
Programmkategorie		Beispiel	Programmieraufwand in Tagen		
NR	Bezeichnung		min.	wahr-schein-lich	max.
A	Minimal-programm	Listprogramm aus einer Datei Einfaches Erfassungsprogramm Einfache Abfrage	0,5	1	1,5
B	Einfaches Programm	Listprogramm aus zwei Dateien Erfassung mit verschiedenen Prüfungen Einfaches Update-Programm	3	4	5
C	Mittelschweres Programm	Zwei- bis dreistufiger Dialog Stapelprogramm mit 3-4 angesprochenen Dateien Mehrstufige Liste mit Fortschreibung Statistikdatei	6	8	12
D	Schwieriges Programm (oder Pro-grammodul)	Mehrstufiges Dialogprogramm Schwieriges Verarbeitungs-programm (Programmodul) Verarbeitung von mehreren Dateien	12	16	24

Abbildung 10.15: Erfahrungstabelle für den Programmieraufwand bei unterschiedlichen Programmklassen; Ermittlung der Messwerte aus betriebsspezifischen Vergangenheitserfahrungen

Die Durchschnittswerte der Programmierung müssen in besonderen Fällen um Zuschläge oder Abschläge verändert werden:

- Programmkomplexität und -größe

- Schwierigkeit der Materie
- Besonderheiten der Rechnerplattform
- Eigenschaften der Datenbank
- Neue Programmiersprache
- Vorhandene Entwicklungs-Tools
- Benutzte Testwerkzeuge
- Parallele Arbeiten der Programmierer in anderen Projekten

Von solchen Korrekturen sollte ein Projektplaner jedoch nur spärlich Gebrauch machen! Dagegen darf nicht vergessen werden, den durchschnittlichen **Verschätzungsumfang** früherer Projekte dem Programmieraufwand in einer getrennten Zeile hinzuzufügen. Er beträgt in der Praxis zwischen 20 und 40 % des ermittelten Programmaufwands, wie Projektleiter in Fortbildungslehrgängen berichteten.

Der geschätzte Gesamtaufwand für die Softwareentwicklung wird in das übergeordnete »Planungsblatt für alle Projektabschnitte« übertragen. Hierbei erfolgt auch eine Aufteilung auf die für die Programmierung vorgesehenen Mitarbeiter.

Der Zeitaufwand für die Arbeitspakete der Benutzerorganisation / Systemeinführung lässt sich nicht vom Umfang anderer Projektphasen ableiten! Am besten bewährt hat sich eine Checkliste (siehe Abbildungen 10.16 und 10.17). Die voraussichtlichen Zeiten für die dort enthaltenen Aktivitäten können konkret für jede Mitarbeiterkategorie geschätzt oder errechnet werden. Auf den Folgeseiten finden Sie eine Checkliste für die Aktivitätenfestlegung und Zeitschätzung der Phase Benutzerorganisation und Systemeinführung. Meist werden nur die Zeiten für die IT-Mitarbeiter und den IT-Koordinator in die Zeitschätzungstabelle übernommen, dagegen nicht die Zeitanteile für gelegentliche Mitarbeiter der Fachbereiche.

	Aufwand-Checkliste Benutzerorganisation/ Systemeinführung		Projekt: Phase:	Datum: Blatt: 1 Bearbeiter:
Maßnahme	Erforderlich	Mitarbeiterkategorie	Zeitaufwand in Personentagen min. wahrscheinlich max.	Letzter Fertigstellungstermin
1. Gesamte Systemeinführung und Terminplanung / -kontrolle 2. Abstimmung mit Nachbarbereichen Programmierung und Test Nachbar- / Folgeprojekte Rechenzentrum / Datenerfassungsstelle 3. Arbeitsanweisungen Arbeitsanweisungen Anweisungen Urladung 4. Stammdatenaufbereitung Vorgehensplan Bereinigung/Aufbereitung Übernahme auf Datenträger Kontrollarbeiten 5. Übernahme Start- / Bestands- und Bewegungsdaten Übernahme Start- und Bestandsdaten Übernahme Bewegungsdaten Probelauf Parallellauf Kontrolle der Verarbeitungsergebnisse				

Abbildung 10.16: Checkliste zur Schätzung des Zeitaufwands der Phase Benutzerorganisation / Systemeinführung (Blatt 1)

	Aufwand-Checkliste Benutzerorganisation/ Systemeinführung	Projekt: Phase:	Datum: Blatt: 2 Bearbeiter:

Maßnahme	Erforderlich	Mitarbeiterkategorie	Zeitaufwand in Personentagen min. wahrscheinlich max.	Letzter Fertigstellungstermin
6. <u>Ausbildung</u> Führungskräfte Aktive Sachbearbeiter Sachbearbeiter zur Information Datenaufbereitungskräfte				
7. <u>Räume</u> Anwender Stammdatenaufbereitung Schulung				
8. <u>Aufbauorganisation</u> Einführung neuer Strukturpläne Stellenbeschreibungen				
9. <u>Arbeitsplatzorganisation</u> Büromöbel / -materialien Datenerfassungs- und -verarbeitungsgeräte Arbeitsplatzgestaltung Sachbearbeiter Informationsfluß-gestaltung				
10. <u>Personalfragen</u> Umschulung der freigestellten Mitarbeiter Auswahl und Einschulung neuer Mitarbeiter				
11. <u>Formulare</u>				
12. <u>Sonstiges</u>				

Abbildung 10.17: Checkliste zur Schätzung des Zeitaufwands der Phase Benutzerorganisation / Systemeinführung (Blatt 2)

Stimmen die Projektarbeiten nicht mit dem vorgegebenen Phasenschema überein, können individuelle Projektabschnitte in die »Planungstabelle für alle Projektabschnitte« eingetragen werden.

Sollen spezielle Zeiten für Systemtests und einen abschließenden Integrationstest vorgesehen werden, kann hierfür ein besonderer Projektabschnitt in der Planungstabelle hinzugefügt werden.

Besonderheiten und Probleme der Zeitaufwandsplanung

Bei Projektleiterseminaren ergeben sich immer wieder hitzige Diskussionen über **Fragen der Zeitzuschläge** in innovativen IT-Projekten: Welche Zeitreserven bei der Aufwandsermittlung sind gerechtfertigt und für eine seriöse Zeitermittlung unvermeidbar? Wie können andererseits sich überdeckende Mehrfachzuschläge vermieden werden? Jeder Projektleiter sucht zur Abdeckung dieser Problematik nach einer optimalen Lösung. Es ist denkbar, dass er auf die Ausweisung von Zeitreserven ganz verzichtet und diese in den angesetzten Hauptzeiten »verschwinden« lässt. Als **negative Auswirkung dieser Strategie** kann sich ergeben, dass der Projektmitarbeiter die gesamte Vorgabezeit verbraucht – auch wenn er sie zur Arbeitserledigung nicht voll benötigt hätte. Weist ein Projektleiter die geschätzten Zeitreserven getrennt aus, muss er befürchten, dass das Entscheidungsgremium diese erheblich kürzt oder ganz aus dem Zeitaufwandsbudget herausstreicht.

Gegenüber den beiden extremen Ansätzen ist ein **Mittelweg** zu empfehlen, bei dem zu den Zeitschätzungen einer Aktivität die durchschnittlichen Verschätzungen vergangener Projekte dazugeschlagen werden – sofern diese aufgrund der Projektdokumentation festgestellt werden können. Zeitzuschläge aufgrund spezifischer Risiken sollte der Projektleiter samt stichhaltigen Begründungen getrennt ausweisen. Der Einstieg in die E-Business-Welt oder die erstmalige Verwendung von Linux in einer Eigenentwicklung käme ohne die Einplanung einer Zeitreserve einem kollektiven Selbstmordversuch des Projektteams gleich!

Weitere Zeitreserven, die mit einem pauschalen Zuschlagfaktor ausgewiesen werden, können erforderlich sein, wenn für ein IT-Projekt eine stark formalisierte und zeitaufwendige **Qualitätssicherung** durchzuführen ist oder ein Projekt im Rahmen eines bürokratisch ausgerichteten **Vorgehensmodells** für einen Kunden abgewickelt werden muss. Hier sind Aufwandszuschläge anzutreffen, die 10 oder 20 % des Projektaufwands betragen können.

10.3.4 Mitlaufendes Fallbeispiel »Kundenauftragsabwicklung«; Zeitaufwandsplanung nach dem Function-Class-Verfahren (Fortsetzung von Abschnitt 10.2.2 »Aktivitätsplanung«)

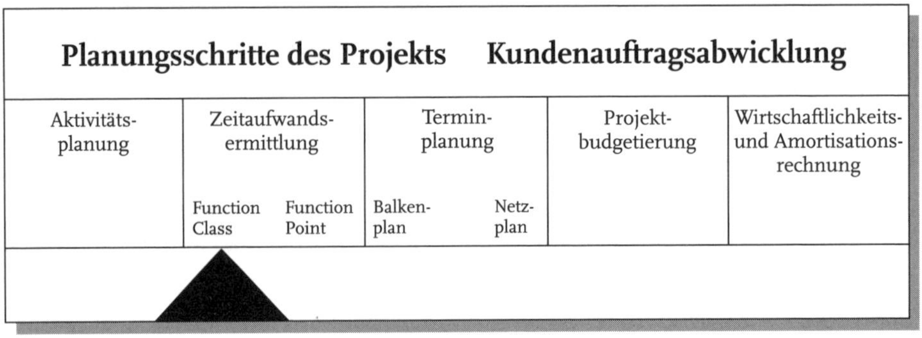

Vorbemerkungen zur Zeitaufwandsplanung

Die Voruntersuchung wurde von einem Systemanalytiker und dem IT-Koordinator des Fachbereichs abgewickelt. Beide sollen als Fulltime-Team auch die **fachliche Grob- und Feinkonzeption** durchführen.

Für die **IT-technischen Projektphasen** steht neben dem Systemanalytiker ein Anwendungsprogrammierer zur Verfügung.

Die Arbeiten der **Benutzerorganisation und Systemeinführung** nimmt überwiegend der IT-Koordinator wahr. Er wird in kritischen Punkten vom Systemanalytiker unterstützt. Außerdem kann er auf weitere Mitarbeiter seines Fachbereichs zurückgreifen, doch werden diese in der Zeitaufwandsermittlung nicht berücksichtigt.

Abwicklung der Zeitaufwandsplanung

Die Schätzung des Zeitaufwands wird von den drei Projektmitarbeitern gemeinsam vorgenommen. Federführend ist der Systemanalytiker, der zugleich für die Projektleitung verantwortlich ist. Der IT-Fachkoordinator kann zwar wenig zur Zeitschätzung beitragen. Er soll aber ein Gefühl dafür entwickeln, wie sich die Projektzeiten zusammensetzen.

Für die Zeitschätzung verwendet der designierte Projektleiter

- die Planungstabelle für alle Projektabschnitte,

- die Planungstabelle Programmierung,
- die im Unternehmen erarbeitete Zeitschätzungstabelle für Programme und
- die Checkliste für die Aktivitäts- und Zeitaufwandsplanung der Phase Benutzerorganisation und Systemeinführung.

Die Arbeiten der Voruntersuchung erforderten einen effektiven Zeitaufwand von jeweils 15 Personentagen für den Systemanalytiker und den IT-Koordinator des Fachbereichs. Die für dieses Vorprojekt verbrauchte Zeit wird nicht in die Zeitschätzung des anschließenden IT-Projekts einbezogen.

Ausgangspunkt der Zeitaufwandsplanung ist die Zeitschätzung des **fachlichen Grob- und Feinkonzepts**. Aufgrund der Kenntnis der Projektumgebung und dem Stand der Altorganisation schätzt der Systemanalytiker aufgrund seiner Erfahrungen, dass für die gesamte Fachkonzeption etwa der dreifache Zeitaufwand der Voruntersuchung erforderlich ist. Da sich dem fachlichen Grobdesign eine Abstimmung mit dem Fachbereich anschließen soll, teilt er die geschätzte Entwurfszeit auf das Grob- und Feindesign auf und trägt beide in die »Planungstabelle für alle Projektabschnitte« ein.

Der voraussichtliche Zeitaufwand der **Programmvorgabe** ergibt sich aus der Zahl, Größe und dem Schwierigkeitsgrad der Programme, der Datenbankkonzeption und dem Umfang der Schnittstellen zu Nachbarsystemen. Die endgültige Schätzung wird erst nach der Programmierzeitermittlung abgeschlossen und in die Planungstabelle übernommen.

Zur Ermittlung der **Programmier- und Testzeiten** greift das Planungsteam auf die während der Voruntersuchung erarbeitete Funktionsübersicht (siehe Abbildung 10.7) und die Darstellung der Prozesszusammenhänge zurück. Einen Anhaltspunkt für den Programmaufwand ergibt die Messwerttabelle, in der die durchschnittlichen Programmierzeiten für die Programmgrößenklassen dargestellt sind. Die Ergebniswerte der Schätzung übernimmt das Projektteam in die Spalte »Grundaufwand« der Planungstabelle für Programme. In unserem Planungsbeispiel sind keine Zu- oder Abschläge erforderlich. Für den möglichen Mehraufwand bei der Programmierung und zusätzliche Programme hat das Planungsteam einen Zuschlagsprozentsatz von 20 % aufgrund des Verschätzungsumfangs bei bisherigen Projekten für ausreichend erachtet.

Die ausgefüllte **Planungstabelle Programme** unseres Fallbeispiels finden Sie in Abbildung 10.18.

Planungstabelle Programme	
	Projekt: Kundenauftragsabwicklung
	Datum
	Blatt
	Bearbeiter

NR	Programme	Stelle/Mitarbeiter	Grundaufwand	Zu-/Abschläge	Gesamtaufwand	Bemerkungen
1	**Grunddatenverwaltung**					
1.1	Verwaltung Kunden		8			
1.2	Verwaltung Artikel		8			
1.3	Verwaltung Texte und Tabellen		8			
2	**Auftragserfassung und -verwaltung**					
2.1	Auftragserfassung		12			
2.2	Schnittstellen zur Beständeführung		8			
3	**Versandabwicklung**					
3.1	Versandfertigmeldung		4			
3.2	Erstellung Versandpapiere		12			
4	**Rechnungsabwicklung**					
4.1	Rechnungserstellung		12			
4.2	Schnittstelle zur Buchhaltung		4			
5	**Statistikwesen**		8			
6	**Zuschlag für Sonderprogramme**		16			
Summe			100		100	

Abbildung 10.18: Planungstabelle Programme unseres durchgehenden Planungsbeispiels »Kundenauftragsabwicklung«.

Die Summe der Personentage Programmierung wird in die übergeordnete Planungstabelle für alle Projektabschnitte übernommen.

Anschließend erfolgt anhand der Checkliste für die Arbeiten der **Benutzerorganisation und Systemeinführung** die Feststellung der erforderlichen Arbeiten und die Schätzung der Projektzeiten. Den wesentlichen Arbeitsanteil der Organisationsveränderungen im Fachbereich und die Benutzerschulung übernimmt der IT-Koordinator. Für diese Arbeiten zieht er weitere Mitarbeiter seines Fachbereichs hinzu.

Zuletzt trägt der Systemanalytiker den voraussichtlichen Aufwand für die **Projektleitung und -administration** in die Planungstabelle ein. Da es sich um ein einfaches und übersichtliches Vorhaben handelt, weist er keine speziellen Arbeitstage dafür aus. Die Administrationsarbeiten werden von ihm in der Form einer Begleittätigkeit erbracht, die sich über das ganze Projekt hinzieht.

Abbildung 10.19 stellt die Planungstabelle für alle Projektabschnitte am Ende der Zeitaufwandsermittlung dar.

Nach Abschluss der Zeitaufwandsermittlung enthält die Planungstabelle für alle Projektabschnitte alle Angaben für den Planungsschritt der sich anschließenden Terminplanung. Die Ressourcenplanung und -zuordnung könnte in unserem Fallbeispiel mit der Zeitaufwandsplanung gekoppelt werden. Andernfalls müsste sie vor der Terminplanung erfolgen.

Planungstabelle für alle Projektabschnitte					
		Projekt	Kundenauftragsabwicklung		
		Datum			
		Blatt			
		Bearbeiter			
NR	Projektabschnitt	Stelle Mitarbeiter	Zeitaufwand	Kalenderdauer i.W.	Bemerkungen
1	**Fachkonzeption**		-	8	
1.1	Fachliches Grobdesign	SA KO	10 10	2	
1.2	Fachliches Feindesign	SA KO	30 30	6	
2	**Softwarerealisierung**		-	13	
2.1	Programmvorgabe und Datenbankentwurf	SA AP	15 15	3	
2.2	Programmerstellung und Tests	SA AP	50 50	10	Ergebnisübernahme von der "Planungstabelle Programme"
3	**Benutzerorganisation und Systemeinführung**		-	18	
3.1	Benutzerorganisation	KO	20	10	Begleittätigkeit
3.2	Benutzerschulung	KO	30	6	
3.3	Ablösung Altprogramme durch neues System	SA KO	10 10	2	
4	**Projektleitung**	SA	-	-	
Summe					

Legende der Abkürzungen: SA = Systemanalytiker (zugleich Projektleiter) AP = Anwendungsprogrammierer KO = IT-Koordinator der Fachabteilung

Abbildung 10.19: Planungstabelle für alle Projektabschnitte nach Abschluss der Zeitaufwandsermittlung

10

10.3.5 Zeitaufwandsschätzung nach dem Function-Point-Verfahren

Das Zeitschätzungsverfahren der Function-Point-Methodik stammt aus den USA. Es ist seit Jahren das am häufigsten diskutierte Verfahren zur Aufwandsschätzung bei einer Software-Individualentwicklung kommerzieller Pakete.

Es gibt heute mehrere **Varianten des Verfahrens**. Sie unterscheiden sich von der amerikanischen Originalmethode meist dadurch, dass die Verfasser durch eine Reduktion der Bewertungskomponenten den Schwierigkeitsgrad der Anwendung verringern möchten.

Eine **neue Version** des Function-Point-Verfahrens ist für die Zeitaufwandsermittlung in einer objektorientierten Entwicklungsumgebung entwickelt worden (Object-Point-Verfahren).

Eine User Group (IFPUG) widmet sich der Standardisierung und Normierung der Function-Point-Analyse.

Grundlagen des Function-Point-Verfahrens

Das Verfahren geht ebenso wie die in den vorhergehenden Abschnitten dargestellte Zeitschätzmethodik des Function-Class-Verfahrens von der Überlegung aus, dass für eine Zeitmessung die von einem Programm geleisteten **Funktionen** relevant sein müssen. Die Leistungsmessung wird in der Form von Function-Points aus der Sicht eines Programmanwenders ermittelt.

10

> *Function-Points umfassen im Gegensatz zur einfachen Function-Class-Methodik keine gesamte Funktion, sondern zerlegen diese in Messpunkte, die sich aus dem Umfang der Eingaben, Ausgaben, Abfragen, Datenbestände und aus dem Schwierigkeitsgrad der Verarbeitung ergeben. Ein auf diese Weise ermittelter Function-Point entspricht einer bestimmten Programmierzeit.*

Das Function-Point-Verfahren ist stärker detailliert als die von uns bereits vorgestellte Function-Class-Methode. Dadurch kann es bei richtiger Anwendung durch erfahrene Projektzeitschätzer zu exakteren Ergebnissen führen. Ebenso wie das Function-Class-Verfahren greift die Zeitaufwandsermittlung bei Function-Point auf die durchschnittliche **Programmierleistung der Vergangenheit** zurück. Sie wird in der Form einer Produktivitätskurve zur Verfügung gestellt.

Die Anforderungen an den Projektplaner sind beim Function-Point-Verfahren höher als bei der Function-Class-Methodik! Nach Möglichkeit sollten die Zeitschätzungen von spezialisierten IT-Mitarbeitern vorgenommen werden, die das Verfahren nach einheitlichen Grundsätzen einsetzen. Besonders geeignet sind hierfür die Projektservicezentren von Unternehmen und IT-Dienstleistern.

Überblick über die Verfahrensschritte

Eine Analyse- und Programmierzeitmessung nach dem Function-Point-Verfahren ist möglich, wenn eine Leistungsbeschreibung vorliegt, die den gewünschten Funktionsumfang und die benutzerbezogenen Ein- und Ausgaben samt Datenbeständen enthält. Dieser Feinheitsgrad eines Systementwurfs der Anwendungsentwicklung liegt **am Ende einer fachlichen Grobkonzeption** vor, wenn diese neben einer hierarchischen Funktionsstrukturierung und -beschreibung auch Informationsflusspläne mit den Ein- und Ausgabeelementen einer Funktion enthält. Nach Abschluss einer Voruntersuchung ist die Anwendung dieses Zeitschätzungsverfahrens wegen des unzureichenden Feinheitsgrads der Konzeption noch nicht möglich.

Die Zeitschätzung wickelt sich in mehreren **Arbeitsschritten** ab:

1. **Schätzung der Zahl der Function-Points** aus dem Umfang der
   - Eingaben
   - Ausgaben
   - Datenbestände (auch Referenzdaten), wobei auf Tabellenwerte zurückgegriffen wird
2. **Korrektur der ermittelten Roh-Function-Points** um spezielle Einflussfaktoren, die zu einer Erschwernis bei der Entwicklung führen können.
3. **Ermittlung der Netto-Function-Points.** Ein Funktionspunkt entspricht einer bestimmten Programmierdauer. Zur Umrechnung der ermittelten Funktionspunkte wird eine Produktivitätstabelle mit Erfahrungswerten der Programmierdauer vergangener Projekte herangezogen.

Natürlich sollte ein Unternehmen die firmenspezifische **Produktivitätstabelle** periodisch auf ihre Aktualität überprüfen und die Programmierleistungen durch den Einsatz effizienter Entwicklungs-, Test- und Dokumentationstools verbessern!

Wesentliche Komponenten des Function-Point-Verfahrens

Voraussetzung für die Verfahrensanwendung ist ein **Entwicklungsstand des Projekts**, bei dem

- eine Funktionsstrukturübersicht,
- zugehörige EVA-Diagramme oder Informationsflusspläne,
- eine fachliche Systemgrobbeschreibung und
- Kenntnisse über die Hardwareplattform, Datenbank und die vorhandenen Softwaretools

dem Zeitschätzer zur Verfügung stehen.

Als Grundlage für die Zeitschätzung greift der Projektplaner auf **Bewertungstabellen** zur Klassifizierung der

- Eingabedaten,
- Ausgabedaten und der
- Datenbestände

zurück, die in den Informationsflussplänen oder in tabellarischen Eingabe- / Ausgabeübersichten (EVA-Diagrammen) dargestellt sind.

Wir lehnen uns bei den Bewertungstabellen inhaltlich überwiegend an die Klassifizierung der IBM an, vielfach veröffentlicht in Fachbüchern und -Zeitschriften. Die drei wesentlichen Klassifizierungstabellen zur Ermittlung des Programmieraufwands sind in Abbildung 10.20 dargestellt.

In einer Folgetabelle werden die Einflussfaktoren auf den Verarbeitungsteil einer Programmfunktion bewertet. Die Summe der Einflüsse wird mit Hilfe eines Korrekturfaktors in bewertete Function-Points umgerechnet.

KLASSIFIZIERUNG DER EINGABEDATEN			
Anforderungen	**einfach**	**mittel**	**hoch**
Datenelementtypen	wenige	mehrere	viele
Logische Eingabegruppen	wenige	mehrere	viele
Komplexität der Bedienerführung	gering	mittel	hoch
Cursorhandhabung	einfach	mittel	schwierig
Spaltengewicht	3	4	6

KLASSIFIZIERUNG DER AUSGABEDATEN			
Anforderungen	**einfach**	**mittel**	**hoch**
Listenspalten	wenige	mehrere	viele
Umsetzung von Datenelementen	einfach	mehrfach	komplex
Dateizugriffe und Verknüpfungen	wenige	mehrere	viele
Anforderungen an die Performance	nicht	mittel	hoch
Spaltengewicht	4	5	7

KLASSIFIZIERUNG DER DATENBESTÄNDE			
Anforderungen	**einfach**	**mittel**	**hoch**
Zahl der Datensatzformen	eine	mehrere	viele
Performance-Einflüsse	keine	wenige	viele
Wiederanlaufeinflüsse	keine	wenige	viele
Dezentrales Dateihaltungskonzept	nein	-	ja
Spaltengewicht	7	10	16

Abbildung 10.20: Die drei Bewertungstabellen zur Datenklassifizierung

10

Berücksichtigung der Einflußfaktoren	
E1 Verflechtung mit anderen Verfahren 0 - 5 E2 Konzept der verteilten Datenverarbeitung 0 - 5 E3 Berücksichtigung einer hohen Transaktionsrate 0 - 5 E4 Schwierige Verarbeitungslogik 0 - 30 E5 Geplante Wiederverwendung der Funktion in anderen Anwendungen 0 - 5 E6 Datenbestandskonvertierungen 0 - 5 E7 Ansprüche an die Benutzerfreundlichkeit 0 - 5	
S1 Summe der Einflüsse aller Faktoren S2 Faktor Einflußbewertung 0,7 + (0,01 x S1): S3 Bewertete Function-Points: Zahl der FP x S2 =	

Abbildung 10.21: Tabelle zur Bewertung der Einflussfaktoren, welche den Projektaufwand der Verarbeitungsbestimmungen maßgeblich beeinflussen.

Mit Hilfe der Tabelle 10.22 »Umrechnung der Function-Points in Personenmonate« werden die errechneten Function-Points in Personenmonate des Projektaufwands umgesetzt.

Umrechnung Function-Points in Personenmonate

Function-Points	Personenmonate
50	1,6
100	3.9
150	6,6
200	9,7
300	16,5
400	24,1
500	32,3
600	40,1
700	50,0
800	59,7
900	69,7
1000	79,9

Abbildung 10.22: Tabelle zur Umrechnung der Function-Points in Personen- oder Mannmonate

Die Produktivitätskurve bei der Softwareerstellung steigt mit zunehmender Projektgröße nur unterproportional an. Je umfangreicher ein Projekt ist, umso schwieriger wird aufgrund der wachsenden Komplexität seine Beherrschbarkeit. Entsprechend geringer fällt die in Function-Points gemessene Leistung der Softwerker je Personenmonat aus.

Beurteilung der Einsatzmöglichkeiten

Die Function-Point-Zeitschätzungsmethodik ist trotz des starken Formalismus ein anspruchsvolles Verfahren. Sie lässt sich erst einsetzen, wenn ein hoher fachlicher und technischer Informationsstand vorliegt. Zu einem frühen Projektzeitpunkt – z. B. nach einer Voruntersuchung – lässt sie sich noch nicht anwenden.

Das Function-Point-Verfahren steht und fällt mit der richtigen Tabelleneinstellung aufgrund realistischer und aktueller Produktivitätswerte bei der Softwareerstellung. Dieses Wissen kann nur bei erfahrenen professionellen Planern vorausgesetzt werden.

Beim Vorliegen dieser Prämissen sind brauchbare Ergebnisse der Zeitschätzung zu erwarten. In der Praxis ist das Function-Point-Verfahren in größeren Informatikbereichen und in Softwarefirmen anzutreffen. Zur Unterstützung des Verfahrens werden am Markt Anwendungstools und Erfahrungsdatenbanken angeboten.

Die Function-Point-Analyse zur Projektzeitermittlung beschränkt sich auf den softwaretechnischen Teil einer Systementwicklung. Zu ihm gehören auch die Arbeiten der Programmvorgabe und der Testarbeiten. Beide werden nicht getrennt ausgewiesen! Der Aufwand für den fachlichen Systementwurf und die benutzerorientierten Arbeiten, die mit einer Softwareeinführung oder -migration verbunden sind, liegt außerhalb des Wertebereichs der Function-Point-Methodik. Für die komplette Zeitaufwandsermittlung eines IT-Projekts sind diese Aufwandspositionen getrennt zusammenzustellen.

10.3.6 Mitlaufendes Fallbeispiel »Kundenauftragsabwicklung«: Zeitaufwandsplanung nach dem Function-Point-Verfahren

Im Lernabschnitt 10.3.4 stellten wir Ihnen in unserem Fallbeispiel »Online-Kundenauftragsabwicklung« den Einsatz des Frühschätzverfahrens der Function-Class-Methodik vor. In diesem Abschnitt präsentieren wir dasselbe Beispiel beim Einsatz der Function-Point-Schätzmethodik.

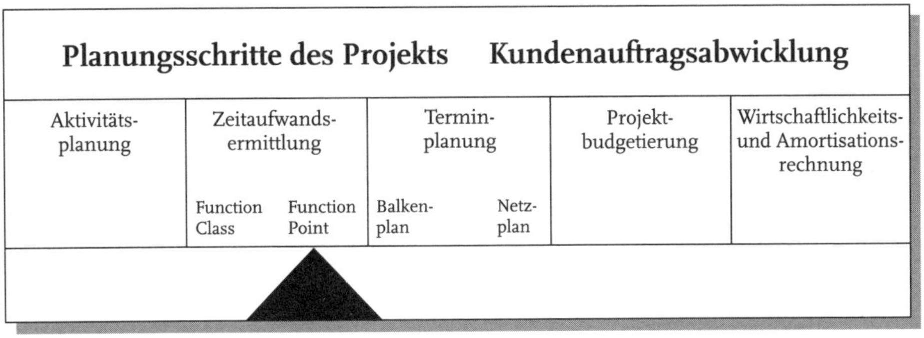

Beachten Sie bei einem Vergleich der Ergebnisse, dass die Planung nach Function-Point erst nach der Phase der fachlichen Sollkonzeption stattfindet. In der Zwischenzeit sind weitere Entwurfsdetails und Sollinformationen erarbeitet worden.

Die Zeitschätzung nach dem Function-Point-Verfahren greift ebenfalls wie die Function-Class-Methodik auf die **Übersicht der Sollfunktionen** zurück, wie wir sie in Abbildung 10.7 skizziert haben. Zusätzlich sind für jede Funktion des Projekts Online-Kundenauftragsabwicklung in der Zwischenzeit Informationsflussdiagramme mit den drei Säulen Eingabestrukturen, Ausgabestrukturen und Verarbeitungsvorschriften erarbeitet worden. Zusätzlich liegen alle logischen Datenbestände in einem Datenmodell vor.

Abbildung 10.23 enthält die tabellarische Zusammenstellung der Anforderungen an Ein- und Ausgabedaten, Abfragen und Datenbestände, die der Projektplaner zusammengestellt hat.

Zusammenstellung der Anforderungen an Ein- und Ausgaben, Abfragen und Datenbestände

E/A-Komponenten, Datenbestände

Abwicklung Auftragseingang
Eingabe: Aufträge (neu und Änderungen)
Ausgabe: Journal Auftragseingang
Abfrage: Aktuelle Aufträge

Versandabwicklung
Eingabe: O.K.-Meldung oder Mengenänderungen
Ausgabe: Versandliste, Rückstandsliste

Rechnungsabwicklung
Eingabe: Steuerungsbild
Ausgabe: Rechnung, Rechnungsjournal

Gutschriftsbearbeitung
Eingabe: Gutschriftsdaten
Ausgabe: Gutschrift für Kunden

Auftragsstatistik
Eingabe: Steuerungsbild
Ausgabe: Auftragsstatistik

Vier weitere einfache Statistiken
Eingabe: Steuerungsbild
Ausgabe: Vier Statistiken

Datenbestände
Kunde
Artikelgruppe
Artikel
Auftrag (2 logische Datengruppen)
Rechnungsnummer
Offene Posten
Mahnungen
Standardtexte
Tabellen (2 Datenbestände)

Abbildung 10.23: Zusammenstellung der Ein- und Ausgaben, Abfragen und Datenbestände aufgrund der funktionalen Strukturierung und des Prozess- und Datenmodells

Der nächste Arbeitsschritt besteht aus der **Bewertung der Anforderungsübersicht** mit Hilfe der Klassifizierungstabellen für Ein- und Ausgabedaten und Datenbestände. Bei dieser Bewertung wird für jede E/A-Komponente die Tabellenspalte ausgewählt, der die Komponente aufgrund ihrer Eigenschaften am besten zugeordnet werden kann. Abfragen werden wie Eingaben bewertet.

Beispiele: Bei der Bewertung der Funktion »Abwicklung Auftragseingang« sind neue Aufträge die erste Eingabekomponente. Sie werden vom Planer wie folgt bewertet (siehe Abbildung 10.24):

KLASSIFIZIERUNG DER EINGABEDATEN			
Anforderungen	einfach	mittel	hoch
Datenelementtypen	wenige	mehrere ●	viele
Logische Eingabegruppen	wenige	mehrere ●	viele
Komplexität der Bedienerführung	gering	mittel ●	hoch
Cursorhandhabung	einfach ●	mittel	schwierig
Spaltengewicht	3	4	6

Abbildung 10.24: Klassifizierung der Eingabedaten

Aufgrund des Schwerpunkts in der mittleren Spalte vergibt der Projektplaner vier Brutto-Function-Points. Die gleiche Punktezahl wird für die Eingabekomponente Auftragsänderungen vergeben.

Die Ausgabe »Versandliste« wird vom Planer aufgrund seiner Kenntnisse wie folgt bewertet (Abbildung 10.25):

KLASSIFIZIERUNG DER AUSGABEDATEN			
Anforderungen	einfach	mittel	hoch
Listenspalten	wenige ●	mehrere	viele
Umsetzung von Datenelementen	einfach ●	mehrfach	komplex
Dateizugriffe und Verknüpfungen	wenige ●	mehrere	viele
Anforderungen an die Performance	nicht ●	mittel	hoch
Spaltengewicht	4	5	7

Abbildung 10.25: Klassifizierung der Ausgabedaten

Aufgrund dieser Bewertung erhält diese Ausgabe vier Brutto-Function-Points. Die Führung des Artikel-Datenbestands bewertet der Planer entsprechend Abbildung 10.26.

KLASSIFIZIERUNG DER DATENBESTÄNDE			
Anforderungen	einfach	mittel	hoch
Zahl der Datensatzformen	eine ●	mehrere	viele
Performance-Einflüsse	keine	wenige ●	viele
Wiederanlaufeinflüsse	keine ●	wenige	viele
Dezentrales Dateihaltungskonzept	nein	-	ja
Spaltengewicht	7	10	16

Abbildung 10.26: Klassifizierung der Datenbestände

Das maßgebliche Spaltenergebnis beträgt hier sieben Brutto-Function-Points. Alle Einzelbewertungen werden in die Abbildung 10.27 übertragen.

Zusammenstellung der Anforderungen an Ein- und Ausgaben, Abfragen und Datenbestände	
E/A-Komponenten, Datenbestände	**Brutto-Function-Points**
Abwicklung Auftragseingang	
Eingabe: Aufträge (neu und Änderungen)	4+4
Ausgabe: Journal Auftragseingang	3
Abfrage: Aktuelle Aufträge	4
Versandabwicklung	
Eingabe: O.K.-Meldung oder Mengenänderungen	3
Ausgabe: Versandliste, Rückstandsliste	4+5
Rechnungsabwicklung	
Eingabe: Steuerungsbild	3
Ausgabe: Rechnung, Rechnungsjournal	5+4
Gutschriftsbearbeitung	
Eingabe: Gutschriftsdaten	3
Ausgabe: Gutschrift für Kunden	5
Auftragsstatistik	
Eingabe: Steuerungsbild	3
Ausgabe: Auftragsstatistik	5
Vier weitere einfache Statistiken	
Eingabe: Steuerungsbild	4
Ausgabe: Vier Statistiken	16
Datenbestände	
Kunde	7
Artikelgruppe	7
Artikel	7
Auftrag (2 logische Datengruppen)	7+7
Rechnungsnummer	7
Offene Posten	7
Mahnungen	7
Standardtexte	7
Tabellen (2 Datenbestände)	7+7
Summe	152

Abbildung 10.27: Bewertung der Funktionen mit Brutto-Function-Points

10

Der Zusammenstellung der Brutto-Function-Points folgt die Ermittlung der besonderen Einflussfaktoren mit Hilfe der Tabelle »Berücksichtigung der Einflussfaktoren«. Diese Tabelle stellt erhebliche IT-technische Anforderungen an den Projektplaner! Tabelle 10.28 enthält das Ergebnis dieser Schätzung für den Beispielfall »Kundenauftragsabwicklung«.

Berücksichtigung der Einflußfaktoren	
E1 Verflechtung mit anderen Verfahren 0 - 5	3
E2 Konzept der verteilten Datenverarbeitung 0 - 5	2
E3 Berücksichtigung einer hohen Transaktionsrate 0 - 5	2
E4 Schwierige Verarbeitungslogik 0 - 30	10
E5 Geplante Wiederverwendung der Funktion in anderen Anwendungen 0 - 5	-
E6 Datenbestandskonvertierungen 0 - 5	-
E7 Ansprüche an die Benutzerfreundlichkeit 0 - 5	3
S1 Summe der Einflüsse aller Faktoren	20
S2 Faktor Einflußbewertung 0,7 + (0,01 x S1):	0,9
S3 Bewertete Function-Points: Zahl der FP x S2 =	137

Abbildung 10.28: Ausgefüllte Tabelle »Berücksichtigung der Einflussfaktoren«

Der letzte Schritt stellt die Umrechnung der errechneten Netto-Function-Points in Personenmonate aufgrund der Produktivitätstabelle dar (siehe Abbildung 10.22). Es ergeben sich für das Kundenauftragsabwicklungsprojekt aufgrund der Schätzung mit der Function-Point-Methodik etwa 115 Personentage Entwicklungsaufwand.

Eine Verteilung des gesamten Entwicklungsaufwands auf einzelne Projektphasen der Online-Kundenauftragsabwicklung ist beim Function-Point-Verfahren nicht vorgesehen, jedoch als kundenindividuelle Erweiterung möglich.

10.4 Ressourcenplanungen für die Projektarbeit

Zur Zeitaufwandsermittlung gehört in jedem Projekt eine fundierte **Ressourcenplanung**! In vielen Fällen muss sie bereits vor der Zeitaufwandsermittlung erfolgen. Häufig wird sie parallel dazu durchgeführt. Spätestens aber nach der Schätzung des Zeitaufwands für die anfallenden Arbeitskategorien muss sich der Projektleiter darum kümmern, ob aktive Mitarbeiter in ausreichender Menge und Qualifikation zur Bewältigung der Projektaufgaben zur Verfügung stehen oder beschafft werden können.

Zur Ressourcenplanung gehören neben der Mitarbeiterbeschaffung und -zuordnung auch die Planung und rechtzeitige Bereitstellung des **IT-Equipments** und die **Qualifizierung der Projektmitarbeiter**, wenn vor dem Arbeitsstart ein Ausbildungsdefizit überwunden werden muss.

10.4.1 Planung der aktiven Projektmitarbeiter

Aufgrund der erforderlichen Projektaktivitäten und des ermittelten Zeitbedarfs ist der Mitarbeiterumfang nach Zahl und Qualifikation zu ermitteln. Der Projektleiter muss bei dieser Tätigkeit auch prüfen, ob die Mitarbeiter zum festgelegten Zeitpunkt für das Projekt zur Verfügung stehen.

> *Besonders der Programmier- und Testaufwand ist von der Qualifikation, den Problemkenntnissen und dem Erfahrungspotential der Projektmitarbeiter abhängig. Die Aufwandsdifferenz zwischen Anfängern und erfahrenen Spitzenkräften kann bei der Bewältigung derselben Aufgabe das Verhältnis 5 : 1 aufweisen!*

Eine nicht richtig geschätzte Mitarbeiterqualifikation stellt einen **Risikofaktor** bei der Zeitaufwandsschätzung dar! Wenn ein Projektleiter bei der Projektplanung die Zusage für einen hochqualifizierten IT-Profi hat und ihm stattdessen nur einen Anfänger zugeteilt wird, muss ihm das Recht zugestanden werden, die Zeitaufwands- und Terminplanung abzuändern!

Bei **längerfristigen Planungen**, die über ein Kalenderjahr hinausgehen, wird ein Mitarbeiter üblicherweise mit 9 produktiven Arbeitsmonaten zu je 20 Tagen in eine Planung eingesetzt, wenn er ganzzeitig zur Verfügung steht. Es ist davon auszugehen, dass im Durchschnitt 3 Monate pro Jahr für Urlaub, Krankheit, Schulung und sonstige »unproduktive« Zeiten abgezogen werden müssen.

In Multimedia-, E-Commerce- und Netzwerkprojekten stellt der Mangel an qualifizierten und erfahrenen Mitarbeitern ein oft unüberwindliches Problem dar. Da die rechtzeitige Beschaffung fest angestellter IT-Profis für diese neuartigen Arbeitsfelder häufig ergebnislos verläuft, bleiben als Ergebnis der Ressourcenüberlegungen heute oft nur **drei Auswege** übrig:

- die weitgehende Verwendung **zeitgemäßer Standardsoftware** mit geringeren Ressourcenanforderungen als bei einer Individualentwicklung
- der Einsatz freiberuflicher IT-Spezialisten oder Mitarbeitern in IT-Dienstleistungsunternehmen
- die zeitliche Verschiebung von Projekten bei unüberwindlichen Ressourcenhindernissen.

Auch IT-Dienstleistungsunternehmen leiden heute unter einem beträchtlichen Mangel an ausgebildeten Spezialisten im Bereich der E-Business- und Kommunikationstechniken! Häufig können sie einem Klienten nur unerfahrene Hochschulabsolventen zur Verfügung stellen, womit dem Anwenderunternehmen keinesfalls gedient ist!

10.4.2 Planung und Bereitstellung des IT-Equipments

Immer häufiger muss sich der Projektleiter neben geeigneten Räumlichkeiten und den konventionellen Arbeitsmitteln auch um ein **zeitgemäßes IT-Equipment** für die Projektarbeit kümmern. Es ist zu prüfen, ob die folgenden Arbeitsmittel bei Bedarf zur Verfügung stehen:

- modern ausgerüstete PC-Stationen im Arbeitsraum des Projektteams mit Anschluss an das Bürokommunikationsnetz,
- lizenzierte Flowcharting- und Präsentations-Tools,
- Workbench und Prototyping-Werkzeuge,
- ein Intranet-Anschluss und Groupwarefunktionen für dezentral arbeitende Projektgruppen und
- ein Repository zur Ablage der Entwicklungs- und Produktdokumentation.

Der Projektleiter oder sein Projektassistent sollten bis zum Projektstart in der Lage sein, zur Bewältigung der Verwaltungsarbeiten ein **Projektmanagementsystem** zu bedienen, wenn noch keine ausreichenden Erfahrungen aus früheren Projekten vorliegen.

10.4.3 Ausbildungsplanung

Rechtzeitig vor ihrem produktiven Arbeitseinsatz muss nach der Klärung der Wissensdefizite, des Schulungsbedarfs und der Trainingsmethodik die Ausbildung der aktiven Projektmitarbeiter erfolgen. Schwerpunkte sind

- eine qualifizierte Ausbildung auf dem Anwendungsgebiet,
- eine Organisations-, Methoden- und Werkzeugausbildung und
- ein Kommunikations- und Teamtraining für unerfahrene Informatiker und Key User.

Sollen im Projekt eine neue Hardwareumgebung, z.B. eine Client-Server-Plattform, oder erstmals CASE-Werkzeuge der Anwendungsentwicklung oder Web-Strukturen eingesetzt werden, muss den Mitarbeitern neben der Schulung eine ausreichende Zeit für ein »Training on the Job« zugestanden werden. Neue Werkzeuge und Softwareumgebungen führen zu einem beachtlichen Leistungsabfall, solange die Projektmitarbeiter die neuen Werkzeuge nicht sicher im Griff haben.

Gegenwärtig setzen sich in atemberaubendem Tempo neuartige **Online-Trainingsmöglichkeiten** durch, die von spezialisierten Schulungsinstituten über das Internet angeboten werden. Prüfen Sie bei der Ressourcenplanung eines Projekts, welche dieser Schulungsangebote zur Qualifizierung Ihrer Projektmitarbeiter nützlich sind. Die Internet- und CD-ROM-Kurse ersetzen immer häufiger zeitaufwendige Seminare konventioneller Lehrinstitute und können Ihr Projektbudget erheblich entlasten!

10.5 Terminplanung eines Projekts

Der Terminplan ist das optische Glanzstück einer Projektplanung und übertrifft als Aushängeschild gegenüber Entscheidern und Endusern oft alle anderen Planungsaspekte.

Für die Dokumentation der Terminplanung können

- eine tabellarische Terminübersicht,
- ein Balkendiagramm oder
- ein Netzplan

verwendet werden.

Eine seriöse und fundierte Planung der Zwischen- und Endtermine eines IT-Projekts ist nur möglich, wenn die Ergebnisse einer Aktivitäts-, Zeitaufwands-, Personal- und Hilfsmittelplanung vorliegen. Sind diese Voraussetzungen für eine Terminplanung geschaffen, bereitet die tabellarische oder grafische Darstellung dem Projektplaner keine Schwierigkeiten.

10.5.1 Balkendiagramm

Ein Balkendiagramm ist in IT-Projekten das gebräuchlichste Hilfsmittel für die grafische Darstellung von Terminplänen. Es erfordert geringe methodische Kenntnisse. Bei einer Gegenüberstellung von Soll- und Istterminen lässt sich das Balkendiagramm bei übersichtlichen Projekten auch als Projektüberwachungsinstrument verwenden.

Für eine Terminplanskizzierung einfacher Projekte reicht ein Balkenplanformular völlig aus. Mit einfachen PC-Programmen – wie zum Beispiel Teamworks, Exel oder VISIO – lassen sich Balkendiagramme ohne großen Einarbeitungsaufwand auf einem Spreadsheet zeichnen.

Als ideale **Hilfsmittel zur Balkendiagrammerstellung** bieten sich die Projektmanagementsysteme an. Neben Normalvorgängen lassen sich übergeordnete Sammelvorgänge darstellen, Meilensteine einplanen und durch Senkrechtverbindungen Abhängigkeiten zwischen Vorgängen ausweisen. Ein gespeicherter Terminplan erlaubt die wahlweise Ausgabe von Balkendiagrammen, Netzplänen und tabellarischen Übersichten in der vom Anwender benötigten Form.

Aufbau und Inhalt eines Balkendiagramms

Die logische **Schrittfolge einer Balkendiagrammerstellung** gilt für eine manuelle und IT-unterstützte Terminplanerstellung. Ein Balkendiagramm entsteht in folgenden Stufen:

1. Festlegung der Vorgänge (Phasen, Arbeitspakete) während der Aktivitätsplanung
2. Zeitermittlung für jeden Vorgang unter Berücksichtigung der Personalkapazität
3. Eintragung der Zeitstrahlen in das vorbereitete Periodenraster unter Beachtung von Abhängigkeiten und Terminrestriktionen
4. Prüfung, ob in den belegten Perioden genügend Kapazität vorhanden ist (fällt weg bei progressiver Eintragung der Zeitstrahlen unter Berücksichtigung der Kapazitäten)

Besonders für **Führungskräfte** der Fachabteilungen bietet ein Balkendiagramm eine bessere und schnellere Information als ein Netzplan.

Zu jeder **Aktivität** in einem Balkendiagramm müssen vier Angaben vorhanden sein:

- Bezeichnung
- Mitarbeiter / Arbeitskapazität
- Kalenderdauer in den vorgesehenen Periodeneinheiten
- Vorgänger / Nachfolger und Terminrestriktionen

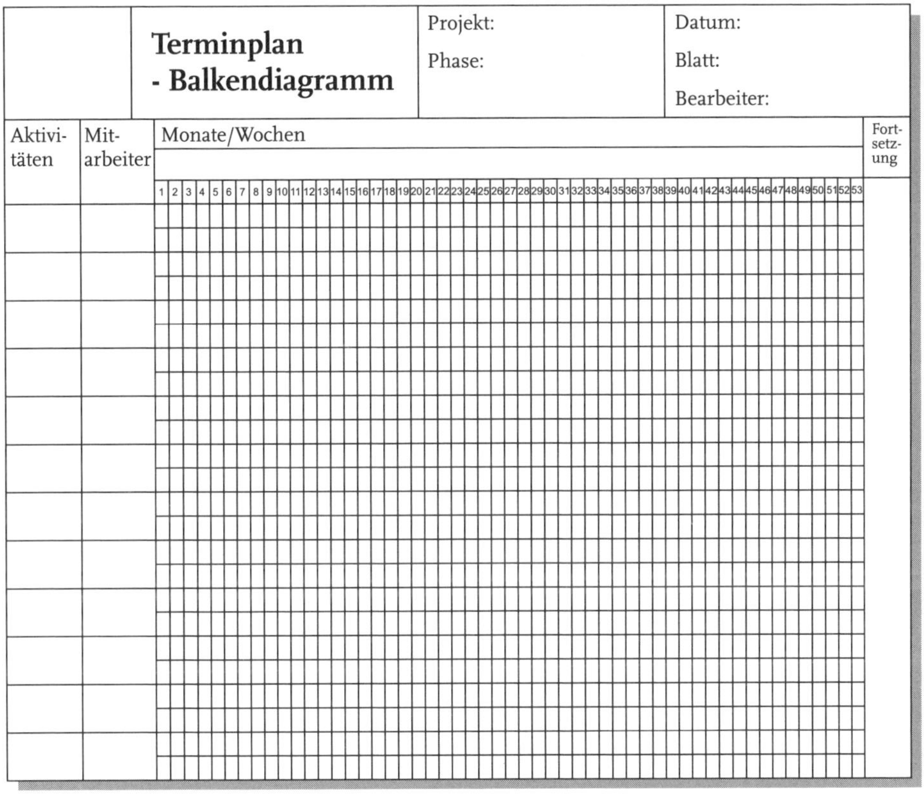

Abbildung 10.29: Einfaches Formular oder Bildmaske eines Balkendiagramms zur Eintragung der Soll- und Istzeitstrahlen

Im Formular Balkendiagramm trägt der Projektplaner die Tätigkeiten ein. Zusätzlich können die Namen und der Mitarbeitertyp hinzugefügt werden. Die Zeitachse des Balkendiagramms kann auf die gewünschte Zeiteinheit, zum Beispiel Wochen oder Monate, eingestellt werden. Die Länge des Sollzeitstrahls entspricht der Kalenderdauer der Tätigkeit. Bei der Umsetzung des Zeitaufwands in die Kalenderdauer erfolgt eine Divison durch die Zahl der Mitarbeiter.

Der obere Teil einer Aktivitätszeile dient der Eintragung des **Sollzeitstrahls**, der untere Teil zur Aufnahme des **Istzeitstrahls** bei der Projektüberwachung. Geht der Zeitstrahl in seiner Länge über die vorhandenen Terminspalten hinaus, wird im Feld »Fortsetzung« ein Hinweis angebracht.

Besonderheiten eines Balkendiagramms

Ist bei einer Aktivität die zur Verfügung stehende Zeitdauer länger als die zur Arbeitsdurchführung erforderliche Periodenzahl, spricht man von einer **Begleittätigkeit**. Typische Begleittätigkeiten sind zum Beispiel eine mitlaufende Projektüberwachung oder Dokumentation.

Balkendiagramme sind als Darstellungsmittel für Terminpläne geeignet, wenn die Zahl der darzustellenden Vorgänge eine ausreichende Übersichtlichkeit gewährleistet. Dem Vorteil der einfachen Erstellungsmöglichkeit steht der Nachteil gegenüber, dass bei zahlreichen Abhängigkeiten zwischen den einzelnen Vorgängen die Übersichtlichkeit verloren geht.

10

Der Zeitstrahl einer Tätigkeit wird in der frühestmöglichen Lage eingetragen. Hierbei können sich bis zum Start einer Folgetätigkeit Puffer ergeben. Sie werden als »optische Puffer« ausgeworfen (siehe Abbildung 10.30).

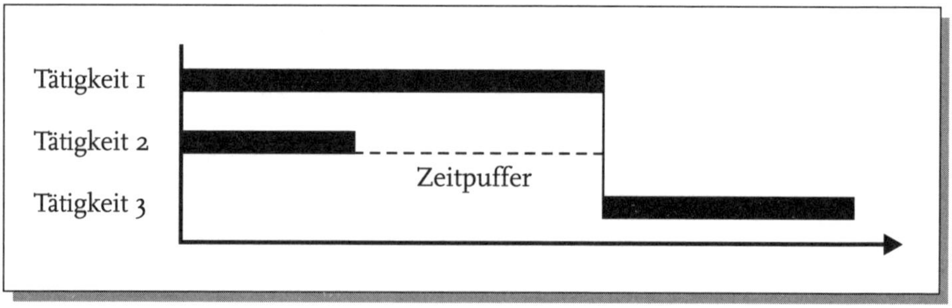

Abbildung 10.30: Eintragung eines Zeitstrahls in einem Balkendiagramm in der frühestmöglichen Lage mit Ausweisung des Zeitpuffers

Bei der maschinellen Erstellung eines Balkendiagramms mit Hilfe eines Projektmanagemtsystems müssen die gewünschten Tätigkeiten, ihre Zeitdauer und die Abhängigkeiten der Tätigkeiten (Vorgänger und Nachfolger) über die zur Verfügung gestellten Erfassungsbilder dem Programm mitgeteilt werden. Gewünschte **Abhängigkeiten von Vorgängen** können auch durch eine senkrechte Verbindung der Zeitstrahlen mit der Maus eingegeben werden. Ebenso ist per Mausklick eine Verschiebung von Zeitstrahlen möglich.

10.5.2 Mitlaufendes Fallbeispiel »Kundenauftragsabwicklung« – Erstellung eines Balkendiagramms

Die Themenstellung für dieses mitlaufende Fallbeispiel finden Sie in den vorhergehenden Lernabschnitten dieses Lernmoduls.

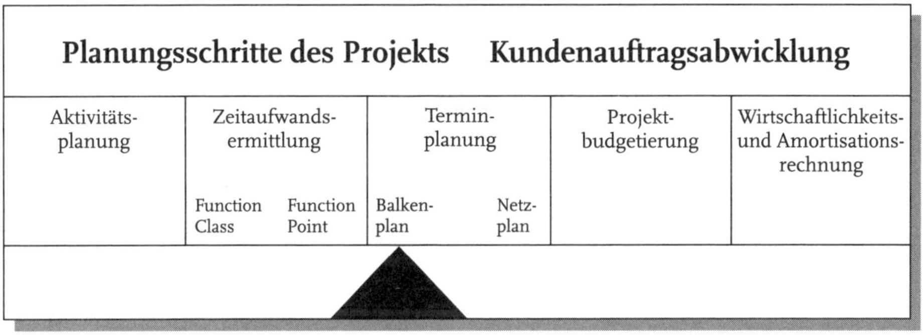

Der Projektplaner greift bei der Erstellung des Terminplans auf die Ergebnisse der Zeitaufwandsplanung zurück und verwendet die **Planungstabelle für alle Projektabschnitte** (Abbildung 10.19) als Grundlage für die Terminplanung.

> *Wegen des begrenzten Projektumfangs entscheidet sich der Projektplaner für ein Balkendiagramm, das über ein vorhandenes Projektmanagementsystem ausgedruckt wird.*

Die Umrechnung des Zeitaufwands der Arbeitspakete in die für die Terminplanung benötigte Kalenderdauer stellt den Übergang von der Zeitaufwandsermittlung zur Terminplanung dar. Die Zeitaufwandstage werden für die Terminplanung in Kalenderwochen umgesetzt.

Durch den Ausweis von **Sammeltätigkeiten** für die Projektphasen lässt sich die Übersichtlichkeit des Balkendiagramms verbessern. Außerdem werden an wichtigen Eckzeitpunkten **Meilensteine** eingeplant und ausgewiesen. Es handelt sich um Aktivitäten ohne Zeitverbrauch. Zur Darstellung der Vorgangsfolge werden die **Vorgänger** eines Zeitstrahls mit ihrer Vorgangsnummer im Terminplan eingetragen. Der Vorgang »Benutzerorganisation« stellt eine **Begleittätigkeit** dar. Für diese ist der in der Terminspalte ausgewiesene Zeitstrahl länger, als es bei einem Vollzeitjob ohne Unterbrechungen nötig wäre. Der zusammengestellte Terminplan ist in Abbildung 10.31 dargestellt.

Terminplan

Projekt: *Kundenauftragsabwicklung* Datum:
Projektplaner: Blatt:

Nr.	Vorgangsname	Dauer	Vorgänger	1. Quartal 2004 Jan. Feb. Mar.	2. Quartal 2004 Apr. Mai Jun.	3. Quartal 2004 Jul. Aug. Sep.
1	Projektfreigabe Lenkungsausschuss	0 W.		Meilenstein		
2	Fachkonzeption	8 W.				
3	Fachliches Grobdesign	2 W.	1			
4	Fachliches Feindesign	6 W.	3			
5	Freigabe durch Fachbereich	0 W.	4		Meilenstein	
6	Software-Realisierung	13 W.				
7	Programm-vorgabe	3 W.	5			
8	Programmerstell. und Testarbeiten	10 W.	7			
9	Benutzerorganisat. und Systemeinführ.	18 W.				
10	Benutzer-organisation	10 W.	7			Begleittätigkeit
11	Benutzer-schulung	6 W.	8,10			
12	Systemablösung	2 W.	11			
13	Projektabschluss	0 W.	12			Meilenstein

Abbildung 10.31: Balkendiagramm für unser mitlaufendes Fallbeispiel »Kundenauftragsabwicklung«

Der vorrangige **Zweck des Balkendiagramms** ist es, dem IT-Lenkungsausschuss und dem Fachbereich ein übersichtlich gestaltetes Dokument über den geplanten zeitlichen Projektablauf vorzulegen. Bei Bedarf lassen sich die Arbeitspakete jederzeit weiter unterteilen, und es können zusätzliche Aktivitäten hinzugefügt werden.

10.5.3 Terminplanung mit Netzplänen

Für die Erstellung umfangreicher Terminpläne und beim Vorliegen vieler voneinander abhängiger Aktivitäten ist die Verwendung eines Netzplans als Terminplanungsinstrument vorteilhaft. Der **Hauptvorteil der Netzplandarstellung** liegt in der eindeutigen und übersichtlichen Darstellung der Abhängigkeiten zwischen den Vorgängen. Durch das Ausweisen von Pufferzeiten sind die Netzplanstrecken zu erkennen, bei denen eine zeitliche Verschiebung der Vorgangsaktivitäten ohne eine Gefährdung des Endtermins möglich ist.

In Deutschland hat sich zur Darstellung eines Netzplans der **knotenorientierte Plan** durchgesetzt. Er wird auch in einer DIN-Norm zur Netzplantechnik empfohlen. Seine Vorteile liegen gegenüber den früher gern benutzten kantenorientierten Netzplänen in der größeren Übersichtlichkeit der Darstellung und der Möglichkeit, Überlappungen oder Mindestabstände im Netzplan darzustellen. Außerdem sind keine umständlichen Scheinaktivitäten beim Netzaufbau erforderlich.

Beim Einsatz von Projektmanagementsoftware kann die Terminplanung alternativ mit Balkenplänen (GANTT-Diagramm) und / oder verschiedenen Formen der Netzplantechnik durchgeführt werden. Da die Balkendiagramme auch die Darstellung von Abhängigkeiten zulassen, ist der Einsatz der klassischen Netzplantechnik für IT-Projekte meist überflüssig geworden!

Für IT-Projektleiter, die sich über Fragen der Netzplantechnik orientieren möchten, stellen wir in diesem Lernabschnitt die **Grundsätze und Techniken eines Netzplans** dar. Im Folgeabschnitt finden Sie ein komplettes **Beispiel einer Netzplanerstellung.** Wir greifen hierfür wiederum auf das allen Planungskomponenten zugrunde gelegte Projekt der Online-Kundenauftragsabwicklung zurück.

Verfahrensüberblick

Ein **knotenorientierter Netzplan** besteht aus Aktivitäten, welche als Kästchen dargestellt werden, und aus Pfeilen, welche die Anordnungsbeziehungen aufzeigen. Sofern am Anfang und Ende eines Netzplans nicht eine einzelne Tätigkeit steht, ist ein Start- oder Endesymbol zu setzen.

Beim Aufbau eines Netzplans sind nacheinander **eine Struktur- und eine Zeitanalyse** durchzuführen.

Strukturanalyse: Sie entspricht der Aktivitätsplanung eines Projekts. Die Darstellung erfolgt in einem hierarchischen Projektstrukturplan oder in einfacheren Fällen unmittelbar in einer **tabellarischen Tätigkeitsliste**.

Im Anschluss an die Festlegung der Vorgänge sind die **Abhängigkeiten** festzulegen. Es handelt sich um die Bestimmung der Vorgänger und Nachfolger eines Vorgangs, der Restriktionen durch Festtermine, Frühest- und Spätesttermine und der Überlappung von Vorgängen. Als Hilfsmittel dient ein Formular »Tätigkeitsübersicht« (siehe Abbildung 10.32).

Zeitanalyse: Im Rahmen der Zeitanalyse sind die Durchführungszeiten für eine Tätigkeit in Abhängigkeit von der eingesetzten Mitarbeiterkapazität zu schätzen, soweit die Zeitschätzung nicht bereits bei der Zeitaufwandsplanung miterledigt wurde.

Für die bewerteten Vorgänge wird unter Berücksichtigung der Abhängigkeiten das **Netzplan-Layout** entworfen. Der Projektplaner sollte darauf achten, den Netzplan möglichst in horizontaler oder vertikaler Hauptrichtung zu zeichnen, sofern die Netzplanerstellung nicht ohnehin durch das System erfolgt (siehe Abbildung 10.33).

Aufgrund der Vorgangsliste und als Ergebnis der Netzplanberechnungen werden alle Vorgangskästchen beschriftet (siehe Abbildung 10.34).

	Tätigkeitsliste		*Projekt:* *Phase:* *Aufgabe:*			*Datum:* *Blatt:* *Bearbeiter:*		
NR.	*Tätigkeit*	*Abkür-zung*	*Stelle Mitarbeiter*	*Mann-tage*	*Kalenderdauer (Wochen)*	*Vorgänger*	*Nachfolger*	*Bemerkungen*

Abbildung 10.32: Formular einer Tätigkeitsübersicht als Grundlage einer Terminplanerstellung

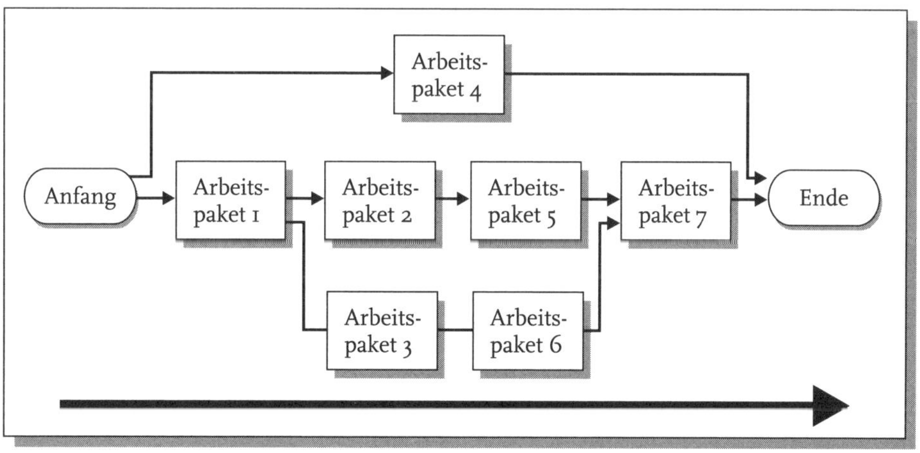

Abbildung 10.33: Achten Sie auf eine saubere und übersichtliche Netzplanstruktur!

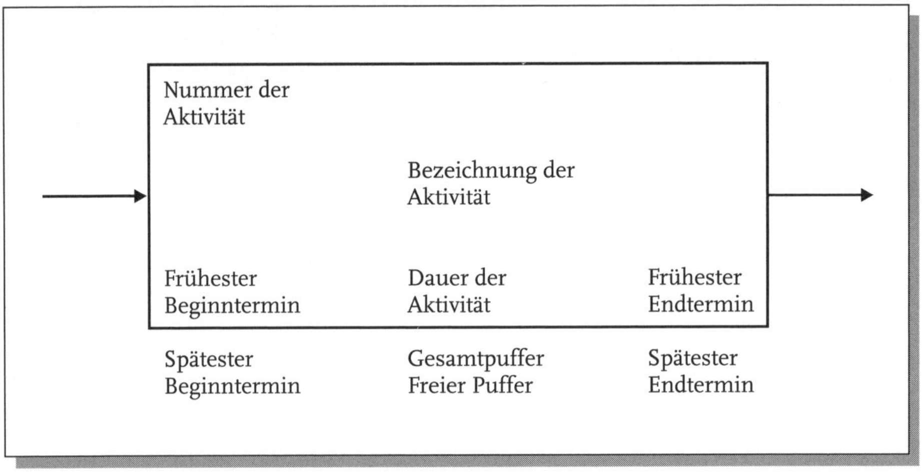

Abbildung 10.34: Legende des Inhalts der Vorgangskästchen des Netzplans

Als Ergebnis der manuellen oder maschinellen Berechnung ergeben sich die Pufferstrecken eines Netzplans. Um die **Pufferzeit** eines Teilnetzes kann der Beginn der auf dieser Wegstrecke liegenden Vorgänge verschoben werden, ohne dass der Endtermin des Netzes gefährdet wird. Man nennt den Puffer eines gesamten Teilnetzes einen Gesamtpuffer. Daneben ist noch die Kenntnis einer freien Pufferzeit zweckmäßig. Es ist die Zeit, um die eine Tätigkeit verschoben werden kann, ohne dass der Früheststarttermin der nachfolgenden Tätigkeit verschoben wird.

Die **Pufferberechnung** erfolgt nach den Formeln:

Gesamtpuffer einer Wegstrecke	=	Spätester Beginntermin	–	Frühester Beginntermin
Freier Puffer einer Aktivität	=	Frühester Beginntermin der Folgeaktivität	–	Frühester Endtermin der Aktivität

Der Netzweg mit der längsten Gesamtdurchlaufzeit wird als **»kritischer Weg«** oder »kritischer Pfad« bezeichnet. Auf diesem Weg weisen die Tätigkeiten keinen Puffer auf. Von der Länge des kritischen Wegs ist die Gesamtdauer einer Tätigkeitsfolge in einem Netzplan abhängig.

Die Netzplantechnik arbeitet mit absoluten Terminen, welche mit der Ziffer 0 beginnen. Am Ende der Netzplanberechnung sollten die absoluten Termine in einer Kalendertabelle in gregorianische Datumsangaben umgerechnet werden. In einem Netzplanprogramm ist dies eine Funktion des Programms aufgrund der eingegebenen Kalenderroutinen.

Ein komplettes Netzplanbeispiel finden Sie im Folgeabschnitt!

10.5.4 Mitlaufendes Fallbeispiel »Kundenauftragsabwicklung – Erstellung eines Netzplans«

Die Themenstellung für dieses mitlaufende Fallbeispiel finden Sie in den vorhergehenden Lernabschnitten. In der Praxis wäre für ein Projekt mit einer so geringen Aktivitätenzahl und so wenigen Abhängigkeiten kein Netzplan nötig. Wir haben ihn nur aus didaktischen Gründen beigefügt.

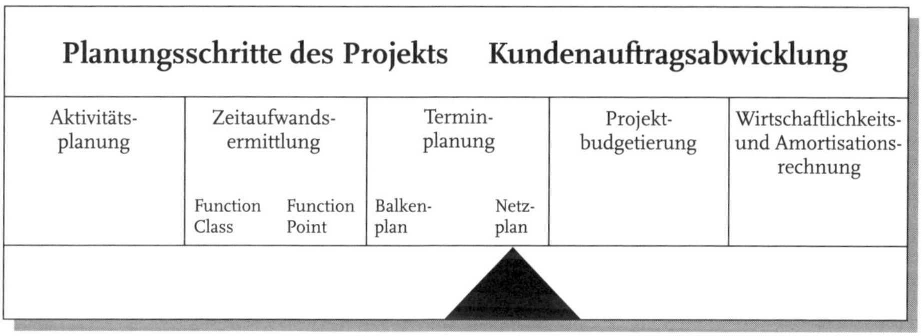

Der Projektplaner stellt zuerst die Tätigkeitsliste mit den Abhängigkeiten des Netzplans zusammen (siehe Abbildung 10.35).

Der Netzplan wird in horizontaler Richtung erstellt (siehe Abbildung 10.36). Die Berechnungen erfolgen als Vorwärts- und Rückwärtsrechnung. Für die Berechnung wird die Periodeneinheit »Woche« verwendet. Anschließend werden die Puffer und der kritische Weg ausgewiesen.

	Tätigkeitsliste		*Projekt:* *Kundenauftragsabwicklung* *Phase:* *Grobkonzeption* *Aufgabe:*			*Datum:* *Blatt:* *Bearbeiter:*		
NR.	*Tätigkeit*	*Abkürzung*	*Stelle Mitarbeiter*	*Manntage*	*Kalenderdauer (Wochen)*	*Vorgänger*	*Nachfolger*	*Bemerkungen*
1	Grobkonzeption		OP KO	10 10	2	-	2	Fertiggestellt
2	Feinkonzeption		OP KO	30 30	6	1	3/5	
3	Programmvorgabe		OP AP	15 15	3	2	4	
4	Programmierung		OP AP	50 50	10	3	7	
5	Benutzerorganisation		KO	20	4	2	6	
6	Benutzerschulung		KO	30	6	5	7	
7	Systemeinführung		KO OP	10 10	2	4/6	-	
8	Projektüberwachung		OP	5	1	-	-	Begleittätigkeit
	Abkürzungen: OP = Organisationsprogrammierer KO = IT-Koordinator AP = Anwendungsprogrammierer							

Abbildung 10.35: Tätigkeitsliste für den Netzplan des mitlaufenden Fallbeispiels »Kundenauftragsabwicklung«

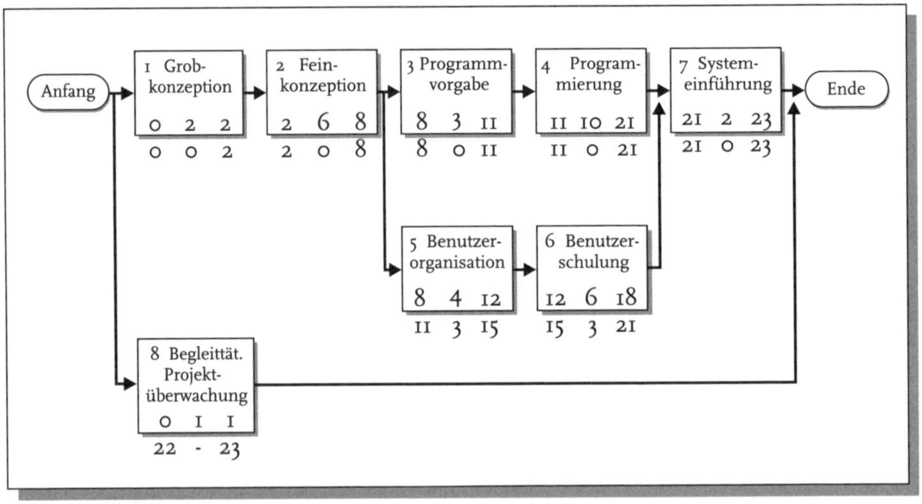

Abbildung 10.36: Layout des Netzplans für das Fallbeispiel »Kundenauftragsabwicklung«

10.5.5 Hinweise zur Zeitschätzung und Netzplanerstellung bei komplexer Standardsoftware

Den höchsten Schwierigkeitsgrad erreicht die Projektzeitschätzung und Terminplanung beim Einsatz komplexer Standardsoftware. Als **Beispiele** seien genannt:

- Aufbau eines umfassenden Vertriebsinformationssystems
- Ablösung eines Softwarepakets für eine industrielle Produktionsplanung und -steuerung durch eine zukunftsorientierte ERP-Lösung
- Ablösung eines veralteten Warenwirtschaftssystems in einem Handelsunternehmen durch ein integriertes Paket unter Berücksichtigung der neuen E-Commerce-Techniken

Die **Schwierigkeit** einer realistischen Zeit- und Terminschätzung ist hier deshalb so hoch, weil ein Projektteam gleichzeitig mit einer breiten Palette von organisatorischen Anforderungen und IT-technischen Neuerungen konfrontiert wird: Zusammen mit der gewünschten Optimierung der Geschäftsprozesse soll im Unternehmen ein anspruchsvolles Fremdpaket (Beispiel: mysap der Firma SAP) auf einer offenen Hardwareplattform unter Nutzung von Internet- und Intranet-Möglichkeiten eingeführt werden.

10

Schwerpunkte der Planungsarbeit bei einer Softwarebeschaffung

Ohne große Probleme ist meist der Zeitbedarf und die terminliche Abwicklung für die Anforderungsanalyse und das Pflichtenheft zu schätzen und festzulegen. Aber schon die **Zeitspanne für die Paketevaluation** hängt von zahlreichen Faktoren ab, die der Projektleiter schlecht übersehen und nur teilweise beeinflussen kann:

- Stehen mehrere Anbieter zur Wahl, können sich die Demonstrationen, Workshops und Verhandlungen oft über Monate hinziehen, bis die Verträge mit der Beraterfirma und dem Software- und Hardwarepartner unter Dach und Fach sind.
- Innerbetrieblich kann die Zusammenstellung von **Investitionsplänen** für die Geschäftsleitung und ihre Verteilung auf die Folgejahre sich als zeitraubender Job erweisen, bis eine der angebotenen Alternativen genehmigt wird.

Erheblich unterschätzt wird von einem Projektleiter fast immer der Zeitraum für die Softwareanpassung und die gleichzeitige Geschäftsprozessüberarbeitung. Der Komplexitätsgrad der Anpassung ist bei den heute angebotenen Softwarepaketen außerordentlich unterschiedlich. Eine zufrieden stellende Zeitschätzung für die Anpassungsarbeiten lässt sich nur dann erreichen, wenn ein Projektplaner die wesentlichen **Arbeitsschritte und ihre Abhängigkeiten** durchschaut. Zu ihnen gehören:

- das Kennenlernen der betriebswirtschaftlichen Verfahren des Anwendungsgebiets
- eine detaillierte Anforderungsanalyse mit Erarbeitung der gewünschten Kernprozesse und Zusammenhänge
- die Installation einer dezentralen Hardwareplattform
- die Softwareinstallation mit einem anschließenden »Spielbetrieb«, um die Programme kennen zu lernen
- die Software- und Geschäftsprozessanpassung mit den erforderlichen Abstimmprozessen mit Entscheidungsträgern und Anwendern
- Programm-, Integrations- und Abnahmetests für die angepassten Programme
- Erstellung, Test und Einführung von Schnittstellenprogrammen zu Altsystemen
- die Schulung der Enduser
- die Datenkonversion für Stamm-, Bestands- und Startdaten
- die Anpassung des Systemumfelds (Aufbau-, Ablauf- und Arbeitsplatzorganisation)
- die Einführung des Produktivbetriebs auf der Basis der neuen Softwaremodule
- die Optimierung des neuen Systems

Beim Projekteinstieg sollte sich die Terminplanung auf Makroaktivitäten beschränken, an deren Ende ein Projektmeilenstein liegt. Als Periodeneinheit in diesem Makroplan reichen Kalendermonate aus. Sie sollten im Rahmen einer PERT-Schätzung (minimale, wahrscheinliche, maximale Dauer) vorliegen.

Auf der Grundlage des Angebots der System- oder Softwarefirma erfolgt ein Herunterbrechen der Arbeitspakete auf den Feinheitsgrad einer Netzplanstruktur.

Zur Erleichterung der Projektplanung sollte ein erfahrener Berater und nach der Entscheidung für eine bestimmte Anwendungssoftware ein kompetenter Projektleiter der Softwarefirma bei der Zeitschätzung und Terminplanerstellung mitwirken. Er muss Erfahrungen aus vergleichbaren Unternehmen und Projekten mitbringen.

Netzknotenfolge bei der Einführung von Standardsoftware

Der vertikal angeordnete Standardnetzplan zeigt den Arbeitsumfang und wichtige Vorgangsschritte und -abhängigkeiten bei der Beschaffung und Einführung von Standardsoftware.

Die dargestellte Netzplanstruktur hat nur einen mittleren Feinheitsgrad. Sie muss während des Projektablaufs um eine Reihe weiterer individueller Netzplanknoten verfeinert werden.

Bis zum Vertragsabschluss sind in einem Softwarebeschaffungsprojekt nur etwa 20 % des Gesamtaufwands geleistet worden. Die restlichen 80 % folgen in den Arbeitsschritten der Überarbeitung der Arbeitsprozesse, der Softwareanpassung, der Endbenutzerschulung und -einweisung und der Umstellung der Anwendungsgebiete auf die neuen Verfahren.

Integrierte Softwarepakete für mehrere Anwendungsgebiete lassen sich wegen des Risikos eines Fehlschlags nicht in einem »**Big Bang**« auf einen Schlag einführen. Diesem Wagnis sollte ein ausgedehnter Probebetrieb mit Hilfe einer Testversion des Softwarepakets vorausgehen. Häufig muss das Projektteam die Altsoftware aus den bestehenden Geschäftsprozessen herauslösen, große Datenbestände mit Hilfe von Konversionsprogrammen überspielen und die Anwender in einem Parallelbetrieb schrittweise an die neuen Verfahren gewöhnen.

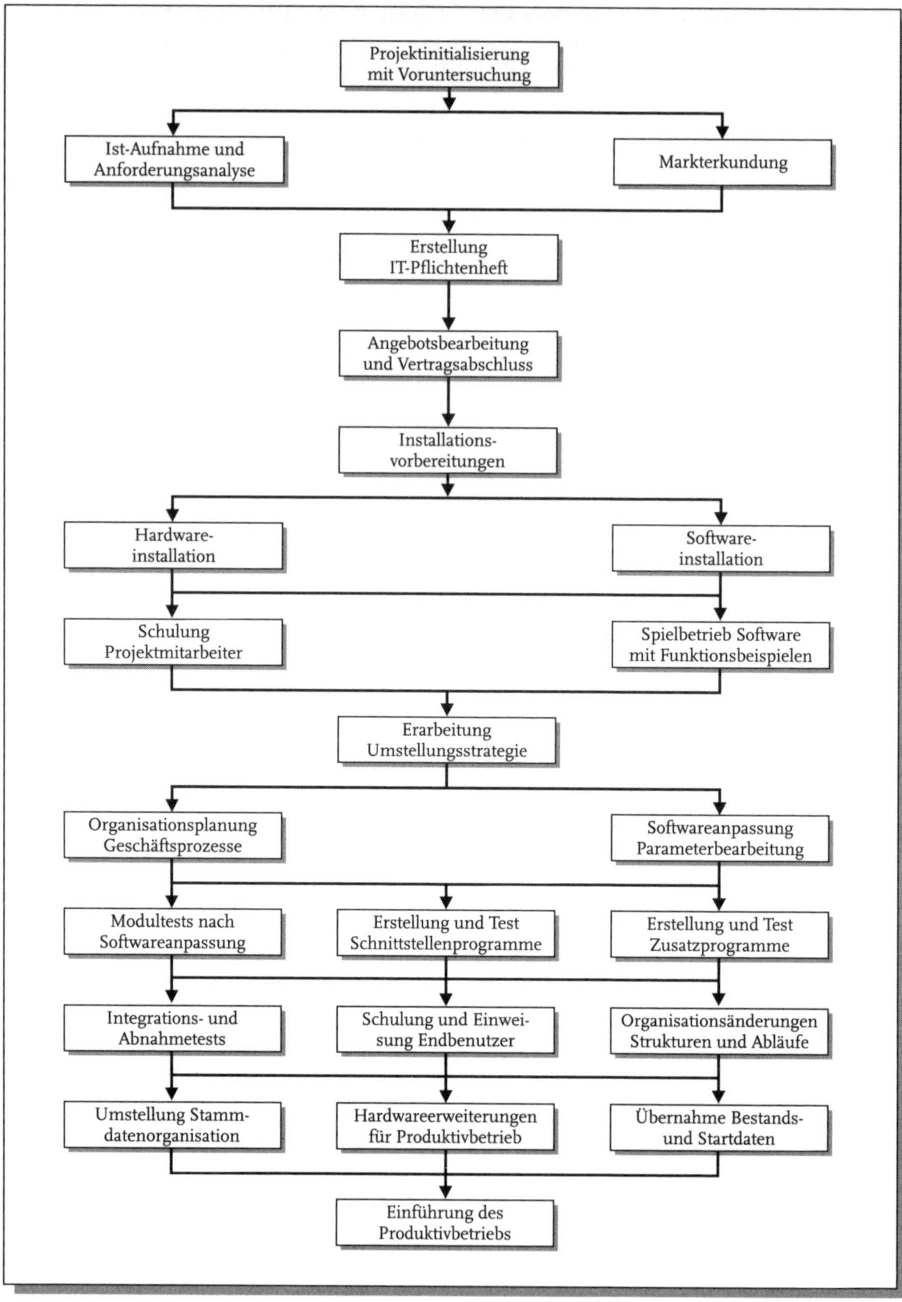

Abbildung 10.37: Typische Netzplanfolge beim Einsatz komplexer Standardsoftware

10.5.6 Projektbeschleuniger – Instrumente zur Terminverkürzung

Eine korrekte Zeitaufwandsermittlung und Terminplanung sind wesentliche Komponenten eines IT-Projekts. Aber noch wichtiger ist für eine Geschäftsleitung immer häufiger eine **kürzestmögliche Einführungszeit** oder Migrationsdauer beim Übergang auf neue Softwarepakete! Beim Einsatz moderner betriebswirtschaftlicher Standardsoftware oder Programmpakete zum Aufbau eines Internet-Marktplatzes und einer E-Supply-Chain kann eine beschleunigte Projektrealisierung entscheidende Wettbewerbsvorteile bringen!

Zur radikalen Reduzierung der Zeitdauer einer »normalen Umstellung« und Softwaremigration bieten deshalb System- und Softwarehäuser vorkonfigurierte Softwarepakete und Methodenpakete zur Projektbeschleunigung an.

> *Mit Hilfe dieses Turboeffekts soll es gelingen, selbst komplexe und funktionsmächtige Softwarepakete in einem Zeitraum von nur 6 - 9 Monaten beim Kunden einzuführen. Angesprochen sind besonders mittlere und kleinere Unternehmen, die nur eine kleine und wenig qualifizierte Projektmannschaft auf die Beine stellen können.*

Jeder IT-Projektleiter sollte über die am Softwaremarkt und in Fachbüchern angebotenen Turbofunktionen zur beschleunigten Projektabwicklung Bescheid wissen – auch wenn er für seine unternehmensspezifischen Projekte keinen Gebrauch davon macht. Das Repertoire zur zeitlichen Beschleunigung der Projektabwicklung enthält für jeden Projektmanager nützliche Hinweise und Anregungen, die sich auch in der eigenen Projektwelt vorteilhaft einsetzen lassen!

Komponenten zur Top-Speed-Einführung

Vorreiter für eine Softwareinstallation mit einem gestrafften Terminraster sind in erster Linie die Anbieter integrierter ERP-Pakete (Enterprise Ressource Planning) mit ihren Projektbeschleunigern:

- SAP (ASAP),
- Oracle (Oracle Fast Forward),
- Peoplesoft (Peoplesoft Select),
- J. D. Edwards mit einer branchenspezifischen Vorkonfiguration seiner Software,

- und einer Reihe von Dienstleisterfirmen, die sich im Umfeld der Softwaregiganten angesiedelt haben.

Bei den Konzepten und Programmen zur Projektbeschleunigung handelt es sich um einen Tool-Mix, der bei den Softwareanbietern in den wichtigen Punkten etwa gleich ist. Diese Schwerpunkte stehen im Vordergrund:

- **Vorgefertigter Projektplan** für Vorhaben mit unterschiedlicher Größenordnung auf der Basis der Projektmanagement-Software Microsoft-Project. Er besteht aus den typischen Arbeitspaketen mit Aktivitäten und Aufgaben.
- **Projekt-Roadmap** mit Hinweisen zum Aufbau der einzelnen Projektschritte. Dieser Beschleunigungsbaustein enthält vorgefertigte Formulare und Dokumentationsunterlagen, weil für die Dokumentation zusammen mit der Gestaltung der Geschäftsprozesse zwei Drittel des Zeitkontingents eines Projekts benötigt werden.
- **Business-Abläufe / grafische Referenzmodelle** für bestimmte Branchen und Anwendungen, aus denen sich voreingestellte Hinweise für das Customizing ergeben.
- **Hinweise auf Problemlösungen** und Erfahrungen anderer Anwender, die als »Best Practices« zur Nachahmung empfohlen werden.
- Eine gespeicherte **Offene-Posten-Liste**, damit nichts vergessen wird und alle Projektaufgaben mit richtiger Priorität und von den zuständigen Teammitarbeitern bearbeitet werden.

Das zentrale Element jedes Projektbeschleunigungsmodells ist der **»Timebox«-Ansatz**. Der Projektumfang muss sich an die vorgegebene beschränkte Laufzeit anpassen. Das gilt für das Gesamtprojekt und jedes einzelne Arbeitspaket. Im Bedarfsfall muss zugunsten dieser vorrangigen Zielsetzung der Projektrahmen eingeschränkt werden.

Die anfallenden Projektarbeiten werden in terminierter Form zwischen dem Dienstleister und dem Kunden aufgeteilt. Der Kunde muss im Projekt die Infrastruktur und das IT-Equipment zur Verfügung stellen und ist für die Ausbildung der Projektmitarbeiter, Endanwender und Systembetreuer verantwortlich.

An das Projektmanagement des Kunden stellt das Dienstleistungsunternehmen beträchtliche Anforderungen:

- An erster Stelle wird die uneingeschränkte Unterstützung durch die Geschäftsleitung, die Fachabteilung und das Projektteam gefordert.
- Für jedes Teilprojekt hat der Kunde einen Mitarbeiter in ausreichendem Umfang freizustellen. Dieser muss die Softwarefunktionen und -masken spezifizieren und für diese Festlegungen eine Entscheidungsbefugnis erhalten.

Um sich gegen einen Projektmehraufwand abzusichern und den vorgegebenen Zeitrahmen einhalten zu können, klammert der Anbieter bestimmte Umstellungsaufgaben aus und führt sie nur gegen zusätzliche Bezahlung durch. So kostet die Erstellung von Schnittstellen einen Aufpreis. Die Implementierung erfolgt so nahe wie möglich an den Standardeinstellungen des gelieferten Softwarepakets. Auch die Programmierung von Zusatzfunktionen muss außerhalb des Festpreisauftrags erfolgen.

Beurteilung von Projektbeschleunigern: Pro- und Kontra-Argumente

Die am Softwaremarkt angebotenen voreingestellten Pakete und Projektbeschleuniger mit den Zielsetzungen der Preis- und Termingarantie sind **keine Wunderwaffe zur kurzfristigen Einführung** komplexer Standardsoftware! Für einen erfahrenen IT-Projektleiter gehören mehrere der Beschleunigungstechniken und Vorgehenstipps zum normalen Methodenrepertoire einer erfolgreichen Projektdurchführung.

Durch die angebotenen grafischen Referenzprozesse, Beispieldokumente, Checklisten und Customizing-Hinweise bieten die Projektbeschleunigungsmodelle und -tools insgesamt eine **nützliche Hilfestellung bei der Projektarbeit**. Allerdings müssen der beauftragte Softwaredienstleister und das Anwenderunternehmen die speziellen Risiken einer zeitlich rigoros verkürzten Projektlaufzeit erkennen und durch ein straffes Projektmanagement ständig im Griff behalten.

Ein Unternehmen, das sich auf einen Dienstleistungsvertrag zur beschleunigten Einführung integrierter ERP-Software einlässt, unterzieht sich aufgrund der zwangsläufigen Vertragsprämissen einer schmerzhaften Rosskur. Eine langwierige Nachbehandlung (nachträgliche Geschäftsprozessanpassung und -optimierung, Lösung von Mitarbeiterproblemen), welche die Vorteile der rigorosen Projektzeitverkürzung teilweise wieder zunichte machen kann, ist oft bereits vorprogrammiert!

Denn das Beschleunigungsprojekt konzentriert sich auf eine **rein technische Systemumstellung**, bei der folgende Restriktionen vereinbart werden:

- kein Business Reengineering während der Projektabwicklung,
- keine Anbindung und Anpassung von Altsystemen, wenn diese unternehmensspezifische Besonderheiten enthalten, und
- Ausklammerung von Kundenanforderungen, die nicht durch Standardfunktionen der Software abgedeckt werden können.

Das außerordentliche Tempo der Systemveränderungen kann zu einer **Überforderung der Enduser** bei der Schulung und Systemübernahme und zu Schwierigkeiten bei der Datenkonversion führen. Die Risiken menschlicher Unzulänglichkeiten muss der Anwender bewältigen.

10.6 Projektkostenplanung (Projektbudget)

In den meisten Unternehmen und Behörden, in denen IT-Projekte abgewickelt werden, muss im Planungsstadium vom Projektverantwortlichen ein **Projektbudget** erstellt werden. Während der Projektabwicklung werden im Rahmen der Projektüberwachung den geplanten die aufgelaufenen Kosten gegenübergestellt.

> *Zusätzlich wird von der Geschäftsleitung bei ausgabeintensiven Projekten vor der Projektfreigabe ein Investitionsplan gefordert. In ihm müssen die Out-of-Pocket-Ausgaben für das Projekt – unterteilt nach den voraussichtlichen Jahren des Anfalls – enthalten sein. Der Projektleiter darf die Beschaffung von Standardsoftware und zugehörigen Hardwareinvestitionen erst nach der Genehmigung des Investitionsplans vornehmen.*

Die Zusammenstellung der einmaligen Projektkosten in der Form eines Projektbudgets macht einem Projektleiter wenig Mühe, wenn die Voraussetzungen in der Form

- realistischer Zeitschätzungen,
- ausreichender personeller Ressourcen für die Teamarbeit,
- vorhandener Softwareangebote bei Fremdsoftwarebeschaffung und
- eines Terminplans

vorliegen, so dass der Projektleiter darauf zurückgreifen kann. Meist erfolgt allerdings die Angebotseinholung für Fremdsoftware erst während der Projektabwicklung, so dass beim Start nur geschätzte Angaben für Softwarepreise und die für die Softwareanpassung und -einführung anfallenden Dienstleistungskosten bereitstehen.

10.6.1 Aufbau und Inhalt eines Projektbudgets

Ein Projektbudget enthält alle Aufwandspositionen, die in einem Informatikprojekt benötigt und kalkuliert werden. Es besteht aus zwei wesentlichen Bestandteilen:

- dem bewerteten Zeitaufwand für die aktiven Projektmitarbeiter und
- dem voraussichtlichen Sachaufwand, der bei der Projektabwicklung anfällt.

Die Kostenarten werden in das Formular oder Spreadsheet »Projektbudget« übernommen (siehe Abbildung 10.38).

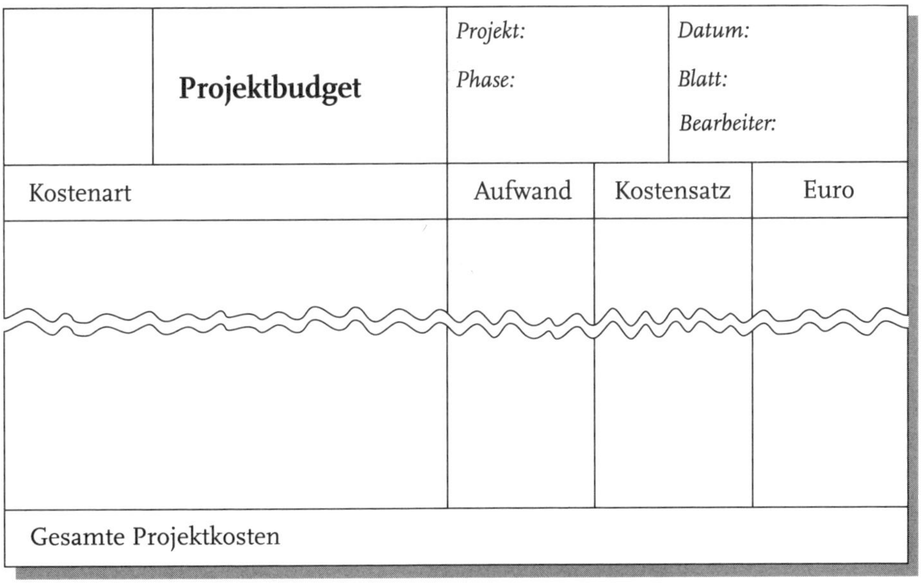

Abbildung 10.38: Formularblatt für ein Projektbudget, auf dem die Investitionskosten des Projekts festgehalten werden

Die **personellen Entwicklungskosten** stellen bei einer Individualentwicklung den größten Posten eines Projektbudgets dar! Die **Sachkosten** für die Schulung der Projektmitarbeiter, für Fachbücher usw. sind demgegenüber gering.

Im Budget eines Softwarebeschaffungsprojekts darf ein Projektleiter neben den einmaligen Software-Lizenz-Gebühren folgende **Aufwandspositionen** nicht vergessen:

- Sachkosten bei Änderungen der Hardware-Plattform
- Datenbank- und Netzkosten (abhängig von der Zahl der Benutzerstationen)
- Dienstleistungskosten (für Berater- oder Softwarefirma)
- Schulungskosten
- Kosten für Datenkonversionssoftware und Datenkonvertierung
- Kosten für Schnittstellenprogramme
- Projektmanagementkosten für das interne Projektteam

Bei den **Softwarewartungskosten** – häufig jährlich 10 - 15 % der einmaligen Softwarelizenz – gibt es unterschiedliche Möglichkeiten, sie in die Projektkosten einzuberechnen:

- Aufnahme der Wartungskosten der nächsten 5 - 8 Jahre in kumulierter Form in das Projektbudget,
- keine Berechnung der Wartungskosten, sondern lediglich ein Hinweis bei den Erläuterungen zum Projektbudget.

Optimierungsüberlegungen lohnen sich bei den Schulungskosten vor der Übernahme dieses Kostenblocks in das Projektbudget. Eine In-House-Ausbildung ist bei mehreren Schulungsteilnehmern preisgünstiger als die Teilnahme an Schulungen einer öffentlichen Akademie oder bei der Softwarefirma. Bei sehr knappem Schulungsbudget kann auch eine Schulung nach dem **»Schneeballsystem«** in Frage kommen. Nur wenige besonders aktive Mitarbeiter besuchen die Lehrgänge außer Haus. Sie vermitteln ihre Kenntnisse an die eigenen Mitarbeiter weiter. Am preisgünstigsten kann die Inanspruchnahme von **Teachware** sein, wenn diese für Unterrichtszwecke in CD-ROM-Form oder als Download qualifizierter Internet-Schulungskurse zur Verfügung steht.

Nebenamtliche Projektmitarbeiter aus dem Anwenderbereich werden häufig nicht in das Projektbudget übernommen. Anfallende Kleinarbeiten gelten nach Ablauf des geplanten Beschaffungs- oder Arbeitstermins als verbraucht.

Den geplanten Kosten können nach Abschluss einer Phase die angefallenen Istkosten gegenübergestellt werden; sie werden den Arbeitsberichten der Mitarbeiter bzw. den angefallenen Rechnungen und Aufwandsmeldungen entnommen.

Bei häufigen Veränderungen des Projektbudgets und einer Budgetfortschreibung in der Form einer Gegenüberstellung von geplanten und angefallenen Kostenarten ist jedem Projektleiter eine maschinelle Unterstützung durch ein Projektmanagementsystem anzuraten. Allerdings darf dann auch eine Istkostenerfassung nicht fehlen!

Nach Abschluss des Projekts kann aufgrund der im Kostenplan enthaltenen Angaben eine **Projekt-Abschlussanalyse** vorgenommen werden, in der die gesamten geplanten Kosten der Summe der effektiv angefallenen Kosten gegenübergestellt werden. In der Praxis der Unternehmen sind solche Analysen allerdings bisher nur selten anzutreffen!

10.6.2 Mitlaufendes Fallbeispiel »Kundenauftragsabwicklung – Erstellung eines Projektbudgets«

Die wichtigsten Grunddaten für die Zusammenstellung des Projektbudgets stammen aus der vorhergehenden Zeitaufwandsermittlung.

Planungsschritte des Projekts Kundenauftragsabwicklung

Aktivitätsplanung	Zeitaufwandsermittlung	Terminplanung	Projektbudgetierung	Wirtschaftlichkeits- und Amortisationsrechnung
	Function Class / Function Point	Balkenplan / Netzplan		

Für die Projektbudgetierung verwendet der Projektleiter in Absprache mit dem Firmencontroller folgende Kostensätze je Tag:

- Organisationsprogrammierer 500 Euro / Tag (zugleich Projektleiter)
- Anwendungsprogrammierer 400 Euro / Tag
- IT-Fachkoordinator 300 Euro / Tag

An Sachinvestitionen werden folgende Positionen benötigt (Angabe der voraussichtlichen Gesamtkosten):

- 4 zusätzliche Clients 8.250 Euro
- 2 Drucker 6.500 Euro
- 3 Bildschirmschreibtische 2.000 Euro
- Sonstige Möblierung 500 Euro
- Kosten der Leitungsverlegung 8.000 Euro

Für sonstige Sachkosten, die noch nicht spezifiziert werden können oder sich in einem niedrigen Kostenbereich bewegen, werden 10 % des Budgets angesetzt.

Die Zusammenstellung der Budgetpositionen führt zu dem in Abbildung 10.39 dargestellten Projektbudget.

	Projektbudget	*Projekt:* Online-Auftrags-abwicklung	*Datum:* *Blatt:* *Bearbeiter:*

Kostenart	Aufwand	Kostensatz	Euro
Zeitaufwand Systemanalytiker	115 Tage	500,-	57.500,-
Zeitaufwand Anwendungsprogrammierer	65 Tage	400,-	26.000,-
Zeitaufwand IT-Koordinator	100 Tage	300,-	30.000,-
Bildschirme	4		8.250,-
Drucker	2		6.500,-
Spezialschreibtische	3		2.000,-
Sonstige Möbel			500,-
Leitungskosten + Installation			8.000,-
Zwischensumme			138.750,-
Sonstiges ca 10%			13.875,-
Gesamte Projektkosten			152.625,-

Abbildung 10.39: Ausgefülltes Formular eines Projektbudgets für unser Fallbeispiel Online-Kundenauftragsabwicklung

10

10.7 Wirtschaftlichkeitsrechnung in einem IT-Projekt

IT-Projekte binden in Unternehmen und Behörden erhebliche finanzielle Mittel, die längerfristig festgelegt sind. Das macht eine Berechnung und ständige Überwachung der Wirtschaftlichkeit eines Projekts während der Projektabwicklung und nach der Beendigung eines Vorhabens nötig. Diesem Zweck dienen bei der Planungsarbeit **Wirtschaftlichkeitsrechnungen** unterschiedlicher Art. Mit ihrer Hilfe soll geprüft werden, ob den Kosten ein angemessener Nutzeneffekt gegenübersteht.

Nach dem Projektabschluss wird besonders bei Projekten der öffentlichen Hand von der zuständigen Rechnungsprüfungsbehörde eine **Projektabschlussanalyse** mit einer Wirtschaftlichkeitsnachrechnung gefordert.

10.7.1 Verfahren zur Wirtschaftlichkeitsrechnung

Unter einer **Wirtschaftlichkeitsrechnung** ist die Gegenüberstellung von Aufwand und Nutzen eines Projekts zu verstehen. Wird die Wirtschaftlichkeit auf das eingesetzte Kapital (= Investition) bezogen, spricht man von einer Rentabilitäts- oder einer Amortisationsrechnung.

Bei den Methoden zur Durchführung einer Wirtschaftlichkeitsrechnung werden statische und dynamische Verfahren unterschieden (siehe Abbildung 10.40). Die **statischen Verfahren** berechnen die Wirtschaftlichkeit eines Systems für eine Durchschnittsperiode des geplanten Lebenszeitraums einer Investition. Bei den **dynamischen Verfahren** der Wirtschaftlichkeitsrechnung werden die gesamten Ausgaben und Einnahmen für den vorgesehenen Lebenszeitraum eines Systems auf den Gegenwartstermin (Barwert) abgezinst.

Wegen ihrer Einfachheit und Übersichtlichkeit werden im Informatikbereich bisher überwiegend statische Verfahren einer Wirtschaftlichkeitsrechnung angewendet. Meist ist es eine **Kostenvergleichsrechnung**, die unter Berücksichtigung eines veränderten Nutzens die Kosten des alten und neuen Verfahrens gegenüberstellt. Das Verfahren berücksichtigt die einmaligen Investitionskosten (Projektbudget) und die laufenden Betriebskosten einer Periode.

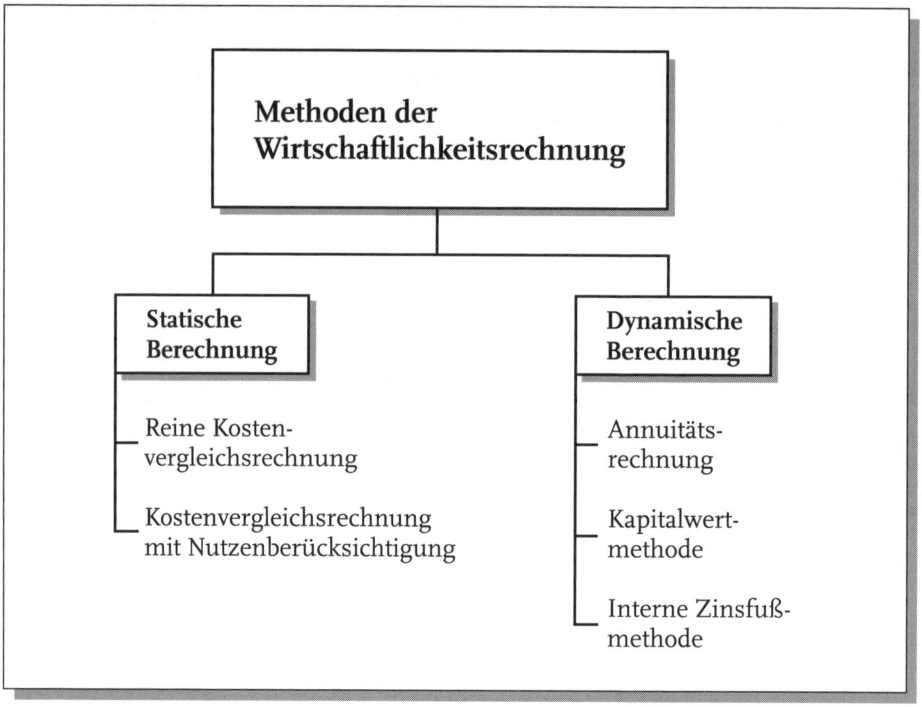

10

Abbildung 10.40: Methoden der Wirtschaftlichkeitsrechnung bei IT-Projekten Häufig anzutreffen ist die Kostenvergleichsrechnung unter Berücksichtigung des monetären Nutzens.

Etwas genauer, aber in der Berechnung aufwendiger sind die sog. **dynamischen Verfahren** der Wirtschaftlichkeitsrechnung. Davon gibt es in der Praxis mehrere Spielarten: die Annuitätsrechnung, die Kapitalwertrechnung und die Methode des internen Zinsfußes. Wenn in einem Unternehmen zur Entscheidungsfindung eine dynamische Wirtschaftlichkeitsrechnung nach einem der genannten Verfahren üblich ist, kann ein statisches Verfahren anschließend entsprechend erweitert werden. Die Bestimmung der geeigneten dynamischen Wirtschaftlichkeitsrechnung nimmt das Unternehmenscontrolling vor.

Darstellung der statischen Wirtschaftlichkeitsrechnung

Die statische Kosten-/Nutzen-Vergleichsrechnung wird von IT-Spezialisten am häufigsten verwendet. In die Berechnung werden folgende **Kosten- und Nutzenkomponenten** einbezogen:

- die einmaligen Kosten des IT-Projekts, umgelegt auf eine Periode des Lebenszeitraums des neuen Anwendungssystems,
- die Betriebskosten des neuen Systems, bezogen auf eine Periode (Monat oder Jahr),
- die Einsparungen, die sich durch den Einsatz des neuen Systems ergeben, ebenfalls auf eine Periode bezogen.

Die Wirtschaftlichkeitsrechnung wird auf einem Formular oder Spreadsheet abgewickelt, das auf die Anforderungen des Unternehmens abgestimmt ist (siehe Abbildung 10.41).

Die einmaligen Kosten einer Wirtschaftlichkeitsrechnung entsprechen dem Projektbudget. Sie können von dort in das Schema der Wirtschaftlichkeitsrechnung übertragen werden.

In die Umlage werden die **jährliche Abschreibung und die jährlichen Zinsen** der halben Investition einbezogen. Die geschätzte Systemlaufzeit wird in das Schema der Wirtschaftlichkeitsrechnung eingetragen. Sie beträgt heute im Schnitt 8 Jahre. Die halben Zinsen werden angesetzt, da von einer linearen Abschreibung während der Systemlaufzeit ausgegangen wird. Als Zinssatz kann der Marktzins verwendet oder ein höherer unternehmensinterner Zinssatz werden.

Bei einer Individualentwicklung kann die Schätzung der voraussichtlichen **Softwarewartungskosten** Kopfzerbrechen bereiten. Der Projektplaner sollte hier auf durchschnittliche Vergangenheitswerte seines Unternehmens zurückgreifen (häufig jährlich etwa 20 % der Neuentwicklung).

Die Nutzenberechnung beschränkt sich auf die quantifizierbaren Nutzenfaktoren. Nicht oder schwer quantifizierbare Nutzenpotentiale werden außerhalb der monetären Wirtschaftlichkeitsrechnung in einem Nutzenportfolio ausgewiesen.

Schema der Wirtschaftlichkeitsrechnung	Euro
1. Einmalige Kosten 1.1 Organisations-/Programmierkosten 1.2 Hardwareanschaffung 1.3 Softwareanschaffung 1.4 Sonstige einmalige Kosten 1.5 ______________________	
1.6 Summe	
2. Umlage der einmaligen Kosten auf ein Jahr (Basis_Jahre Laufzeit und aktueller Zinssatz) 2.1 Jährliche Abschreibung 2.2 Jährliche Zinsen aus halber Investition	
2.3 Summe	
3. Laufende Kosten eines Jahres 3.1 Umlage der einmaligen Kosten 3.2 Personalkosten für Kontrolle und Bedienung 3.3 Hardwarewartung 3.4 Softwarewartung 3.5 Sonstiges (Energie, Material, Raum usw.) 3.6 ______________________	
3.7 Summe laufende Kosten	
4. Laufender Nutzen eines Jahres 4.1 Personalnutzen 4.2 Sachliche Nutzenfaktoren (Zinsen, Lagerkosten u.a.m.) 4.3 Sonstige Nutzenfaktoren 4.4 ______________________	
4.5 Summe jährlicher Nutzen	
5. Rechnerische Wirtschaftlichkeit 5.1 Summe jährlicher Nutzen 5.2 Summe jährlicher Kosten	
5.3 Jährliche Wirtschaftlichkeit	

Abbildung 10.41: Schema einer statischen Kosten-/Nutzenrechnung

Dynamische Verfahren der Wirtschaftlichkeitsrechnung

Alle Methoden zur Errechnung einer dynamischen (zeitbezogenen) Wirtschaftlichkeit sind ähnlich und basieren auf einer Abzinsung der Aufwendungen und Leistungen bezogen auf einen Stichtag. Die Abzinsungsfaktoren einer solchen Investitionsrechnung können einer Abzinsungstabelle entnommen werden. Sie ist heute auch in mehreren am Softwaremarkt angebotenen Programmen einer dynamischen Wirtschaftlichkeitsrechnung enthalten.

Annuitätsrechnung: Bei der Anwendung dieser Methode werden die durchschnittlichen jährlichen Ausgaben den durchschnittlichen jährlichen Einnahmen gegenübergestellt. Alle Ausgaben und Einnahmen werden auf den Kalkulationszeitpunkt abgezinst und auf die Jahre der Nutzungsdauer verteilt. Die Investition gilt als wirtschaftlich, wenn die Differenz der durchschnittlichen jährlichen Ausgaben und Einnahmen nicht negativ ist.

Methode des internen Zinsfußes: Bei dieser Methode ermittelt man den Zinsfuß, der zu einem Kapitalwert von Null führt. Auf diese Weise lässt sich die tatsächliche Verzinsung der Investition feststellen. Bei Softwareprojekten sollte die Kapitalverzinsung mindestens 10 - 15 % betragen. Die erforderliche Mindestverzinsung wird vom Controller festgelegt.

Kapitalwertrechnung: Aufwendungen und Nutzenbeträge werden durch eine Abzinsung auf den Investitionszeitpunkt berechnet. Der Kapitalwert einer Investition ist die Differenz aller abgezinsten künftigen Einnahmen und Ausgaben. Eine Investition ist umso vorteilhafter, je positiver der Kapitalwert ist.

Nutzungsjahr	Einnahmen	Ausgaben	Abzinsungs-faktor 8%	Einnahmen abgezinst	Ausgaben abgezinst
0	–	125.000			125.000
1	55.000	25.000	0,926	50.930	23.150
2	70.000	30.000	0,857	59.990	25.710
3	80.000	35.000	0,794	63.520	27.790
4	60.000	30.000	0,735	44.100	21.950
5	40.000	30.000	0,681	27.240	20.430
				245.780	244.030

Abbildung 10.42: Beispiel einer Kapitalwertrechnung

Der Kapitalwert als Differenz der abgezinsten Einnahmen und Ausgaben ist im dargestellten Beispiel positiv und beträgt 1.750 Euro. Im vorliegenden Fall liegt die geplante Investition knapp über der festgelegten Mindestverzinsung von 8 %.

10.7.2 Amortisationsrechnung

Eine Wirtschaftlichkeitsrechnung vergleicht nur den Aufwand und Nutzen eines IT-Anwendungssystems. Sie gibt keinen Aufschluss darüber, ob sich das neue Verfahren im Verhältnis zum eingesetzten Investitionskapital lohnt. Diese Frage wird aber von jedem Unternehmer als Kapitalgeber gestellt! Deshalb führt ein Projektleiter nach einer Wirtschaftlichkeitsbetrachtung eine Amortisationsrechnung durch. Der hierbei berechnete Amortisationszeitraum zeigt auf, in welcher Zeit das Kapital, das in das Projekt gesteckt worden ist, in das Unternehmen zurückfließt. Man nennt diese Berechnung ein Return-on-Investment-Verfahren (ROI-Verfahren).

Der Amortisationszeitraum errechnet sich in einer Wirtschaftlichkeitsrechnung nach folgender Formel:

$$\text{Amortisationszeitraum in Jahren} = \frac{\text{Kapitaleinsatz}}{\text{jährliche Wiedergewinnung}}$$

Die Summe der jährlichen Wiedergewinnung ergibt sich aus der berechneten Wirtschaftlichkeit. Zu ihr wird der jährliche Betrag der kalkulatorischen Abschreibung des Systems hinzuaddiert. Ein Beispiel finden Sie in unserer Fallbeschreibung »Kundenauftragsabwicklung«.

IT-Projekte, die der Rationalisierung dienen, sollten einen Amortisationszeitraum aufweisen, der 2 - 3 Jahre nicht übersteigt.

10.7.3 Nutzenermittlung für ein IT-Projekt

Der Ausweis der Nutzenaspekte gehört zu den Kerntätigkeiten einer Wirtschaftlichkeitsrechnung. Nur bei »Mussprojekten« (zum Beispiel der Kalenderumstellung bei der Jahrtausendwende oder der Euroeinführung) wird auf eine Nutzenermittlung verzichtet.

Der Nutzen einer Systemumstellung muss von der Fachabteilung als Kunde geschätzt und für die Wirtschaftlichkeitsrechnung zur Verfügung gestellt werden. Die Fachabteilung muss hinter diesem Nutzen stehen und bereit sein, ihn zu realisieren.

Ein Projektleiter sollte sich hüten, Nutzenpositionen in eine Wirtschaftlichkeitsrechnung einzusetzen, die von der Fachabteilung nicht akzeptiert werden! Dagegen sind die IT-Fachleute des Projektteams für die Berechnung des Projektbudgets und der voraussichtlichen laufenden Kosten des neuen Systems verantwortlich.

Nutzenermittlung in Rationalisierungsprojekten

In Rationalisierungsprojekten kann der Nutzen aufgrund von Kosteneinsparungen oder einer Produktivitätserhöhung berechnet oder geschätzt werden. Typische Nutzenfaktoren sind

- Personaleinsparungen
- Einsparungen beim Material- und Zinsaufwand
- Bessere Skontoausnutzung
- Produktivitätserhöhung

Rationalisierungsprojekte erlauben eine »klassische monetäre Wirtschaftlichkeitsrechnung«. Darüber hinaus kann sich bei Projekten dieser Art ein zusätzlicher nicht quantifizierbarer Nutzen durch mehr oder bessere Informationen ergeben.

Der Nutzen eines Projekts lässt sich in drei Kategorien unterteilen (siehe Abbildung 10.43).

Quantifizierbar sind bei korrekt erarbeiteten Basisinformationen die direkten Nutzenfaktoren Personalreduzierung, Bestandssenkung, Kapazitätsausweitung, Zinseinsparungen durch einen früheren Geldeingang usw. Etwas schwieriger und unsicherer sind Nutzenberechnungen auf der Grundlage der Nutzenkategorie 2: »Relative Nutzenfaktoren«. Die schwer fassbaren Nutzenfaktoren der Nutzenkategorie 3 lassen sich nur teilweise in quantifizierter Form darstellen.

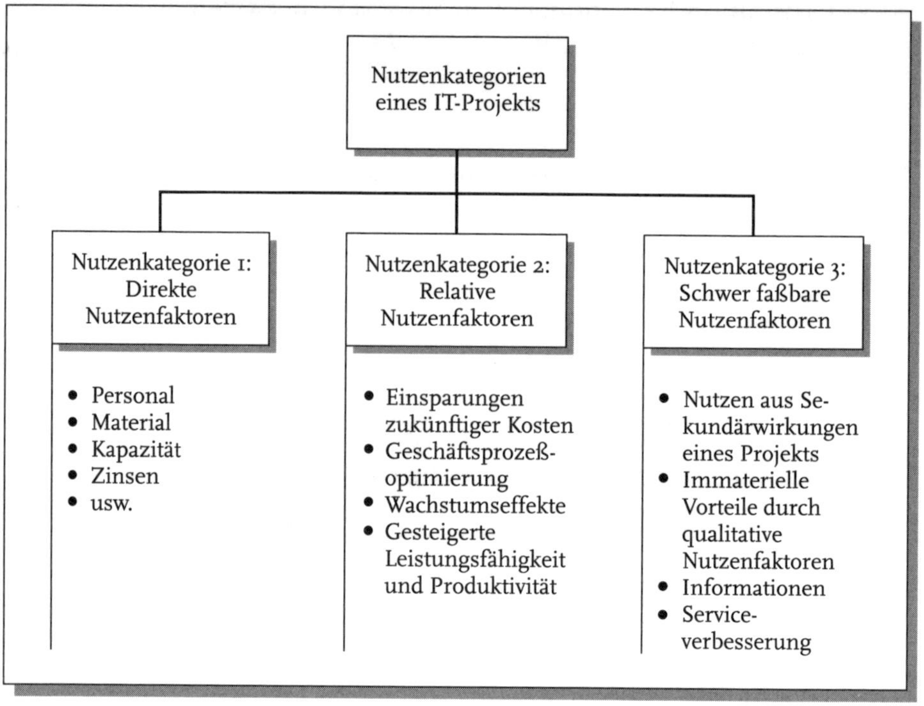

Abbildung 10.43: Nutzenkategorien eines IT-Projekts; Anlehnung an IBM-Quelle

Die Nutzenerwartungen sind in einem IT-Projekt vom Grad der gleichzeitigen Optimierung der Geschäftsprozesse abhängig. Eine gedankenlose 1:1-Umstellung von Arbeitsgebieten entspricht im Effekt dem Hornberger Schießen! Nur die gleichzeitige Überarbeitung der

- Strukturorganisation
- Ablauforganisation
- Arbeitsplatzorganisation
- Ablageorganisation und
- Informationsorganisation

bringt einem Unternehmen den erwarteten Rationalisierungsnutzen. Wenn kein Mitarbeiter im Projekt mitwirkt, der den Bereich der Geschäftsprozessorganisation beherrscht, kommt die Optimierung der vorhandenen Arbeitsorganisation garantiert zu kurz!

Nutzenermittlung beim Aufbau von Informationssystemen

Immer häufiger sind Projekte zum **Aufbau von Informationssystemen** anzutreffen. Ein Unternehmen möchte hierbei strategische Nutzen- oder Gewinnpotentiale realisieren. Dieser Nutzen lässt sich mit Hilfe herkömmlicher Wirtschaftlichkeitsrechnungen nicht darstellen. Eine qualitative Wirtschaftlichkeitsanalyse ist nötig. Nutzenfaktoren in IT-Projekten sind

- höhere Transprenz in Abläufen
- Verkürzung von Durchlaufzeiten
- Stärkung der Ertragskraft
- mehr und bessere Informationen über die Mitbewerber
- besserer Kundenservice und innovative Serviceleistungen

Werkzeuge und Darstellungsformen des Nutzens bei IT-Projekten sind

- verbale Nutzenbeschreibungen (hoch, mittel, niedrig) in einer Nutzentabelle
- Portfoliodarstellungen in der Form zweidimensionaler Matrizen
- Multifaktorenmethode mit Ausweis eines Nutzenkoeffizienten

Das Informationscontrolling tut sich bisher immer noch schwer, praxisgerechte und allgemein verständliche Methoden der qualitativen Wirtschaftlichkeitsanalyse anzubieten. Abbildung 10.44 zeigt ein tabellarisches Beispiel einer qualitativen Nutzenbetrachtung für ein Produktionsinformationssystem, die Projektleiter häufig verwenden.

Überblick der angestrebten Nutzenpotentiale				
	Nutzenkriterium	Nutzen-höhe	Nutzen-eintritt	Bemerkungen
1	Mehr Flexibilität und schnellere Umplanung von Kunden- und Werkstattaufträgen (auch simulativ) mit Ausweis der Konsequenzen bei Kapazität und Material	XXX	M	Flexibilitätserhöhung erst bei integrierter Lösung!
2	Jederzeitiger Ausweis von Stand und Fortschritt von Werkstatt- und Montageaufträgen	XXX	K-M	Auch hierfür ist die IT-organisierte Material- und Kapazitätswirtschaft Voraussetzung!
3	Verkürzung der Lieferzeiten durch Reduzierung der Durchlaufzeiten	X	M	Durch sofortige Grobeinlastung der Aufträge und prioritätsorientierte Konstruktionsanpassung
4	Produktivitätserhöhung durch verbesserte Mitarbeiter- und Produktionsmittelauslastung	X	M-L	Möglich durch verstärkte Auftragszusammenstellung (Produkt- und Teileklassifizierung)
5	Aktuelleres und umfangreicheres Berichtswesen	X	K-M	Entscheidungs- und Kontrollinformationen
6	Möglichkeiten für ein E-Procurement	XX	K-M	Anpassung der Aufbau- und Ablauforganisation

Bewertung Nutzenhöhe:	XXX	Sehr wichtiges Kriterium
	XX	Wichtiges Kriterium
	X	Weniger wichtiges Kriterium
Bewertung Nutzeneintritt:	K	Kurzfristig erreichbar (ca. 1 Jahr)
	M	Mittelfristig erreichbar (ca. 2 Jahre)
	L	Langfristig erreichbar (ca. 3-4 Jahre)

Abbildung 10.44: Beispiel einer qualitativen Nutzenanalyse in tabellarischer Form für ein Produktionsinformationssystem

Die **Portfolio-Methodik** wird in neuerer Zeit immer wieder zur Erstellung von Nutzenprofilen verwendet. Als Darstellungstechnik greift sie auf eine zweidimensionale Matrix zurück. Diese lässt sich sehr gut an einem grafischen Bildschirm erstellen. Die Ergebnisse einer Portfolioanalyse ermöglichen es den Projektentscheidern, die Bedeutung von Nutzenkomponenten für ein Unternehmen in optisch wirksamer Form darzustellen.

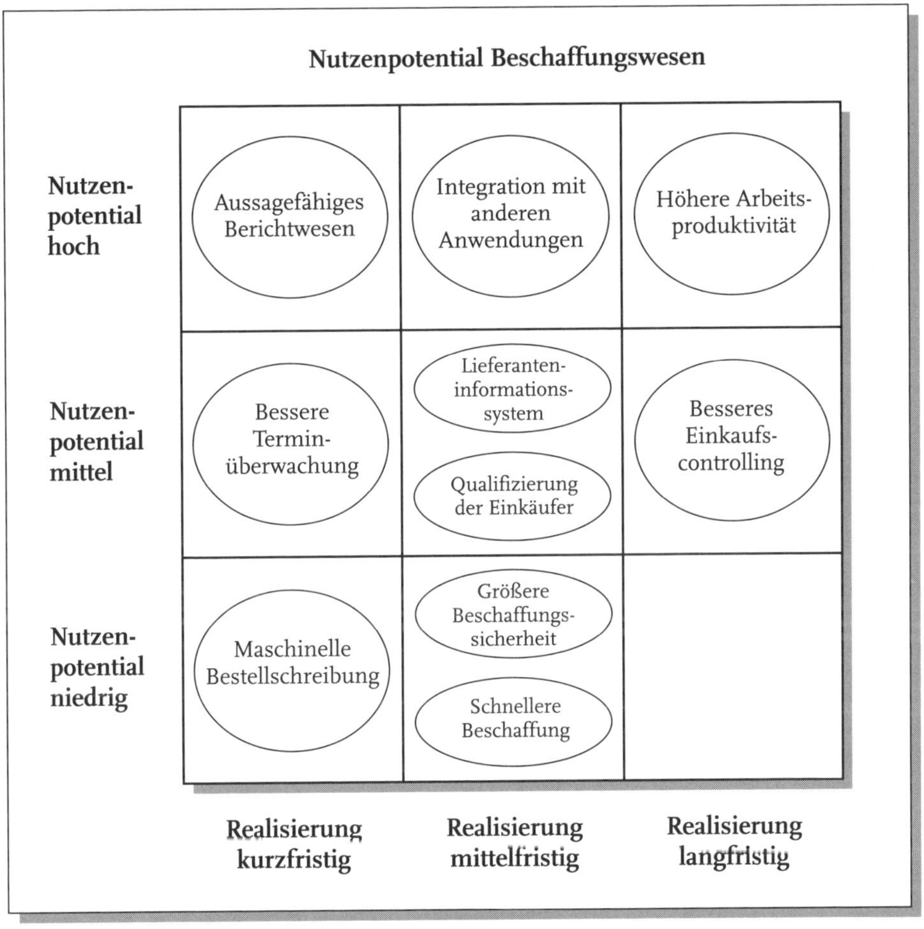

Abbildung 10.45: Portfolioübersicht zur Darstellung des qualitativen Projektnutzens

Abbildung 10.45 enthält das **Beispiel einer Portfoliodarstellung** für den erwarteten qualitativen Nutzen eines Einkaufsinformationssystems. Die Nutzenpositionen werden in der Portfoliomatrix den vertikalen Potentialebenen niedrig, mittel oder hoch und den horizontalen Potentialebenen einer kurz-, mittel- oder langfristigen Realisierung zugeordnet. Wenn vor der Portfolioerstellung mit Hilfe einer Nutzwertanalyse bewertete Rangziffern gebildet wurden, können die Nutzenpositionen entsprechend ihrer Bewertung mit unterschiedlicher Blasengröße in die Portfoliomatrix eingezeichnet werden.

Ergebnisse einer qualitativen Nutzenanalyse sind gegenüber einem im Tagesgeschäft verhafteten Entscheidergremium schlechter zu verkaufen als die Aussagen einer monetären Wirtschaftlichkeitsrechnung. Besonders beim Einsatz wissenschaftlich fundierter Methoden zur Aufbereitung solcher Nutzenkomponenten ist oft Misstrauen gegenüber der nicht quantifizierbaren Nutzenseite festzustellen. In einigen Fällen dürften die reißerischen Übertreibungen von Softwarefirmen über angeblich immense Nutzensteigerungen beim Einsatz ihrer Produkte an der skeptischen Grundauffassung von Linienmanagern mitschuldig sein.

10.7.4 Mitlaufendes Fallbeispiel »Online-Kundenauftragsabwicklung – Wirtschaftlichkeitsrechnung«

Der Zusammenstellung des Projektbudgets folgt in unserem durchgehenden Fallbeispiel eine von der Geschäftsleitung gewünschte Wirtschaftlichkeits- und Amortisationsberechnung.

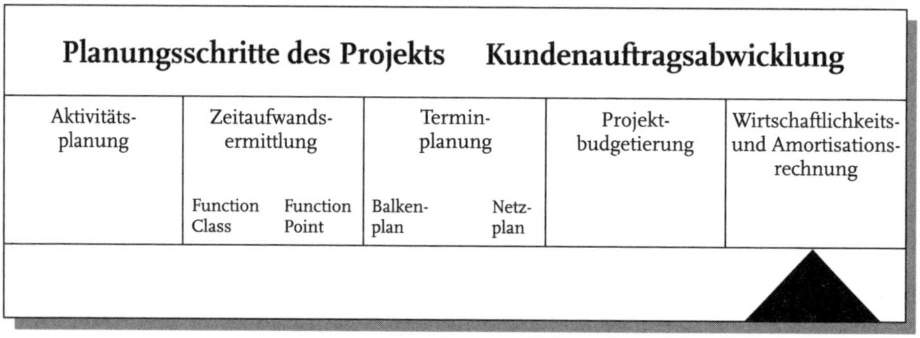

Die geplante Lebenszeit des Systems wird auf acht Jahre geschätzt. Alle weiteren Kosten- und Nutzenschätzungen ergeben sich aus der Folgedarstellung der Tabelle »Wirtschaftlichkeitsrechnung« (Abbildung 10.46).

Wirtschaftlichkeitsrechnung	Euro
1. Einmalige Kosten	
1.1 Organisations-/Programmierkosten	113.500
1.2 Hardwareanschaffung	25.250
1.3 Softwareanschaffung	
1.4 Sonstige einmalige Kosten	13.875
1.5 ______________________	
1.6 Summe	152.625
2. Umlage der einmaligen Kosten auf ein Jahr (Basis 8 Jahre Laufzeit und aktueller Zinssatz)	
2.1 Jährliche Abschreibung	19.080
2.2 Jährliche Zinsen aus halber Investition (10%)	7.630
2.3 Summe	26.710
3. Laufende Kosten eines Jahres	
3.1 Umlage der einmaligen Kosten	26.710
3.2 Personalkosten für Kontrolle und Bedienung	12.000
3.3 Hardwarewartung	1.500
3.4 Softwarewartung (Schätzung 20 Tage)	15.000
3.5 Sonstiges (Energie, Material, Raum usw.)	1.500
3.6 Umlage Rechenzentrum (geschätzt)	6.000
3.7 Summe laufende Kosten	62.710
4. Laufender Nutzen eines Jahres	
4.1 Personalnutzen	120.000
4.2 Sachliche Nutzenfaktoren (Zinsen, Lagerkosten u.a.m.)	
4.3 Sonstige Nutzenfaktoren	15.000
4.4 ______________________	
4.5 Summe jährlicher Nutzen	135.000
5. Rechnerische Wirtschaftlichkeit	
5.1 Summe jährlicher Nutzen	135.000
5.2 Summe jährlicher Kosten	62.710
5.3 Jährliche Wirtschaftlichkeit	72.290

Abbildung 10.46: Ausgefülltes Formular einer Wirtschaftlichkeitsrechnung für das Fallbeispiel »Kundenauftragsabwicklung«

10

Im Vordergrund des Projekts steht der angegebene Rationalisierungsnutzen. Zusätzlich ergibt sich ein qualitativer Informationsnutzen, den wir in der Übersicht in Abbildung 10.47 dargestellt haben.

Nutzenpotentiale - Qualitativer Nutzen -	*Projekt* Kundenauftragsabwicklung	*Nr. Phase/Geb.* Fachliche Grobkonzeption	*Datum*
	Aufgabe	*Bearbeiter*	*Blatt*

Nutzenkomponente	Gewichtung				Fristigkeit der Auswirkungen		Erläuterungen
	0	+1	+2	+3	Kurzfristig	Langfristig	
Besserer Kundenservice			X		X		
Genauere Informationen über den Kunden				X		X	
Höhere Arbeitsproduktivität der Sachbearbeiter				X		X	
Möglichkeiten für Internet und E-Business			X			X	
Bessere Controllingmöglichkeiten		X			X		
Integration der IT-Anwendungen		X				X	
Reduzierung des Verwaltungsaufwands		X			X		

Abbildung 10.47: Überblick der qualitativen Nutzenpotentiale in unserem Fallbeispiel »Kundenauftragsabwicklung«

Die **Amortisationsdauer des Projekts** berechnet sich nach folgender Formel:

$$\text{Amortisationszeitraum in Jahren} = \frac{\text{152.625 Euro (Investitionskosten)}}{\text{72.290 Euro (jährliche Wirtschaftlichkeit plus Abschreibung}}$$

Das Ergebnis der Berechnung ergibt einen Amortisationszeitraum von etwa 2,1 Jahren.

In diesem rein monetären Ergebnis sind die qualitativen Nutzenpotentiale des Projekts nicht enthalten! Der Projektleiter muss in einem Planungsbericht auf ihre Bedeutung hinweisen!

10.8 Risikoanalyse bei IT-Projekten

Neben der Prüfung der voraussichtlichen Wirtschaftlichkeit sollte der Projektleiter im Planungsstadium auch den Risikoumfang des Projekts unter die Lupe nehmen. Es berührt die Eigeninteressen des Projektleiters, dass er schon bei der Projektinitialisierung auf spezifische Projektrisiken und ihre möglichen negativen Auswirkungen hinweist. Das Risikomanagement ist umso bedeutsamer, je umfangreicher und innovativer ein Informatikprojekt ist.

Die folgenden Fragen müssen bei der Risikountersuchung eines Projekts im Vordergrund stehen:

- Welche Risiken stehen bei Hardware, Systemsoftware, Anwendungssoftware, Aufbau- und Ablauforganisation und den Projektinstanzen im Vordergrund?
- Wie können der Projektleiter, seine Teammitarbeiter, das Anwendermanagement und die weiteren Projektgremien diese Risiken in den Griff bekommen?

Typische Sonderrisiken in einem Projekt können folgende Faktoren sein:

- Zahlreiche und unübersichtliche Schnittstellen zu anderen Anwendungssystemen
- Schlecht dokumentierte Altsysteme, auf die zurückgegriffen werden muss
- Erstmaliger Aufbau dezentraler oder objektorientierter Datenbanken
- Erstmaliger Einsatz einer Client-Server-Plattform
- Anpassung eines anspruchsvollen Anwendungs-Softwarepakets
- Erhebliche Veränderungen der Struktur- und Arbeitsplatzorganisation
- Erster Praxiseinsatz einer 4 GL-Sprache

- Erstmalige Verwendung bestimmter CASE-Tools oder Webanwendungen zur Anwendungsentwicklung
- Erheblicher personeller Stress der Projektmitarbeiter durch einen extrem kurzen Projektfertigstellungstermin

Was gehört zu einem Risikomanagement?

Ein professionelles und aufeinander eingespieltes Projektinstrumentarium ist das beste Vorbeugungsmittel gegen die meisten Projektrisiken! Dazu gehören:

- ein übersichtliches Vorgehenskonzept und projektspezifische Arbeitsmethoden und -tools,
- eine konsequente mitlaufende Qualitätskontrolle (zum Beispiel nach den Regeln von ISO 9000),
- eine Prüfung des Kenntnisstands der Projektmitarbeiter und Anwender und eine gezielte Ausbildung bei der Festlegung von Kenntnisdefiziten,
- ein der Projektkomplexität angepasstes Change-Management für Ablauf-, Software- und Versionsänderungen.

Drohende oder eingetretene Risiken lassen sich in einem Projekt häufig durch Status- und Qualitäts-Reviews erkennen, besonders wenn auch daran ein Fachmann außerhalb des Projektteams teilnimmt.

Legen Sie als Projektleiter Wert darauf, den Komplexitätsgrad eigenerstellter Software, der geplanten Geschäftsprozesse und fremdbeschaffter Softwaremodule möglichst gering zu halten. Sie erhöhen dadurch die Transparenz und den Durchblick durch das Projekt und das geplante System. Das reduziert den Fehlerumfang und beugt Unsicherheiten vor.

Eine ausreichende Risikovorbeugung ist nur möglich, wenn ein Projektleiter aufgrund eigener Erfahrungen die Risikoschwerpunkte der Projektabwicklung kennt. Wenn dieser Überblick fehlt, sollte ein erfahrener unternehmensinterner Informatiker oder ein Fremdberater dem Projektleiter als Coach zur Seite stehen.

Bekannte Risikoklippen lassen sich am besten umgehen, wenn sie möglichst früh erkannt und geeignete Vorbeugungsmaßnahmen ergriffen werden. Es empfiehlt sich, die voraussichtlichen Projektrisiken samt ihren Ursachen aufzulisten und gemeinsam im Projektteam Maßnahmen zu ihrer Ausschaltung zu erarbeiten. Abbildung 10.48 enthält einen Ausschnitt aus einer vorbeugenden Risikoauflistung.

Risikoanalyse	*Projekt* Kundenauftragsabwicklung	*Nr. Phase/Geb.*	*Datum*
		Bearbeiter	*Blatt*

Nr.	Risikofaktor	Ursachen	Maßnahmen
1	Performance im lokalen Netz	Bisher keine Erfahrungen!	Leistungsreserven vorsehen! Spezialberatung nötig
2	Erstmaliger GUI-Einsatz kann Verzögerungen bringen	Erhebliches Umdenken der IT-Mitarbeiter nötig	Intensive Schulung durch GUI-Spezialisten
3	Realisierung des gewünschten Personalnutzens kritisch	Sonderaufgaben werden durch System nicht abgedeckt	Nur niedriger Nutzenansatz auf diesem Sektor
4	Einkauf wünscht höhere Priorität	Mitarbeiter scheidet aus	Migrationsstrategie muß neu festgelegt werden

Abbildung 10.48: Risikoanalyse als Basis eines effizienten Risikomanagements

10.9 Projektfreigabe und Planungsänderungen

Die vom Projektleiter gemeinsam mit den Teammitarbeitern erarbeiteten **Planungsergebnisse** dienen zwei Zwecken:

- Der Projektleiter überträgt die Planungsdaten in das **Projektauftragsformular**, das der Projektgenehmigung und -freigabe dient. Zuvor stimmt er es mit dem Fachabteilungsleiter und dem IT-Management ab.
- Die Planungsergebnisse sind die Grundlage für die mitlaufende Projektakte. Der Projektleiter verwendet die erarbeiteten Planungsergebnisse zur Projektsteuerung und -überwachung. Die Projektakte wird bei Planungsänderungen fortgeschrieben, so dass sie ständig auf dem neuesten Stand ist und den Lebenslauf eines Projekts widerspiegelt. Sie wird im Projektinformationssystem in einem Hypernetz abgelegt und steht so interessierten Führungskräften als ständige aktuelle Information zur Verfügung.

10.9.1 Schrittweise Projektfreigabe

Größere Projekte werden häufig schrittweise bis zum nächsten Meilenstein freigegeben. Das gilt besonders für Softwarebeschaffungsprojekte, wobei nach der Anforderungsanalyse und Evaluation vor einem Vertragsabschluss mit den Software- und Hardwarefirmen die **endgültige Projektgenehmigung** erfolgt. Bei den Sitzungen des Lenkungsausschusses wird von diesem Entscheidungsgremium aufgrund der Zwischenberichte des Projektleiters grünes Licht für die Projektfortsetzung gegeben.

10.9.2 Planrevision und Planungsänderungen

Änderungen von Projektinhalt und Umfang sind bei umfangreichen Vorhaben aufgrund der Dynamik einer Organisationsentwicklung unvermeidbar. Die Überarbeitung der ursprünglichen Planung kann aus unterschiedlichen Ursachen nötig sein:

- Die Erstplanung war zu oberflächlich.
- Wesentliche Voraussetzungen haben sich verändert.
- Erarbeitete Problemlösungen erwiesen sich als untauglich.
- Die Softwarefirma führt während der Projektabwicklung eine gravierende Versionsänderung durch.

Erweist sich die ursprüngliche Planung aus Termin- und Kostengründen als unzulänglich, muss der Projektleiter eine Änderung des Projektinhalts und der Planungsdaten vornehmen. Zu den Werkzeugen der Abwicklung gehört ein geregeltes Änderungsverfahren (Change-Management). Seine Abwicklung muss aus dem IT-Projekthandbuch hervorgehen. Eine erleichterte Abwicklung von Änderungen lässt sich durch die Führung einer Development Workbench erreichen.

Nachteilig für den Projektablauf sind besonders solche Änderungswünsche, die zu einem sehr späten Zeitpunkt vom Fachbereich geäußert werden. Im Phasenkonzept ist deshalb an geeigneter Stelle im fachlichen Feinkonzept ein »Redaktionsschluss« festgelegt. Den Benutzern sollte dieser Termin vom Projektleiter rechtzeitig mitgeteilt werden. Änderungswünsche nach diesem Termin müssen offiziell beantragt werden und führen zu Terminplan- und Budgetänderungen. Handelt es sich um keine lebenswichtigen Änderungen, werden sie gesammelt und nach Projektabschluss in einer »Optimierungsphase« in das neue IT-Anwendungssystem eingearbeitet.

10.9.3 Die besten Expertentipps dieses Lernmoduls auf einen Blick

Eine **realistische Softwarekalkulation und Terminplanung** gehören zu den Kernaufgaben des Projektmanagements. Als IT-Projektleiter sind Sie für die Ergebnisse der Planung und das darauf aufbauende Projektcontrolling verantwortlich!

Zur systematischen Planungsabwicklung sind **fundierte Planungsmethoden und -erfahrungen** unentbehrlich. Aus Motivationsgründen sollte das ganze **Projektteam** samt den Key Usern des Fachbereichs bei den Planungsarbeiten mitwirken.

Die wichtigsten **Anforderungen an eine professionelle IT-Projektplanung** haben wir für Sie in 12 Statements zusammengefasst:

(1) Eine mit dem Fachressort abgestimmte **Projektdefinition** und die gründliche Analyse der **fachlichen und technischen Systembestandteile** sind die unverzichtbare Ausgangsbasis einer professionellen Projektplanung!

Zur Erarbeitung der erforderlichen Projekteckwerte ist meist eine dem Projekt vorgeschaltete **Vorstudie** nötig.

(2) Bei einem Softwarebeschaffungsprojekt kann eine erste **Meilensteinplanung** nach einer **Anforderungsanalyse** durchgeführt werden. Eine fundierte Projektplanung ist erst **nach der Evaluation** des Softwarepakets, der Festlegung der Hardwareplattform und der Feststellung der Umstellungs- oder Migrationsstrategie möglich.

(3) Im Gegensatz zu den erheblich übertriebenen Versprechungen der Paketanbieter können Sie als Projektplaner von der marktüblichen **Projektmanagementsoftware** keine kreative Unterstützung bei der Erarbeitung eines optimalen Projektablaufplans und einer realistischen Zeitaufwandsermittlung erwarten! Gerade auf diesen Sektoren liegen aber die großen Schwierigkeiten einer realitätsnahen Projektplanung. Projektmanagementsysteme unterstützen Sie nur bei einer effizienten Projektadministration und beim Berichtswesen!

10

(4)	Die **Aktivitätsplanung** stellt den Einstieg in eine systematische Projektplanung dar. In einem grafischen oder tabellarischen **Projektstrukturplan** stellt das Planungsteam in hierarchischer Form die **Arbeitspakete der Makrostruktur** zusammen, die während der Projektarbeit nacheinander abgearbeitet werden müssen.
(5)	Die Zeitaufwandsplanung umfasst die **Ermittlung des personellen Zeitaufwands** für die Projektphasen / Arbeitspakete des Projektstrukturplans. Die Aufwandsermittlung stellt in einem dynamischen IT-Projekt immer noch ein High-Risk-Business mit vielen teuflischen Ungewissheiten dar! Der Stand der Softwaretechnik lässt auch heute keine risikolose Zeitschätzung zu! Umso wichtiger sind methodische Hilfsmittel und Formulare der Zeitaufwandsplanung, die immer häufiger durch Projekterfahrungsdatenbanken unterstützt werden.
(6)	Die quantitative und qualitative Ressourcenplanung kommt in einem IT-Projekt oft zu kurz! Eine unzureichende Mitarbeiterqualifikation stellt den größten Risikofaktor bei der Zeitaufwandsermittlung dar. Die Zeitaufwandsdifferenz zwischen Anfängern und Spitzenkräften kann das Verhältnis 5 : 1 aufweisen. Behalten Sie sich deshalb als Projektleiter das Recht vor, bei einer unzureichenden Ressourcenzuteilung die Zeitaufwands- und Terminplanung abzuändern. Achten Sie darauf, dass Ihr Projekt im Unternehmen einen guten Ruf besitzt! Dann haben Sie es leichter, Spitzenkräfte für Ihr Projekt zu gewinnen und diese zu halten!
(7)	Der **Terminplan** stellt das optische Glanzstück einer Projektplanung dar. Er wird heute überwiegend mit Hilfe von Projektmanagementsoftware erstellt und als Mischdarstellung eines Balkendiagramms und Netzplans ausgegeben. Die **Qualität eines Terminplans** wird maßgeblich von einer realistischen Aktivitäts-, Zeitaufwands- und Ressourcenplanung bestimmt!

(8) Aus dem zeitlichen Aufwand der Projektmitarbeiter und den anfallenden Sachkosten ergibt sich das **Projektbudget**. Es enthält alle Investitionskosten eines Projekts. Bei sorgfältiger Durchführung der Vorplanungen (Aktivitäten, Zeitaufwand, Ressourcen) macht die Projektbudgetierung keine Schwierigkeiten! Die **Bewertungssätze** für die Projektmitarbeiter sollte das Controlling dem IT-Projektleiter zur Verfügung stellen.

(9) Bei **Rationalisierungsprojekten** lässt sich eine **monetäre Wirtschaftlichkeitsrechnung** durchführen. Beim Aufbau von **Informationssystemen** ist eine zusätzliche **qualitative Wirtschaftlichkeitsanalyse** erforderlich. Werkzeuge für eine qualitative Nutzenermittlung sind die Nutzwertanalyse und die Portfoliomethodik.

Das **Nutzenpotential** eines IT-Projekts muss von der Anwenderseite bei der Projektplanung ermittelt werden. Das Projektteam leistet hier nur Hilfestellung. Der Anwenderbereich muss hinter dem Nutzen stehen und bereit sein, ihn zu realisieren!

(10) Häufig wünscht die kaufmännische Geschäftsführung, dass die Projektplanung eine **Amortisationsrechnung** (Feststellung des Return on Investment) enthalten muss. Die Berechnung dieser häufig projektentscheidenden Kennziffer schließt sich der Wirtschaftlichkeitsrechnung an. Es wird der **Amortisationszeitraum** ermittelt, in dem das in das Projekt gesteckte Kapital in das Unternehmen zurückfließt.

(11) Der Wirtschaftlichkeitsrechnung muss in einem IT-Projekt eine **aussagekräftige Risikoanalyse** hinzugefügt werden, die Sie als Projektleiter gemeinsam mit Ihrem Team erarbeiten sollten! Sie muss auf die projektspezifischen Risiken geschäftlicher, personeller und IT-technischer Art hinweisen und eine Risikobewertung enthalten. Zu einem effizienten Risikomanagement gehört die Erarbeitung von Maßnahmen zur Risikovorbeugung, -verminderung und -ausschaltung.

(12) **Abschließend ein guter Tipp:** Beschäftigen Sie sich mit den Methoden und Werkzeugen, die als »Projektbeschleuniger« am Fachbuch- und Softwaremarkt angeboten werden (Beispiel: ASAP). Sie erhalten eine Menge nützlicher Hinweise, wie Sie mit den angebotenen Beschleunigungsbausteinen

- Ihr **beschränktes Zeitkontingent** besser nutzen,
- bei Problemlösungen auf die **»Best Practices«** anderer Anwender zurückgreifen und damit Zeit sparen können,
- eine **Offene-Posten-Liste** führen, damit künftig keine Projektaufgabe vergessen wird.

11 Praxismethoden der Projektverfolgung

Neben der Projektplanung gehört die Projektsteuerung und -überwachung zu den Kernaufgaben des Projektleiters. Planung ist ohne nachfolgende Kontrolle wertlos. Eine wirkungsvolle Steuerung und Überwachung muss ihr folgen. **Effiziente Projektverfolgungsmethoden** greifen allerdings nur dann, wenn festgestellte Planabweichungen analysiert werden und zu wirksamen Kontrollmaßnahmen führen.

Zum **Aufgabenspektrum der Projektverfolgung** gehören die auf der Folgeseite in Abbildung 11.1 aufgeführten Themenbereiche. In Abhängigkeit von der Projektgröße kann ein alternativer Einsatz einfacher oder komfortabler Instrumente der Aufwands-, Termin- und Kostenkontrolle gewählt werden.

Das **Instrumentarium der Projektüberwachung** kann im Verhältnis zu den Planungswerkzeugen mit wenigen methodischen Hilfsmitteln abgewickelt werden.

> *Trotzdem ist die Projektverfolgung für den Projektverantwortlichen schwieriger als die Planungsseite und kann wegen der Projektdynamik zu einem Dauerstress ausarten. Der Projektleiter muss nicht nur ständig selbst den Überblick behalten und »am Ball bleiben«, sondern auch die Projektmitarbeiter zu einer sorgfältigen und termingerechten Arbeitsabwicklung motivieren und bei Arbeitsschwierigkeiten unterstützen, damit »das Projekt nicht aus dem Ruder läuft«.*

Ihre Kunst als IT-Projektleiter besteht darin, aus der unbeliebten Kontrollfunktion ein **motivierendes und positives Führungsinstrument** zu machen. Beachten Sie dabei die folgenden **Kontrollgrundsätze:**

1. Konzentrieren Sie sich bei der Projektüberwachung auf die wesentlichen Punkte und jagen Sie nicht Nebensächlichkeiten nach!
2. Planen Sie die erforderlichen Kontrollen rechtzeitig zusammen mit dem internen Projektleiter und den Teammitgliedern. Führen Sie keine demotivierenden Überraschungskontrollen durch!

3. Packen Sie die Kontrollen so an, dass Sie dem Projektmitarbeiter Erfolgserlebnisse vermitteln.

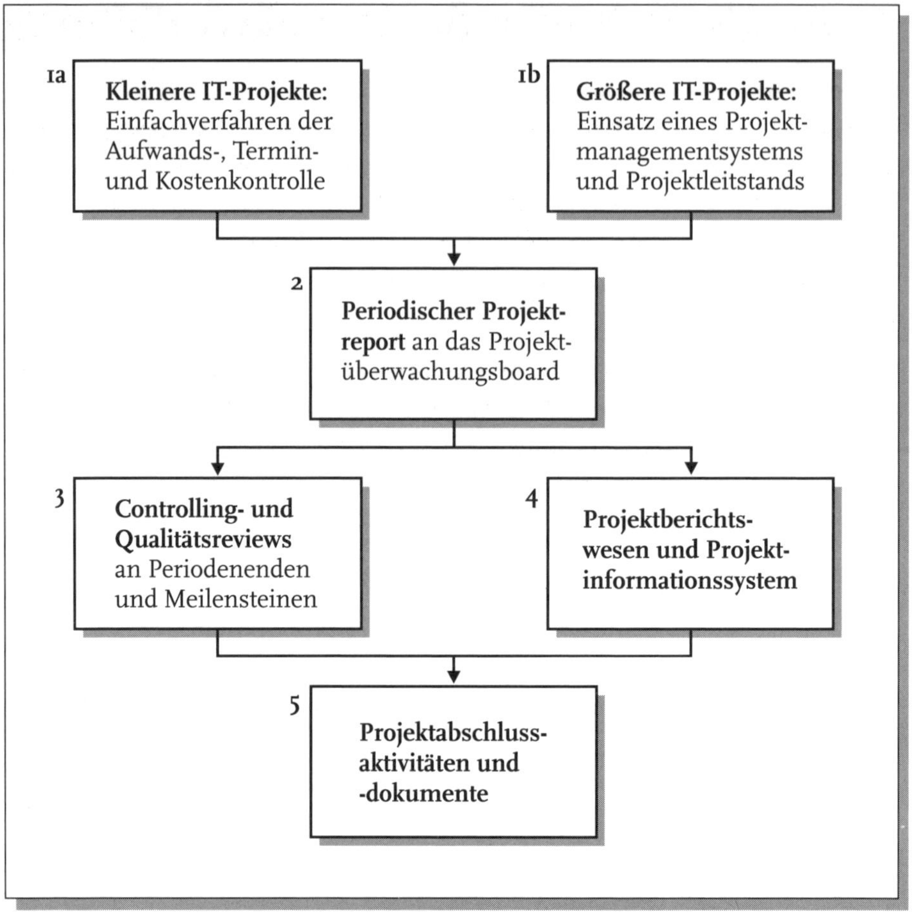

Abbildung 11.1: Diese Punkte gehören zum Themenspektrum der Projektverfolgung

Die Projektverfolgung umfasst für IT-Projekte alle Funktionen vom Abschluss der Projektplanung bis zur Projektfertigstellung. Dazu gehören die Überwachung von

- Zeitaufwand und Terminen
- Mitarbeitern
- Kosten
- Leistungen und Systemqualität

Die Steuerung erfolgt soweit wie möglich durch **Soll-Ist-Vergleiche**. Die Sollangaben basieren auf den Planungsergebnissen, die in der Planungsdokumentation enthalten sind. Ihnen werden zur Feststellung der Out-of-line-Situationen die ermittelten Istergebnisse gegenübergestellt.

Zu einer effizienten Projektüberwachung gehören periodische **Controlling-Reviews** mit den Teammitarbeitern und Key Usern, die im Projekt mitwirken. **Inhalt der Reviews** ist die Feststellung des Projektstatus und -fortschritts und die Erläuterung vorhandener Probleme.

Bei kleinen Projektteams und einem engen persönlichen Kontakt kann die Projektüberwachung informell erfolgen. Nur die Berichterstattung an den übergeordneten Lenkungsausschuss oder die Geschäftsleitung wird schriftlich mit Hilfe periodischer Berichte abgewickelt. Neben der Termin- und Kostenüberwachung muss die mitlaufende Qualitätskontrolle des im Aufbau befindlichen Anwendungssystems einen breiten Raum einnehmen. Die Überwachung der Qualitätskomponente hat im Verhältnis zur Aufwands- und Terminseite einen wesentlich höheren Schwierigkeitsgrad!

11.1 Einfachverfahren der Projektüberwachung

Die Spanne der **Projektüberwachungsverfahren** reicht von einfachen Übersichtsblättern bis hin zu anspruchsvollen Projektmanagementsystemen.

11

> *Der Projektleiter muss sich aufgrund der im Unternehmen angebotenen Wahlmöglichkeiten für ein Überwachungsverfahren entscheiden, das der Größe und dem Schwierigkeitsgrad des Vorhabens entspricht.*

Bei **Kleinprojekten** wickelt er möglicherweise zeitgleich mehrere Vorhaben ab. Hier könnte eine Checkliste für jedes Projekt auf einem Arbeitsblatt mit wichtigen Soll- / Istterminen für Leittätigkeiten angemessen sein. Nach außen reicht für die Projektüberwachungsgremien die Nennung des geplanten und erreichten Fertigstellungstermins aus.

Bei **größeren Projekten** mit zahlreichen und zeitkritischen Aktivitäten sollte der Projektleiter ein benutzerfreundliches Projektmanagementpaket auf PC-Ebene einsetzen. Es bietet eine engmaschige, gezielte Arbeitspaketüberwachung und eine periodische Gesamtprojektüberwachung. Daneben unterstützt es den Projektverantwortlichen mit aussagekräftigen Berichten zum Projektstatus und -fortschritt. Wir zeigen Ihnen im Lernabschnitt 11.2 die wesentlichen Highlights einer Projektsteuerung und -überwachung mit Hilfe eines komfortablen (bei voller Nutzung aber auch arbeitsaufwendigen) Projektmanagementsystems.

Die überwiegende Zahl der Unternehmen und Verwaltungsbehörden setzt immer noch bei vielen Projekten einfache und überwiegend manuelle Überwachungssysteme ein. Der Einsatz von Projektverwaltungs- und Überwachungssystemen befindet sich allerdings in einem starken Aufwärtstrend und ist bei jedem größeren IT-Projekt unentbehrlich!

11.1.1 Tabellarisches Projektüberwachungssystem

Für kleine und unkritische IT-Projekte, die im Rahmen eines Standard-Phasenkonzepts abgewickelt werden, reicht ein tabellarisches Projektüberwachungssystem aus. Abbildung 11.2 zeigt das Schema eines Projektkontrollblatts mit einer Soll-Ist-Gegenüberstellung von Aufwand und Terminen. Zur einfachen Verwaltung dient dafür meist eine gespeicherte Excel-Liste.

Der Planungsteil des Projektkontrollblatts wird vom Projektleiter nach der Projektplanung ausgefüllt. Die Istangaben liegen nach der Beendigung der Arbeiten eines Projektabschnitts vor.

Die ideale **Größe der Projektüberwachungseinheiten** hängt vom Vertrauen ab, das der Projektleiter in seine Projektmitarbeiter setzt. Als Durchschnittswert gilt, dass ein Überwachungsblock etwa 2 Wochen betragen sollte. Ein voller Monat kann bereits zu lang sein, weil Zeitverzögerungen aufgrund der größeren Zeitspanne schlechter korrigiert werden können. Bei erfahrenen und vertrauenswürdigen Mitarbeitern, die an ein selbstständiges Arbeiten gewöhnt sind, können die festgelegten Überwachungsperioden länger sein als bei Anfängern, die leicht aufgrund einer aufgetretenen Arbeitsschwierigkeit »stecken bleiben«.

	Projekt-kontrollblatt	*Projekt-bezeichnung:* *Projekt-leiter:*	*Mitarbeiter:*	*P. Nr:* *Datum:* *Blatt:* *Bearb.:*

Projektabschnitt	Aufwand	Soll-Termin		Ist-Aufwand (Manntage)			Ist-Termin		Bemerkungen
	(Manntage)	Beginn	Ende	Verbrauch	Abweich.	Kum. Abw.	Beginn	Ende	
Summenwerte									

Abbildung 11.2: Tabellarisches Projektkontrollblatt für kleinere IT-Projekte

Wenn bei der Projektplanung längere Planungsaktivitäten (zum Beispiel ganze Projektphasen) ausgewiesen worden sind, werden sie für die Projektüberwachung in handliche **Teilstücke** zerlegt. Doch muss der Projektleiter berücksichtigen, dass Abschnitte gewählt werden sollten, an deren Ende ein messbares Ergebnis vorliegt. Nur in diesem Fall kann ein sinnvoller Soll-Ist-Vergleich durchgeführt werden!

Bei einem überschaubaren Projektumfang wird auf die Führung von Zeitaufschrieben verzichtet, sofern die Arbeitsrapporte nicht zusätzlich für Verrechnungszwecke benötigt werden.

Das **Projektkontrollblatt** kann periodisch oder am Ende einer Projektphase über das Office System an das übergeordnete Projektüberwachungsgremium versandt werden, dem der Projektleiter berichtspflichtig ist.

11.1.2 Fortschreibung des Terminplans

Zusätzlich zu einem Projektkontrollblatt kann als ergänzende grafische Untermalung ein Balkendiagramm mit Soll-Ist-Zahlen erstellt werden. Es erlaubt einen schnelleren optischen Überblick über den Projektstand und -fortschritt als eine tabellarische Darstellung.

Meist wird ein Balkendiagramm monatlich als Soll-Ist-Übersicht fortgeschrieben und für Präsentationszwecke vor dem Projektlenkungsgremium verwendet. Ein **Schemabeispiel eines erweiterten Balkendiagramms** für ein Softwarebeschaffungssprojekt ist in Abbildung 11.3 dargestellt.

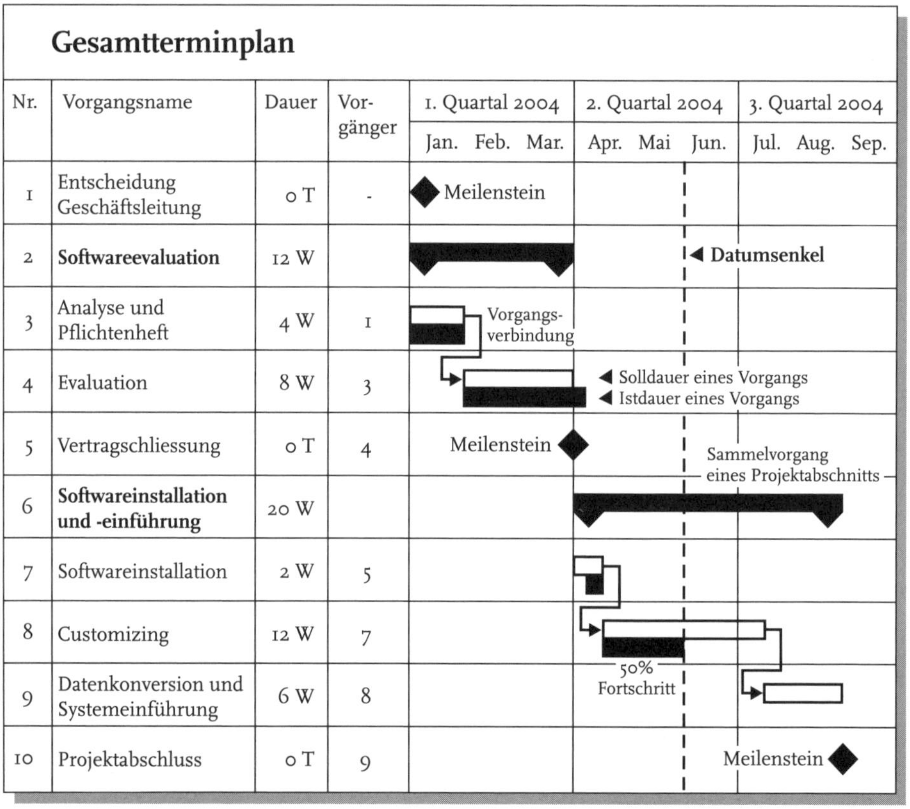

Abbildung 11.3: Terminplan in der Form eines erweiterten Balkendiagramms mit einer Gegenüberstellung der Soll- und Istwerte

Neben den **Sollzeitstrahlen** eines Vorgangs enthält der Terminplan bis zum aktuellen Projektüberwachungstermin (Monatsende Mai 2004) die zugehörigen **Istzeitstrahlen**. Übergeordnete Projektabschnitte sind als **Sammelvor-**

gang abgebildet. Sammelvorgänge sind begrenzt durch **Meilensteintermine**. Es handelt sich um Vorgänge ohne Zeitverbrauch. Die Abhängigkeit von Vorgängen ist durch **Vorgangsverbindungen** dargestellt. Zum Ausweis des terminlichen Projektstands dient ein **Datumsenkel**. Für Vorgänge in Arbeit, die bis zu einem Projektverfolgungstermin noch nicht abgeschlossen sind, wird der Fortschrittsprozentsatz angegeben.

Der Zeitstrahl zur Darstellung des Projektstands entspricht dem effektiven Zeitverbrauch einer Aktivität. Sofern die verbrauchte Zeit nicht dem Fertigstellungsgrad der Aktivität oder dem Leistungsfortschritt entspricht, muss eine **Korrekturmaßnahme** ergriffen werden. Drei Möglichkeiten sind gegeben:

- Erhöhung der Kapazität zur Durchführung der Aktivität,
- geringere Funktionalität oder Leistung des betroffenen Vorgangs,
- Korrektur des Sollzeitstrahls der Aktivität, damit Sollzeitstrahl, Zeitverbrauch und Projektfortschritt wieder übereinstimmen.

An einem Beispiel soll die erforderliche Korrektur des Sollzeitstrahls dargestellt werden, wenn Zeitverbrauch und Projektfortschritt nicht übereinstimmen (siehe Abbildung 11.4).

Geplante Tätigkeit: Dauer 100 Tage

Zeitverbrauch bisher: 75 Tage

Erreichter Projektfortschritt: 50 %

(Auch Schätzung des erforderlichen Restbedarfs möglich!)

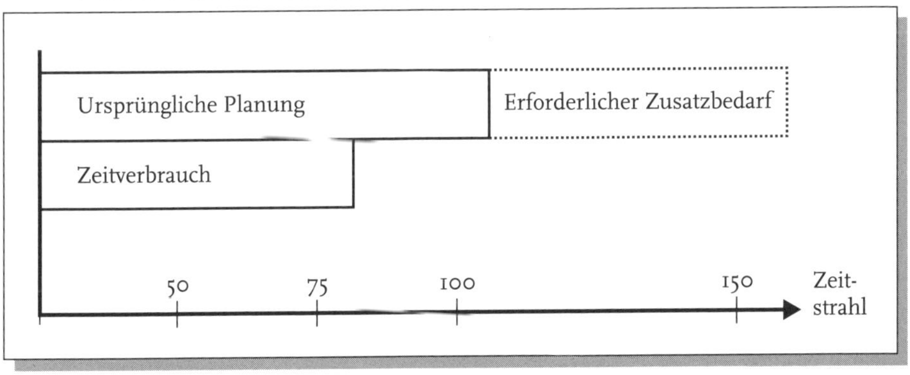

Abbildung 11.4: Darstellung eines Zeitmehrverbrauchs bei einer Soll-Ist-Gegenüberstellung auf einem Balkendiagramm

11.1.3 Mitlaufendes Fallbeispiel »Kundenauftragsabwicklung – Projektüberwachung«

In unserem Projektbeispiel benutzt der Projektleiter zur Projektsteuerung und -überwachung ein Projektkontrollblatt und ein Balkendiagramm, das mit Hilfe der Balkenplanfunktionen eines Projektmanagementsystems erstellt wird. Aufgrund der niedrigen Anzahl der Projektaktivitäten und ihrem geringen Verflechtungsgrad reichen diese Instrumente aus.

Der Projektleiter füllt das **Projektkontrollblatt** zeilenweise nach dem Abschluss eines Projektabschnitts (siehe Abbildung 11.5) aus. Das **Balkendiagramm** wird monatlich aufgrund des geschätzten Projektfortschritts fortgeschrieben. Beide Projektverfolgungsdokumente dienen der mitlaufenden Projektsteuerung des Projektleiters. Daneben dienen sie als Nachweis des Projektstands und -fortschritts bei den Sitzungen des IT-Lenkungsausschusses.

	Projekt-kontrollblatt	*Projekt-bezeichnung:* Kundenauftrags-abwicklung *Projekt-leiter:* Grupp (OP)	*Mitarbeiter:* Kern (AP) Fiedler (KO)	*P. Nr:* *Datum:* *Blatt:* *Bearb.:*

Projektabschnitt	Sollaufwand		Soll-Termin(Wo.)		Ist-Aufwand (Manntage)		Ist-Termin		Bemerkungen
	Mit-arbeiter	Mann-wochen	Beginn	Ende	Verbrauch	Abweichung	Beginn	Ende	
Grobkonzeption	OP KO	2 2	1	2	4	-	1	2	
Feinkonzeption	OP KO	6 6	3	8	12	-	4	9	Krankheit H. Fiedler
Programmvorgabe	OP AP	3 3	9	11	6	-	10	12	
Programmierung	OP AP	10 10	12	21	24	4	13	24	Erhöhter Testaufwand
Benutzerorganisation	KO OP	4 1	9	12	5	-	10	13	
Benutzerschulung	KO	6	13	19	6	-	14	20	
Systemeinführung	KO OP	2 1	22	23	3	1	25	27	
Projektüberwachung	OP	1*)	1	23	1		1	27	
Summenwerte				23		5		27	

*) Begleittätigkeit

Abbildung 11.5: Ausgefülltes Projektkontrollblatt zur tabellarischen Überwachung des Aufwands und der Terminsituation. Abkürzungen: OP = Organisationsprogrammierer (zugleich Projektleiter), AP = Anwendungsprogrammierer, KO = IT-Koordinator des Fachbereichs

Auf der Folgeabbildung 11.6 ist das zugehörige Balkendiagramm abgebildet, wie es bis zu dem durch den Datumsenkel angegebenen Zeitpunkt der Projektabwicklung aussieht. Den breiteren Sollzeitstrahlen sind die schmäleren Istzeitstrahlen gegenübergestellt. Durch Verzögerungen haben sich Verschiebungen zwischen den Soll- und Istzeitstrahlen ergeben.

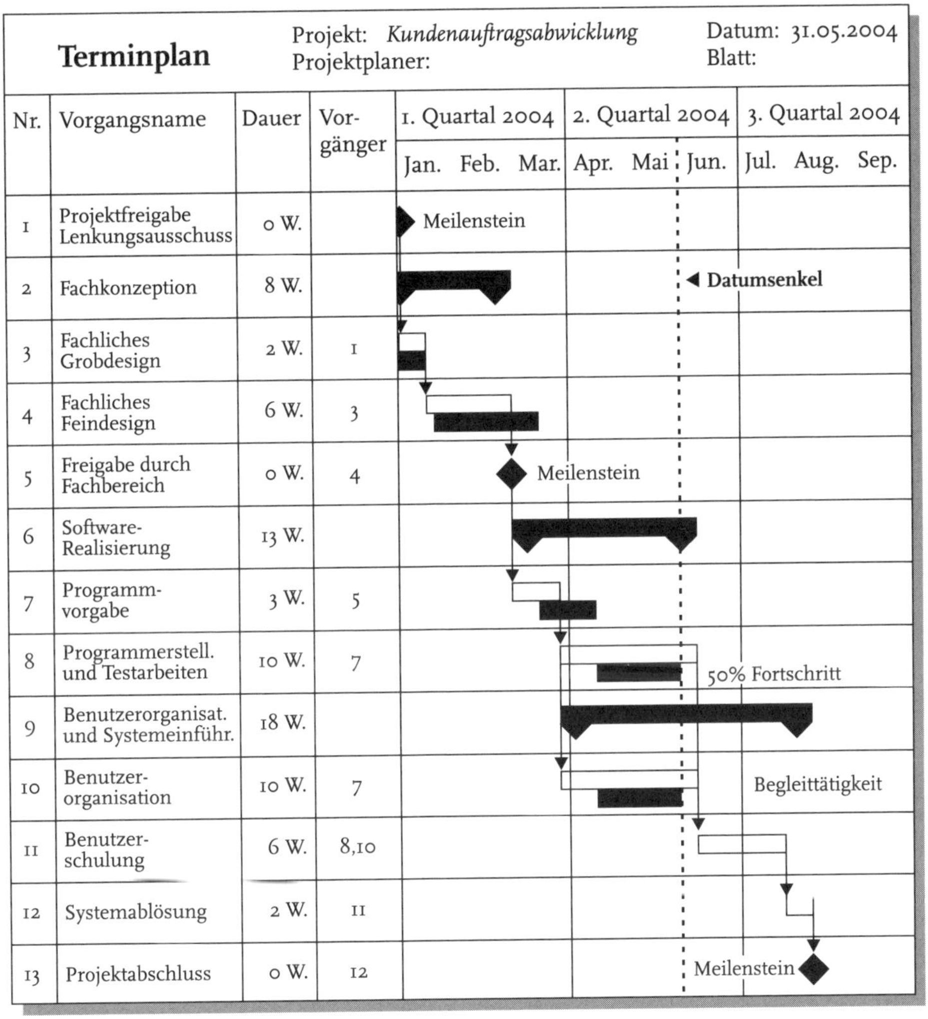

Abbildung 11.6: Balkendiagramm des Fallbeispiels »Kundenauftragsabwicklung« mit Gegenüberstellung von Soll- und Istzeitstrahlen

11.2 Projektüberwachung mit Projektmanagementsoftware

Für das Controlling umfangreicher Software- und Hardwareprojekte werden in einer modernen Projektlandschaft heute Projektmanagementsysteme (PMS) eingesetzt. In technischen Unternehmensbereichen sind auch reine Netzplanprogramme anzutreffen.

Der Einsatz einer marktüblichen Projektmanagementsoftware ist für Zwecke der Projektüberwachung außerordentlich arbeitsaufwendig! Wenn kein Mitarbeiter zur Projektverwaltung abgestellt werden kann, muss der Projektleiter versuchen, den Verwaltungsaufwand eines Projektmanagementsystems durch eine vereinfachte Ressourcenverwaltung und Istdatenerfassung in Grenzen zu halten!

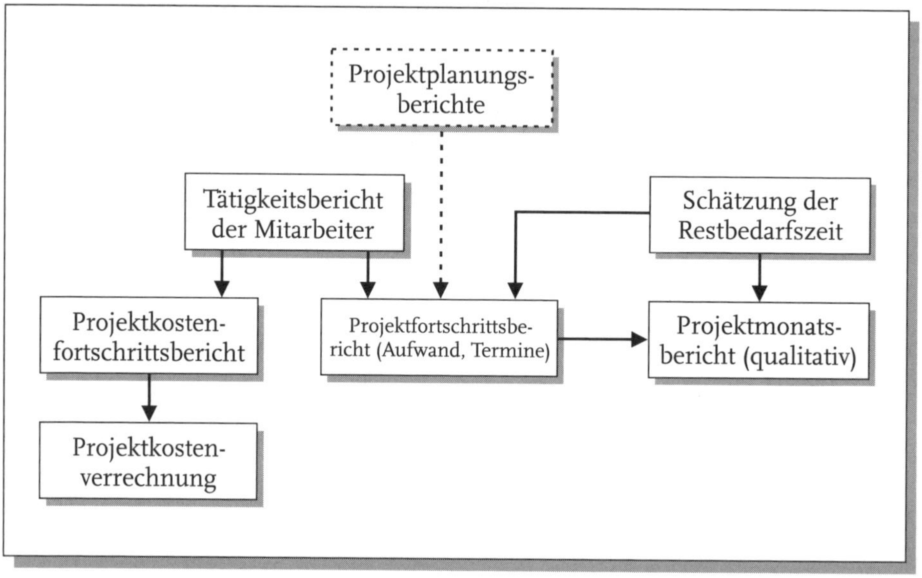

Abbildung 11.7: Bausteine und Abhängigkeiten eines umfassenden Projektcontrolling-Systems

Ein komplettes Projektcontrolling-System enthält aufeinander abgestimmte Module für die in Abbildung 11.7 dargestellten Komponenten. Darüber hinaus wünschen die Anwenderunternehmen immer häufiger

- den Anschluss einer Projektbibliothek für abgeschlossene Vorhaben,

- Verbindungen zu einem Projektinformationssystem und
- Schnittstellen zum Bürokommunikationssystem und der Software in den Abrechnungsbereichen des Unternehmens.

Wir stellen in diesem Lernabschnitt die wesentlichen Aspekte eines integrierten Steuerungs- und Überwachungssystems dar. Wir legen dabei besonderen Wert auf die Dokumente eines Controlling-Systems, die nicht durch die Standards der Projektmanagementsoftware abgedeckt werden.

11.2.1 Arbeitsaufträge und Tätigkeitsberichte

Die im Terminplan aufgeführten Arbeitspakete bestehen aus Einzelvorgängen, die von den Projektmitarbeitern abgearbeitet werden müssen. Gemeinsam mit den betroffenen Teammitgliedern sollte der Projektleiter die **Arbeitsverteilung** vornehmen und die Arbeitsaufträge an einen Mitarbeiter samt den vereinbarten Fertigstellungsterminen auf einer Arbeitsübersicht festhalten. Die **Arbeitsblätter** werden in der Datenbank des Projektmanagementsystems abgelegt. Der Teammitarbeiter erhält eine Ausfertigung (siehe Abbildung 11.8) oder übernimmt die Arbeitsaufträge in seinen Laptop. Die Übersicht dient ihm als Checkliste, welche Arbeitsvorgaben bis zur nächsten Projektstatussitzung abzuwickeln sind.

In einer komfortablen Projektadministration ist ein **elektronischer Projektleitstand** anzutreffen. Er dient zur Teamsteuerung, Aufgabenverteilung und Ergebnisverfolgung.

In vielen größeren Unternehmen, Behörden und Softwarefirmen wird von jedem Projektmitarbeiter ein periodischer Tätigkeitsbericht verlangt. Er wird meist wöchentlich erstellt und bildet einen Nachweis der vom Mitarbeiter im Berichtszeitraum durchgeführten Tätigkeiten und der dafür aufgewendeten Arbeitszeiten. Das Formular eines typischen Tätigkeitsberichts ist in Abbildung 11.9 dargestellt. Für einen Mitarbeiter ist es ausreichend, seine Arbeitszeiten in vollen Stunden anzugeben und entsprechende Auf- und Abrundungen vorzunehmen.

Arbeitsblatt	*Mitarbeiter:* Kübler Hartmann *Abteilung:*	*Projektnummer:* KAA *Bezeichnung:* *Phase:* Prototyping		*Datum:* *Blatt:* *von* *Aussteller:* GPP
Vorgangs-nummer	Beschreibung	Planungs-aufwand (Stunden)	Fertig-stellungs-datum	Bemerkungen zur Abwicklung und zum Arbeitsergebnis
	Zusammenstellung und Abgleich Kundenstammdaten und Kunden-informationssystem		17. Mai	
	Zusammenstellung und Abgleich Artikelstammdaten Vertrieb und Artikelinformationssystem		17. Mai	
	Gewünschter Umfang Standardtexte und gespeicherte Formulare		17. Mai	
	Zusammenstellung und Abgleich Auftragsdaten (Kopfinformationen und Positionsinformationen)		Möglichst 17. Mai	

Abbildung 11.8: Arbeitsblatt oder Spreadsheet für jeden Projektmitarbeiter

11

Projektmitarbeiter, die fulltime in der Projektarbeit tätig sind, nehmen in einen Arbeitsrapport auch die verbrauchten Stunden für nicht projektbezogene Organisations- und Programmiertätigkeiten und Gemeinkostenzeiten auf. Mitarbeiter, die nur zeitweilig im Projekt mithelfen, tragen nur ihre projektbezogenen Zeiten ein - sofern von ihnen überhaupt ein Tätigkeitsbericht erwartet wird. Der Projektleiter sollte im eigenen Interesse darauf achten, dass die Projektmitarbeiter eine saubere Zuordnung des Zeitverbrauch vornehmen, damit sein Projekt nicht mit Fremdaufwand überfrachtet wird.

	TÄTIGKEITSBERICHT	*Personal-Nr.:*
		Kostenstelle:
	Name:	*Kalenderwoche:*
	Abteilung	*Datum:*

Tag	Aufgaben-Nr. Projekt-Nr.	Tätigkeits-Nr.	Tätigkeitsbezeichnung	Stdn.	Über-stdn.
MO					
DI					
MI					
DO					
FR					
SA					
SO					
			Spaltensumme		
			Summe Stunden + Überstunden		

Nicht projektbezogene Zeiten:

91 Urlaub
92 Militärdienst
93 Krankheit
94 Schulung
95 Verwaltung
96 Besprechungen
97 Sonstiges

Abbildung 11.9: Typischer Aufbau eines periodischen Arbeitsrapports für Projektmitarbeiter

11.2.2 Projektverfolgung mit einem Projektmanagementsystem

Die Überwachungsaktivitäten eines Projektmanagementsystems konzentrieren sich auf drei Schwerpunkte:

- Aufwands- und Terminkontrolle einzelner Arbeitspakete
- Verfolgung des Gesamtprojekts mit seinen Abhängigkeiten
- zusätzliche Budgetverfolgung

Projektmanagementsoftware erlaubt es, den Projektstatus und -fortschritt nach unterschiedlichen Ansichten und in verschiedenen Feinheitsgraden darzustellen:

- Ansichten in der Form eines Balken- oder Netzplans oder einer Tabelle
- projekt-, arbeitspaket- oder ressourcenbezogene Ausgaben
- Darstellungen, die sich auf das Gesamtprojekt oder einen zeitlichen Projektausschnitt beziehen

Den Kern der Projektverfolgung bildet die Überwachung der einzelnen Arbeitspakete und die darauf aufbauende Gesamtprojektverfolgung. Eine Budgetverfolgung kann sich anschließen.

Arbeitspaketverfolgung

Bei der Arbeitspaketverfolgung werden für die im System gespeicherten Arbeitspakete die dort enthaltenen Plandaten (Aufwand und Termin) den tatsächlichen Istdaten unter Berücksichtigung des festgestellten Fertigstellungsgrads gegenübergestellt. Folgende Liste wird angezeigt oder ausgegeben:

- Gliederungsnummer
- Arbeitspaketbezeichnung
- Mitarbeiter
- Geplante Dauer / Aktuelle Dauer
- Fortschrittsstatus in Prozent
- Geplantes Ende / Aktuelles Ende
- Geplanter Aufwand / Aktueller Aufwand

Die Kontrolle der in Arbeit befindlichen Tätigkeitsblöcke (Phasen, Funktionen, Vorgänge) sollte in informeller Form kurzfristig erfolgen. Geeignet sind wöchentliche Gespräche zwischen dem Projektleiter und den betroffenen Teammitarbeitern. Festgestellte Abweichungen können zu Korrekturen der Arbeitsinhalte oder der Termine des Arbeitspakets führen.

Verfolgung Arbeitspakete	Projekt:	Datum:
	Projektabschnitt:	Blatt:

Glied.-Nr.	Arbeitspaket	Stelle Mitarbeiter	Geplante Dauer	Neue/tats. Dauer	Fortschritts-status	Geplantes Ende	Neues/tats. Ende	Geplanter Aufwand	Neuer/tats. Aufwand

Abbildung 11.10: Ergebnisdarstellung der Arbeitspaketverfolgung (Bildmaske oder Listenausgabe)

Projektverfolgung

Die Gesamtprojektverfolgung erfolgt in der Form einer maschinellen **Gegenüberstellung der Plan- und der Istdaten**. Der Ausweis der Abweichungen geschieht in grafischer Form in einem Balkendiagramm und in tabellarischer Form auf einer Ausgabeliste. Die Projektverfolgungsliste weist folgende Spalten auf:

- Fortlaufende Nummer / Gliederungsnummer
- Bezeichnung Sammelaktivität und untergeordnete Einzelaktivitäten
- Zuständigkeit (Stelle, Name)
- Geplante Dauer / Aktuelle Dauer
- Geplanter Anfang / Aktueller Anfang
- Geplantes Ende / Aktuelles Ende
- Nummern der Vorgänger / Kritischer Vorgang

Die Gesamtprojektkontrolle kann monatlich in der Form eines **Status- und Fortschrittsreviews** erfolgen. An einer solchen Besprechung sollte das ganze Projektteam teilnehmen. Korrekturmaßnahmen durch die Projektleitung sind nötig, wenn aufgrund von Verzögerungen oder inhaltlichem Veränderungen Projektmeilensteine nicht mehr eingehalten werden können und dadurch der Endtermin des Projekts gefährdet ist.

Projektkostenkontrolle und -verrechnung

In der gleichen Art wie die Projektverfolgung bei Aufwand und Terminen lässt sich die **Kontrolle des Projektbudgets** durchführen. Zur Budgetverfolgung, die monatlich und/oder am Ende eines Projektmeilensteins durchgeführt wird, stellt das Projektmanagementsystem eine Liste - unterteilt nach Personalkosten, Sachkosten und sonstigen Kosten - mit folgendem Inhalt zur Verfügung:

- Gliederungsnummer
- Arbeitspakete
- Planaufwand / Istaufwand
- Planverrechnungssatz / Istverrechnungssatz
- Betrag Plan / Betrag Ist

Eine Projektverrechnung an Projektträger ist hauptsächlich bei fremden Auftraggebern erforderlich. Sie besteht im Kern aus den bewerteten Aufwandspositionen, die in eine Projektverrechnungsliste übernommen und den Empfängerstellen belastet werden.

11.2.3 Periodischer Projektreport für den Auftraggeber

Für Projektkontrollstellen und übergeordnete Entscheidungsträger reichen die Ergebnisse der Zeitaufwands-, Termin- und Kostenkontrolle nicht aus. Von einem Projektleiter wird deshalb ein zusätzlicher periodischer Projektbericht gewünscht. Er wird monatlich von diesem erstellt.

In einem Projektbericht ist vom Projektleiter das Zahlenwerk der Projektüberwachung zu kommentieren. Daneben muss er auf Ausnahmesituationen und Besonderheiten hinweisen. Im Gegensatz zu Aufwands- und Terminberichten ist ein Projektbericht zukunftsorientiert. Läuft das Projekt voll nach Plan ab, reicht im Projektbericht ein »O.K.«-Hinweis. Andernfalls ist darauf hinzuweisen wenn der Projektleiter

- Personalprobleme
- Konzeptionsprobleme
- Datenbankprobleme
- Netzprobleme

- Terminprobleme
- Wirtschaftlichkeitsprobleme oder
- Koordinationsprobleme

befürchtet. In solchen Fällen ist eine Besprechung mit der übergeordneten Projektüberwachungsstelle zur Bewältigung der Störfälle durchzuführen.

Sie finden in Abbildung 11.11 ein **Beispiel eines Projektreports**. Er wurde vom Projektleiter zusammengestellt und stellt die Basis für die monatliche Projektfortschrittspräsentation vor dem IT-Lenkungsausschuss dar. Außerdem können interessierte Mitarbeiter über das Intranet im Office-System des Unternehmens in den Bericht Einblick nehmen.

Projektmeldung des Projekts »Aufbau einer internetbasierten E-Supply-Chain des Verwaltungseinkaufs«

1. Projektstand

Die Funktionen der Basisversion sind fertig gestellt worden. Zurzeit gleichen wir das System gegen die betriebliche Praxis ab und bauen notwendige Optimierungen ein. Damit wird aus dem Prototyp das praxisgerechte System.

Bisher wurden die Einkaufsgruppen

EK 14 Elektro und Pneumatik und

EK 17 Normteile

untersucht. Fehlende Funktionen des Prototyps wurden nicht festgestellt. Anpassungen des Systems an die unterschiedlichen Arbeitsabläufe und Änderungen bisheriger Arbeitsabläufe wurden mit dem Fachbereich durchgesprochen und lassen sich durchführen.

Mit den Einkaufsgruppen
EK 10 Fahrzeuge und Fahrzeugteile,
EK 23 Maschinen und Werkzeuge und
EK 16 Dienstleistungen und Verträge
sind Termine für die Systemanpassung an den Prototyp vereinbart worden. Die Gespräche und Abstimmungen finden bis Mitte Dezember statt.

Projektmeldung des Projekts »Aufbau einer internetbasierten E-Supply-Chain des Verwaltungseinkaufs«

2. Weiteres Vorgehen

In der zweiten Dezemberhälfte werden wir 3 Einkaufsfachgruppen als Pilotanwender auswählen. Mit diesen Pilotgruppen soll der Umstieg auf das neue System probeweise vorgenommen werden.

Parallel dazu soll die Zusammenstellung der Benutzerhandbücher erfolgen.

Außerdem ist eine intensive Schulung der Disponenten und Einkäufer dieser Gruppen notwendig.

Wir nehmen an, dass die Umstellung aller Gruppen bis Ende März des kommenden Jahres abgeschlossen sein wird. Doch hängt dies vom Erfolg der Umstellung der Pilotgruppen ab.

3. Kritische Problempunkte

a) Die Mitarbeiter der Pilotgruppen müssen in ausreichendem Umfang für die Schulung und Einweisung freigestellt werden. Die Projektgruppen haben die Anforderungen nochmals der Einkaufsleitung mitgeteilt.

b) Alle offenen Bestellungen müssen zuvor in das neue System übernommen werden. Diese Arbeit muss in Sonderschichten am Wochenende durchgezogen werden. Alle Einkäufer einer Gruppe müssen hierfür zur Verfügung stehen. Eine vollautomatische Übernahme der Bestellungen ist wegen der unterschiedlichen Datenformate und zahlreicher Besonderheiten auf den Bestellungen nicht möglich.

11.2.4 Berichtspalette eines Projektmanagementsystems

Der Einsatz von Projektmanagementsoftware bietet Ihnen als Projektleiter eine **Vielzahl an standardisierten Auswertungen** der gespeicherten Projektinformationen aus den unterschiedlichen Blickwinkeln von Aufwand, Terminen, Ressourcen und Kosten.

Darüber hinaus können Sie auch spezielle **benutzerdefinierte Berichte** zusammenstellen oder vorhandene Berichtsschemata abändern, wenn Ihnen das Repertoire der Standardberichte nicht ausreicht.

Gezielte **individuelle Projektberichte** können für eine Sitzung des Projektlenkungsausschusses oder zur Durchsprache kritischer Projektsituationen im Arbeitsteam nützlich sein. Mit Hilfe spezieller Berichtszusammenstellungen können Sie

- auf kritische Vorgangsfolgen hinweisen,
- sich auf Meilensteinübersichten konzentrieren,
- die Auslastung bestimmter Ressourcen hervorheben oder
- eine Kostenanalyse vornehmen.

Leicht lesbare und **ausdrucksstarke Grafiken** – beispielsweise eine Meilenstein-Trendanalyse – sind tabellarischen Zahlenfriedhöfen unbedingt vorzuziehen!

> *Vor der Zusammenstellung und Verteilung von Berichten sollten Sie sich als Projektleiter vergewissern, ob hierfür überhaupt ein Abnehmer vorhanden ist, der auf solche statistischen Auswertungen Wert legt.*

Anregungen und praktische Hinweise zur Gestaltung individueller Projektberichte finden Sie in der zu jeder PMS-Software erschienenen Anwenderbeschreibung und den dazu verfassten Fachbüchern.

11.3 Controlling- und Qualitätsreviews

Zum Instrumentarium einer teamorientierten Projektsteuerung gehören Reviews, die der Projektleiter aus unterschiedlichen Anlässen in die Projektabwicklung einblenden sollte. Reviews sind Teambesprechungen des Projektleiters mit speziellen Zielsetzungen. Der **Zweck eines Reviews** kann

- die Überprüfung des Projektstatus,
- eine Problemdurchsprache oder
- die Sicherstellung der Systemqualität

sein. Neben Reviews ist gelegentlich in der Projektarbeit ein »Walkthru« durch einen projektfremden Experten anzutreffen. Es kann vom Auftraggeber veranlasst werden, wenn beispielsweise dort Zweifel an der Erreichung der Projektziele bestehen.

11.3.1 Status- und Controlling-Reviews

Projektreviews dienen hauptsächlich der periodischen gemeinsamen Durchsprache des Projektstands zwischen dem Projektleiter und seinen Mitarbeitern. Sie können sich mit Fragen des Projektmanagements beschäftigen oder sich auf die technischen Aspekte eines Projekts konzentrieren.

Ein **Statusreview** dient nicht der Problemlösung, sondern der Feststellung des Projektstands und dem Hinweis auf mögliche Probleme! Für detaillierte Problemlösungen reicht die begrenzte Zeit eines Reviews nicht aus.

Im Einzelnen können Reviews der **Klärung folgender Fragen** dienen:

- Schaffung eines gleichen Informationsstands für alle Projektbeteiligten
- Erörterung von Planungs- und Kontrollfragen
- Durchsprache von Verantwortlichkeiten und Zuteilung neuer Aufgaben
- Förderung des Gruppenbewusstseins

Wichtige Reviews sind vom Projektleiter rechtzeitig festzulegen und den Projektmitarbeitern anzukündigen. Überraschungs-Reviews während der Projektabwicklung sind zu vermeiden.

Reviews können periodisch, zum Beispiel monatlich oder an bestimmten Checkpoints (Projektmeilensteinen) angesetzt werden.

> *Bei der Durchführung eines Reviews sollten Sie als Projektleiter auf psychologische Gesichtspunkte achten. Beispielsweise dürfen Reviews von Mitarbeitern nicht zur Rechtfertigung von Rückständen oder Schwierigkeiten benutzt werden. Sie sollen aber auch nicht gegenüber den Projektmitarbeitern als »Strafgericht« aufgezogen werden.*

Als Projektleiter müssen Sie darauf drängen, dass bei einem Review jeder Mitarbeiter frei und ungezwungen seine Meinung äußern kann. Achten Sie auch darauf, dass bei einem Review keine Polarisierung zwischen Projektteam und Fachabteilung aufkommt.

Ein Review besonderer Art, das eine erhebliche Bedeutung hat, ist das Kick-off-Meeting (Projektgründungsreview). Es handelt sich um die erste gemeinsame Besprechung des ganzen Projektteams am Beginn eines Projekts. Schwerpunkte dieses Reviews sind folgende Punkte:

- Erarbeitung gemeinsamer Vorstellungen
- vorbeugende Ausschaltung von Missverständnissen über Projektziele, Realisierung, Prioritäten, personelle und sachliche Hilfsmittel
- Schaffung eines gemeinsamen Informationsstands
- Hinweis auf die Regeln der Zusammenarbeit (Gruppendynamik)

Der Kick-off-Sitzung folgt häufig eine **erste Klausurtagung des Projektteams** zur Vertiefung der angerissenen Themen und Schaffung einer gemeinsamen Wissensbasis für die sich anschließende Projektarbeit.

11.3.2 Reviews zur Qualitätssicherung

Die Bedeutung der Qualitätssicherung wird zwar bei jedem Projekt betont, ist aber in der Praxis häufig ein Opfer des Zeitdrucks. Eine Software-Qualitätssicherung klappt nur dann, wenn sie fest in den Projektablauf eingebaut wird.

Als erfolgreichste Methode hat sich die Qualitätssicherung in der Form von **Qualitätsreviews** erwiesen. Die gewünschte Softwarequalität soll sich durch einen Verständigungsprozess zwischen Projektleiter und -mitarbeitern ergeben.

Die Qualitätsreviews finden häufig am Ende eines Projektabschnitts statt, wenn ein fachliches oder IT-technisches Zwischenergebnis vorliegt.

Wegen der überragenden Bedeutung der Qualitätssicherung in IT-Projekten finden Sie im Lernmodul 8 einen kompletten Lernabschnitt, der sich mit dem Themenbereich der professionellen Qualitätssicherung und -kontrolle beschäftigt.

Der Lernabschnitt enthält gezielte **Checklisten** zum fachlichen und IT-technischen Qualitätsmanagement. Ausführliche Hinweise sind zur praktischen Abwicklung und Dokumentation der Qualitätssicherungsmaßnahmen beigefügt. Für jeden IT-Projektleiter sind sie heute unentbehrliche Hilfsmittel einer systematischen Projektverfolgung!

11.4 Offizieller Projektabschluss: Was gehört dazu?

Der offizielle Projektabschluss ist der wichtigste Meilenstein der Projektdurchführung! Ein »ewiges Projekt« ist für jeden Projektleiter ein schrecklicher Alptraum. Zur professionellen Projektabwicklung gehört deshalb die **Planung eines offiziellen Projektabschlusses** und die Systemübergabe an die Fachabteilung und die Anwenderbetreuung. Die hauptsächliche Zielsetzung dieser Aktivitäten ist die **Entlastung des Projektleiters** und die Auflösung des Projektteams nach der erfolgreichen Projektbeendigung.

Zur Vorbereitung des Projektabschlusses gehören mehrere Arbeitsschritte. Diese muss der Projektleiter zusammen mit den Mitarbeitern des Projektteams rechtzeitig in die Wege leiten:

- **Dokumentation des Systems:** Die Fachdokumentation, die programmtechnische Dokumentation und die Benutzerdokumentation müssen bis zum Projektabschluss fertig gestellt sein. Diese Arbeiten sind bei einer Individualentwicklung aufwendiger als bei einem Softwarefremdbezug. Doch müssen auch die Ergebnisse des Customizing von Standardsoftware so dokumentiert sein, dass ein Dritter – zum Beispiel ein Wirtschaftsprüfer – sie nachvollziehen kann!
- **Archivierung der Projektdaten:** Wird ein elektronisches Projektarchiv geführt, muss der Projektleiter dafür sorgen, dass die angefallenen Soll- und Istdaten der Projektplanung und -überwachung in dieser Bibliothek abgelegt sind, damit sie für das Projektmanagement künftiger Projekte zur Verfügung stehen.
- **Benutzerschulung und -einweisung:** Auch dieser Punkt muss bis zum Projektende abgeschlossen sein. Außerdem muss geklärt sein, wer nach Projektende erforderliche Nachschulungen durchführt, wenn das Projektteam aufgelöst worden ist.
- **Systembetreuung:** Die fachliche und menschliche Betreuung der Enduser muss für die Zeit nach dem Projektabschluss gewährleistet sein. Für die Betreuungsaufgaben muss ein Benutzerservice in ausreichender Besetzung zur Verfügung stehen. Bei dezentralem Softwareeinsatz, als Anlaufstelle für Störungen und zur menschlichen Betreuung sollten nebenamtlich tätige Key User (auch IT-Fachkoordinatoren genannt) vorhanden sein,

die sich während der Projektabwicklung ausreichend in die Thematik eingearbeitet haben.

- **Kosten- und Wirtschaftlichkeitsnachrechnung:** Zu einer Projektabschlussanalyse gehören eine schriftliche Kostenabweichungsanalyse und eine Nachkalkulation der Wirtschaftlichkeits- und Amortisationsberechnung. Bedeutsam ist die Klärung der Frage: Wie weit wurde der Nutzen bereits erreicht? Welche Nutzenpotentiale können erst später verwirklicht werden? Wer überwacht ihre Realisierung?

Als Grundlage des offiziellen Projektabschlusses dient ein **Projektabschlussprotokoll**. In diesem Dokument werden alle Punkte aufgeführt, die noch offen sind, und festgelegt, wer diese Punkte bis zu welchem Zeitpunkt fertig stellen muss. Das Abschlussdokument wird vom Projektcontroller, vom Leiter des betroffenen Fachbereichs, vom Benutzerservice und vom Projektleiter unterschrieben. Die offizielle Projektbeendigung nimmt der **Projektmentor** des Lenkungsausschusses vor.

Offene Punkte, die erst nach der produktiven Startphase des Systems und einer längeren Eingewöhnungszeit der Anwender erledigt werden können, sollten in einem **Optimierungsprojekt** zusammengefasst werden, das zu einem geeigneten späteren Punkt angesetzt wird. Es eröffnet der Fachabteilung auch die Chance, dass gewünschte Systemänderungen und -erweiterungen, die sich bis zu diesem Zeitpunkt ergeben, in das Optimierungsprojekt einfließen können. Die Projektleitung eines solchen Folgeprojekts kann in den Händen des IT-Fachkoordinators liegen, wenn dieser beim ursprünglichen Projekt intensiv mitgewirkt hat.

Projektabschluss-protokoll	Projekt-Nr.:
	Datum:

Projektbezeichnung:

Die unterzeichneten Stellen sind mit der Systemübergabe an den verantwortlichen Fachbereich einverstanden. Das Projekt / Teilprojekt wird abgeschlossen. Die aufgeführten Punkte sind von den bezeichneten Stellen bis zu den angegebenen Terminstellungen zu erledigen.

Übergabedatum:

Stelle	**Name**	**Datum**
IT-Lenkungsausschuss:		
Leiter IT-Bereich:		
Leiter Fachbereich:		
Leiter Benutzerservice:		
Controller:		
Projektleiter:		

Folgende Projektpunkte sind noch abzuwickeln:

Tätigkeit	Verantwortliche Stelle	Termin

Abbildung 11.11: Formularvorschlag für ein übersichtliches Projektabschlussprotokoll

11

11.5 Die besten Expertentipps dieses Lernmoduls auf einen Blick

Obwohl für die **Projektverfolgung** wesentlich geringere Methodikkenntnisse als für die Planungsfunktionen erforderlich sind, ist sie für den IT-Projektleiter **anstrengender und weit stressiger.** Er muss ständig am Ball bleiben und aufkeimenden Frustsituationen und Leistungsflauten rechtzeitig und mit der richtigen Taktik entgegenwirken!

> *Ihre Kunst als Projektverantwortlicher ist es, aus der unbeliebten Kontrollfunktion ein motivierendes und positives Führungsinstrument zu machen!*

Die anschließend aufgeführten **Highlights** müssen Sie beachten, damit Ihnen Ihr Projekt bei der Steuerung und Überwachung »nicht aus dem Ruder läuft«:

(1) Beachten Sie die **Grundsätze** einer effizienten und zeitsparenden Projektverfolgung:

- Konzentrieren Sie sich auf die **wesentlichen Überwachungspunkte**!
- Planen Sie die erforderlichen Kontrollen **gemeinsam mit Ihren Teammitgliedern**!
- Kontrollieren Sie nicht nur die Ergebnisse, sondern auch die vom Mitarbeiter benutzten **Arbeitsmethoden**!
- Packen Sie Kontrollen so an, dass sie dem Mitarbeiter **Erfolgserlebnisse** vermitteln!

(2) Das **Grundprinzip der Projektverfolgung** ist die Gegenüberstellung der Plan- und Istzustände, um Abweichungen festzustellen. Bei Bedarf sind geeignete Korrekturmaßnahmen durchzuführen. Sie können Leistungs-, Termin- und Ressourcenänderungen zum Inhalt haben.

(3) Eine Projektüberwachung konzentriert sich auf **drei Schwerpunkte**:

- die kurzfristige **Kontrolle der Arbeitspakete**, die in Gesprächen mit den Mitarbeitern erfolgt und meist wöchentlich durchgeführt wird
- die monatliche **Verfolgung des Gesamtprojekts**, wobei unter Berücksichtigung der Vorgangsabhängigkeiten geprüft wird, ob die Meilensteintermine eingehalten werden
- die **Überwachung der Qualitätsanforderungen** am Abschluss eines Projektabschnitts

(4) Zur wirkungsvollen Projektsteuerung und -überwachung gehören **Status- und Fortschrittsreviews** mit den Mitarbeitern. Sie dienen der gemeinsamen Durchsprache des Projektstands und -fortschritts und der Schaffung eines gleichen Informationsniveaus für alle Projektbeteiligten. Sie fördern das Gruppenbewusstsein und sind ein wichtiges Motivationsinstrument des Projektleiters.

(5) Neben der Aufwands-, Termin- und Kostenüberwachung nimmt die **Qualitätskontrolle der Projektprodukte** (Systementwurf, Programme) einen breiten Raum ein. **Qualitätsreviews** finden meist am Ende eines Projektabschnitts statt, wenn ein fachliches oder technisches Zwischenergebnis vorliegt. Die mitlaufende Qualitätssicherung ist eine Gemeinschaftsaufgabe von Projektmitarbeitern, Anwendern und Informatikbereich. In großen IT-Projekten obliegt das Qualitätscontrolling einem projektneutralen Qualitätsbeauftragten.

(6) Für kleinere und unkritische IT-Projekte reichen **Einfachlösungen der Projektüberwachung** auf einer manuellen oder PC-gestützten Formularbasis aus.

Zur Verfolgung komplexer Großprojekte stehen **komfortable Projektcontrollingsysteme** mit umfangreichen Auswertungskomponenten zur Verfügung. Der mit ihrem Einsatz verbundene Arbeitsaufwand darf jedoch nicht unterschätzt werden!

(7)	Ein **»ewiges Projekt«** ist der Alptraum jedes Projektmanagers und führt nicht selten zu seinem persönlichen Karriereknick! Binden Sie deshalb den offiziellen **Projektabschluss** als obligatorische Aktivität fest in den kritischen Pfad Ihres Projektterminplans ein! Alle **Vorgänge der Projektabschlussschritte** müssen in einer **projektspezifischen Checkliste** zusammengefasst werden! Kontrollieren Sie persönlich den rechtzeitigen Beginn und die Abwicklung der damit verbundenen Arbeiten!
(8)	Der offizielle Projektabschluss eines mittleren und größeren Projekts erfolgt in einer besonderen **Abschlusssitzung**. An ihr nehmen neben den Teammitgliedern die Entscheidungsträger und Vertreter der Kontrollinstanzen teil. Die **Entlastung des Projektleiters** wird auf einem Projektabschlussformular vorgenommen. Besonderheiten und noch ausstehende Arbeiten werden in einem Abschlussprotokoll festgehalten.

Aktuelle Ergänzungsliteratur

Benötigen Sie zusätzliche Vertiefungsliteratur über Spezialthemen des IT-Projektmanagements? – An Fachbüchern und Zeitschriftenartikeln über diese Thematik besteht kein Mangel. Trotzdem werden Sie bei gezielten Problemstellungen zu kritischen aktuellen Themenkreisen der Projektorganisation nicht immer fündig:

- Ein Großteil der Projektliteratur entstand in Hochschulen und ist zu theorielastig.
- Viele Autoren betrachten das Projektmanagement einseitig durch die technische Brille. Themen der Anwenderorientierung und Benutzerakzeptanz kommen zu kurz.
- Fachliteratur für das Projektcontrolling beim Einsatz integrierter Standardsoftware ist noch selten anzutreffen. Hier besteht ein erheblicher Nachholbedarf!

Die meiste Projektliteratur stammt aus dem Bereich der technischen und der Bauprojekte. Gegenüber Informatikprojekten stehen hier andere Schwerpunkte – z. B. die Netzplantechnik – im Vordergrund. Fachliteratur dieser Art ist für IT-Projektleiter weniger geeignet.

> *Im Internet finden Sie zum Stichwort* **IT-Projektmanagement** *eine riesige Auswahl an Literaturquellen und Hinweisen zu Fortbildungsmöglichkeiten jeder Art bis hin zum E-Learning. Ergänzt werden diese Literaturquellen durch eine Vielzahl von Consulting-Angeboten zu dieser Thematik. Möglicherweise werden Sie auch bei ganz speziellen IT- und Web-Projekten und nicht alltäglichen Branchenumgebungen fündig.*

In der anschließenden Übersicht finden Sie wichtige aktuelle Buchtitel und ausgewählte andere Literaturquellen, die sich für eine ergänzende Weiterbildung eignen.

Wir empfehlen Ihnen als »Startkapital« die zusätzliche Beschaffung **aktueller Fachliteratur** über acht Kernthemen eines IT-Projekts:

1. Motivation und Benutzerakzeptanz
2. Konflikt- und Krisenmanagement
3. Erfolgsstrategien und Spielregeln der Teamarbeit
4. Methodenbaukasten der Individualentwicklung und Softwarebeschaffung
5. Risikomanagement
6. Werkzeuge zur Projektbeschleunigung
7. Qualitätssicherung in Softwareprojekten
8. Qualifizierung zum IT-Fachkoordinator und Key User in IT-Projekten

Die **Kosten einer solchen Präsenzbibliothek** sind weitaus niedriger als der **Preis eines einzigen Seminartags** an einem öffentlichen Lehrinstitut! Sie erlauben ein schnelles Nachschlagen in diesem Wissenstank, wenn in einem Projekt »der Schuh drückt«.

A

A1 Achtert, W.: Objektorientierte Softwareentwicklung. 2. A., Computerwoche-Verlag, München, 1997.

B

B1 Budde, M., u.a.: Linux für Anwender. MITP-Verlag, Bonn, 1999.

B2 Borowka, P.: Internetworking. 3. A. MITP-Verlag, Bonn, 2000.

B3 Beuth (Hrsg.): ISO 9000-Normen. Beuth Vertrieb, Berlin.

B4 Bundschuh, M., Fabry, A.: Aufwandschätzung in IT-Projekten. MITP-Verlag, Bonn, 2000.

C

C1 CW (Hrsg.): Jahrbuch der Beratungsunternehmen 2001. Die richtige Wahl als Erfolgsgarant. Computerwoche Verlag, München, 2000.

C2 CW (Hrsg.): Jahrbuch der Weiterbildungsunternehmen 2001. Die richtige Wahl als Erfolgsgarant. Computerwoche Verlag, München, 2000.

D

D1 Dräger, E.: Projektmanagement mit SAP R/3. Addison-Wesley, Bonn, 1998.

D2 Dragoudakis, N.: Projektmarketing. Addison-Wesley, Bonn 1999.

D3 Dröschel, W. (Hrsg.): Inkrementelle und objektorientierte Vorgehensweisen mit dem V-Modell 97. Oldenbourg-Verlag, München u.a., 1998.

G

G1 Grupp, B.: Das IT-Pflichtenheft zur optimalen Software-Beschaffung mit CD-ROM. MITP-Verlag, Bonn, 2003.

G2 Goncalves, M.: Linux im Unternehmen. MITP-Verlag, Bonn.

G3 Grupp, B.: Der professionelle IT-Berater. MITP-Verlag, Bonn, 2000.

G4 Grupp, B.: Der professionelle IT-Trainer. Neue Lerntechnologien zur optimalen Wissensvermittlung. MITP-Verlag, Bonn, 2003

H

H1 Hanks, K.: Die Kunst der Motivation. Ueberreuter, Frankfurt, o.J.

H2 Haynes, M.: Persönliches Zeitmanagement. So entkommen Sie der Zeitfalle. Ueberreuter, Frankfurt, o.J.

H3 Heuer, A., Saake, G., Sattler, K.-U.: Datenbanken kompakt. MITP-Verlag, Bonn, 2001.

H4 Heindl, E., Maier, K.: Der Webmaster. Praktische Realisierung der Internetpräsenz. Addison-Wesley-Longman, Bonn, 1999.

H5 Heiden, A. u.a.: IT-Projektmanagement zur optimalen Netzwerk-Infrastruktur. MITP-Verlag, Bonn, 2002

I

I1 Interest Verlag (Hrsg.): Web Professional. Handbuch mit Aktualisierungsservice. Interest Verlag, Augsburg, o.J.

I2 Interest Verlag (Hrsg.): Internet Business. Handbuch mit Aktualisierungsservice. Interest Verlag. Augsburg, o.J.

I3 IABG: Das V-Modell zur Planung und Durchführung von IT-Vorhaben. Website: http:/www.v-modell. iabg. de/.

I4 Institut für Projektmanagement und Wirtschaftsinformatik der Universität Bremen: Literaturdatenbank Projektmanagement. Website: http.// www.ipmi.uni-bremen.de/bibliothek/index.html.

K

K1 Katzenbach, J.R., Smith, D.K.: beide McKinsey: Teams. Der Schlüssel zur Hochleistungsorganisation. Ueberreuter Fachverlag. Frankfurt, o.J.

K2 Klebert, K., Schrader, E., Straub, W.G.: Moderationsmethode. Windmühle Verlag, Hamburg.

K3 Köhler, Th., Best, R.B.: Electronic Commerce, Addison-Wesley, Bonn, 1998.

K4 Kauffels, F.-J.: Durchblick im Netz. 2. A. MITP-Verlag, Bonn, 1999.

K5 Kauffels, F.-J.: E-Business, MITP-Verlag, Bonn, 2001.

L

L1 Lettau, C.: Das Web-Pflichtenheft. MITP-Verlag, Bonn, 2000.

M

M1 Mohr, N., Woehe, J., Diebold: Widerstand erfolgreich managen. Professionelle Kommunikation in Veränderungsprojekten. Campus, Frankfurt, 1998.

N

N1 Nomina Services (Hrsg.): ISIS-Produkte: Windows NT Report. UNIX Report. Software Report. Engineering Report (CAD, CAM, PPS). PC-Report. Halbjährliche Aktualisierung. München.

N2 Neubauer, N.: Krisenmanagement in Projekten: Handeln, wenn Probleme eskalieren. Springer, Heidelberg, 2002.

O

O1 O.V.: Erfolgreiche Beratungsprojekte. Branchen Medien Verlag, Merching, 2000.

P

P1 Patterson, J.G.: Grundlagen des Benchmarking. Ueberreuter Fachverlag, Frankfurt, o.J.

P2 Patterson, J.G.: ISO 9000. Ueberreuter Fachverlag, Frankfurt, o.J.

S

S1 Scheffer, U., Hesse, F.W. (Hrsg.): E-Learning. Verlag Klett-Cotta, Stuttgart, 2002.

S2 Saake, G., Heuer, A.: Datenbanken: Implementierungstechniken. MITP-Verlag, Bonn, 1999.

S3 Schnorrenberg, U., Goebels, G.: Risikomanagement in Projekten. Vieweg-Verlag, Braunschweig, Wiesbaden, 1997.

S4 Softguide: Marktübersicht Projektmanagementsoftware. Website: http.//www.softguide.de/software/projektmanagement.htm und komplette CD-ROM-Version.

V

V1 Vetter, M.: mySAP. Einführung. Addison-Wesley, München, 2003.

Kurzbiographie des Autors

Dr. Bruno Grupp, Mainz, arbeitet seit drei Jahrzehnten als kompetenter Projektmanager, Berater und Ausbilder in den Bereichen der Organisation und Informationstechnik.

Er leitet die **Unternehmensberatung Dr. Grupp & Partner** mit den Geschäftsbereichen Projektmanagementberatung, Softwareevaluation für Industrie- und Handelsunternehmen und IT-Controlling. In mehr als 500 Industrie-, Handels- und Dienstleistungsbetrieben hat das Unternehmen bisher bei der Lösung von Organisations- und IT-Problemen mitgewirkt.

Neben seiner Beratungstätigkeit ist Dr. Grupp kompetenter **Ausbilder** in Managementakademien, Unternehmen und Behörden. Schwerpunkte seiner Dozententätigkeit sind die Themenbereiche »Qualifizierung zum IT-Projektleiter«, »Professionelle Methoden der IT-Organisation«, »Zusammenarbeit zwischen Fachabteilung und Informatikbereich«, »Ausbildung zum IT-Anwendungsbetreuer« und »Optimale Softwareauswahl«.

Dr. Bruno Grupp ist **Autor mehrerer Fachbücher** auf den Gebieten des Projektmanagements, der IT-Organisation und des IT-Controllings. Sie haben als praxisorientierte Standardwerke eine starke Verbreitung gefunden. In neuerer Zeit entstanden die Titel: »Der professionelle IT-Berater«, »Qualifizierung zum IT-Organisator«, »Standardsoftware richtig auswählen und einführen«, »Zusammenarbeit zwischen Fachabteilung und Informatik« und »IT-Projekte richtig dokumentieren«.

ISBN 3-8266-1301-5
www.mitp.de

Bruno Grupp

Das IT-Pflichtenheft zur optimalen Softwarebeschaffung

2. Auflage

Die Einführung einer Standardsoftware überschreitet häufig ihr Zeit- und Kostenbudget bei weitem.

Die meisten Probleme bei der Softwarebeschaffung lassen sich durch ein aussagekräftiges und konkretes Pflichtenheft vermeiden. In diesem Praxiswerk zeigt Ihnen ein erfahrener Softwareberater, wie Sie eine Softwarebeschaffung effizient und zeitsparend durchführen können. Sie erhalten wertvolle Entscheidungshilfen zur Softwareauswahl und -einführung.

Drei vorbildlich gestaltete Musterpflichtenheft unterstützen Sie bei der Zusammenstellung und Formulierung Ihres unternehmensspezifischen Pflichtenheftes. Sie bekommen wichtige Hinweise zum Vertragsabschluss und das komplette Beispiel eines Software- und Hardwarevertrages. Mit diesem praxisbezogenen Ratgeber haben Sie Ihre Softwarebeschaffungsprojekte optimal im Griff.

Aus dem Inhalt:

- Projektmanagement für eine erfolgreiche Softwarebeschaffung
- Gliederung und Inhalt eines Pflichtenheftes
- Angebotsauswahl für ein Softwarepaket
- Vertragsgestaltung für Soft- und Hardware
- Die richtige Einführungsstrategie für Standardsoftware
- Drei komplette Musterpflichtenhefte für Industrie, Handel und Dienstleistungsunternehmen

Index

ISBN 3-8266-0983-2
www.mitp.de

Harold Kerzner

Projektmanagement

Ein systemorientierter Ansatz zur Planung und Steuerung

In diesem außergewöhnlichen, praxiserprobten Standardwerk finden Sie Expertenwissen zu allen relevanten Aspekten des Projektmanagements.

Ob Sie gerade konkret an einem Projekt arbeiten oder sich gerne mit den neuesten Entwicklungen auf dem Gebiet des Projektmanagements auseinandersetzen möchten - hier erhalten Sie Antworten auf alle Ihre Fragen zur Planung, Leistungs- und Kostenkontrolle, zum Konflikt- und Zeitmanagement sowie zum Risiko- und Qualitätsmanagement. Sie bekommen Einblick in die vielen sozialen, finanziellen und zeitlichen Faktoren, die den Erfolg von Projekten entscheidend bestimmen, und erfahren, welche Methode die Effizienz Ihrer Projektarbeit steigert.

Harold Kerzner schöpft aus langjähriger Erfahrung und kann so anhand von Fallstudien für jeden Kernbereich typische Beispiele aufzeigen. Mehr als ein Duzend solcher Fallstudien aus der Praxis, die alle wichtigen Industriezweige betreffen, befinden sich in diesem Buch und lassen Sie die Prinzipien des Projektmanagement auf anschauliche Art begreifen.

Aus dem Inhalt:

- Systemtheorie und Konzepte
- Organisationsstrukturen
- Organisation des Projektteams
- Managementaufgaben
- Zeitmanagement
- Konfliktsteuerung
- Erfolgsfaktoren
- Arbeit mit Vorgesetzten
- Planung
- Projektgrafiken
- Preisstruktur und Kalkulation
- Controlling
- Risikomanagement
- Internationales Projektmanagement
- Qualitätsmanagement
- Güter- und Dienstleistungsbeschaffung
- Vertragsarten

ISBN 3-8266-0534-9
www.mitp.de

Manfred Bundschuh, Axel Fabry

Aufwandschätzung von IT-Projekten

Wettbewerbsvorteile erringen nur die Unternehmen und Projektleiter, die ihre IT bzw. IT-Projekte professionell managen. Nur wer Aufwand, Zeit, Kosten und Qualität seiner IT-Projekte auf Basis einer fundierten Aufwandschätzung von Anfang an solide plant, kann sie erfolgreich ins Ziel steuern.

Wer die IT Managementaufgabe "Aufwandschätzung" nicht wahrnimmt, riskiert somit leichtfertig das Scheitern seiner IT-Projekte. Das heisst, teures Lehrgeld zahlen, denn ein einziges abgebrochenes Projekt kommt teurer als die Einführung einer professionellen Aufwandschätzung im Unternehmen oder die Durchführung der Aufwandschätzung, die oft wegen Zeitknappheit, angeblich zu hohem Aufwand, oder wie die Ausreden sonst noch heißen, sträflich vernachlässigt werden.

Manfred Bundschuh und Axel Fabry stellen in ihrem Buch ihre Erfahrungen bei Einführung und Durchführung der Aufwandschätzung sowie unterschiedliche Aufwandschätzmethoden, Software-Metriken und Tools zur Aufwandschätzung vor. Besonders detailliert beschäftigen sie sich mit der gebräuchlichsten Methode, der Function-Point-Methode. Dem Anfänger werden viele praktische Erfahrungen rund um das Thema Aufwandschätzung vermittelt. Der Profi wird zu seiner Freude vieles aus der eigenen Praxis wiedererkennen und von den Kennzahlen im Kapitel Benchmarking von IT-Projekten sowie von den Internetadressen und Hinweisen zur Vertiefung in das Thema profitieren. Dieses Buch überzeugt durch seine Praxisnähe und versucht mit möglichst wenig Theorie auszukommen.